マッドマックス 怒りのデス・ロード 口述記録集

血と汗と鉄にまみれた
完成までのデス・ロード

カイル・ブキャナン
有澤真庭［訳］

BLOOD SWEAT & CHROME

Blood, Sweat & Chrome:
The Wild and True Story of Mad Max: Fury Road
BY
Kyle Buchanan

わたしの両親、カークとリンダへ

第一部　狂った世界《マッド・ワールド》を創る

第二部　スリルに一撃

CONTENTS 目次

著者ノート

『マッドマックス』の世界では、語り手のさじ加減ひとつで、記憶が伝説となる。過去の物語は〝歴史を作りし者たち《ヒストリー・ピープル》〟から熱心な聞き手へと受けつがれ、何度もくり返し語り直されていくなかで、ことの真相はそれをまとめあげる聞き手の裁量に委ねられる。

『マッドマックス　怒りのデス・ロード』の二十年にわたる制作の真相を伝えるこの口述記録《オーラルヒストリー》は、おもに総勢一三〇余名に著者が新たにおこなったインタビューで構成してあり、キャスト&スタッフはもとより、この映画の著名なファン多数からも話をきいた。インタビューの大半は二〇二〇年から二〇二一年にかけて実施したが、二〇一五年の映画公開前後に取材したものも五本ばかりある。直接話をきく都合がつかなかった場合は、一般に発表されたインタビュー、音声録音、ヴィデオフッテージから引用して追加のコメントとした。文章の体裁と明解さを考え、少なからぬインタビューを要約して編集してあり、出典の全リストを巻末に記載した。

※本文中［　］でくくられた文は原著者によるものです。

登場人物紹介

ヴィジョナリー

ジョージ・ミラー（『マッドマックス 怒りのデス・ロード』監督／共同脚本／製作）

キャスト

コートニー・イートン（〝チード・ザ・フラジール〟）
メーガン・ゲイル（〝ヴァルキリー〟）
ココ・ジャック・ギリース（〝グローリー・ザ・チャイルド〟）
ジェニファー・ヘイガン（〝ミス・ギディ〟）
トム・ハーディ（〝マックス〟）
ジョシュ・ヘルマン（〝スリット〟）
ニコラス・ホルト（〝ニュークス〟）
ジョン・ハワード（〝人食い男爵〟）
ロージー・ハンティントン＝ホワイトリー（〝スプレンディド・アングラード〟）
ジョン・アイルズ（〝エース〟）
iOTA（〝コーマ・ドゥーフ・ウォリアー〟）
メリッサ・ジャファー（〝種を持つ老婆〟）
メリタ・ジュリシック（〝鉄馬の女〟）
ヒュー・キース＝バーン（〝イモータン・ジョー〟）
アントワネット・ケラーマン（〝鉄馬の女〟）
ライリー・キーオ（〝ケイパブル〟）
ゾーイ・クラヴィッツ（〝トースト・ザ・ノウイング〟）
アビー・リー（〝ザ・ダグ〟）
リチャード・ノートン（〝最高司令官〟）
クリス・パットン（〝モーゾフ〟）
ジョイ・スミザーズ（〝鉄馬の女〟）
シャーリーズ・セロン（〝フュリオサ〟）

スタッフ

ユージーン・アレンセン（スタント・ドライバー）
ジェニー・ビーヴァン（衣装デザイナー）
エリック・ブレイクニー（脚本）
スティーヴ・ブランド（アドバイザー）
ジェイシン・ボーラン（スチルカメラマン）
マット・ブーグ（バイク外装／廃材アーティスト）
デイヴィッド・バー（第二班撮影監督）
トム・クラッパム（プロダクション・ランナー）

クリス・デファリア（製作総指揮）
ジェームズ・ドハティ（ユニット・アシスタント）
ヘンリー・ドレイ（トランスポート・マネージャー）
イヴ・エンスラー（コンサルタント）
ユージーン・フィリオス（トレーラー編集）
マーク・ガット（製鋼工）
ショーン・ジェンダース（シニア人工装具制作）
コリン・ギブソン（美術監督）
ロビン・グレイザー（アクション班第二助監督）
マーク・ギルニッシュ（カメラオペレーター）
デイナ・グラント（スタント・パフォーマー）
デイン・グラント（スタント・パフォーマー）
スコッティ・グレゴリー（スタント・ドライバー）
トッド・マシュー・グロスマン（オーディション・カメラ）
デーン・ハレット（小道具）
リチャード・ホッブス（アートディレクター）
シーラ・ホックマン（アートディレクター）
トム・ホルケンボルフ（音楽）
ディーン・フッド（ユニット・プロダクション・マネージャー）
ナターシャ・ホプキンス（スタント・パフォーマー）

ペトリーナ・ハル（製作・開発総指揮）
アリソン・イングラム（VFXコーディネーター）
アンドリュー・ジャクソン（視覚効果監修）
クリス・ジェンキンス（リレコーディングミキサー）
ベリンダ・ジョンズ（ジョージ・ミラー付アシスタント）
アンドリュー・AJ・ジョンソン（カメラオペレーター）
シェーン・カヴァナー（エキストラ）
ローラ・ケネディ（キャスティング）
ロナ・クレス（キャスティング）
アダム・キュイパー（キーグリップ）
ニコ・ラソウリス（脚本）
ジャシンタ・レオン（アートディレクター）
マーク・マンジーニ（音響編集）
ケリー・マーセル（脚本）
ブレンダン・マッカーシー（脚本）
サマンサ・マクグレイディ（チーフ第二助監督）
マイケル・ミーキャッシュ（メイクアップ）
ヴィクトリア・ミエルースカ（アクセントコーチ）
ダグ・ミッチェル（製作）
アンソニー・ナトーリ（エンジニア）

CAST OF CH

マーク・ナトーリ（自動車整備士）
ジェームズ・ニコラス（アシスタント）
ガイ・ノリス（第二班監督／スタント）
ハーラン・ノリス（スタント・パフォーマー）
ハリソン・ノリス（スタント・パフォーマー）
クリス・オハラ（オンセット第二助監督）
ライアン・オズモンド（追加撮影助監督／製作アシスタント）
ピーター・パウンド（プリンシパル車両デザイナー／ストーリーボード・アーティスト）
マッセイ・ラファニ（マーケティング）
ティム・リッジ（EPK／『マッドネス・オブ・マックス』監督）
ミシェール・ロバートソン（映画賞パブリシスト）
ミック・ローファン（スタント・リガー）
リッキー・シャンバーグ（ファースト・アシスタント・カメラ）
ジョン・シール（撮影監督）
ジョージナ・セルビー（アクションユニット記録）
マーク・セクストン（リード・ストーリーボード・アーティスト）
ゼブ・シンプソン（ヴィデオ・アシスト・オペーレーター）
マーガレット・シクセル（編集）
イアイン・スミス（製作）

ブレンダン・スミザーズ（大道具マネージャー）
ベン・スミス＝ピーターセン（スタント・パフォーマー）
マット・テイラー（スタント・ドライバー）
リサ・トンプソン（セットデコレーター）
マット・タウン（ポストプロダクション監修）
ナディア・タウンゼンド（文芸顧問）
マイケル・ウルマン（廃材アーティスト）
テイト・ヴァン・オーツホーン（装飾）
コートニー・ヴァレンティ（製作総指揮）
レスリー・ヴァンダーワルト（ヘア＆メイクアップ・デザイナー）
P・J・ヴォーテン（製作／第一助監督）
マイケル・ワネンマーカー（製作アシスタント）
ケント・ワタナベ（VFX編集）
コーリー・ワトソン（『狂乱の日々：デス・ロードの戦い』監督）
デイヴィッド・ホワイト（音響デザイナー）
アンディ・ウィリアムス（特殊効果監修）
スチュアート・ウィリアムソン（スタント・パフォーマー）
シャム・〝トースト〟・ヤダフ（VFXデータ・ラングラー）
J・ヒューストン・ヤン（マーケティング）

その他

ジェームズ・キャメロン（『エイリアン2』監督）
スコット・カーリン（元ワーナー・ブラザース・テレビ部門ＥＶＰ）
ジャスティン・チャン（〈ロサンゼルス・タイムズ〉紙映画批評家）
ニア・ダコスタ（『キャンディマン』監督）
マノーラ・ダーギス（〈ニューヨーク・タイムズ〉紙映画批評家）
グレゴリー・エルウッド（ウェブサイト〈ザ・プレイリスト〉記者）
スコット・フェインバーグ（〈ハリウッド・リポーター〉誌映画賞コラムニスト）
ガル・ガドット（俳優）
ピート・ハモンド（ウェブサイト〈デッドライン〉映画賞コラムニスト）
カレン・ハン（〈スレート〉誌記者）
ロン・ヘイズ（元ワーナー・ブラザース玩具部門ＳＶＰ）
ジョン・ホーン（記者）
ジョシュア・ホロウィッツ（「ＭＴＶニュース」記者）
パティ・ジェンキンス（『ワンダーウーマン』監督）
デイヴ・カーガー（'TCM'司会／'Today' オスカー担当）
リチャード・ローソン（〈ヴァニティ・フェア〉誌映画批評家）

グレッグ・メイデイ（元ワーナー・ブラザース・テレビ部門ＳＶＰ）
ドリュー・マクウィーニー（ニュースレター"Formerly Dangerous"ライター）
エイミー・ニコルソン（ポッドキャスト"The Canon"ホスト）
パットン・オズワルト（俳優）
ハッチ・パーカー（元20世紀フォックス製作部統括）
ジーナ・プリンス＝バイスウッド（『オールド・ガード』監督）
ピーター・ラムジー（『スパイダーマン：スパイダーバース』監督）
ダン・ロマネリ（元ワーナー・コンシューマー・プロダクツ社長）
デイヴィッド・シムズ（〈アトランティック〉誌記者）
クリス・タプリー（元〈ヴァラエティ〉誌映画賞担当編集者）
アニャ・テイラー＝ジョイ（俳優）
アン・トンプソン（ウェブサイト〈インディワイヤー〉記者）
アリソン・ウィルモア（〈ニューヨーク・マガジン〉誌映画批評家）
エドガー・ライト（『ラストナイト・イン・ソーホー』監督）
ジェン・ヤマト（〈ロサンゼルス・タイムズ〉紙記者）
ジーエ（コメディアン）

BLOOD SWEAT & CHROME

PART I
BUILDING A WORLD GONE MAD

第一部　狂った世界《マッド・ワールド》を創る

序文

五五〇〇万年のあいだ、ナミブ砂漠は生ある者にとっては「死」を意味してきた。地球上で最古の砂漠とみなされ、人の痕跡はほぼ皆無の不毛の地であり、海岸線には千もの難破船がいまだに屍《しかばね》をさらしている。

そして、二〇一二年九月、この地で『マッドマックス　怒りのデス・ロード』が激突・炎上する。

南アフリカの砂漠とロサンゼルスは一万六〇〇〇キロ近く隔たっているが、長期にわたる二〇一二年の『怒りのデス・ロード』撮影半ばには、ロケ地で起きたトラブルのうわさはすでに遠くハリウッドまで届き、格好のゴシップネタになっていた。撮影スケジュールは大幅に遅れ、予算が超過したのは、むら気な主演俳優のトム・ハーディがたびたび撮影をすっぽかしたためというのは事実なのか？　ハーディと共演者のシャーリーズ・セロンの確執は、外部から仲裁役を呼ばなければ映画そのものが瓦解しかねないほど、深刻だったのだろうか？

そもそも、ジョージ・ミラーはいったなにを撮っているのか？　ナミビアで監督はすでに何ヶ月も『怒りのデス・ロード』を撮影していたが、ワーナー・ブラザースに送られてくるフッテージを見た少なからぬ経営幹部が顔色を変えた。セリフは不明瞭、アクション場面は腰を抜かすほど危険に満ち、しかも従来通り脚本をもとに撮影するかわりに、徹頭徹尾ストーリーボード（絵コンテ）のみで物語を構成するという前代未聞のやりかたをミラーはとったため、スタジオ幹部連は映像が一本の映画に編集されたときに、意味を成さないのではと懸念した。もしこの金食い虫の興行がコケれば、仕事を失うだけではすまない。監督ともども二度とハリウッドで働けなくなるおそれがあった。

ワーナー・ブラザースで非難の矢面に立たされた丸刈り頭のジェフ・ロビノフ社長は、『怒りのデス・ロード』の撮影がはじまった六月以降、部下を砂漠に送りこんでは進行状況を報告させていた。だが九月の最終週、事態収拾のため、自らナミビアへ赴く。

撮影隊は、砂漠の真っ只中に構えた大所帯のテントの町を拠点にしていた。トラブル発生のオアシスで、いまでは数百名のスタッフが映画の命運を見守っている。砂漠でロビノフが最初に顔を合わせたのは、『怒りのデス・ロード』の忠義な製作者兼第一助監督、P・J・ヴォーテンだ。「ジョージがいなくても、撮影を終わらせる」ロビノフはヴォーテンにそう告げた。

ヴォーテンは小声でつぶやいた。「健闘を祈りますよ」

ほどなくしてロビノフはミラーのもとへいきつく。一見、ミラーはもの柔らかな人物だ。身の丈一メートル七十センチ、白髪を波うたせ、きらきらした瞳をアンバーカラーの丸縁サングラスで覆っている。気立てのいいオーストラリア人気質の、軽妙でおしゃべりな好々爺《こうこうや》といった風情《ふぜい》だ。おそらくそのせいだろう、キャリアを通してミラーを軽く見た反抗的なスタッフやスタジオの経営幹部が、根は頑固一徹のこの男から、たびたび指揮権を奪おうとしてきた。

ミラーと対決するパトロンはロビノフがはじめてではないものの、最後の人間になってもいいのか――ロビノフはあの日、あの砂漠で監督をそういって脅した。撮影期間はまだ三ヶ月あり、少なからぬ重要なシーンの撮影が残っていたにもかかわらず、ロビノフは早期に撮影を切りあげると宣告し、ミラーに無情なる最後通牒を突きつけた。それほど限られた期間では、第三幕のチェイスシーンを撮るか、そちらはあきらめて未撮影の冒頭と結末部分を撮るかの、ふたつにひとつしかない。

どちらを選ぶにしても、結果は壊滅的だ。ミラー監督が長の年月温めてきた夢の企画に、スタジオのボスが風穴をあけようとしていた。

だが、これはミラーたちが直面した数々の難局のひとつにすぎない。『怒りのデス・ロード』はハリウッド史上屈指の迷走と苦労を重ねた撮影となり、二十年を費やし、三つのスタジオを渡り歩いて制作された。それでもなお、他の監督ならば音をあげていたであろう長年にわたる無数の障害にあっても、ミラーは耐え抜いた。この物語を語り終えるまで途中でやめるわけにはいかず、監督が勝ちとった成果は、いまや多くの人々から傑作にして映画史上最高峰のアクション映画とみなされている。

ミラーには何度かインタビューしたが、わたしにはどうしてもたずねたいことがひとつあった。この映画の制作に向けてありとあらゆる災難が降りかかったのに、監督はどうして何年間も信念を貫き通せたのだろう？

「実をいうと、選択肢はなかったんだ」こともなげにミラーは答えた。「進み続けるしかなかったのさ」そして、彼のつくった映画の登場人物さながらにこうつけ加えた。「白旗をあげるわけにはいかないからね」

『怒りのデス・ロード』の間口の広さは計り知れないが、ポストアポカリプス（文明崩壊後）世界のプロットについては徹底的に煮つめられ、エッセンスだけが残された。ほぼ映画全編が逃走劇を通して展開し、流れ者のマックス・ロカタンスキー［ハーディ］が決死のドライバー、フュリオサ［セロン］に手を貸して、五人の年若い性奴隷を無事に足抜けさせようとする。途中、狂信的な変節者ニュークス［ニコラス・ホルト］を仲間に加えたマックスたちは、砂漠を驚異的な数の車列隊《アルマダ》に猛撃される。隊を指揮する〝ウォーロード〟イモータン・ジョー［ヒュー・キース＝バーン］は、〝妻たち〟のハーレムをとり戻すとともに、なにより女たちを逃がすという大罪を犯した裏切り者のフュリオサ大隊長を血祭りにあげるつもりだった。

だが、『怒りのデス・ロード』は一見ごく単純なカーチェイスを長編に仕立てたように見せながら、ボンネットの下では様々なことが起き、スペクタクルの陰にミラー監督がこっそり紛れこませた主題は、破壊的かつ予想外の力強さを持つ。環境破壊、女性のエンパワーメント、富裕層による資源の抱えこみのような、最新の社会問題をとり入れたアクション映画を、われわれは普段どれほど目にするだろうか？　舞台となる世界は細部にいたるまでつくりこまれ、リアリティにあふれているため、カメラフレームを容易に飛び越えてこちらへ訴えかけてくる。『怒りのデス・ロード』のような映画は、単に類を見ないだけではない――月並みなスーパーヒーロー映画が続々と量産されるいまの時代、おそらくは二度とつくり得ないたぐいの映画だ。

少なからぬ者たちが映画の完成を信じず、ミラーに不信の目を向ける徒《と》は映画の関係者のなかにさえいた。公平を期せば、『怒りのデス・ロード』が劇場公開される二〇一五年にミラーは七十歳になり、十七年間実写映画を監督していなかった。さらに長い年月――山あり谷ありの三十年――『マッドマックス』の新作映画を世界は目にしておらず、オリジナル・シリーズの主役であるメル・ギブソンはその間〝とり扱い注意〟の俳優になり、ミラーは構想の全面的な見直しを迫られた。

そして、ミラーがその並はずれた頭脳で正確になにを思い描いているのかは、論争の的であり続けた。映画の混乱を招く断片的な撮影方法に俳優たちは不満を募らせ、立ち位置を見失い、しばしばミラーや共演相手と衝突した。広大で人里離れたナミビアの砂漠で、砂嵐、雄叫《おたけ》びをあげるスタントマン、狂気の車両地獄に囲まれながら一年の大半を過ごすうち、この架空世界に現実味を持たせることに心血を注ぐあまり、登場人物間の確執がキャスト&スタッフの実生活にまで忍びこんでくる。ミラーの狂気じみたヴィジョンに全幅の信頼をおけない者は、苦しむことになった。

ほぼあらゆる映画づくりは困難をともなうが、『怒りのデス・ロード』ほど熾烈《しれつ》で長期にわたり波乱に満ちた制作過程を経た作品は滅多になく、これほど影響力大にして畏怖《いふ》の念を覚える仕上がりを見せた作品は皆無だ。本作が映画史に名を残す一編なのはいまや論をまたないが、重要な疑問がまだ残っている。『怒りのデス・ロード』が傑作になったのは、炎で鍛えられたにもかかわらずなのか、それとも、それゆえに？

第一章　生存者たちの証言

全方位的に、『マッドマックス　怒りのデス・ロード』は存在するはずのない映画だ。息の長いフランチャイズ（シリーズもの）の第四作目……でありながら、批評家から映画史上屈指の独創的な映画だと讃えられた。大手スタジオのアクション映画……でありながら、アカデミー賞の作品賞にノミネートされ、複数の賞をさらった。

二〇一五年に公開されると世界興行収入三億七五〇〇万ドルを記録して大ヒット、それだけにとどまらず、『怒りのデス・ロード』は年を追うごとにビッグになるばかりだ。二〇一〇年代の終わりには、〈ニューヨーク・タイムズ〉、〈USAトゥデイ〉、〈ローリングストーン〉、〈ロサンゼルス・タイムズ〉等ほぼすべての主要媒体が過去十年間の傑作映画の一本に挙げている。

象徴的な登場人物、血湧き肉躍《おど》るスタント、とほうもない発想にひとたび浸れば、この現代の傑作がどうやってつくられたのか、知りたくなるのが人情というものだ。一流の映画作家たちですら見当をつけかねており、『パラサイト　半地下の家族』〔2019〕のポン・ジュノ監督などは映画の壮大なスケールに泣けたと語り、スティーヴン・ソダーバーグにいたってはよりざっくばらんに、「まだ撮影中じゃないなんておかしい」と首をかしげた。「それに、なんだって何百人も死者が出なかったのか、わけがわからない」

ジーナ・プリンス＝バイスウッド（『オールド・ガード』監督）『怒りのデス・ロード』を観ているあいだじゅう、座席にくぎづけになりっぱなし。映画監督が使うトリックをぜんぶ知っていてさえ、ミラー監督がどんな手を使ったのか、およびもつかない。

トム・ハーディ（〝マックス〟） テクニカラーのあの色合い、シュールさ、それにカークラッシュをすべて実際にやってしまう無謀ぶり。マジックだよ。こんなのは観たことがない。

エドガー・ライト（『ラストナイト・イン・ソーホー』監督） 純然たるシネマのエンジンだ。

パティ・ジェンキンス（『ワンダーウーマン』監督） こんなにぼう然となるなんて、滅多にないわ。なによりジョージの感覚はずば抜けている――最高に鋭敏な、信じがたい目の持ち主よね。それに、腹の底に響くようなアクションのバイタリティには圧倒されっぱなし。

ジェン・ヤマト（〈ロサンゼルス・タイムズ〉紙記者） この映画を観るだけで、なんだか自分は生きてるぞって感じる。何回観てもその感覚は決して薄れない。

パットン・オズワルト（俳優）　なんていい表せばいいのかわからないよ――「超《ホーリー》・やばい《ファッキング・シット》」とか。

ニア・ダコスタ（『キャンディマン』監督）　大胆不敵！　こういうのがしたくて、そもそも監督を目指したの――文字通り、なんでもできるでしょ。ジョージがこの映画でやったことを言葉にするなら、「そうだ、ナミビアの砂漠にいって完全にたがのはずれた映画を撮るぞ」ってところね。そして、どうやったのかわからないけれど、やってのけた。わたしにはとてもできない芸当よ。さぞかしすさまじい撮影現場だったでしょうね！

ジョージ・ミラー（監督）　毎日へとへとになった。穏やかな日なんて一日もなかった。やたら騒々しくて、やたらほこりっぽくて、やたら骨が折れたよ。

ロビン・グレイザー（アクション班第二助監督）　「『マッドマックス』級の映画で仕事をした」なんて、だれにも軽々しくいわせない。

シャーリーズ・セロン（〝フュリオサ〟）　間違いなく、これまででいちばんたいへんな仕事だった。

ジェイシン・ボーラン（スチルカメラマン）　これはわれわれの『地獄の黙示録』（1979）だ。心底そう思っている。

デーン・ハレット（小道具）　この手の映画はもはや、ほぼつくり得ない。頭がおかしいほど打ちこんで、それですまされるほどの余裕が、いまはないんだ。スタジオは意気地をなくしてしまった。

ショーン・ジェンダース（シニア人工装具制作）　内輪ではこれを「史上最も高くついたインディペンデント映画」って呼んでいるよ。

ダグ・ミッチェル（製作）　この映画は早晩、いまあるかたちでつくられる運命にあった。いまでこそフィルムライブラリーに収められているものの、歯牙にもかけられない時期がずっと続いた。何度こういわれたことか。「いや、絶対あり得ないね」

トム・ハーディ　いまふり返っても、あの映画に参加できたことが自分にとってどれほど大きな意味があったかを言葉にするのは不可能だ。もうもとには戻れないほど、ぼくは変わった。

ライリー・キーオ（〝ケイパブル〟）　人生であれほどワイルドで強烈な経験をしたことはなかった——いまもってそうよ。映画のひとコマひとコマに感情がしみこんでいる。

アビー・リー（〝ザ・ダグ〟）　運命の人と、激しい恋に落ちたみたいな経験だった。

シャーリーズ・セロン　人生で大切なものとか、なんらかの価値があるものと一緒で、複雑な感情を抱いている。わたしたちがなしえたことにとてつもない喜びを感じるし、胃に穴があいたみたいな感じも少しする。この映画の撮影で味わった「体が覚えている」レベルのトラウマを、いまだにぬぐいきれないほどね。

ニコラス・ホルト（〝ニュークス〟）　現場はカオス状態だったよ、正直いって。

ケリー・マーセル（脚本）　ときどき思うの、あんなふうにつくるはずだったんだろうか、あそこまでむちゃくちゃたいへんな撮影になるはずだったんだろうかってね。ジョージは人をあえて苦しめるような人間じゃない。ほんとうに優しくて親切な好人物。でもこれはまるで……鬼の所業では？

ジョシュ・ヘルマン（〝スリット〟）　もし椅子に座らせられて、なんの予備知識もなく『怒りのデス・ロード』を観せられ、監督の人物像を想像しろといわれたら、白髪の、穏やかにしゃべる親切そうな人なんて絶対思い浮かべないね。ひとりのなかにあんなに極端な二面性が両立しているなんて、ちょっとふつうじゃないよ。

エドガー・ライト　本人と対面したとき、彼のどこからあんな発想が出てくるのか、思わず首をかしげる。すると、彼が教えてくれる。

第二章　狂気《MAD》の仕掛け人

ジョージ・ミラーとは身内同然の一部の仕事仲間にとってさえ、彼はちょっとした謎だ。「ジョージは名監督で、すべてが頭に入っているの」シャーリーズ・セロンはいう。「ときどき、そこに入りこんでじっくり探ってみたくなる」

若い頃から、ミラーは不可能を夢見た。ハリウッドとはおよそかけ離れたオーストラリアの内陸部《アウトバック》に位置するいなか町チンチラに暮らしながらも、ミラー少年は映画に夢中だった。一九四五年三月三日、ギリシャ移民のジムとアンジェラ・ミラー夫妻のもとに生まれたジョージは、三人の弟たちともども近所の劇場〈スター・シアター〉の土曜日のマチネーを楽しみにしていた。こどもには暴力的すぎる映画がかかったときでさえ、ミラーは劇場の床下にもぐりこみ、床板から伝わってくる銃撃や殴りあい、タイヤを鳴らして走る車のくぐもったサウンドに耳をすました。床の上で上映されている映画よりも、ミラーが想像力で組み立てた映画のほうが上等だった。

ミラーが思春期を送った時代にローカル映画産業などは存在せず、そのため創造性に恵まれた若者は当初医師を志し、双子の兄弟ジョンとともにニューサウスウェールズ大学の医学部に進学する。ところが、映画制作の道にそれる機会が図らずも訪れ、意外な転機に満ちたその後のミラーのキャリアを予感させた。監督となったミラーは、のちにファミリー映画、過激なアクション巨編、さらには事実に基づいたドラマを撮ることになる。

型破りな経歴のみならず、ミラーは型破りな人物だ。あれほど温厚な男がどうしたらあれほどエキセントリックなヴィジョンをかたちにし、彼の感性を隙あらば飼い慣らそうとするハリウッドの攻撃を頑なにはねのける胆力を持ちあわせられるのだろう？　医師の知的厳密さと、ルール無用の独学映画作家《オトゥール》の気概に恵まれ、ミラーはハリウッドきっての異能フィルムメーカーになった。だが、そのキャリアは平坦な道のりではなかった。

ドリュー・マクウィーニー（ニュースレター"Formerly Dangerous"ライター）　ミラーにはレパートリーの幅広さで常に惹きつけられる。『マッドマックス』〔１９７９〕を撮った男が『ロレンツォのオイル　命の詩』〔１９９２〕や『イーストウィックの魔女たち』〔１９８７〕を監督し、そのあと『ベイブ都会へ行く』〔１９９８〕や『ハッピーフィート』〔２００６〕をつくってしまうなんて、ちょっとしたミステリーだ。つまり、『マッドマックス２』〔１９８１〕や『マッドマックス　怒りのデス・ロード』を観たら、頭のいかれた異星人が撮ったあと、地球にビーム転送してよこした、みたいな映画じゃないか。

コートニー・イートン（〝チード・ザ・フラジール〟）　ジョージは地球上でいちばん優しい人なのに、こんなことを考えつくなんて、どうかしてる。

エドガー・ライト　ジョージはもとをただせば、知りあいや赤の他人を問わず、オーストラリアの車社会で育った者の悲劇的な死のイメージにとり憑《つ》かれているんだ。

ジョージ・ミラー　『マッドマックス』が、クイーンズランドのいなかで過ごした少年時代に影響されているのは間違いない。十代が終わる頃には、親戚が何人か交通事故で命を落としたり重傷を負っていた。平坦に伸びる道路に制限速度などはなく、みんながただ爆走していたんだ。救急担当医になって、交通事故による無惨な遺体を目にするようになってはじめて、ある意味この問題と真剣に向きあった。

コーリー・ワトソン（『狂乱の日々：デス・ロードの戦い』監督）　彼は医師として研修を受けるあいだ、映画づくりへの興味を育んでいた。

ジョージ・ミラー　医学の勉強はほんとうに好きだったが、ほかの道も模索しはじめた。

ニューサウスウェールズ大学の医学部を卒業後、ミラーはシドニーにある聖ヴィンセント病院のレジデント（研修医）となる。だが、きつい仕事に打ちこむあいだにも、別の道が彼を手招きはじめた。弟のクリスと撮った短編映画が評価されてふたりともにメルボルン大学の監督養成講座への参加がかない、ミラーはそこで、未来の製作パートナーとなる映画通のバイロン・ケネディと出会う。

ミラーとケネディはまもなく共同で白黒の短編コメディ〝Violence in the Cinema, Part 1.〟〔1971〕を撮る。製作費わずか一五〇〇豪ドルで仕上げ、賞を受賞するとミラーはピーター・ウィアー『いまを生きる』〔1989〕、ジリアン・アームストロング『若草物語』〔1994〕、ブルース・ベレスフォード『ドライビング MISS デイジー』〔1989〕ら気鋭のニューウェーヴ・フィルムメーカーたちの仲間入りを果たす。映画のクリエイティヴな可能性のとりこになったミラーは、当初の手堅いキャリア・プランを、より不確かな職種のために手放す決心をする。

ティム・リッジ（EPK／『マッドネス・オブ・マックス』監督）　『マッドマックス』一作目のスタッフによれば、「医者のわりに、なかなか堂に入った監督ぶりだった」

ジョージ・ミラー　フィルムメーカーは世界を様々な角度から見れなければいけないが、それこそまさに、ひとかどの医者ならばやっていることだ。手術の最中、または検死のときでさえ医者はひとりの人間を視る。個人の中味を視る。完全な一個の人間として視るんだ。

エイミー・ニコルソン（ポッドキャスト〝The Canon〟ホスト）　ジョージ・ミラーの映画には道徳律

が芯にあって、どんな命もおろそかにせず、ブタであれペンギンであれ人類最後のひとりであれ、その価値を区別しないの。

ガイ・ノリス（第二班監督／スタント）　医師時代の初期に見た光景がミラーの脳裏に焼きついて、のちに彼が撮る映画の多くを決定づけた。

ジョージ・ミラー　あの強烈な経験がなければ、いまみたいなフィルムメーカーにはなっていなかっただろうね。共鳴しているんだ、聖ヴィンセント病院の救急病棟に勤めたときの心情と……暴力と轢《れき》死体の山と、その処理のしかたにひどく心を痛めた。自分たちはそれを当たり前のこととして受け入れていた。

ティム・リッジ　ジョージは青いマツダのボンゴヴァンを持っていて、バイロンとふたり、週末によくヴィクトリア州一帯を流した。医療緊急事態が起きるたび、なんであろうと応急処置にすっ飛んでいったんだ。

エドガー・ライト　『マッドマックス』第一作の製作費を稼ぐため、ミラーたちは二交代制で救急救命士《EMT》の仕事をこなし、むごたらしい衝突事故の負傷者を、基本的には路上で手術していた。

三十一歳になったミラーは、家族や友人や個人の投資家から三十五万豪ドルをかき集め、デビュー作『マッドマックス』の制作準備に入った。この荒削りなスリラーの主人公、若きハイウェイ・パトロールのマックス・ロカタンスキー［演劇学校在籍中に抜擢されたメル・ギブソン］は、狂気のトーカッター［ヒュー・キース＝バーン］率いる荒くれ暴走族の追跡を命じられる。のちにフランチャイズを生む映画にしては、『マッドマックス』は驚くほど寒々しいトーンで終わり、妻子を暴走族に殺されたマックスは復讐の鬼と化す。

一九七七年の終わりに強行軍で進められた撮影では、ゲリラ的な手法を駆使した。ミラーとケネディは無許可でロケ撮影をしながら実地に映画づくりを学んでいく。だが荒削りな手口は、アクション・シークェンスをミラーが演出するうえで強みになった。あれほど感覚に直接訴えるカーチェイスなど、より洗練されたプロダクションであればあえて試みようとはしないはずだ。

ジェン・ヤマト　『怒りのデス・ロード』と『マッドマックス』一作目を続けて観ると、興味深い発見がある。製作費等の資源《リソース》は雲泥《うんでい》の差があるのに、当時監督にとって切実だったテーマは『怒りのデス・ロード』を撮ったときも変わらず重要なままなの。それに、簡潔さも共通する。一作目についてミラーは「自分がなにをやっているのかわかってなかった」といっているけれど、手本としたサイレント映画の要素を実にうまくとり入れている。

ジョージ・ミラー　『マッドマックス』一作目に手をつけたときはほとんど映画づくりの経験がなくて、ノウハウが皆目わからなかった。準備がひと通りできたら、あとは実行あるのみだと思っていた。無知だったのは、現場では思わぬ問題が起きる可能性があり、実際に起きるということ。しかも毎日だ。

💀

『マッドマックス』の撮影があわただしくはじまってわずか四日目、スタント・コーディネーターのグラント・ペイジが主演女優のロージー・ベイリーをバイクで撮影現場に送る途中で事故に遭う。十六輪のセミトレーラーに行く手を塞がれてバイクが衝突、ふたりとも骨折した。二週間撮影を中断してベイリーの代役を探しながらペイジの回復を待つあいだ、早くも多数のスタッフがミラーのヴィジョンに不信の目を向けはじめ、混沌としてきた制作状況の見直しがはかられた。

長編映画デビュー作のごたごたに押しつぶされたミラーは、もっと経験を積んだ監督に引きついでもらうことを検討する。

💀

ジョージ・ミラー　神経が参ってしまってね。「監督を降りて製作に回り、映画を完成させよう。そうすればなんとかなるだろう」と申し出た。事実上、監督をクビになった。まだはじまってもいないのに、死人が出てしまうって心底怖《お》じ気《け》づいたんだ。

しかし、ミラーは頭のなかでつくりあげたヴィジョンをふり払えなかった。バイロン・ケネディに監督の座を降りると話した数時間後、ミラーは考え直す。自分のやりかたで撮らなければ、映画は『マッドマックス』にならない。

ジョージ・ミラー　こういったよ。「きいてくれ、わたしは傲慢な男じゃないが、ひとつ譲れないのが、『自分は映画を撮れる』という矜持《きょうじ》だ」心の底では映画の撮りかたをわかっていた、すべて悪いほうにいってしまってもね。

ティム・リッジ　ミラーはなにをやっているのか自分でわかっていないと考えるスタッフが大勢いた。努力が水の泡になるのでは、労力を注いだ仕事が果たしてひとつの作品として実を結ぶのかと、彼らは気をもんだ。

ジョージ・ミラー　一年かけて自分で映画を編集し、毎日起きては自分のした間違いのすべてに向きあい、どうにかサルベージして体裁を整えないといけなかった。最悪なのがそこだった。「なんであの問題をもっとうまく解決しなかったんだ？　なんであのときあきらめてしまい、もっと食い下がろうとしなかった？」って自問するのがね。そうやって果てしなく葛藤《かっとう》した経験が、とどのつまりそのあとにくる様々なことがらと向きあう燃料になった。

ティム・リッジ　ポストプロダクションが長引いて、スタッフの多くが「くそ、絶対あの映画は完成しないぞ。撮影は七八年に終わったのに、年を越えてもいっかな公開される気配がないじゃないか。どうなってるんだ？」とぼやいた。

ジョージ・ミラー　バイロンはわたしよりもあの映画に自信があった。あの頃のわたしは、この映画を観にくる客なんてどこにもいないと思っていた。

一九七九年四月十二日、『マッドマックス』はオーストラリアの映画館でようやく初公開される。映画批評家たちはむきだしのヴァイオレンスにショックを受け、「唾棄《だき》すべき作品」「露骨な客受け狙い」「道徳上問題あり」と評した。

観客は、たちどころに熱狂した。

ヒュー・キース＝バーン（〝イモータン・ジョー〟）　劇場のシートに座って『マッドマックス』第一作をはじめて観たとき、観客全員が「わお、なんだこれは？」と目をまるくした。

ショーン・ジェンダース　覚えているのは、わたしはまだ十三歳のこどもで、テレビの宣伝を見た父が「あんなばからしい映画をだれが観たがる？」といったことだ。「ぼく、観たい」と返したよ。映画館で何度か観て、それが映画の見方にすごく影響している。

エドガー・ライト　絶対忘れない箇所がある。ラストシーンで、メル・ギブソンが爆発を背にして走り去る。ハンドルを握り、一ミリも動じることなく。まぶたに焼きついているよ。

ティム・リッジ　製作費三十五万豪ドルの作品が、最初の数年間で一億豪ドル以上の全世界興行収入をあげ——利益率の最高記録としてギネスブックに一時期掲載されたほどだ。逆風ばかり吹いているかに思われた作品が、いざふたをあけてみたら……。

ジョージ・ミラー　負け犬の気持ちを味わったのは非常に貴重な経験になった。皮肉なことに、もちろん映画は大ヒットしたわけだが、自分がしでかした間違いのすべてと向きあっていなければ、あのヒットはとんでもないダメージを自分に与えていたはずだ。クリエイターとして自信過剰になっていただろうから。わたしの知る監督やアーティストの多くが、そうなるのを見てきた。

針のむしろの年を経験したおかげで、『マッドマックス』第一作において普遍的な元型に当てはまる部分がないか深く研究しはじめ、その流れでジョーゼフ・キャンベルやその周辺の本を読むようになった。断言できるが、「やったぞ、自分は映画づくりの天才だ」なんて思っていたら、そうはならなかった。「つぎはどうする？　前と同じことをすればまたまた大ヒットだ」って考えるに決まっていた。

一作目の挫折経験のちょっとした穴埋めに、ミラーは学んだことのすべてを続編に投入する。よりスケールアップし、より大胆になった『マッドマックス２』だ。一作目の、夾雑物《きょうざつぶつ》のない〝マッドマックス〟映画はいわば『狼よさらば』〔１９７４〕のカーチェイス版だったが、二作目は復讐スリラーの出自はあとに残し、ポストアポカリプス的スペクタクルを存分に追求した。ジョーゼフ・キャンベルの著書『千の顔を持つ英雄』に触発されたミラーは、マックスを神話的な人物に寄せて、再コンテクスト化しはじめる。

今作において、文明はどこにも見当たらない。世界の果ての荒涼とした砂漠〔映画はオーストラリアのブロークンヒルで撮影された〕をさまようマックスは、難民の共同体を助けて補給燃料を狙う残忍な略奪者に立ち向かう。斬新な衣装、ディストピア設定、少ないセリフ――メル・ギブソンは十四回しかセリフを発しない――『マッドマックス２』はどこをとっても一作目より『怒りのデス・ロード』に近く、さらにはカーチェイスはどんな映画よりも疾走感にあふれる。

ジョージ・ミラー　『マッドマックス2』は違った。予算の問題じゃない。『マッドマックス2』最大の変化はわたしの頭のなかにある。一作目では完全に心が折れた。とても公開できるようなしろものじゃないと思った。わかっていなかったのは、映画づくりは苛酷なものだということ。フィル（フィリップ）・ノイスとピーター・ウィアーに相談すると、口をそろえて「そう、いつだって苛酷だ」といわれた。単純にきこえるが、その言葉にわたしは心を入れ替えたんだ。二作目ではすごくいい経験をした。一作目よりも頭のなかに思い描いた映画にずっと近づけたように感じたよ。すべての映画は、次回作へ向けたリハーサルなんだと思う。

一九八二年五月二十一日、アメリカで二作目の『マッドマックス』が公開された際、ワーナー・ブラザースは“The Road Warrior”と改題し（オーストラリア公開時のオリジナルタイトルは“Mad Max 2”）、批評家は今回ミラーのヴィジョンに追いついた。〈ニューヨーク・タイムズ〉のヴィンセント・キャンビーは、『マッドマックス2』は「アメリカでこれまでに公開されたオーストラリア映画のなかでも抜きんでた想像力を誇る」と書き、著名批評家ロジャー・イーバートは「血湧き肉躍る／唯一無二の映画」と評した。

エイミー・ニコルソン　シリーズものの二作目がしばしばいちばんの出来だったり、観客の期待するシリーズ像をうまく体現していたりする。『ターミネーター２』〔１９９１〕や『エイリアン２』〔１９８６〕がそうだし、この場合も絶対にそうだといえる。『マッドマックス２』では見こみのありそうな着想を得たジョージ・ミラーが、神話の領域へとその世界観を押し広げた。二作目にしてマックスはＢ級映画の主人公から伝説のヒーローへと格上げされた。

エドガー・ライト　ジョージ・ミラーはハリウッドの外で映画をつくっているため自分の意志を貫け、それでいて製作費が十倍上の作品にも太刀《たち》打ちできてしまうんだから、いっそう偉大だ。たいした作品だよ。

ピーター・パウンド（プリンシパル車両デザイナー／ストーリーボード・アーティスト）　完璧にやられた。当時二十一歳、アートスクールの学生だったわたしは、自分の目にしたものが信じられなかった。

ドリュー・マクウィーニー　アメリカでは一年後の八二年夏に公開され、その頃にはすでに評判が届いていた。ハリウッドの大物フィルムメーカーの手がけた作品が複数特大ヒットを飛ばした夏のさなか、『マッドマックス2』が割って入った。うわさに違《たが》わず、見かけも感覚もどんな映画とも異なっていたね。たちまちカルト作となって、メル・ギブソンはスターの座に駆けあがった。

パットン・オズワルト　この映画のあとでは、すべてが変わるような気がした。ほかのフィルムメーカーたちが競って見習うんじゃないかってね。人気のあまり、一作目の『マッドマックス』を再上映したくらいだ。「マックスがマッドになった理由を知りたければ、これを観ろ！」っていうキャッチコピーを覚えているよ。

ミラーに熱い眼差《まなざ》しを向けたハリウッドは彼を招き、一九八三年に製作された『トワイライトゾーン超次元の体験』の一話を、スティーヴン・スピルバーグ監督やジョー・ダンテ監督と並んで任せた。ミラーはテレビシリーズ「ミステリー・ゾーン」の名作エピソード「二万フィートの戦慄《せんりつ》」（1963）をスリリングにリメイクしてみせ、有名なコラボレーターたちをもかすませた。

ジョージ・ミラー　あれはアンブリンのスティーヴン・スピルバーグおよびフランク・マーシャルと組んだ仕事で、わたしたちが〈ケネディ・ミラー〉（ミラーとケネディの映画製作会社）でやったやりかたとすごく似ていることに気づいた。要するに、フィルムメーカーの一団が、スタジオからほとんど横やりを入れられずに一緒に映画を制作する。だがそれは、当時抱いた幻想だった。スティーヴン・スピルバーグはきわめて特殊な立場にいて、手厚く守られていたことに気づかなかったんだ。

ドリュー・マクウィーニー　スピルバーグらはミラーが自分たちと同じ、熱狂的なストーリーテラーだと認めた。映画のツールを生得的に理解し、より遠くへ進ませ、より強力に、ちょっぴりクレイジーにできると気づいた男だと。ジョージ・ミラーを際立たせているのは、オーストラリアで撮っていたため、ルール無用の感覚があるところだ。

だが、ハリウッドには独自のルールがあり、ミラーを彼らのやりかたに従わせようと固く決意していた。一九八五年の続編『マッドマックス　サンダードーム』は過激さを抑えたＰＧ-13指定を念頭につくられ、評価は賛否相半《あいなか》ばする。ジョージ・オギルヴィーが共同で監督した本作は、ふたつの別もの映画をホチキスで留めたようだった。前半では生き残った者たちで築いた階層社会に君臨する非情なアウンティ・エンティティ［ティナ・ターナー］とマックスが対決し、ぐっと軽いモードの後半に移ると、マックスは隠された砂漠のオアシスに住むこどもたちの救世主になる。

マノーラ・ダーギス（〈ニューヨーク・タイムズ〉紙映画批評家）　三本目ともなると、ジョージ・ミラーは勝手気ままにやった。お遊び感覚だ。「ティナ・ターナーを出演させて、鎖かたびらのストッキングをはかせちゃうぞ」

パットン・オズワルト　だが、いまや彼はスタジオの紐つきとなり、最初の二作ほどニヒルには徹せられなくなった。それで突然、こどもと動物の登場となる。

エドガー・ライト　あれはジョージにしてみると、問題ありの映画制作だった。

ドリュー・マクウィーニー　原因の一部は、製作パートナーのバイロン・ケネディを失った心痛と、急遽、創造面における半身なしでつくったことにある。

『マッドマックス』一作目がもたらした収益で、ケネディはベルジェット・レンジャー・ヘリコプターを購入した。一九八三年七月、シドニー郊外をフライト中、ケネディの操る機がバラゴラング湖に墜落し、同日彼は死亡する。まだ三十三歳の若さだった。長年の製作パートナーを亡くし、ミラーは『サンダードーム』をまるごと捨ててしまいたくなった。

ジョージ・ミラー　バイロン・ケネディを失ったわたしはすっかり打ちのめされ、気力をなくした。そのあと、ショックや悲しみを和らげるために、なにかをする必要に駆られたんだ。ジョージ・オギルヴィーはわたしにとっては師《メンター》のような人で、「さあさあ、一緒に撮ろう」といってくれた。

ティム・リッジ　ミラーの俳優の扱いかたは最初の二本を撮った頃よりずっとよくなったが、監督としての本領はあくまでアクションにあると本人はみなしていた。それが理由で『サンダードーム』ではジョージ・オギルヴィーを招いて俳優の面倒を見てもらうと、プレッシャーを減らしてアクション・シークェンスに専念できるようにした。

ドリュー・マクウィーニー　三作目は彼を生殺しにしてしまった。見るべき部分もあるが、最終的にはうまくいかなかった。あの映画はいろんな面でミラーをへこませ、彼は内へ引きこもってしまう。

コリン・ギブソン（美術監督）　『サンダードーム』はなかったことにしている。あれはジョージとメルが吸ったＬＳＤのフラッシュバックにすぎず、わたしの頭のなかでは年表からはずしてある。

ティム・リッジ　正直にいう。映画館から出て最初に思ったのは、「あいつらなにをしてくれたんだ？」だった。

ミラーがつぎに撮った作品は、さらなる問題に見舞われる。ジョン・アップダイクの小説を映画化した『イーストウィックの魔女たち』は、あらゆる意味でビッグだった。ビッグな設定――三人の魔女姉妹が悪魔じきじきに求愛される――に、シェール、スーザン・サランドン、ミシェル・ファイファー、ジャック・ニコルソンというビッグなキャスト。そしてたくさんのビッグなエゴ。ミラーは山師の製作者コンビ、ジョン・ピーターズ&ピーター・グーバーと衝突した。ふたりはミラーをぺしゃんこにしようとし、ミラーは二度も監督を降りる。

『イーストウィックの魔女たち』は一九八七年に公開されると興行的には成功したものの、機能不全な大手スタジオでの経験は、ミラーに消えない傷あとを残した。

ジョージ・ミラー　はじめは、「ああ、アンブリンと仲間たちで仕事するようなものだろう」と思った。大違いだった。製作者のなかにはひどく混沌とした考えかたをする者がいる。ちょっと常軌を逸していた。

わたしが犯した最初のミスは、製作会議で彼らに「それで、どこで予算を切りつめられる？」ときかれて「ええと、わたし用のトレーラーは無用です」と答えたことだ。わたしはトレーラーを絶対に使わないからね――俳優と一緒にいるか撮影現場にいる。だがあの返事は彼らにしてみれば、「しめしめ、こいつは御しやすい男だぞ」という符号だった。ジャック（・ニコルソン）にいわれたよ、「気をつけろ。やつらは礼儀正しさを弱みだと勘違いする。少しばかりクレイジーな人間だと思わせておけ」って。エキストラを一五〇人頼んだら七十五人しか集まらなかったときに、「これじゃあ撮れない」と文句をいった。つまり、一五〇人のエキストラが必要なときは三〇〇人要求する。いたちごっこがはじまり、それがえんえん続くんだ。そのうち製作者のひとりが、わたしにはいまだに謎の理由でセットでかんしゃくを起こし、翌日わたしは撮影にいかなかった。

ドリュー・マクウィーニー　彼は自分のやりかたで独自にやるのが性《しょう》に合っていて、スタジオに首輪をはめられていないほうがうまく仕事できる。

ジョージ・ミラー　あのときにハリウッドの病理と真っ向勝負した。そのあと何年間も映画を撮らなかった。

スクリーンから五年間遠ざかったあと、ミラーは一九九二年、過去の知識を生かした医療ドラマ『ロレンツォのオイル　命の詩』で監督業に復帰する。事実に基づく映画であり、命にかかわる稀《まれ》な病気にかかったわが子を治そうと奮闘する両親を、ニック・ノルティとスーザン・サランドンが演じた。医師から転身して監督になったミラーにはうってつけの題材だったが、作品への反応はいまひとつに終わる。レビューは好意的で、ふたつのオスカー（アカデミー賞）・ノミネーションを果たしたが、『ロレンツォのオイル』は製作費三〇〇〇万ドルに対し、興行収入は七二〇万ドルどまりだった。

ドリュー・マクウィーニー　当時、ハリウッドはジョージ・ミラーがヒット作を撮れる監督だと知っていたが、安全牌《ぱい》とはいいがたいのも承知していた。ミラーは『コンタクト』〔１９９７〕の撮影開始直前に去り、その時点でワーナー・ブラザースとしてはいまさら製作を中止するわけにはいかなかった。

一九九三年、ワーナー・ブラザースはミラーと『コンタクト』監督の契約を交わす。カール・セーガン原作のＳＦ小説の映画化だ。ミラーはユマ・サーマン、つぎにジョディ・フォスターに知的生命体との〝ファースト・コンタクト〟を試みる主人公の宇宙飛行士役を打診した。だが、ミラーとスタジオは映画の撮りかたについてどうしても折りあいがつかず、幹部たちはミラーに脚本をいじるのをやめて撮影に入るよう急《せ》かした。

ジョージ・ミラー　創作面の相違だった。スタジオはしょっちゅう「冒険をしてすごく特別な作品をつくりたい」というくせに、ある時点になると怖じ気づいて、なんでも説明過多にしたがった。

ドリュー・マクウィーニー　『コンタクト』の制作が困難をきわめたのはもはや伝説だ。プリプロダクションは大幅に遅れ、予算が問題になり、それからミラーが脚本を改稿し続けて、彼もワーナー・ブラザースも両者が同じ映画にいきつくことは決してないと、はっきり悟った。

ジョージ・ミラー　撮るべき映画を撮れなくなった。あれでは素材を貶《おと》しめてしまっただろう。

二年間の作業ののち、ワーナー・ブラザースはミラーをクビにして、ロバート・ゼメキスに監督をすげ替える。一九九七年に『コンタクト』が公開されたとき、〈エンターテインメント・ウィークリー〉のインタビューに応じ、ジョディ・フォスターはミラーをこう表現した。「二時間半の映画を一瞬に感じさせ、たとえようもなく深く美しく撮れる、そんな監督です。ですがビジネスのこととなると、ひどくナイーブですね」

クビにされたお返しに、ミラーはワーナー・ブラザース――『マッドマックス２』と『マッドマックス　サンダードーム』を含め、それまでに彼の撮ったほぼ全作品の配給会社――を契約違反で訴えた。

ジョージ・ミラー　名の通ったフィルムメーカーと話をすると、全員がスタジオとはひどい機能不全の関係にあった。名作映画や画期的な映画フランチャイズは、つきつめればフィルムメーカーの功績であり、もちろんスタジオの経営幹部よりも映画づくりに関してはずっとよくわかっているし、ずっと魂をこめている。当時のスタジオ幹部連は、機能不全に陥ったか失敗だとみなした製作プロセスに対して、自分たちの権威を振りかざそうとやっきだった。

訴訟は二年以上に及んだが、決着がつくと、予想外のプラス面があった。ワーナー・ブラザースは『マッドマックス』フランチャンズの権利をミラーに返却する。シリーズ三編の制作を通して、ミラーは自身の破天荒なアイディアを実現するやりかたを学んだ。だが、『マッドマックス』に戻る選択肢を手にしたいま、語るに足る新たなストーリーはあるだろうか？

ジョージ・ミラー　ごく単純な話だ。もしなにか興味を惹かれることがあるなら、エネルギーと執念を総動員して映画をつくれるが、もしなければできない。やっつけ仕事をして自分をひどい俗物に感じるのが関の山だ。だからフランチャイズだとは考えない、決して。そのために、一本一本がひどく異なった作品になる。

ニコ・ラソウリス（脚本）　ジョージは神話を創りだす、違うかい？　彼の描く物語はいまのわれわれと世界の根幹をなしている。『マッドマックス』は現代のオイディプスだ、そう彼にいい続けている。わたしは心からそう信じているよ。

ジョージ・ミラー　物語にはどれも、個別のなじみやすさが必要だ。入りこみやすく、同時にかつて一度も見たことのないものだと思わせなくてはいけない。そのバランスが正しくとれるなら、映画にできるかもしれない。

第三章　昔はみんな、テレビを見ていた

『マッドマックス』の各映画は、それぞれ基本的に独立した冒険譚《たん》だ。一作目で描かれたマックスの悲劇的なバックストーリーはすべての続編に通底しているが、続きものというよりは一話完結で、どれから観はじめても特に支障はない。

そうであれば、テレビドラマでも成立するだろうか？

それが、一九九五年、ワーナー・ブラザース・テレビ部門の経営幹部が思いついた疑問だ。シンジケーション（ネットワーク以外のテレビ番組販売流通システム）を検分すると、「バビロン5」（1993-98）や「タイムトラックス」（1993-94）といったSFドラマシリーズが週一でプライムタイムに放映されていた。『マッドマックス』のようなブランド作品をラインナップに加えれば、確実に大当たりを狙える。

テレビシリーズがつくられることはなかったものの、番組放映に向けた試みは、非常に長い道のりの第一歩となった。ドラマ化のアイディアをミラーに持ちかけたとき、幹部たちは単純に、彼をテレビ界に引きよせられればと願ったにすぎない。軽率に放った一手が『マッドマックス』の権利をミラーに戻したのと同様、それが傑作映画を生みだす二十年の旅路の発端となった。

グレッグ・メイデイ（元ワーナー・ブラザース・テレビ部門ＳＶＰ） 以前はよくスタジオの在庫目録をつくっては、「これはと思うのはあるかい？」と少数のグループにきいてまわった。そのひとつが、『マッドマックス』だった。

スコット・カーリン（元ワーナー・ブラザース・テレビ部門ＥＶＰ） ワーナー・コンシューマー・プロダクツの社長だったダン・ロマネリが、この手持ち作品に基づくテレビ番組を開発するのはすばらしい思いつきだと考えた。マーチャンダイジング・ビジネスはかなり手広くやっていたからね。毎週『マッドマックス』をテレビで放映すれば、あきらかにいい商売になる。

ロン・ヘイズ（元ワーナー・ブラザース玩具部門ＳＶＰ） 〈トイザらス〉の男の子用おもちゃのバイヤーを知っていたが、彼が身を乗りだしてこういった。「『マッドマックス』のおもちゃをつくるなら、ぜんぶ買いますよ」とね。

ダン・ロマネリ（元ワーナー・コンシューマー・プロダクツ社長） 『マッドマックス』はすばらしい映画シリーズなのに、ジョージ・ミラーにもう一本撮る気はなさそうだった。それで彼と、シンジケート可能なテレビシリーズ制作について話しあった。

スコット・カーリン　一年で二十二～二十四本をつくる予定だった。

グレッグ・メイデイ　オーストラリアに飛んでミラーとダグ（・ミッチェル）と一度目の打ち合わせをし、そのあとロサンゼルスで会ってディナーをともにした。そのときですらジョージはテレビ化の進路をとるか、もう一本長編映画をつくるか逡巡《しゅんじゅん》していた。

ジョージ・ミラー　長いあいだ、『マッドマックス』の続編の話が出るたびに却下してきた。もうたくさんだったし、あれ以上することはもはやそんなに残っていないと思ったんだ。

グレッグ・メイデイ　ジョージが興味をそそられたのは、物語を二十四時間分語れること――映画だと、それはできない。わたしは企画を進めるのに夢中になった。彼らとのビジネスはいい刺激になるはずだ。

スコット・カーリン　この企画が持ちあがったとき、内心こうつぶやいた。「わお、これは鼻歌まじりで売りこめる企画になるぞ」って。目玉シリーズとして土曜の夕方か土曜の晩のシンジケーション放映に最適だ。すべての条件を満たしていた。

ジョージ・ミラー　「そうだな、興味が湧いたよ」と返事をした。すると、彼らは「では実現に手を貸しましょう」といってきた。

一九九五年十一月六日、ワーナー・ブラザースは業界誌〈ヴァラエティ〉で新プロジェクトを大々的に発表する。ミラーはシリーズの製作者兼監督の肩書きで、スコット・カーリンは内容をいくらかトーンダウンさせる旨を保証した。「オリジナル映画の設定をテレビシリーズでも尊重しますが、暴力的な描写に関しては慎重を期します」

グレッグ・メイデイ　わたしはずっと、あの作品のエネルギーは暴力ではなく、本質的にはコミックブック的なアクション――カークラッシュや、そういったものにあると感じていた。うまくテレビドラマ化できると見こんだよ。

ダグ・ミッチェル　エリック・ブレイクニーが有力なショーランナー候補だった。

エリック・ブレイクニー（脚本）　しばらくジョニー・デップの『21ジャンプストリート』（1987-91）のショーランナーをつとめていた。ジョージと組まされたのは、わたしが世界最高のテレビ業界人として名を馳せていたからだ。方針について打ち合わせをしたんだが、おもしろいのは、ハリウッドの人間からこの件でジョージ・ミラーと仕事をするなと忠告されてね。「始末に負えない、気むずかしい男だ」と吹きこまれたのに、実際は違った。彼らのいうような食えないやつだったら、五分でいがみあっていただろう。だってわたしのほうこそ、正真正銘彼らのいう食えない男だからね。

ディナーを一緒にして、ワインを何杯かあけたあと、こういった。「ジョージ、わたしはこの仕事をするなと忠告を受けている。実にやっかいなやつだっていわれたぞ」すると彼はこう返した。「ええとですね、わたしがハリウッドで学んだのは、感じよく振る舞っていては、ちっともらちがあかないということです。『イーストウィックの魔女たち』を制作中、ニコルソンのアドバイスに従って、居丈高《いたけだか》に、ひどく気むずかしく振る舞ったんですよ。でもほんとうをいえば、ああいうやりかたは性に合わなかった」そして、こう続けた。「わたしは出戻りました。もう一度『コンタクト』で誘惑されて戻ると、同じ問題にぶつかって、クビになったんです」ハリウッドの誘惑をはねつけるのは、至難の業《わざ》なんだよ！破格の好条件を持ちかけるからね。

ミラーとエリック・ブレイクニーはミラーの製作パートナー、ダグ・ミッチェルを交じえて『マッドマックス』テレビシリーズのブレインストームに入った。すると、たちまち規制の壁にぶち当たった。

エリック・ブレイクニー　ジョージとわたしは危険なアイディアでいっぱいになったが、ふたりとも、幹部連の顔つきから「そうですね、テレビ番組には絶対にできませんね」といわれるのは予測がついた。

ジョージ・ミラー　そちらの方向に進んでいたら、シリーズは徹底的に骨抜きされていただろうね。実際、『マッドマックス2』のテレビ放映時に編集の必要があったのを覚えている。ネットワークの検閲は要するに「真に迫った描写はNG、どぎつい箇所はすべからく削除せよ」という方針だった。それはフィルムメーカーとして、とりわけ『マッドマックス』映画で目指していることのすべてに反する――手に汗握り、どっぷり没入できる体験をこっちはさせたいんだ。

エリック・ブレイクニー　ハリウッドの経営陣は、われわれとは別の言語で話している。それにジョージはアンテナを引っこめてしまったようだった。当時はおそらく金が入り用だった――それと信用も。なぜならここ数年ヒット作に恵まれなかったから――いっぽうで、心ここにあらずに見えた。せんじつめれば、テレビドラマ化したいと心から望んではいなかったと思う。

ダグ・ミッチェル　だが、滑りだしは見こみがあるとみて、まずはブレンダン・マッカーシーに声をかけ、話をふった。

ジェームズ・ニコラス（ジョージ・ミラー付アシスタント）　ブレンダン（・マッカーシー）はイギリスで有名なコミックブック・アーティストで、過去に何度かジョージに打診してきたんだ。

ブレンダン・マッカーシー（脚本）　『マッドマックス2』を観たとき、完全にぶっ飛ばされた。決定的な瞬間だ。アート作品に目を開かれ、はかりしれない影響を受けたと悟ることってだれにもあるよね。ぼくは“Freak Wave”というコミック・ストリップをピーター・ミラーと共作した。早い話がサーフィン版『マッドマックス』で、それがアメリカン・コミック界でのキャリアにつながったんだ。

カナダで‘ReBoot’〔1994-2001〕というCGIのテレビ番組の仕事をしていて、『マッドマックス2』の模倣《パスティーシュ》をした回があった。そのエピソードのVHSテープをジョージ・ミラーに送り、「『マッドマックス』になにが起きたのか？」と書いた小さなカードを添えた。ジョージたちはコンピューター・アニメーションについてもっと知りたがり、それでぼくはハリウッドに出向いて彼らと会い、だいたい三十分ほどだったと思うが、『マッドマックス』のテレビシリーズを『ジーナ』〔1995-2001〕や『ヘラクレス』〔1995-99〕の路線でやろうと考えているという話をきかされた。

マーク・セクストン（リード・ストーリーボード・アーティスト）　ブレンダンはなんでもあけすけで、ずばりこうきいてきた。「どうして映画じゃなくて、テレビシリーズなんですか？」って。

ジョージ・ミラー　彼はすごく率直な人物で、そこが長所なんだ。

マーク・セクストン　もちろんこれは、ケーブルテレビのＨＢＯや「THE WIRE　ザ・ワイヤー」〔２００２-０８〕、「バンド・オブ・ブラザース」〔２００１〕なんかがテレビドラマの基準を変えはじめる以前の話だが、『マッドマックス』にほかの手段ではなく、映画としてもう一度ジョージの目を向けさせたのは、ブレンダンの功績で間違いない。

ブレンダン・マッカーシー　『マッドマックス』を熱く語るぼくにたぶんジョージ・ミラーは引いたと思うけど、どうしてあれがすごい作品で、三部作《トリロジー》のどこがうまくいき、どこがまずかったのかをかなり突っこんで、腹を割って議論した。ぼくたちは馬があい、話が弾んで帰る前に『マッドマックス４』のアイディアを売りこんだんだ。完全にいかれていてすごくばかばかしかったけど、いくつか楽しい要素があって、のちの『怒りのデス・ロード』に採用された。

ブレンダン・マッカーシーの映画化売りこみ《ピッチ》案によれば、嵐の吹きすさぶポストアポカリプス世界で、マックスは謎めいた荷物を運ぶ役目を引きうける。旅の終わり、巨大な城に到着したマックスが男に荷物を渡すと、中味は〝正常な〟精子の入った薬瓶だった。男の最終的な目的は監禁しているティーンの少女を妊娠させることであり、それは絶滅間近の人類を存続させるための、ねじれた賭けだった。

ジョージ・ミラー　ストーリーから抜粋した場面を［ブレンダンが］三ページの絵に起こし、送ってよこした。登場人物や小道具は最終的には映画に出てこないにしても、たまげたよ。

『マッドマックス』続編映画の制作をミラーは何年も拒んできたが、再考しはじめる。ロサンゼルスへ飛んで『マッドマックス』テレビドラマ化の企画をつめているあいだ、ミラーの興味は映画を撮るアイディアのほうへ傾いていった。

ダン・ロマネリ　打ち合わせの席で、こちらが先にテレビドラマ化の企画をプレゼンしても、ジョージは気乗り薄そうだった。でもシーツをとり払って、ロン・ヘイズが用意したテレビシリーズのおもちゃコレクションを見せたら目の色を変えたんだ。

ロン・ヘイズ　ジョージは『マッドマックス』についてはこだわりがあり、だれにもいじらせないと忠告されていたから、はねつけられるのを覚悟していた。でも『マッドマックス』のおもちゃの覆いをとると、彼は「おお、これは」って声に出したよ。まだセールストークすらしていないのに――「なるほど、よくわかった」っていったんだ。

ジョージ・ミラー　彼らは『マッドマックス』前三作のアートワークをそれぞれ使っていた。わたしはそれらを連続した一個の作品として考えたことがなかった――おのおのがほかの二作とはいろんな面で異なり、異なる美学で異なることがらを追求していた。だがこうしてぜんぶが合わさったとき、ずっとそういう見かたをしてこなかったものだから、驚いたよ。

ダン・ロマネリ　「やった、ジョージがオーケーしてくれそうだ！」と思ったね。打ち合わせの終わりに、彼は立ちあがってこういったんだ。「すばらしい！　ほんとうに感謝する」といってハグをしてくれ、部屋を出ていった。スコット（・カーリン）がわたしに「いまのはつまり、彼は乗ったということかい？」ときくから、「さあ。でも追いかけてきいてくる」と答えて、エレベーターまで走っていき、「それで、ご意見は？」ときいたら、「ダン、すごくわくわくしたよ！　気に入った！」というじゃないか。わたしが「ではシンジケーションのテレビシリーズで決まりですか？」と念を押すと、「いいや！　もう一本映画を撮る」っていわれたんだ。

ジョージ・ミラー　ロサンゼルスに滞在中、横断歩道を渡っていたら、すごくシンプルなアイディアが浮かんでね。全編がひとつの長い追跡劇《チェイス》で、マクガフィンを〝人間〟にした『マッドマックス』映画があったらどうだろう？　一本まるまる逃走劇にするとして、道中どれだけバックストーリーを盛りこめるだろうか？　要は、走らせつつストーリーをどれだけ豊かにできるかを見極めるのにかかっていた。

ダグ・ミッチェル　すごくシンプルな、雑味のないバックストーリー。『サンダードーム』のあとではなおさらだ。

ジョージ・ミラー　ある意味、驚くほど縛りがある。改めて考えれば、主要登場人物の大半がずっとトラックのキャビンに座ったまま、チェイスもしくはレースの形式で荒野《ウェイストランド》を疾走する。その手の制約はフィルムメーカーとしては形式の面で興味深いが、それに加えて寓意に満ち、掘り下げたくてうずうずしてくる世界だ。もってこいだった。

のちに『怒りのデス・ロード』に発展する基本的な要素を煮つめるため、ミラーはアイディアの一部を〈ケネディ・ミラー・ミッチェル〉のスケッチアーティスト、ピーター・パウンドに描き起こさせる。それは、パウンドがずっと待ち望んできた機会だった。

ピーター・パウンド　一九九一年、スタジオにはじめて呼ばれ、一作目の『ベイブ』でクリス・ヌーナン監督とストーリーボードの仕事について話しあうために受付に座っていたら、正面ロビーに『マッドマックス』のでっかいポスターが貼ってあった。「ある日彼がこういうぞ。とうとうジョージがやってきて、『きいてくれ、〝マッドマックス〟の新しいアイディアがある』ってぼくにいうんだ」と想像していた。もちろん彼がそういうまで、六年かかったけれどね！　「やった！　とうとう実現するぞ」って思ったよ。

ミラーはマックス、および〝女戦士〟と名づけた女性の主人公、それに十五歳から二十六歳におよぶ女性の逃亡者六人などを含めた登場人物リストをピーター・パウンドに渡した。また、〝毒砂嵐《トキシック・ストーム》〟〝塩盆〟〝死の都〟など、場面設定の候補もリストアップした。

一九九六年、クリスマスの二日前、パウンドは〝Fury Road（怒りのデス・ロード）〟と題したノートに一連のスケッチを描いた。初期に描かれたそれらの絵には、ミラーがほのめかしたタブローも何点か含まれており、完成した映画に採用された。あるスケッチでは、逃げだした籠の鳥たちが汚れを落としているところへマックスが出くわし、いっぽう、女戦士は自分の庇護下にある者を守ろうと身構えている。別のスケッチでは、車両が隊列を組んで砂漠を渡り、砂ぼこりのわだちをもうもうとあげている。

さらには悪役のスケッチもあり、それはのちに〝イモータン・ジョー〟となる――このときは、金のつけ鼻をしたボサボサ髪の〝ウォーロード〟だ――また、女戦士は初期デザインでは太陽電池で可動するロボットアームをつけている。

ピーター・パウンド　ときどき、まるでだれかの過去をさらけだしたみたいな気になる。十歳の頃、ぼくは段ボールで車やトラックをつくっていた。ひとしきり遊んだあと火をつけて、写真に撮ったんだ。そのあとロボットアームにも魅了されて、機械の腕を組み立てた。一九七〇年代の髪形をした十六歳の自分が、機械の腕をつけている写真がある——しかも左腕にだ、映画のフュリオサと同じくね。

ジョージ・ミラー　当時われわれはほかの作品に着手していたが、暇を見てはつぎの『マッドマックス』の構想を練っていた。たいてい、もし見どころが少しでもあれば、消えてはいかない。ずっと引っかかっている。不思議としつこくね。

ジェームズ・ニコラス　ジョージが目を閉じたときにまぶたに映る映像を消し去るには、映画にするしかない。断言できる。

ジョージ・ミラー　もし介護施設で車椅子に座って日がな一日天井を見つめる余生を送るとしたら、まず間違いなく頭のなかで映画を撮っているよ、と家族にはいってある。

第四章　ヒストリー・ピープル

『マッドマックス』のテレビドラマ化を思案しているあいだ、ミラーのハリウッドにおける潮目は劇的に変わった。彼の関わった慎ましやかなファミリー向け映画が、予想外にもオスカー受賞の大ヒット作に化けたのだ。

『ベイブ』は観客の心をとかした。世にも稀な牧羊の才を持った言葉を話すブタが主人公の、愛らしい小さな寓話は世界興収で二億五四〇〇万ドルをあげ、作品賞を含む七つのオスカーにノミネートされた。ミラーは共同脚本と製作を担当し、クリス・ヌーナンが監督、本作の成功によって思いがけず潤沢な軍資金が手に入った。

ミラーは『コンタクト』に時間をとられて『ベイブ』を自ら監督できなかったが、続編『ベイブ　都会へ行く』ではヌーナンに代わって監督の椅子に座ろうと決めた。同時に『マッドマックス　怒りのデス・ロード』始動へ向けて劇的な一歩を踏みだし、一九九七年の初頭、ポストアポカリプス世界を描く続編用の脚本家会議を開いた。荒野《ウェイストランド》に戻るのは十年以上のしばらくぶりとなるため、ミラーは援軍を必要とした。

ブレンダン・マッカーシー　電話が鳴って、「ジョージが『マッドマックス』のおもしろい新作アイディアを思いついた。シドニーにきて、一緒に企画を練るかい？」とたずねられた。ジョージはもうひとり脚本家を雇う予定で、ぼくはデザインを同時進行でやっていくという話だった。

エリック・ブレイクニー　わたしのエージェントのところへジョージ・ミラーとダグ・ミッチェルから電話があり、てっきり『ベイブ』続編の脚本をオファーされるんだろうと思った。それで〈アイヴィー〉でディナーをしたんだが、ふたりは「『マッドマックス』を映画として復活させたい、ついてはオーストラリアにきて仕事をしないか？」というんだ。わたしはジョージと仕事をしたかった。砂漠の真ん中を爆走するアイスクリームトラックの話だと説明されても、「よしわかった、やりましょう」って返事をしていたさ。

ベリンダ・ジョンズ（ジョージ・ミラー付アシスタント）　ジョージはすごく一徹な反面、チームで仕事を進めるの。最高の人材を集めるのがジョージにはなにより重要なのよ。そうしてこそはじめて実力を発揮できる。有能だとわかっている人材で周りを固めるのが肝心なの。

ナディア・タウンゼンド（文芸顧問）　それに、きく耳を持っている。不動の自信がないとできないことよ、「自分がどうしたいかはわかっているが、きみの意見にすごく興味があるから知恵を貸してくれ」というのは。

ジョージ・ミラー　わたしには双子の兄弟がいて、ほぼ毎日一緒に学んできたせいだとする説を気に入っている。ふたりでいつもコラボを組んでやりとりをしていた——話しあえる相手がそばにいるのは、すごくいいことだよ。

一九九七年一月、ミラーは『怒りのデス・ロード』専門委員会《ブレイントラスト》をシドニーに集めた。メンバーはエリック・ブレイクニー、ブレンダン・マッカーシー、そして『マッドマックス2』と『マッドマックス サンダードーム』の衣装デザイナーをつとめた故ノーマ・モリソー。

エリック・ブレイクニー　仕事をしにいったら、奇妙なチームがいた。自分は数合わせの脚本家として呼ばれたんじゃないかな。

ブレンダン・マッカーシー　コミックブック・アーティストと脚本家が一緒に仕事をすれば、脚本が書き進められるにつれ、視覚的なデザイン要素がその都度手に入る利点が、［ジョージには］見えた。ぼくはシリーズの神話を頭にたたきこんでいるし、新しいアイディアならごまんとある。『マッドマックス』の新作を共同でつくりあげていくのを、神聖な芸術上の仕事だとみなした。

ダグ・ミッチェル　ジョージにまじめに受けとってもらうためになにも〝脚本執筆の才《ライティング・スタッフ》〟は必要ない。なんらかのクリエイティヴな能力があれば、ほかのメンバーと同等に尊重される。

ジョージ・ミラー　これは、あくまで共同作業なんだ、ただし最終的な編集権はわたしにあるがね。

ブレンダン・マッカーシー　共同作業のうち、ぼくはおもにデザインのアイディアと、登場人物や車両の外観スケッチを受けもった。

ピーター・パウンド　ブレンダンはジョージのアイディアを絵に起こしていくコンセプト・アーティストだ。ジョージのアイディアを的確にすくいとり、コミックのコマ割りとして視覚化できた。

ジョージ・ミラー　ブレンダンはいわば、やんちゃな弟みたいなもので、「アンプにプラグを差しこんでロックンロールを弾いてくれ。なんでもいいけどおれをがっかりさせんなよ、ジョージ」と圧をかけてくる。

ブレンダン・マッカーシー　『マッドマックス　怒りのデス・ロード』の脚本とデザインを練りにジョージ組に入ったとき、口約束をした。もし映画が文句のつけようのない大傑作じゃなければ、つくらないってね。はんぱなリブートで『マッドマックス』民《ピープル》を失望させるべきじゃないんだ。

ジョージ・ミラー　『マッドマックス2』に忠実でいろって、容赦なく尻を叩かれたよ。

四人は共同で六ヵ月間、映画の世界をつくりあげていった。

ブレンダン・マッカーシー　ジョージはほぼ一文のみのストーリーラインで、ウォーロードが牛耳る砦《シタデル》について説明した。

ジョージ・ミラー　最初に考えたストーリーは、逃亡した者たちを追って荒野《ウェイストランド》を走る大がかりなチェイスだ。そのつぎに決めたのが、逃亡車両の積み荷は人間——健康なあとつぎを求める暴君のウォーロードが囲う五人の〝妻たち〟であること。

エリック・ブレイクニー　ウォーロードは生命力のある若い女性を囲っていて、出産の権利をだれが有するのかというテーマの片鱗が見えてきはじめた。興味深いテーマだと思ったよ。

ジョージ・ミラー　荒野《ウェイストランド》を支配するウォーロードにとって、彼女たちはいわば繁殖用の家畜だ。全員が大なり小なり首の後ろに彼の焼き印を押されている。

ブレンダン・マッカーシー　ウォーロード子飼いの女戦士が、女たちを手引きして補給トラックに乗せ、彼女の故郷〝母たちの緑の地《グリーン・プレイス・オブ・メニー・マザーズ》〟に連れていく。その地へ向かうトラックのあとを車列隊《アルマダ》が追い、マックスはホットロッドのフロントに縛りつけられている。

エリック・ブレイクニー　ジョージは医学の訓練を受けていて、癌《がん》に蝕《むしば》まれたウォリアー・ボーイズの話をした。癌患者が体力をすべて失うと、新鮮な血を入れることで回復できる。それについてはわたしの父が癌で危篤のとき、輸血で数日延命して気がついた。それで、ジョージがこういうんだ。「どうかな、マックスがボーイズとはじめて遭遇したとき、輸血袋として捕まったら、すごくクールじゃないかな」

ジェームズ・ニコラス　マックスがそれまでどこにいて、なにをして、今回はなにが違うのか、どれほど野蛮になり果てたのかをたくさん話しあった。

ブレンダン・マッカーシー　マックスはたぶん孤独のせいでおかしくなっていて、他人と関わりあいたくない。映画の幕切れには女戦士と絆が生まれ、愛を表明する。彼女もおそらくは同じ感情を持つ。

それで、ふたつの絶望した者同士の軌跡《アーク》が交わる、きわめておもしろいストーリー構成ができた。

マーク・セクストン　ジョージは当時、マックス役はメルに演じてもらうつもりでいたが、そのときですら、すべては少なくとも多少の新鮮味を、ほぼ人間以下の、生存本能のみの状態に退行したマックスに与えることに成否がかかっていた。映画の冒頭、マックスは完全にいかれている。長くさすらいすぎて、人間らしい部分をなくしているんだ。ジョージがほんとうにきちんと描きたかったのは、アクションを通じてマックスを社会に再統合してやることだった。

ジェームズ・ニコラス　マックスはある意味「お客さん」なのではという懸念がいくらかあり、実際そうだった。というのも、物理的にニュークスの車のフロントに縛りつけられているからだ。けれどジョージがほんとうに賢いのは、マックスを根本ではぼくたち観客と同じ立場にしたところだ。つまり、彼が状況を学ぶにつれてぼくたちも学び、それで必然的に、彼にもっと感情移入できる。

エリック・ブレイクニー　もうひとつわたしが気づいたのは、ストーリー上の問題点にぶち当たったまま、完全には解決されずじまいでいたことだ。つまり、これはマックスの物語ではない。フュリオサの物語であり、彼女がマックスと邂逅《かいこう》する。せんじつめれば、これは『マッドマックス』映画というよりも『マッドマックス』映画のいとこに近い。

ニコ・ラソウリス　これは自分の善良な部分から逃げている男に、その善良な部分が追いつく物語だ。フュリオサが、彼の善良な部分だとの見方も成りたつ。

ベリンダ・ジョンズ　最終的に、いろんな意味で立派なフェミニスト映画になったけれど、はじめからそう意図されたわけじゃなかったの。

ジョージ・ミラー　それはおもに、ストーリーの基本設定のためだ。男であるロード・ウォリアー（マックス）が五人の妻たちをかっさらう話にはできない。それをしたら、別ものになる。その役割を負うのは女性でなくちゃいけない。いったんそこを押さえれば、残りはついてくる。

だが、そのストーリーテリングのなかで、潜在的になにが起きているのか？　それは知りようがない。わたしには男兄弟しかおらず、全寮制の男子校で学び、医大に進んだ当時、女学生は全体の三十パーセントしかいなかった。その後、それはそれはすばらしくパワフルな女性とのあいだに娘をもうけ、すてきな人生の伴侶を得ると、突然世界を違った目で見るようになった。無意識に仕事にも影響が出る——プラス、われわれは時代精神の申し子だ。

マーク・セクストン　この映画の登場人物全員のなかで、いちばん正しく描こうと苦心したのがフュリオサだといっても過言じゃない。シャーリーズ・セロンの配役が決まり、髪を剃ったとたん、キャラクターがとうとう彼女自身としてひとり立ちした。マックスの女性版としてではなくね。

ダグ・ミッチェル　当時ジョージが目星をつけていた女優のひとりが、ユマ・サーマンだ。

ピーター・パウンド　フュリオサのメイクを施して衣装をつけたユマの絵を描いた。顔に複数の傷があったよ。

ジェームズ・ニコラス　しばらく候補にのぼっていたまた別の女優は、ブリジット・モイナハンだった。

ベリンダ・ジョンズ　モニカ・ベルッチの名前が挙がっていたのを覚えているわ。

ジョージ・ミラー　たくさんの女優について、当時検討した。そのひとりがまさに、シャーリーズだ。キャスティング・エージェントに打診すると、「いいえ、シャーリーズは興味を示しませんよ」といわれたのを覚えている。十年以上あとで本人に確かめたら、「えー、きいてないわ。だれも教えてくれなかったもの」といっていたよ。

『怒りのデス・ロード』の開発が続くなか、手間暇のかかる『ベイブ　都会へ行く』のクランクインが近づいてきた。ミラーがそちらのプリプロダクションに没頭すればするほど、『怒りのデス・ロード』に割ける時間は減っていった。

ベリンダ・ジョンズ　ジョージは超多忙だった。少しでも注意を引くのは至難の業で、もし引けたら、すごくたくさんの作業を片づけられた。ジョージにきてもらって、こういってくれないとなにごともはじまらなかったからよ。「うんいいぞ、それこそまさにわたしが考えた通りだ」って。ジョージはこちらに全力投球できなかったから、エリックを筆記係にしていた。

エリック・ブレイクニー　とんでもなくストレスがたまった。ジョージは『ベイブ　都会へ行く』の準備を上の階でやっていたから、わたしはたいてい、ブレンダンとふたりで下の部屋にいた。午前中にひとしきりアイディアを練ったあと「ああ、今日はジョージはこないな」とあきらめて昼食を食べ、もう少しアイディアを出しあい、つぎの日、部屋に戻るとブレンダンがアイディアを絵にしてくる。彼は毎朝わたしより先にきてジョージに絵を見せ、するとジョージは「ほら、ブレンダンがすごいアイディアを出したぞ。これを見てみろよ」という。わたしは「えーと……」となる。

ダグ・ミッチェル　ジョージはなんでも共同作業でやり、才能と感性でストーリーを進められる者ならだれであれすごく重用する。その点でブレンダンに目をかけ、彼とエリックのとり合わせがギクシャクしたのはそのせいだと思う。

ピーター・パウンド　エリックは独自のアイディアを推し進めていった。

ジョージ・ミラー　話はみえみえで表面的、しかもマックスをアーノルド・シュワルツェネッガーばりに書き、アクションヒーローの決めゼリフを吐かせていた。われわれがやろうとしていたことを深く掘り下げもせずにね。わたしが「なあ、それじゃあうまくいかないよ」というと、「いや、うまくいくと思う」という。「ブレンダンも同意見だ」と重ねていうと、彼の返事は「あいつになにがわかる？ただのコミック描きだ」

エリック・ブレイクニー　わたしのいいそうなことだが、どうだろう。

ピーター・パウンド　ジョージが「きみはクビだ」って。

ジョージ・ミラー　ギロチンが落ちた。

エリック・ブレイクニー　ジョージとの仕事は好きだったけれど、ブレンダンと組むのは耐えられなかった。互いに報われる結婚とはいかなかったのさ。

ブレンダン・マッカーシー　結局、「ジョージは」ぼくのアイディアをすごく気に入ってくれ、「相談なんだが、一緒に映画の脚本を書く気はあるかい？」ときかれた。ぼくが「ぜひあなたと映画の脚本を書きたい。でも断っておくと、ぼくはハリウッドの長編映画の脚本なんて書いたことありませんよ」と返答した。そうしたら「ああ、心配しなくていい。わたしはある」って。

ピーター・パウンド　ブレンダンが共同脚本になった。当然のなりゆきだ。ジョージと似通った想像力をしているからね。名コンビだよ。

一九九八年九月にはユニバーサルでの製作が決まり、『マッドマックス』新作のニュースが〈ヴァラエティ〉で報じられた。

> 『マッドマックス』、ユニバーサル・ピクチャーズでバイクエンジンを再始動。
> スタジオはアクション・アドベンチャー・シリーズの第四弾を二〇〇一年または二〇〇二年夏の公開に間に合わせる計画でいる。だがポストアポカリプス世界で車とバイクを駆る暴力的なギャングと戦うガンスリンガー役に、メル・ギブソンが復帰するかどうかは未定だ。

一九七九年の『マッドマックス』第一作に一万五〇〇〇ドルで雇われた主演俳優は、いまや一本二〇〇〇万ドルの出演料に加え、収益の配当もがっつり要求する。彼の代理人によれば、今夏四作目の『リーサル・ウェポン』に出演したギブソンは、『マッドマックス』新作出演のオファーをまだ受けていない。

『怒りのデス・ロード』をめぐる活発なうわさとは裏腹に、ミラーの新生キャリアの勢いは、早くもかげりを見せる。一九九八年十一月、『ベイブ　都会へ行く』が公開されると、盛大にコケた。クリス・ヌーナン監督によるほのぼのした一作目はアメリカ合衆国で六三〇〇万ドルの興収を記録したが、ミラーの暗く、はるかに予算をかけた続編は一八〇〇万ドルにとどまった。

著名な批評家のなかには支持する者もおり、ジーン・シスケルは『ベイブ　都会へ行く』を一九九八年のベスト映画に挙げている。だがミラーの続編は、こどもには怖すぎて過激すぎるという当初の評価を覆《くつがえ》せなかった。

ダグ・ミッチェル　この映画なりの力強さがあるものの、最初の試写を観た観客がすごく怖がったため、十七分カットされた。

ドリュー・マクウィーニー　こどもがわんわん泣いて、あまり受けがよくなかった。ひどく変わった、ひどく個人的な映画が、万人受けしてそこそこヒットする大手スタジオのファミリー映画として公開されたせいだ。

ダグ・ミッチェル　がっかりしたよ。ジョージは膨大な労力を注いだんだ。ある意味あの映画は急かされた。映画制作の大きな間違いのひとつは、公開日に間に合わせようと急ぐことだって学習したよ。

マノーラ・ダーギス　『ベイブ』一作目は監督こそしなかったものの、背後にいるヴィジョナリーがミラーなのは一目瞭然だった。『ベイブ　都会へ行く』は彼が監督し、一作目を超えて映画史上特筆すべき瞬間を生んだ。犬に追いかけられ、橋を渡ったベイブが、ふり返って問いかける。「なぜ?」と。ヴァイオレンス映画の天才が、このとても優しく深遠な問いを発するために立ちどまったことに、胸を突かれたわ。

ドリュー・マクウィーニー　美しい映画で、技術的にもみごとだったが、ハリウッドのミラーに対する評価を確実に傷つけた。もし彼に出資すれば、ふたつにひとつの結果になる。すなわち、『ベイブ』か『ベイブ　都会へ行く』のどちらかだ。そしてそのうちのひとつは、顔面蒼白《そうはく》ものだった。

ジェームズ・ニコラス　ミラーのところで働きはじめたのは『ベイブ　都会へ行く』公開の一年後で、「これからどうしよう?」的な空気が流れていた。そうこうするうち『マッドマックス』の制作について、本腰を入れて話しあわれはじめた。

ファミリー映画への塩辛い反応にムチ打たれ、ミラーは荒野《ウェイストランド》に戻ってくる。『怒りのデス・ロード』のために二度目のチームを立ちあげ、ブレンダン・マッカーシーを再び招き、ピーター・パウンドとストーリーボード・アーティストのマーク・セクストンを新たに迎えた。チームは革新的な方法を思いつき、何千点もの絵で脚本を構成していった。

マーク・セクストン　『ベイブ　都会へ行く』でジョージと仕事をしたのは、興味深い経験だった。とりわけ、クールなスタッフはみんな下の階で『怒りのデス・ロード』の打ち合わせをはじめていて、ぼくらは上の階で、なんとしゃべるブタを描いてたんだからね。数年後、一九九九年の十一月頃にジョージの弟で、〈ケネディ・ミラー〉の企画作品数本の製作者でもあるビル・ミラーから電話があった。スケジュールが空いていたら『ハッピー フィート』に着手できないかときかれて、「なんてこった、ぼくはしゃべる動物専門かよ！」と思った。うざいおしゃべりブタから、うざい踊るペンギンへ。くそうざい。

それで、ポッツ・ポイントにあるジョージのオフィスに出向くと、ビルに「ジョージから話がある。二階の『マッドマックス』部屋にいる」といわれた。二階にあがって、広くて奥ゆきのある円形の部屋に入ったら、壁一面に絵が――常軌を逸した車と登場人物、それにごく数点のストーリーボードが貼られ、部屋の奥には大きなホワイトボードが置いてあって、『マッドマックス　怒りのデス・ロード』のロゴだけが書かれていた。「やばい、マジでやる気だぞ！」って思ったよ。
　ジョージが入ってきて、「やあマーク」うんぬんのあいさつのあと、こう切りだした。「で、いつからはじめられる？」白状するけど、今日この日まで、ビルが『ハッピーフィート』のために正式にぼくを呼んだのをジョージが間違えたのか、それともあれはぼくを会社にこさせる方便で、『マッドマックス』をやるとぼくにいいふらさせないためだったのか、わからないんだ。

ジェームズ・ニコラス　あの部屋にはマーク、ピーター、ブレンダン、ぼく、ジョージがその後の二年間通いつめた、だいたいね。

ジョージ・ミラー　いろんな意味で、最高の時間だったよ。

ベリンダ・ジョンズ　あの部屋で、一気に弾みがついた。要するに、ヴィジョンを具体化して、ジョージが物語《ナラティヴ》を視覚的に追えるようにしたの。

ジョージ・ミラー　みんなでストーリーを組み立てていったが、基本的には、脚本をひとつの長いストーリーボードに起こしていく作業だ。三五〇〇点のパネル（コマ）を部屋中に貼っていった。

ピーター・パウンド　過去に一本丸ごと、脚本ではなくストーリーボードで撮影された長編映画があるかどうか探してみた。脚本といえばタイプ打ちか手書きと相場が決まっていたが、ぼくたちのは違う。

P・J・ヴォーテン（製作／第一助監督）　ジョージは口頭で説明するんだ。文章に起こすつもりはあまりない。

マーク・セクストン　ジョージはどうしたいかのアイディアを頭のなかにしまっている。それをぜんぶまとめて結晶化できるようなひとつの鍵となるイメージを、だれかが見つけるまでじっと待ち、それからそれを青写真に使って、こういうんだ。「よし、この絵を映像にするぞ。さあ仕事にかかれ」

ジョージ・ミラー　前々から、アルフレッド・ヒッチコックの「字幕を読まなくても日本の観客に伝わる映画を撮ろうとしている」という方法論に共鳴していた。『怒りのデス・ロード』でやろうとしたのが、まさにそれだった。一編の長いアクション映画で、セリフは極力少なくても、登場人物と彼らの関係性を理解できる作品だ。

マーク・セクストン　九十五パーセントがアクションから成る映画の脚本を書いても、アクションを説明する文章がだらだら続いて死ぬほど退屈するだけだ。

コーリー・ワトソン　アクションを文章で読むのは、建築を学ぶためにダンスをするのも同然だよ（有名なレトリック「音楽について語るのは建築について踊るみたいなもの」のもじり）。

マーク・セクストン　平均的な一日のパターンは、みんなが集まって――ブレンダンとピーターとぼくが『マッドマックス』部屋に詰め、ジョージは九時頃に顔を出す。

ピーター・パウンド　毎朝『マッドマックス２』のオープニング・シークェンスをかけていた。白黒のプロローグのあと、エンジン音を響かせてハイウェイを爆走する場面で、ビル全体が揺れるほどノイズの音量をあげる。みんなは「オーケー、パウンディがきた、はじめよう」っていうのさ。

マーク・セクストン　ジョージがブレンダンに自分の考えたヴィジュアルを話し、それがいいアイディアかどうか議論しあって、たいていジョージが勝つ。ブレンダンはカット割りの大まかなアイディアを素早くスケッチし、ジョージが満足するとピーターとぼくにあとを任せ、ふたりでシークェンスを分担していった。

ジェームズ・ニコラス　ふたりが電子ボードにもう少し丁寧なヴァージョンを描いて、それを出力する。

マーク・セクストン　そういうふうに一年ほど続け、ストーリーボードを描いては映画を少しずつ構成していった。数センチの小さなフォーマットで印刷して、ジョージがすべてのコマを切りわけて編集しはじめる。そのとき魔法がほんとうに起きるんだ。ぼくらが描いて、ジョージがコマを編集するときに。

ジョージ・ミラー　そのやりかたがすごく優れているのは、進み具合がわかるところだ。音楽にたとえると、現代の映画作曲家のなかには、文字通りピアノを弾かずにスコアを書く人物がいる——音符が見え、フルオーケストレーションで演奏した音色がきこえる。多少それに似ているが、ストーリーボードは読むのが難しい。なぜならいちばん価値のある次元を欠くからだ、時間を持たない。

ピーター・パウンド　ジョージとブレンダンが基本的にストーリーを探っていき、マーク・セクストンとぼくが腹ぺこの犬みたいにあとをついていく。「つぎはなにが起きるんだ?」ふたりに問いを投げつけて、絵のインスピレーションを得る。こうしたらどうかな?　ああするのはどうだい?

ブレンダン・マッカーシー　目の前で『マッドマックス』の新作映画がかたちづくられていくのは、えもいわれぬ心地だった。毎日走って仕事にいったよ。物語がつぎにどうなるのか、どんな狂気を思いつくのか見つけだしたくて。

ピーター・パウンド　ぼくたちは文字通り、つぎになにが起きるのかをその前に決まったことからひねりだしていった。物語が結末に向かう瞬間があり、そうしたら、ジョージだったと思うが、こういうんだ。「彼らはもといた場所へ戻らなきゃいけない」ぼくたちストーリーボード係は顔を見あわせた。「なんだって？　冗談だろ。生きてここにたどりついたばかりなのに、引き返させたいだって？」

ジョージ・ミラー　ひとつの部屋に三人が九ヶ月こもって映画をレイアウトし、何年もあとのいま現在にみんなが目にしているうちの、八十パーセントがあの壁に貼りだされていった。

クリス・デファァリア（製作総指揮）　この映画制作で語りつがれる逸話のひとつが、ストーリーボードをジョージが映画にしたことだ。みんなにきかれたよ、「それで、ジョージはどんな構想を持っているんだ？」だからこう答える。「ストーリーボードに描かれていますよ」すると彼らはいう、「いや、それはわかった。それで、なにを撮るんだ？」「ストーリーボードに描いてあるものを撮ります」あとになって、スタジオが映画の最初の編集版を観てよく理解できなかったとき、きかれるのは「彼はどうやってあんなしろものを撮れたんだ？」すると、ジョージはこう答えていた。「ストーリーボードに描いてありますから」

ピーター・パウンド　ストーリーボードが完成したとき、これはユニークな映画になるとわかっていたし、自分たちのやったことにすごく満足だった。とりわけジョージがね。ただ、スタジオとの駆け引きにはみんなが頭を抱えた。足元をすくわれてばかりだったからだ。なにもかもがぼくたちの邪魔をした。

第五章　あいつは破壊者よ！

ジョージ・ミラーが味わったハリウッド・スタジオ・システムとの確執は教訓話になりそうだが、ミラー映画で長年主役を張ったメル・ギブソンのほうはバラ色の人生を送っていた。一九八六年、『マッドマックス　サンダードーム』が公開された一年後、カリスマ性あふれるブルーの瞳のギブソンは、〈ピープル〉で初代「最もセクシーな男」に選出され、その後数年にわたってハリウッドでナンバーワンの映画スターの座に君臨する。

「メル・ギブソンが人気の絶頂にあったとき、どれだけ権勢を誇ったか若い世代はなかなかぴんとこないかもね」〈ニューヨーク・タイムズ〉の批評家マノーラ・ダーギスはいう。「妹と『バウンティ　愛と叛乱の航海』〔1984〕を観にいったら、すべての座席を女性客が占めていた。メルは超のつく美形には稀な色気のかたまりみたいな人で、しびれるような存在感があり、しかもすばらしい俳優ときている」

ミラーの『マッドマックス』三作を過去にして、ギブソンはさらにビッグな『リーサル・ウェポン』〔1987〕シリーズの主役をものにする。『マーヴェリック』〔1994〕『パトリオット』『ハート・オブ・ウーマン』〔共に2000〕などのヒット作が続き、国際的映画スターとしての名声を不動のものとすると、つぎにはカメラの背後でも頭角を現す。一九九五年の大作『ブレイブハート』を監督・主演した彼は、アカデミー賞の作品賞を手に入れた〔しゃれた運命のいたずらで、その年の競合ノミネート作にはミラー製作・脚本の『ベイブ』が名を連ねた」。
『怒りのデス・ロード』の企画は進んでいたが、四十代半ばでまだ絶好調のギブソンを、すんなりと出世作に引き戻せるだろうか？　ミラーが最初に彼を主演に映画を撮ったとき、二十一歳のギブソンは演劇学校を出たての、未知数の人材だった。ハリウッド一のひっぱりだこの俳優となったいま、彼と契約を結ぶのはまったく新たな挑戦となるだろう。

ジェームズ・ニコラス　二〇〇一年に『怒りのデス・ロード』のストーリーボードの大半が描きあがった。そうなるとつぎにくるのが、「よし、戦略をたてて資金調達にかかるぞ」の局面だ。

ジョージ・ミラー　とうとう本格的にスタートした。交渉に入ったよ。

ジェームズ・ニコラス　メルを確保できるという保証はなかった。

エリック・ブレイクニー　ジョージはほかの俳優をみつくろいたがった――「メルは年をとりすぎた」といってね。

ダグ・ミッチェル　ジョージはあるとき、ブラッド・ピットに目をつけた。ついでにアンジェリーナにも！

ジェームズ・ニコラス　メルのロード・ウォリアーの体にブラッド・ピットの顔を貼っつけてみたのを覚えている。どんな感じかなって。

エリック・ブレイクニー　ふたりと仕事をした経験のあるわたしに、ジョージがきくんだ、「ブラッド・ピットかジョニー・デップをどう思う？」って。どちらも適役とは思えなかったが、ブラッド・ピットのほうがまだしもだっただろう。ジョニーには彼独自のロン・チェイニー・ユニヴァースへのこだわりがあったから。

ピーター・パウンド　「若手の俳優にマックスを演じさせろ」アピールがチーム内ではじまったけど、ぼくは反対だった。だって、メルじゃないならマッドマックスじゃないよ、わかるかい？　大きな間違いだって思った。

エリック・ブレイクニー　メル・ギブソンの起用を推そうと、彼を再登場させるシークェンスを考えた。フュリオサが妻たちを逃がした直後、地下室にカメラが転じると、ウォー・ボーイズが出陣に備えて血をくれと懇願している。輸血者たちは生肉よろしく裸で足から吊りさげられ、フックにかかった屠《と》畜がレールにすずなりになっているでかい食肉処理場と、ボタンを押すと服が回り出てくるドライクリーニング店の中間みたいな光景が映る。それで、ニュークスに血を与える許可が下り、彼の前でレールのホイールが回転して尻が裏へ回って顔が露わになると、それがメル・ギブソンなんだ。最高の登場シーンになっただろうね！

ブレンダン・マッカーシー　ぼくがメル・ギブソン派になったのは、たぶんみんなよりずっとあとだった。最初の『マッドマックス』映画にすごく若い頃主演した男が今回も出たら、興味深いと思ったよ。もし『マッドマックス4』を彼でやるなら、メルは熟年の域に入り、マッドマックスはいかれたおいぼれの変人になっている。それは俳優にとっては絶好の転機になるだろうし、前例のない映画シリーズになっていたはずだ。

ベリンダ・ジョンズ　メルでやるとすれば、ジョージはたぶんこう考えたと思う。「もし彼でいくなら、それなりにやらなくては」って。

エリック・ブレイクニー　メル路線に戻ったとき、わたしは驚かなかった。あれだけの製作費を要求すれば、スタジオはスターの出演をごり押ししてくる。

二〇〇一年初頭、つぎの監督作となる聖書劇『パッション』〔2004〕の制作準備をはじめたメル・

ギブソンは、ミラーのオフィスを訪れて『怒りのデス・ロード』の説明を受けることに同意する。

ジェームズ・ニコラス　この映画について学ぶ唯一の方法は、シドニーまで飛んできてジョージにストーリーボードで説明してもらうしかない。文章に起こしたものは存在しないからだ。

ピーター・パウンド　上から下へ見ていけるように、ストーリーボードを一列につき、だいたい二十四枚ずつ並べた。二〇〇ないし三〇〇枚ぐらいまでいくと、頭のなかでアニメーションの要領で再生されるようになる。

マーク・セクストン　メルは二日間通い、基本的にジョージが『マッドマックス』部屋に同席してストーリーボードを読みきかせた。

ジョージ・ミラー　思い出してほしいのは、メルは当時すでに映画を監督した経験があり、とても優れた監督だということだ。

マーク・セクストン　一九八五年以来メルとジョージは組んで仕事をしておらず、メル自身フィルムメーカーとしてのキャリアを大成功させているから、それがふたりの力関係を劇的に変えた。ジョージはそのあたりをすごくおもしろがって観察していたと思う。いちばんよく覚えているのは、説明が進むにつれ、メルがゆっくり、だんだんと椅子に低く沈みこんでいく様子だ。ジョージが座って話し、メルは「うん、うん、うん、うん、うん！」とあいづちをうっている。彼はすごくハイパーアクティヴで、じっとしていないんだ。

ピーター・パウンド　変わった男だよ、メル・ギブソンは。

マーク・セクストン　ジョージは不思議と、すごくナーバスになっていた。もごもごまくしたて――「ああ、これを忘れてた」なんて――ブレンダンはメルのマックスに猛烈に入れこんでいるから、目に見えて震えながら、「ジョージ、ねえ！　きいて！」と口を挟むと、ジョージは「……ああ、ありがとう、ブレンダン。そうだ、そうだった」って。

ジョージ・ミラー　メルはすごく気に入ると笑う癖があってね。すぐにこの役をやりたいと決めたと思う。ずいぶん笑っていたから。

マーク・セクストン　二日目の終わりにジョージがとうとうストーリーボードを読み終えて、メルと平和にランチをしていると、不意にメルが「ジョージ、これはとんでもない作品だ、気に入ったよ。だがすぐにやらないと、五十近いおれはいまでさえできるかわからない。五、六年後になったら無理になる」と切りだした。するとジョージは「うん、うん、わかってる」と答えていた。知っての通り歴史はそうはならなかったけどね。

ダグ・ミッチェル　映画の権利はわれわれが所有しており、複数の会社から打診があった。ユニバーサルと組んだのは当時『ベイブ』をそこでやったからで、ところが彼らは怖じ気づいた。

ベリンダ・ジョンズ　『ベイブ　都会へ行く』は彼らが期待するほどの収益をあげられなかった。ユニバーサルはやりたがったけれど、ジョージに自由裁量権を与える意志はなかったの。

ダグ・ミッチェル　あのスタジオに縛られているわけじゃなかったから、フォックスに持っていった。メルが契約していたスタジオだ。

ハッチ・パーカー（元20世紀フォックス製作部統括）　ジョージは希代のフィルムメーカーにして並はずれたアーティストであり、芸術性のある商業映画の巨匠でもある。それ自体が稀な人種だ。そして脚本は、それまでのシリーズで確立した土台の上に、奥深く、オリジナルかつユニークな物語を構築したと感じさせる。それもまた至難の業だ。続編映画はこれまで何度も新しくユニークな冒険を試みるいっぽう、一作目が観客に受けた要素を残せなかったためにえてして失敗している。

つぎの課題は、製作費の見積もりだ。クリエイティヴな野心と実際面とをどうすり合わせるか？　それははるかに困難な道のりとなった。

二〇〇二年十二月、十ヶ月に及ぶ厳しい交渉のあと、20世紀フォックスは『怒りのデス・ロード』の製作に同意する。M・ナイト・シャマランの大作スリラー『サイン』を終えたばかりのメル・ギブソンはマックス役を二五〇〇万ドルのギャラで引きうける。一億四〇〇〇万ドルの映画製作費の四分の一近くにおよぶ報酬だ。撮影は二〇〇三年五月にはじまる予定だった。

ジェームズ・ニコラス　話がまとまったことに、みんながショックを受けた。いつも「この映画に手をだす会社なんてどこにあるんだ?」っていいあっていたから。「フォックスみたいだよ」ときいたときは、「やったな、なにもいうなよ。正気じゃないんだから」って空気だったね。

ダグ・ミッチェル　メルが『怒りのデス・ロード』のマックス役を演じるとなると、製作費の話が違ってくる。あの段階におけるメルの出演料は法外だったが、おそらくそれだけの価値はあった。

ハッチ・パーカー　メルとの契約はある意味上限ギリギリ――こちらとしては破格の条件だった。

P・J・ヴォーテン　フォックスがメルと交わした契約によって、映画の製作費が確定し、一定の限度を越えられなくなった。苦しくなるのは目に見えていた。

ハッチ・パーカー　問題は、実のところ一億四〇〇万ドルには収まらないだろうことだ。綿密なプランニングをしないと確実にはいえないものの、おそらく一億二〇〇〇万ドルか一億三〇〇〇万ドルというところだろう。天候やキャストのスケジュール、その他もろもろの条件を兼ねあわせると、その数字内でおさまる確信のないまま財布の紐を解く必要があった。

ジェームズ・ニコラス　製作費を抑える方法について話しあいがもたれ、ジョージは現状維持につとめた。ある時点から、フォックスが多くのカットを要求してきたせいだ。結局、シークェンスをひとつ削ることになった。ジャイロコプターが登場するシークェンスで、全身鳥の羽根ずくめのヘリコプター人間たちにマックス一行が夜襲をかけられる。

P・J・ヴォーテン　あの時点でメル以外のキャストはだれも決まっていなかったが、皮肉にもトム・ハーディがウォー・ボーイ役のスクリーンテストを受けている。

『マッドマックス』前三作はオーストラリアで撮影されたが、ミラーは『怒りのデス・ロード』にふささわしいロケ地を求め、世界中を探しはじめた。

ジョージ・ミラー　オーストラリアで撮影したいのはやまやまだが、景観と降雨に不安があった。

P・J・ヴォーテン　たいていの人はオーストラリアは砂漠ばかりと思うが、実際は砂漠にはハマアカザや植物や岩がごろごろしている。どこでも好きなところを疾走したりできない——わたしは『サンダードーム』のスタッフだったが、クーバーペディで撮影したときは文字通り地面から手で岩をどかして走り回れるようにした。谷と砂丘と平坦な砂漠が絶対必要だった。

ジョージ・ミラー　世界中の砂漠を見てまわったよ、だいたいね。

P・J・ヴォーテン　メルの出演が決まったものの、彼は北米を出たがらなかった。ネヴァダ州の塩湖みたいな場所でなら撮影は可能だ。景色は申し分ないが、アメリカロケは費用がかかりすぎる。リサーチ中、突然ナミビアに照準が合った。コリン・ギブソンが現地へ飛んで下見をしていると、気づかないうちに車で地雷原の上を走っていたなんてこともあった。輸送面で理想的なうえ、視覚的にもすばらしかった。谷、砂丘、平らな砂漠、南アフリカの優秀な映画スタッフがそろっている。すべての条件を満たした。

ガイ・ノリス　たっぷり時間をかけて計画し、撮影開始は秒読みだった。

P・J・ヴォーテン　コリンが現地で車両を組み立てていた。

ハッチ・パーカー　あの手の映画を製作するための出費は莫大な額になる。実際にセットを組むのであれば、撮影初日までに前もってどれぐらい手をつけておく必要があるか、予測するしかない。経費の詳細が固まる頃には、プリプロダクションに入って久しい。すでにスタッフは仕事をしている。

ガイ・ノリス　撮影開始まで六週間だった、文字通り。そして、あれがやってきた。

二〇〇三年二月、フォックスの経営幹部は製作費の高騰にパニックを起こしはじめた。

ハッチ・パーカー　新たなやっかいごとがどんどん持ちあがった。ナミビアでの車両の制作か、現地で特定素材が入り用になるかのどちらかが原因だった。予算が変動し続け、正直、上昇していた。その状態が続いたために、スタジオとの対話は非常に難しくなった。

ジョージ・ミラー　そこへ9・11テロ事件が起き、すべてが変わった。

ジェームズ・ニコラス　イラク戦争中に米ドルが下がりはじめて豪ドルが上がり、突然利ざやを食いはじめた。

ジョージ・ミラー　米ドルが豪ドルに対して三十パーセント近く急落した。予算の三十パーセントを失い、回復できなかった。

マーク・セクストン　海外ロケの意味が、がらりと変わってしまった。

ジョージ・ミラー　保険と輸送が完全に制限された。そのため、保険をかけられず、車両をオーストラリアからインド洋を渡ってナミビアへ送ることができなくなった。そうして瓦解した。

ハッチ・パーカー　すでに相当高額にのぼる製作費が〝動く標的〟になり、メルやジョージら二次使用権の所有者がこうもいては、コストが実際のところどうなるかを評価するのはほぼ不可能だった。あの時点でのわたしの職務は帳尻を合わせること、みんなの創造的な興味と経済との折りあいをつけることだ。努力の甲斐なく両者は最終的に折りあいがつかず、そのためわれわれは手を引いた。

あれは一年がかりとなるだろうフランチャイズであり、作品だった。そうそう現れるものではない。それだけに打ち切り決定は痛みをともなった。全員でジョージとダグに連絡をいれ、「残念だがこの話はなかったことに」と告げたよ。

ジェームズ・ニコラス　フォックスは降りた。見限られたんだ。

コリン・ギブソン　二〇〇三年にナミビアにいたら、出費を止めろといわれた。

レスリー・ヴァンダーワルト（ヘア&メイクアップ・デザイナー）　あれはいやな、沈みこむ感じだった。みんなですごく盛りあがって、そうしたら突然、「うぎゃっ！」ってなった。

ダグ・ミッチェル　とてつもなく落胆した。立場上仕事をしている全員に責任を感じるからだ。「悪いね、きみたち」とわたしがいったら、彼らは職を失うんだぞ？　映画がお蔵入りになるってだけじゃない、家族の食いぶちがかかっている。

ジェームズ・ニコラス　ほぼ四年関わってきて、あの映画をつくることにとり憑かれていたからね、つらかったよ。

コリン・ギブソン　車両の大半をバラさなくてはならなかった。中止になった企画に金を払う酔狂はスタジオになかったため、自分たちが手がけた車をガス切断器で溶断する様子をヴィデオテープに録画した。すべてが溶鋼の山になった。砂丘に出る道をそれで覆い、ナミビアをあとにした。

ピーター・パウンド　「わかった、この映画は決して実現しないんだな」と思ったよ。この絵をもとにこれ以上仕事がくることはない。だって、だれの目にも触れないんだから。それで、引き出しの奥にしまいこんだ。

ハッチ・パーカー　映画作品に手を染めて得られるすばらしい恩恵のひとつは、アイディアやストーリーやフィルムメーカーたちに惚れこむことだ。だから、自分の信じた映画を最終的に手放さなくてはいけなくなったときは身を切られる思いがする。映画がつくられるにはたくさんの条件の足並みがそろう必要があり、そのひとつが、あれだけの規模の事業にともなうリスクを引きうけられる会社だ。フォックスに腹をくくらせる助けになれず、ジョージに不義理をしてしまった。

ジョージ・ミラー　それはこの仕事にはつきもので、人生にもしばしばついてまわる。いや、実際、これは映画に課される試練なんだ。もし作品が真にパワフルなら、真に心を動かされるなら、ストーリーの吸引力につかまって頭のなかに居座ってしまうようなら、きみは小さなメモをつけ続ける。「ああ、こいつは『マッドマックス』にもってこいだぞ」ってね。そのプロセスがずっと続いてなくならないなら、それが作品の真価を問うテストとなる。

ジェームズ・ニコラス　製作中止になったあと、ほかの映画の仕事をして、人から「どんな話なんだ？」ときかれるたび、こう答えていた。「それはいえないけど、ぶっちゃけ最高傑作だ。決してつくられないけれどね。あまりにいかれすぎ、クールすぎるから」ジョージが思い描いた通りにつくる許可を出す会社なんて、考えつかなかった。

ジョージ・ミラー　よく思うんだが、当初の予定通りの日程でもし制作されていたら、映画はいまと同じような反響を得ただろうか。おそらくそうはならなかっただろうね。

コリン・ギブソン　二〇〇三年に撮っていたら、すごく異なる映画になったはずだ。時間がたっぷりできたおかげで車両の一台一台がただの乗り物から個性を持ったキャラクターに変わり、デコレーションのひとつひとつに個性と過去と存在感が備わった。

ダグ・ミッチェル　当時手に入らなかったカメラがたくさんある。まだ存在しなかったからだ。映像的にはものすごく違っていただろう。はるかに貧弱だったはずだ。

ジョージ・ミラー　よりふさわしかった公開年は、二〇一五年か、二〇〇〇年か？　それはわからない。

コリン・ギブソン　もっと前に制作するはずだった映画より、ずっとよくなった。果報は寝て待てってね。

第六章　生きて、死んで、よみがえる

人はハリウッドを「夢の工場」と呼ぶが、映画産業が日々にぎりつぶす夢の数については、無視を決めこむ。『怒りのデス・ロード』の映画化に向けて何年も心血を注ぎ、いざ本番というときにはしごを外されたら、たいていのフィルムメーカーであれば希望を失い、つぎの作品に移っただろう。しょせんつくられる運命にはなかったんだと自分にいいきかせて。だが、ジョージ・ミラーはマックスをすっぱりあきらめられるのだろうか？

その間《かん》、別の映画が彼に命づなを与えた。ミラーとやりあった『コンタクト』の一件以来、ワーナー・ブラザースは態度を軟化させ、スタジオの新社長アラン・ホルンはミラー監督との仲を修復するのにやぶさかではなかった。二〇〇一年の話しあいの席で、ミラーの製作パートナーであるダグ・ミッチェルはホルンに『ハッピー フィート』の脚本を提供する。コウテイペンギンが踊りを通して自分の声を見いだすアニメーション映画だ。

ホルンはアイディアを気に入り、『ハッピー フィート』の開発が、フォックスでの『怒りのデス・ロード』の制作と並行してはじまった。後者が頓挫《とんざ》したとき、ミラーはより実現性の高い企画に軸足を移す。

ジョージ・ミラー　この業界で生き残るには、同時にふたつ以上の企画を準備しておくのが秘訣だ。『ハッピーフィート』用に準備したオーストラリアの設備が待機中で、ワーナー・ブラザースは乗り気だった。それで『マッドマックス』はいったん忘れ、『ハッピーフィート』に専念することにした。

マーク・セクストン　〝クール〟な企画が消え、すごく〝ゴールド〟な企画をやることになった。だがジョージと仕事をしてわかったのは、彼がアイディアを手放すのはそれ以上続けても無意味でしかなくなったときだ。『マッドマックス』にはすでに多大な労力がかけられ、ジョージの頭のなかで息づいてる以上、またやろうとすると信じていた。

マーガレット・シクセル（編集）　何年間もずっと、コンセプトアートがぜんぶ壁にピン留めしてあった。すべての成果が貼り出されていた。ひどいと思わない？　もし実現できなかったとしたら。

ジョージ・ミラー　思い入れの強い企画ならたくさんあって、半分書きかけたのや書き終えた脚本のうち、ものすごく入れこんだのが何本かある。だが時間が経つにつれ、とうとうこう自問する。「ほんとうにこれをやりたいのか？　自分にとって意味があるか？」意外なのが消えていくよ。

ジェームズ・ニコラス　ジョージの個性だね。一作目の『マッドマックス』を観ても、長編を撮ったことのない人物にしては野心的な企画だ。ジョージはなにかにつけ、できないといわれるのが嫌いなんだ。

ベリンダ・ジョンズ　困難であればあるほど、つぎのレベルにいってやるぞって燃えるみたい。

ジョージ・ミラー　いまではすっかり身についてしまった。長年やってきたおかげで、物語を語ることがね。わたしにできるのは、それだけなんだよ。

マーガレット・シクセル　『マッドマックス』はこれまでの人生にずっといたの。裏庭に居座っていた。けれどジョージは裏庭にたくさんの作品を寝かせていて、どれが頭をもたげるかはわかりようがないのよ。

コリン・ギブソン　みんなつぎの仕事に移りはしたが、なにかほかのことをしようとするたびに電話が鳴って、「再開するかもしれないし、しないかもしれない。急げ、こっちに飛んで戻れ！」っていわれるみたいだった。たくさんのフライングがあった。ある意味、文句はいえない。そのおかげで基本的にたくさんの時間ができて、細部をたっぷり考えてつめていけたんだからね。

ミラーが『ハッピー フィート』に忙殺されるあいだ、新たに重要なコラボレーターが加わる。ニコ・

ラソウリス。演劇コーチおよび創造的哲学者の彼とミラーは、学生時代に知りあった。

ラソウリスははじめ俳優としてキャリアをスタートさせ、『マッドマックス』一作目に整備士役で出演さえしたが、やがてもっとやりがいのある道を見つけ、ストーリーと登場人物をじっくり、型破りなやりかたで掘り下げるのを専門とした文芸顧問《ドラマターグ》になる。まもなくミラーの創造面のパートナーとなると、彼なりのやりかたで『怒りのデス・ロード』の共同脚本家をつとめた。

ニコ・ラソウリス　わたしは無名だ。目立たず、インターネットからも距離を置いてきた。というよりそれを求めた。仕事自体で目を引きたかったからだ。ろくな仕事をしていないのに堕落したり、自分を優秀だと勘違いするのはたやすい。求道あるのみ、ひたすらその道で精進するのみだ。

わたしは元俳優で、国にはＡＦＩ賞という映画賞があり——アカデミー賞に似ているが、そこまで有名じゃない。そのＡＦＩ賞に二度ノミネートされ、こう思った。「なんてこった、うそをついて賞をもらおうとするとは」って。役柄の真実をつかんでいなかった、技を使っただけだった。こんなことはやめてふりだしに戻らなくては、と思ったんだ。演技の本質を追究し、ほかのやりかたで答えを得ようとした。それで、数年間業界から完全に足を洗い、全体をときほぐして別の角度から理解しようとした。やがて、'Heartbreak High'〔１９９４-９９〕というテレビドラマの役をオファーされ、スタッフに学校を出たての若者を指導できるような人材がいなかったため、わたしが引きうけた。はじめて長年温めていた方法論を適用すると、すごくうまくいったよ。

ナディア・タウンゼンド　あのドラマが採用した、ニコにリハーサルルームを任せるやりかたは完全に業界文化を変えたの。若い俳優たちに、役柄の内なる声を発することをニコは許した。それはスタッフに変化を促すことにつながる。役の真実味を捉えるためにはタイミング通り演じるのではなく、俳優同士がオーバーラップしあうのを認める必要があったからよ。彼のアグレッシヴな仕事ぶりと真実を追求する姿勢が、オーストラリアのテレビ界を劇的に変えたの。

ニコ・ラソウリス　テレビ界の変化を見てとったジョージがすごく興味を持って、わたしに『怒りのデス・ロード』で仕事をしないかと声をかけてきた。

ジョージ・ミラー　俳優が経験するプロセスと、脚本家が経験するプロセスは同列なんだ、って気がついたんだよ。これまでも、いちばんうまくいったのは俳優と共同脚本したときだった。『ロレンツォのオイル』のニック・エンライト、『イーストウィックの魔女たち』のマイケル・クリストファー。観客の前に出るのがどういうものかを肌で知っていて、いま起きていることに、リズムとフィードバックを瞬間的に返す。それで、ニコを誘った。

ペトリーナ・ハル（製作・開発総指揮）　俳優と脚本家の関係なら、演劇界で経験したからわかる――映画とテレビの世界ではあまり例がないけどね。基本的に、ニコは創造面におけるジョージのコンパニオンで、作品のサブテキストを見張っているの。それがたやすく邪魔されて、はぎとられてしまうのをジョージはわかっている。スタジオは自分たちの要求を押しつけるし、それからマーケティング・チームが横から入ってきて、派手なショットを欲しがったりするとね。そっちのいうことをききすぎたら、自分がやろうとしていた核となる真実味からどんどん遠くなる。ジョージはニコのような人材で周りを固めて、そちらの面倒を見させた。

ニコ・ラソウリス　ジョージは大まかにいって、絵描きみたいに思考し、編集を通してストーリーをどう語るかを考える。それに対してわたしはストーリーのなかのドラマにフォーカスし、編集には注意を払わない。これがジョージと進める共同作業のやりかたで、実りは多い。

ジョージ・ミラー　ニコはわたしの静かなる導師《グル》ブラザーで、「ここをもっと注意深く掘ってみよう」と教えてくれる。

P・J・ヴォーテン　ニコは真っ向からジョージに質問をぶつけ、キャラクターがなぜそんなことをして、それはどこからくるのか、議論をふっかける。ジョージはいやでも慎重になる。

ジョージ・ミラー　わたしはストーリーを考えはじめるときは、サブテキストありきではできない。まずストーリーを語り、それからテーマが立ち現れてくるのが見え、考えを進めるうちに補強されていく。

ナディア・タウンゼンド　ニコは並はずれて深遠な思想家で、わたしが知るなかでもとりわけドラマチックな精神の持ち主。ジョージのしていることをぜんぶ吸収して、それからふたりでやりとりをはじめる。何時間でもえんえんと続け、自分たちの創造していることの、おおもとの要素にたどりつこうとするの。「これがこの物語の核心なのか？」って。

ラソウリスは思いつくまま、『怒りのデス・ロード』の作劇術上の分析を一九〇ページ分書いて、テーマの骨子を明確にし、プロットのビート（区切り）とキャラクター・アーク（登場人物の心情の変化や成長などの軌跡）それぞれに、象徴的な重みを与えようとした。

ニコ・ラソウリス　すでに完成していた三五〇〇点のストーリーボードというレガシーを受けとったのは非常に幸運だったが、一見して、「なんてこった、これをどうしたらいいんだ？」と往生した。クレイジーでマッドな、ぶっ通しのアクション。少しずつ完全に理解していく方法を見つけようと決め、大きな紙をひろげてタイムラインを書きはじめた。

スタジオの一角を空けてもらい、毎日そこにこもった。朝一にきて夜は最後に帰り、リサーチをした。ストーリーのなかの象徴性を見つけ、表に引き出そうとしたんだ。この話に潜む心理を理解しようとした。ばらばらに分解した。要するに、できるところはどこでも、可能なあらゆる方法で分解した。

『怒りのデス・ロード』のような映画の危険性はアクション・シーンのくり返しのつるべ打ちになること――派手なばかりで魂がないのだ。その代わり、ニコ・ラソウリスは三つの主要なチェイス・シークェンスのそれぞれを、すべてのビートがマックスと女性の主役――その時点では〝大隊長〟と呼称していた人物とで共有するキャラクター・アークを深めるように、調整を模索した。

ラソウリスは作劇術上の分析を以下のように当てはめる。

ひとつ目のチェイスでロード・ウォリアーと大隊長をめぐりあわせ、ふたつ目のチェイスで互いに負った義務により一蓮托生《いちれんたくしょう》となり、三つ目のチェイスで互いのために戦ううちに絆が生まれる。

ニコ・ラソウリス　わたしの責務はアイディアを明確にして混乱しないようにすること。各アクション・シークェンスを通してマックスにだんだんと深みを持たせていった。動物から人間に、一段階ずつ進化していくような。

ニコ・ラソウリスに委ねたおかげで、〝毒砂嵐《トキシック・ストーム》〟のなかでくり広げられるカーチェイスのようなシークェンスが、奥深いメタファー的な意味と連動した。すなわち、嵐は問題を抱えたマックスの精神を体現し、稲妻の一閃一閃《いっせんいっせん》が新たに光るシナプスを象徴する。もしマックスが毒を含んだ砂ぼこりの雲をくぐり抜けられれば、自分の人生の乗客ではもはやなくなる。トラウマと荒野《ウェイストランド》が何年もかけて育んだ狂気によってすり減らされた人生をマックスはとり返す。嵐の反対側に出たあと、とうとう自分のために考え、行動するようになる。

ラソウリスはこう記している。

> ロード・ウォリアーの感情的な進展について、ストーリー前半では旅立ちを通して抑圧された感情と面と向きあい、後半のもとの場所へとって返すストーリー、復路では、それらの感情を昇華して前に進む。

ニコ・ラソウリス　はじめ、マックスは戦おうとしない――恐怖心しか抱かない、それは重要だ。あとのほうで、彼は「戦う」という。なぜならいまや、マックスには戦う理由があるからだ。わたしはまた、命題を見つけようとした――ジョージはいつも命題を重要視していたが、彼が「この映画の核心がなにか考えはじめる必要がある」と、どの程度チームとじっくり話しあったのかは知らない。命題は年月が経つうちに変化して、最後に「壊れた心を癒やせるのは愛だけだ」になった。

荒野《ウェイストランド》は不毛で、植物が育たない。だがなお〝緑の地〟が存在し、種子が保存され、それゆえ「男」が「女」に自分の血をわけて生気を与えると、それまで想像しがたかった希望、不毛の荒野に緑をとり戻す日が、いつかは訪れるとの希望が生まれる。

ニコ・ラソウリス　その間《かん》ジョージは『ハッピーフィート』をフォックス・スタジオのほかの場所でつくっていて、それでわたしは一週間に何度か歩いていって一緒に昼食をとり、彼が『ハッピーフィート』を手がけるあいだも『マッドマックス』に関わり続けられるようにした。そこでモンタージュとミザンセーヌ（画面構成と演出）について議論した。

P・J・ヴォーテン　あの世界のキャラクター全員の過去と行く末を設定する時間ができたのは、ふたりにとってはもっけの幸いだった。飽きずにえんえんと理論化して意見を交わしてた。

ペトリーナ・ハル　そしてこの頃に、フュリオサの物語をジョージが思いつく。

ジョージ・ミラー　『怒りのデス・ロード』の物語を深く掘り下げる一環として、強力なバックストーリーをしっかり固めないといけなかった。まず、ニコ・ラソウリスとわたしはフュリオサの身のうえを考えた――どんないきさつで砦《シタデル》にきたのか、緑の地とはなにか、とかね。それは純粋に、シャーリーズの役に立ち、同時に自分たちを納得させる手段にもなった。『怒りのデス・ロード』に登場するのは物語のほんのさわりのみだが、フュリオサ、ドゥーフ・ウォリアー、マックスの物語をつくった……そして、フュリオサの物語は脚本に起こせるほど骨太だった。

ペトリーナ・ハル　［ミラーは］その話にとりかかりはじめているわ。それとはまた別に、"Mad Max : Wasteland"のストーリーにも。

ナディア・タウンゼンド　［ラソウリスは］マックスの大それた脚本《ホン》を書きながら撮影がはじまるのを待っていて、わたしはその脚本を読んだ。全世界を描きだしているの。『怒りのデス・ロード』より一年前のマックスの話で、震えるわよ。

ニコ・ラソウリス　時間に余裕ができたおかげで、深く掘り下げるいい機会になった。絨毯《じゅうたん》を織ろうとするみたいなものかな。模様をデザインする時間しかないなら、まあ、しかたがない。だけどもしもっと時間があれば、実際にその模様の絨毯を織れて、さらに時間に余裕があれば、糸を自分で紡《つむ》いで好きな色に染められる。ジョージのすばらしいところは、余裕の時間をつくりだせることだ。

ジョージ・ミラー　それが唯一、映画に一貫性を持たせる方法だ。なぜならそうでなければクレイジーすぎる。もう狂気なら、じゅうぶんあるよ！

ブレンダン・マッカーシー　最終的に世に出た映画の八十パーセントをぼくがジョージと書いて、ジョージとニコがそれに手を入れたんだ。ふたりはすごいアイディアをいくつも思いつき、映画を観ると、あまりにもはまりすぎて自然だ。でもぼくとジョージがやっていたときは、それが見えなかった。

ニコ・ラソウリス　かなり有望な、可能性のある不動産をきみは扱う。つまり、ストーリーだ。別に表面だけなぞってもいい、すごく楽な仕事だ――たいていの人間はそうしていただろう。だが表面の下へ届かせたければ、真剣な仕事になる。

二〇〇六年の終わり、『ハッピー フィート』が公開されると、ペンギンたちのミュージカル映画はたちまちミラー最大のヒットとなり、三億八四〇〇万ドルの世界興収を記録するとともにアカデミー賞長編アニメーション作品賞を受賞する。『ベイブ　都会へ行く』の期待を下まわる成績、『怒りのデス・ロード』のフォックスにおける製作立ち消えと、立て続けの失意のあと、ミラーとダグ・ミッチェルはトップに返り咲いた。

ペトリーナ・ハル　『ハッピーフィート』に続いて、ジョージとダグの前にはたくさんの企画が差しだされ、ジョージの創造意欲をかきたてようとだれもが争った。〇七年と〇八年の短いあいだ、『怒りのデス・ロード』が再び俎上《そじょう》にあげられたの。とはいえ『ハッピーフィート』の続編にもっぱら関心が集中したのはあきらかだった。新しくて違うことに挑戦するのが大好きなジョージが、『ジャスティス・リーグ』に手を染めた時期もしばらくあったわ。

デイヴィッド・シムズ（〈アトランティック〉誌記者）　ジョージ・ミラーの『ジャスティス・リーグ』は、風変わりな二〇〇〇年代のスーパーヒーローブームの最後のひと息だった。「アン・リーやクリストファー・ノーランみたいな監督にヒーローものを任せて好きなように撮らせよう！」という気運があったんだ。もう二度とそんなブームはこないだろうけどね。

ペトリーナ・ハル　ジョージが『ジャスティス・リーグ』をやると決めた以上、なにしろ大作だから、みんな腕をまくってプリプロダクションに入った。

ミラーは二〇〇七年の大半をスーパーヒーロー・チームのキャスティングに費やす。アーミー・ハマーがバットマン、D・J・コトローナがスーパーマン、アダム・ブロディがフラッシュ、それに加えてのちに『怒りのデス・ロード』に起用した俳優が二名。イモータン・ジョーその人、ヒュー・キース=バーンがマーシャン・マンハンターを、『怒りのデス・ロード』では〝鉄馬の女たち〟の最年少メンバーに扮したメーガン・ゲイルがワンダーウーマンを演じる。

二〇〇八年一月、撮影のためキャストがシドニーに集まったが、クランクイン前夜にして『ジャスティス・リーグ』は瓦解する。脚本家のストライキ、予算の問題、高額の税額控除をオーストラリア政府が認めなかったのが理由だが、『ジャスティス・リーグ』がだめ押ししたのは、大作映画を完成させるのは難事業であるいっぽうで、ジョージ・ミラーの大作映画はほぼ実現不可能だという心証だった。

ヒュー・キース=バーン　よさそうな企画だったのにな。実現しなくて残念だよ。ジョージはふつうじゃないことに思い入れを持つんだ。

ドリュー・マクウィーニー　心の片隅でいまだに、もし彼らが『ジャスティス・リーグ』をつくっていたらどうなっていただろうと想像するんだ。デザインを見て、脚本を読むと、従来のキャラクターとは絶対的に一線を画していた。ミラーのスーパーマン、ミラーのバットマンになったはずだ——登場人物たちはそれとわかるが、ジョージ・ミラーのフィルターに通されている。スタジオのつぎの十年間を決定づけるか、いまだになかったふりをしているか、どちらかに転がる賭けとなるような作品になったはずだ。

ペトリーナ・ハル　実現しないことがはっきりすると、「まあ、まだ『怒りのデス・ロード』と『ハッピーフィート2』があるし」となった。

マーク・セクストン　『ハリー・ポッター』が終わりに近づいていたため、ワーナーは新たなシリーズを必要とし、『ハッピーフィート』が溝を埋めてくれるかもと考えた。

ダグ・ミッチェル　二本抱き合わせの交渉をした。

ジェームズ・ニコラス　それで、『怒りのデス・ロード』がペンギンに便乗して予算を確保した。

ペトリーナ・ハル　ダグは『ハッピーフィート』の続編を『怒りのデス・ロード』と抱き合わせで契約した。ワーナーはどう見ても『ハッピーフィート』の続編に大乗り気で、『怒りのデス・ロード』はジョージの悲願だった。それをニンジンがわりにしたようなものね。

マーガレット・シクセル　いつも結局はジョージ次第なの。あの人以外に『怒りのデス・ロード』

を必然作と考える人間はいないはずだからね。映画界ではネガティブ思考が習い性《しょう》になってしまう。『マッドマックス』の続編なんてだれが観たがる？　メルじゃなきゃ実現は無理だ」わたしたちの大勢が、その点にひどく気をもんだわ。

ジョージ・ミラー　この映画は、とどのつまり、棒で叩いたって死なない。挫折の連続だった。三つのスタジオを転々とした。わたしはただ、惑星直列の瞬間を待つ必要があったのさ。

ダグ・ミッチェル　スタジオはやりたがり、われわれもやりたがった。

クリス・デファァリア　ミラーたちはこの映画で大風呂敷をひろげ、メディア戦略として劇場公開はもちろん、ヴィデオゲーム版、フュリオサのアニメーション映画版、ライヴショーの巡業公演の話さえ一《いち》時《じ》は出た。壮大なプランを提案してきた。スタジオは媒体同士を連動させる案には食いつかなかったが、映画には一口乗った。

ドリュー・マクウィーニー　『怒りのデス・ロード』が製作された当時のワーナー・ブラザースは、はるかにＩＰ（知的財産）優先、会社優先、安全第一だった。幸い、だれかが『マッドマックス』にはうまみがあり、搾取できるお宝だとみなしたものの、そう判断したときはいったいなにに首を突っこんだのか、理解していたとは思わないね。

クリス・デファリア　わたしはわかっていた。なぜならジョージとダグとは『ハッピーフィート』で仕事をし、あの映画の製作はエキサイティングでもあり苦しくもあったから。革新的な技術、野心的な創造性の産物であり、そしてまた細部にこだわるジョージ・ミラーと、抜け目ない製作をするダグ・ミッチェルの作品だった。スタジオの正気を失わせ、当時ヴィレッジ・ロードショーのＣＥＯだったブルース・バーマンは、わたしをストックホルム症候群だといって責めたてた。『ハッピーフィート』を世に出すために、彼らによればダークサイドに堕ちたわたしは、ジョージとオーストラリアでたくさんの時間を過ごして映画をなんとか完成させた。
それで、話が『怒りのデス・ロード』に絞られたとき、わたしならば正しく仕事を理解できると思った。もちろん、この映画の完成までにどれだけかかるのか、われわれ全員がおそろしく楽観的だったけどね。

ジョージ・ミラー　そしてメルが、私生活でちょっとばかり波風を立てた。

二〇〇六年、『怒りのデス・ロード』が最初にご破算になったあと、シリーズの看板スター、メル・ギブソンは飲酒運転の廉《かど》でマリブにて逮捕された。勾留中、ギブソンは性差別的・反ユダヤ的発言をしてキャリアを自滅させ、かつてのトップスターは四年間仕事を干される。

二〇一〇年、ギブソンは映画界に一時的に復帰しかけると、恋人のオクサナ・グリゴリエヴァからドメスティック・ヴァイオレンスの告発をされ、ふたりが激しくやりあうテープがマスコミに流出する。最初に『怒りのデス・ロード』を映画化しようとしたときにギブソンの降板を検討したミラーとダグ・ミッチェルにとり、いまや新たなマックスを見つけるのは必須となった。

ジョージ・ミラー　メルが恋人にわめいているテープをきいたのを覚えている。完全にたががはずれていた。なにか根深い、底知れない怒りがあった。ショックだったよ。

ダグ・ミッチェル　いまでもメルがすごく好きだし、彼はとほうもない男だ——世界中に知れわたったもろもろのことでつまずいたのは確かだが、それでもやはりすごく才能のあるフィルムメーカーで、卓越した俳優で、愛すべき男だ。ときどき現れるあの手の悪癖の裏にいる彼はね。だが、マックス役には年をとりすぎ、無理があったんだ。

ジョージ・ミラー　だれか特別な人材が必要だと、わかっていた。

第七章　どこにいるの？　マックス

大スターを生みだした役の後釜に座る俳優を、どうやって見つければいい？

そのやっかいな仕事を、ジョージ・ミラーはベテランのキャスティング・ディレクター、ロナ・クレスに振る。『ワイルド・スピード』〔2001〕と『パイレーツ・オブ・カリビアン』〔2003〕において、クレスはシリーズを背負ってたてる俳優に鼻が利くことを証明した。マックスの衣鉢を継ぐだけのカリスマ性のある俳優を抜擢するのに加え、マックスに一歩も引けをとらないフュリオサ役を演じる女優も見つけなくてはならない。加えて、妻たちとウォー・ボーイズ全員をキャスティングする問題もあり……。

役は大人数だったが、脚本はすかすかだった。『怒りのデス・ロード』の登場人物は弁舌爽《さわ》やかとはお世辞にもいえず、ミラーとクレスがオーディションする俳優の資質をテストするのに使えるような気の利いたセリフなどはない。アンサンブルの大半を埋めるには、少し違うやりかたが必要だった。

二〇〇九年、クレスは一年間にわたって世界中でキャストを探し求めた。

ロナ・クレス（キャスティング・ディレクター）　あの映画のオーディションを受けた顔ぶれときた

ら！　あのとき会った俳優の多くがいまをときめく映画スターに出世したわ。

ジョシュ・ヘルマン　猫も杓子《しやくし》も『怒りのデス・ロード』のオーディションを受けた。

メーガン・ゲイル（〝ヴァルキリー〟）　わたしがロスでワークショップをした相手は、マックス役候補のマイケル・ファスベンダーだった。彼はまだいまほどの大物じゃなかったものの、売り出し中だったから、少しばかり気後《おく》れしたわ。

ロナ・クレス　マックス役として、マイケル・ファスベンダー、ジェレミー・レナー、アーミー・ハマーと会った――キャストにはいたらなかったけれど。ジョエル・キナマンには当時アメリカ人エージェントさえいなかったわね、スカンジナヴィアからきたばかりで。

ペトリーナ・ハル　メルからマックス役を引きつぐのは、オーストラリア人であるべきだと考える人が一定数いた。エリック・バナは、候補のオーストラリア人俳優だった。一般の人々はサム・ワーシントンを大プッシュしていたわ。

ロナ・クレス　マックス役のキャスティングにはぜんぶで一年近くかかった。基本的に、世界中のあらゆる俳優を検討し、マッドマックス役に有名な俳優と無名の俳優を起用する場合のそれぞれの恩恵について、とことん話しあった。

ベリンダ・ジョンズ　長いあいだ、ヒース・レジャーが候補だった。

ジョージ・ミラー　いちばん頭にあったのがヒースだ。彼がシドニーにきたときはいつも寄ってくれ、ひとしきり雑談をして、そのうち『マッドマックス』の話をはじめた。彼を失ったのは非常に残念だ――『マッドマックス』のためじゃなく、無類《むるい》の好人物だったからね。貪欲な探求心があり、驚くほど控えめだった。

ブレンダン・マッカーシー　ヒースが亡くなると、ジョージは彼と似通ったアニマル・スピリットの持ち主を探しはじめた。

マーク・セクストン　これはあまり出回っていない話で、ジョージは絶対認めないけれど、マックス役にエミネムを考えていると話していた記憶が、それはもうはっきりとある。

ペトリーナ・ハル　それはほんとうの話よ！　いわば、ワイルドカードってやつね。ジョージはいつもポップ文化人にアンテナを張っていて、彼のことをもっと知りたがった。

ジョージ・ミラー　エミネムは『8マイル』〔2002〕に主演し、それを観てわたしはすごく興味を持った――彼にはヒースに通ずる資質があると思ったんだよ。『ハッピー フィート』でいまは亡きブリタニー・マーフィーを起用したんだが、『8マイル』で彼と共演したことがある彼女に、人となりと、彼がマックス役に興味を持つかきいてみた。マーフィーは彼がどれほど才能あふれる人物か、口をきわめてほめそやしたよ。

マーク・セクストン　二〇〇七年三月、ストーリーボードを描き直す仕事に呼び戻され、マックスにブロンドの髪をたくさん切り貼りした。

ジョージ・ミラー　エミネムに連絡をとったが、そこどまりだった。あの時点ではオーストラリアで撮影する予定で、彼は故郷を離れたがらなかったんだ。もしアメリカで撮れるなら、まんざらでもないという印象を受けた。

マーク・セクストン　実現しなくて、ちょっとほっとした。エミネムだって？　マジか。まったくの別ものになってしまうじゃないか。もしエミネムだったら『マッドマックス　怒りのデス・ロード』の背後にあるフェミニストの物語が、少々うさんくさくなってしまったかもしれない。

大物俳優たちがマックス役の候補に挙げられたものの、ミラーは若手有望株の俳優トム・ハーディにピンとくるものを感じた。陰気な、唇の厚いイギリス人のハーディは二〇〇八年の映画『ブロンソン』でカリスマ的な犯罪者を演じてブレイクする。『ブロンソン』に主演後、当時は公開待機作だったクリストファー・ノーランの『インセプション』〔2010〕に助演したハーディは、『怒りのデス・ロード』の配役リストにも名前を連ねる。

ジョージ・ミラー　カリスマというのは、全員が矛盾した存在だ。メルとトムはすごく親しみやすくて温かく、まるで親友のように思える――それでいて、同時になにかを胸の奥に秘めたまま表には出さない、手の届かないところが常にある。スクリーンでトムがその資質を持っているのを感じるんじゃないかな。彼の出た『ブロンソン』で、それが伝わってきた。

トム・ハーディ　ぼくはアメリカではまったくの無名俳優だったが、『ブロンソン』でやっと注目された。あれが名刺代わりになってアメリカへの道が開けた。ずっとこっち（アメリカ）で仕事がしたかったんだ。

ペトリーナ・ハル　あの作品は非常に強い印象をジョージに与えたの。とんがった選択という気がしたけど。やっぱり、それはジョージにはよくあることで――ほんとうに「これは」というものを探すの、いかにもなことじゃなくてね。ときどき、少し急進的なことをしてみんなを驚かせるのよ。

ローラ・ケネディ（元ワーナー・ブラザース　キャスティング主任）　トムは驚くほど二面性のある男よ。身体的《フィジカル》な存在感たっぷりで、すごくおそろしくてワルで男らしいのに、ときどきスーパーソフトでフェミニンで繊細な面を見せる。ああいう外見の男性にはユニークな組み合わせね。

ロナ・クレス　彼はかなり最後のほうに会った人物で、ある意味ジョージにとってそれはいいことだった。トムをオーディションする頃には、この役にふさわしい人物とは何者かを決断できるだけの材料がそろっていたからね。

トム・ハーディ　はじめ、ぼくは及び腰だった。マッドマックスはメル・ギブソンと同義で、多くの人にとってすごく思い入れのあるキャラクターなのは自明の理だからだ。

ロナ・クレス　トムの大事なオーディションの前夜、彼のエージェントのミック・サリヴァンが電話してきて「トムはこられない」といったの。金曜日の晩の九時半のことで、夫とディナーをしに外出中だったから、レストランから外に出なきゃいけなかった。「え？　なにいってるの？　ジョージは彼に会うためにロサンゼルスに飛んできてるし、わたしは丸一日彼のために時間をつくったのよ」トムは午前中ひとりの俳優と読み合わせをして、午後もうひとりとすることになっていた。ミックは「トムはこない」といい、わたしは「くるのよ、絶対にこなきゃだめ」といったわ。「彼がどんな要求をしても構わない。たとえジョージとコーヒーを飲むだけになるとしても、オーディションにくるのよ」翌日、トムは現れたわ。

ジョージ・ミラー　トムは女優のカット・デニングスと読み合わせをした。とても印象に残ったのは、緊張して演技のぎこちないカットを、トムがリラックスさせてコーチしていたことだ。

オーディションのプロセスが終わりに近づくと、トム・ハーディはジェレミー・レナー、アーミー・ハマーともどもフロントランナーに躍《おど》り出る。ハーディとハマーはオーディションの一部として一緒に読み合わせすらした。ハーディが歯ぎしりをして演技パートナーにツバをはきかけたとき、ハマーはミラーに、ハーディのほうが自分よりもマックスに適役だと進言した。

トッド・マシュー・グロスマン（オーディション・カメラ）　ジェレミーとアーミーは等しくすばらしかったが、あのとき部屋にいたトムにはなにかがあって、あれこそマックスだった、疑いなく。ポストアポカリプスの世界に似つかわしい、感情を抑圧したドライさがあり、心の底では世界をさげすんでいる。レンズを通しても、その熱気が伝わってきた。

ロナ・クレス　トムのオーディション後、ジョージとわたしは別室にいってしばらくおし黙っていた。ずいぶん経って、ジョージにこうきいたの。「あの男が、砂漠で九ヶ月一緒に過ごし、ストーリーをともに語れる俳優？　あの男が、あなたのふさわしいと考える俳優なの？」

トム・ハーディ　ジョージがぼくの経歴を調べて、ほかの監督に仕事ぶりをきいたのを知っていた。

ジョージ・ミラー　メル・ギブソンがはじめて部屋に入ってきたときと同じフィーリングを、トムに抱いた。ある種とがった魅力があり、動物的なカリスマがあった。彼らの心の奥でなにが起きているのかはわからなくても、とてつもなく魅力的だ。

トム・ハーディ　仕事をもらえて興奮した。のるかそるかのすごい大役で、下手をすればみんながメルのマックスを惜しんで、ぼくには背を向ける。つまり、クラスの転校生のようなもので、あっという間にしくじるお膳立てはできていた。

トム・ハーディがマックスの第一候補に落ちつくと、ロナ・クレスとミラーは女性の相手役確保に乗り出した。

ロナ・クレス　フュリオサ役のオーディションを受けた女優はたくさんいた。ジェシカ・チャステインがわたしに向かってセリフを読んでくれたり。そのときは駆けだしだったのよ。ググ・バサ=ロー、ルース・ネッガ、フランス人女優数名がオーディションを受けている。世界中に網を広げ、五人までに絞った。ガル・ガドットが先頭にいて、圧巻のオーディションだったわ。圧巻だった！

P・J・ヴォーテン　『ワイルド・スピードMAX』〔2009〕に出る前だった。

ジョージ・ミラー　テストをしたら、とんでもなく光っていた――早くも彼女の非凡さが見てとれた。でも、ガルには問題があった。フュリオサ役だけじゃなく妻たち役のオーディションも受けてもらったら、年齢的に両者の真ん中に相当したんだ。

ガル・ガドット（俳優）　わたしは『マッドマックス』では、シャーリーズに次ぐ候補だった。それまでにもすごい大役に何度もあと一歩というところまでいったけれど、わたしは無名だったから。

ロナ・クレス　ワーナー・ブラザースは『マッドマックス』のオーディションに何年もかけた。そういうにとどめておくわ！　でも、わたしたちはずっとシャーリーズに目をつけていた。トムに目をつけていたのと同じようにね。

二〇〇三年に『モンスター』でオスカーを受賞したのもいまは昔、シャーリーズ・セロンは華麗なキャリアのなか、低空飛行が続いた。『ザ・ロード』〔２００９〕や『あの日、欲望の大地で』〔２００８〕のようなぱっとしない映画に主演したあと、不屈のセロンはつぎなるビッグな企画を探すうち、カメラの背後に回る機会をうかがいはじめる。

シャーリーズ・セロン　演じ手として特にこれはという役がなかったから、三年間俳優仕事はしなかったけれど、製作会社を立ちあげようと動いていたの。ときめくものが見つからないスランプに陥った俳優というのは極端から極端に走り、なにかを考えるのを止められなくなる。あのときの状態はそんな感じだった。

製作会社を立ちあげた以上、題材に関して代理人が必要になると思い、エージェンシーと打ち合わせをするべきだと考えた。それで、タレント・エージェンシーのＣＡＡでジョージの代理人をしているブライアン・ロードと会ったの。タイミングはもうクレイジーもいいところで、もしあの打ち合わせをしていなかったら、企画の存在を知らずじまいだった。

ロナ・クレス　シャーリーズはキャリア的に、あのときスタジオがリストのいちばん上に選ぶ時期にはいなかったかもしれない。すでに確固とした地位を築いていたのは確かだけれど、ときどき、その人の人生とキャリアがちょうどいいタイミングでめぐりあうことがある。

シャーリーズ・セロン　きいて。わたしは『マッドマックス』全シリーズを観て育ったの。南アフリカではすごく人気があった。だから一ファンとして、「わあ、やった。『マッドマックス』の映画ですって？　出たいに決まってるじゃない、なにいってんの？」ってなった。十二歳のとき、父が一緒に観るのを許してくれたのを覚えている。それが大きかった。わたしは農場育ちで、周りじゅう暴力に囲まれているような環境だった。『マッドマックス』のヴァイオレンスを観たとき、すごく身につまされたわ。周囲の環境とものすごく似ていたから。怖くはなかった。なんというか、畏怖の念に打たれた。

ジョージがロスにきて、一緒にランチミーティングをしたの。ジョージはとっても優しい人で、「オーマイゴッド、必要なことはなんでもします。ほんとうに、この映画に出たくてたまらないんです」といったら、オーケーしてくれた。

Ｐ・Ｊ・ヴォーテン　ジョージはその場で彼女を起用した、ランチをとりながら。

シャーリーズ・セロン　信じられなかった。文字通り信じられなかった。

ジョージ・ミラー　シャーリーズの優雅な外面《そとづら》の下は、根性の塊なのがわかった。座ってランチをとっていてもそれがわかる。彼女の仕事からもわかる。

ロナ・クレス　シャーリーズはオーディションをしなかった唯一の人物よ。彼女に勝る女優はいなかった。彼女にとっては完璧なタイミングで、役柄にとっては完璧な配役だった。

ローラ・ケネディ　シャーリーズは見た目がすごくパワフル。上背があり、ひきしまって、ゴージャスだわ。実物と対面したときにがっかりさせない、数少ないたぐいの人ね。これこそまさに映画スターだと思わせる。息をのむほどで、内なるパワーと芯の強さがあり、なにものをもおそれないようなたたずまい。フュリオサ役を演じてトムと共演するとなれば――トムはいい人だけど、ときどき仕事相手として扱いにくくなる――不屈でなくてはつとまらない。やわな女優向きじゃないのは確かだから。

ロナ・クレス　ほんとうのところ、トムの起用が決まったのは、トムとシャーリーズを組み合わせてみてからだった。あのときジョージはオーストラリアに戻っており、わたしたちはワーナー・ブラザースでヴィデオ会議を開いて、ジョージがトムとシャーリーズのふたりと話せるようにした。ジョージにとって、ふたり一緒のところを見るのが重要だったからよ。ふたりを見たとたんにわかった。形容しがたいほど完璧だった。

ジョージ・ミラー　スーザン・サランドンがうまい表現をしている。カップルを仕立てるときは、いつも女性に男性を変えてほしいと思わせ、男性に女性を変えてほしいと思わせるような組み合わせにするんだと。スーザンはこういった。「大スターの男優を見たら、女性的な資質があるのがわかる――めめしいのではなく、女性のとる処世術的なものやわらかさがある。女優のスターには決まって男性的な資質があり、すごく率直でしょ」古典的な例ではヘップバーンとトレイシーがそうだ。キャサリン・ヘップバーンは竹を割ったようで、スペンサー・トレイシーは荒っぽく男性的なわりに、あいまいなところがある。

ロナ・クレス　ヴィデオ会議のあと、シャーリーズとトムとわたしは駐車場にいた。ふたりを見たら、もう信じられないほどぴったりで――完璧だった。わたしの頭のなかで、正しい選択をしたことに一点の疑問もなかった――ふたりに手を振ってさよならしながら車をバックさせたら、車のサイドを柱にぶつけちゃって。そうしたらシャーリーズが走ってきた。「まあたいへん、ロナ、だいじょうぶ？」わたしは「大丈夫。ふたりに見とれてただけ！」って返事した。それぐらい無双の組み合わせだったわ。

ニュークス、および五人の妻たちの配役のため、ロナ・クレスは何百人という若手俳優に会う。なかには演技経験のない者もいた。いちばん経験豊富な者たちでさえ、オーディションで出された課題には面食らっていた。

ゾーイ・クラヴィッツ（〝トースト・ザ・ノウイング〟）　情報がほとんどないままオーディションを受けたのを覚えている。脚本なんてもちろんなかった。いわれたのは、複数の人間を乗せた車を追ってストーリーが進行し、彼らはなにかから逃げているということ。それがいわば、すべてだって。それって、プロットじゃなくない⁉

ジョージ・ミラー　仕事仲間とわたしとニコ・ラソウリスで、あまり典型的とはいえないオーディションのやりかたを考えた。

ニコ・ラソウリス　オーディションに映画の素材を使うのは大きな間違いだと思う――渡すのはごく一部の抜粋で、コンテクストがわからない。オーディションの背後にある動機は、たいてい役にありつくことで、登場人物の動機ではない。われわれはそのプロセスを、俳優たちにいくつか課題を与えて覆そうとした。

ロナ・クレス　すごく型破りなオーディションで、俳優に自分の身に起きたいちばん悲しいできごとか、いちばん幸せなできごとを語らせる。

ローラ・ケネディ　それによって彼らのもろさと、思いきってチャンスをつかんでこちらを信用する意志があるかどうかを見定めるの。

ジョージ・ミラー　悲しい話と幸せな話のどちらを選ぶかで、たくさんのことがわかる――好み、ユーモア、全体的な性分。

ゾーイ・クラヴィッツ　ああいうオーディションを受けると、ときどき、ちょっとあきれてしまうのよね。十年前は、大作映画に出る機会が自分にあるとは本気で思っていなかった。肩ひじはらない態度で臨んだ記憶がある。

ローラ・ケネディ　だれがうそをついているか、だれが話を盛っておもしろおかしくしたり、劇的にしているか、わかるものよ。うんそうね、一瞬もあなたの話は信じられないわね、って感じ。

ニコ・ラソウリス　事実じゃなきゃいけないとはいわなかったから、そうしたければでっちあげてもよかった。

ロナ・クレス　当時流行っていた都市伝説に、初デートで女の子が男の子の家のトイレを使ったら、なぜか化粧台にウンチを置いてきてしまうという話があったの。実話じゃないのに、その話をさも自分に起きたことのように話す子もいた。

二度目のオーディションで、俳優は『モンティ・パイソン・アンド・ホーリー・グレイル』〔１９７５〕、『ネットワーク』〔１９７６〕、『恋人たちの予感』〔１９８９〕、『エリン・ブロコビッチ』〔２０００〕から抜粋した多様なセリフ集を与えられる。セリフ集にはミラーの書いた指示書きがついていた。

このオーディションは、あなたの俳優としての仕事ぶりを見るのが目的です。シーンは六つあります。好きなのをひとつ選んでください。なじみのあるシーンもあるかもしれませんが、オリジナルのものまねを求めているのではありません。選んだ作品にどうアプローチするかは、人物の肉づけも含めて完全にあなた次第です。

ロナ・クレス　あれはどのオーディションとも違うやりかただけど、彼らにマックスやフュリオサやほかの登場人物を演じてほしくなかったの。俳優自身のことを知りたかった。彼らが選んだ素材、選んだストーリーを、時間をかけて分析した。

P・J・ヴォーテン　その俳優がどのシーンを選んだかで、ジョージとニコは当人の内面を推しはかった。

ペトリーナ・ハル　『モンティ・パイソン・アンド・ホーリー・グレイル』を選んだ人はあまりいなかったっていえる。たいていが、予想はつくと思うけれど、『ネットワーク』の「怒り心頭」スピーチを選んだ。ドラマチックなシーンだものね！

ジョージ・ミラー　すぐに思い出すオーディションは、アビー・リーのだ。ザ・ダグの役を演じた子だよ。

アビー・リー　オーストラリアのわたしのモデル・エージェントから、セルフテープ・オーディションを受けるようにいわれたの。当時、演技経験はまったくのゼロだった。セルフテープ（オーディション用に自分を録画すること）さえなにか知らなかったんだから！　でも、開いてる扉を駆け抜けるのがわたしの性分だから、やってみた。

ローラ・ケネディ　アビー・リーのオーディションが全体のハイライトだった。彼女は背が高くてやせていて、オーストラリア人のモデルなんだけど、『ネットワーク』を南部のペンテコステ派の説教師の声音で演じてみせて、大受けだった。

アビー・リー　あんなのがどこから出てきたのか、自分でもわからない。

ローラ・ケネディ　どれもよく知っているシーンなのに、俳優たちが演じると、「へえ、そんなふうに思ったことなかった」って感心するの。

アビー・リー　ばかみたいだったし、自分でなにをやっているかちゃんとわかっていなかったけど、すごく楽しかった。でも、ジョージはいつも、わたしの個人的な話にいちばん惹かれたっていっていた。肉を食べないのは自分がマーメイドだからで、海に牛や豚はいないんだから肉を食べるのは理屈に合わないって話したの。こどもの頃はそれが肉を食べない理由のひとつだったから、わたしなりにほんとうだった。

ロナ・クレス　アビーのあの語り口は絶対忘れられない、金輪際ね。すばらしかった。彼女はそれを信じているのよ！

ジョージ・ミラー　アビーについて、すぐにいろんなことがわかった。彼女の態度、ユーモア、スタイル。勘はみごとに当たった。

アビー・リー　テープをつくりながら考えたのを覚えている。出来には満足したけれど、自信はなかった。わたしはモデル兼ミュージシャンで、当時はブッシュウィックに住んでほかのことをしていた――望みがあるとは本気で思っていなかったの。そうしたら六週間後、ニューヨークの午前二時、しこたまウィスキーを飲んで家の階段をのぼっていたら、エージェントから電話がきた。「なんで電話に出るなりメールをチェックするなりしないの？　『マッドマックス』に出るのよ！」っていわれたわ。ショックでぼう然となり、気づいたらビルの屋上に出てた。

ローラ・ケネディ　わたしの見たなかで、トップ10に入るオーディション・テープだった。口あんぐりよ。何者か知らないけど、これはセンセーショナルだって思ったわ。

アビー・リー　つぎの日にジョージ・ミラーとFaceTimeをして、ストーリーについて少し話してもらったあと、こうきかれた。「六ケ月人生をお預けにできる人物が必要なんだが、その試練をわたしと一緒に受けてほしい。同行してくれるかい？」わたしは「もちろん、いくに決まってます！」って答えたわ。

ロナ・クレス　時間をかけてテープを見ていき、ジョージと何時間もえんえんとSkypeで議論して、一緒にオーディションを見ながら、すごく細かいことまで話しあった。息をのむような経験だった。まだ読み合わせ前なのよ！　会いたい人物をリストアップして、絞っていった。すごくバラエティに富んだ顔ぶれになったわ。

ニコ・ラソウリス　こう思った。一部屋に十人を集めて審査するのはやめよう。彼らと仕事をするのなら、なにかお返しをしようじゃないか。ワークショップをやって、少なくとも一日一緒に過ごそうって。

ロナ・クレス　朝にふたり、午後にふたり、各四時間ずつのオーディション。当時は教えなかったけれど、俳優に演じさせたのは、“Furiosa”のシーンからの抜粋だった。ジョージが書いたワークショップのメモを読みあげるわね。それでシーンの感触がつかめるでしょうから。

このシーンは『怒りのデス・ロード』でわれわれの出会う登場人物のバックストーリーからとっている。野蛮な内容だ。それが荒野《ウェイストランド》の流儀だからだ。善意なんてない世界だ。重要なのは、ただ生き残ることだけ。名誉、共感、愛はごくまれで——広大な暗闇のなかに灯《とも》すロウソクの火のようにもろい。

FはDに虐待される、こっぴどく。このクライマックス・シーンでふたりの役割ははじめて逆転し、Dは言葉以外、あらゆるパワーをはぎとられる。両方の役に備えてきてほしい。年齢と性別は変更可能だ。この物語の世界では会話は少ないが、生死がかかっていることでリズムを持ち、ときには仰々しくすらなり得る。

このワークショップの目的は、ともに仕事をする感触をある程度理解してもらうことにある。結果が欲しいわけじゃない。大事なのは過程だ。

ゾーイ・クラヴィッツ　このシーンではひとりが捕まっていて、もうひとりが捕虜に銃を突きつけて情報を得ようとする。男か女かの情報はなくて――パワーを持つ人間と持たない人間がいるだけ。わたしが相性を試す相手はジェレミー・レナーで、一度通してやったあと、今度は役を交換するの。ジョージのやりかたはすごくおもしろかった。

トッド・マシュー・グロスマン　あの方式は効果てきめんだった。部屋にいる俳優たちにしばらく自由にやらせ、セリフをくり返させるうち最後には意味をぜんぶ失い、俳優が前もって用意したであろうコンテクストをはぎとられる。するとジョージが部屋に入り、ゆっくり役をつくり直させる。

ロナ・クレス　もうひとりの監督を除き、わたしはこんなやりかたにお目にかかったことがない。俳優たちだってこんなやりかたでオーディションを受けたことはなかったんじゃないかな。基本的に演技クラスを四時間受けて、シーンを演じている最中に、しばしばジョージが役を交替させる。またとない経験だった。

ニコラス・ホルト　あれはシーンをうまく演じるのが大事なのではなく、役の人物がどう考えるのかを分析して観察するのが重要だった。

『怒りのデス・ロード』のオーディションを受けたとき、弱冠十九歳だったものの、ニコラス・ホルトはすでにイギリスの映画・テレビ界においてはベテランで、『アバウト・ア・ボーイ』〔２００２〕や「skins - スキンズ」〔２００７-１３〕等の出演歴が少年時代からあった。いまや身長一メートル九十センチに伸び、一人前の俳優への戸口に立ったホルトは、『怒りのデス・ロード』第三の主役、ウォー・ボーイのニュークス役を狙っていた。

ロナ・クレス　ジョージはニコラス・ホルトについては、すごく迷っていた――ニック（ニコラス）とトムの体格の差を心配していた。

ペトリーナ・ハル　それにニュークスはもっと若い役なの。ニックでは年を食いすぎてないかって心配が常にあった。

ロナ・クレス　ジョージの助監督がオーディションのスケジュールを送ってきて、ロンドンでのスケジュールを見たら、ニックはリストに載っていなかった。わたしが「ＰＪ、ニックをリストに載せて」っていうと、ジョージは彼を適任だと思っていないという返事だったの。それでジョージに電話して「ジョージ、ニックを入れないとだめよ。入れて！」って訴えた。彼は「考えておく」と答えた。もう一度スケジュールをもらったら、やっぱりニックはなし！　何度かそれをくり返して、やっと説得してニックを入れさせた。

ニコラス・ホルト　二度目のオーディションは四時間かかった。あんなのはやったことがなかった。パートナーと向かい合わせに座らせられて、相手を見て感じたことや、思ったことをぜんぶいうんだ。それからセリフを一フレーズか数フレーズ渡されて、二十分間何度も何度も互いにくり返す。

ニコ・ラソウリス　歌ってもいいし、叫んでもいいし、ささやいてもいい。その言葉をくり返し続ける限りなんでもいい。そうやってダイナミックな方法で探求させれば、暗記したことは忘れても、体に刷りこまれる。

ニコラス・ホルト　それまで経験したオーディションとまったく違った。終わったあと、座ってコーヒーを飲みながら、すごい体験だったなあ、って反芻《はんすう》したよ。役をもらえるかどうかは関係なかった。あんな経験ができて、すごくハッピーだった。

ロナ・クレス　わたし、絶対忘れない。ニックが部屋を出ていったあと、ジョージがわたしを向いていったの、「そうだね。きみが正しいってわかった」って。そういう関係を、キャスティング期間中ジョージは許してくれた。俳優たちに確信と信念を持ったら、譲らないで強く主張する。

ペトリーナ・ハル　オーディションがうまくいって、ニックが役をもらえてよかった。だって実際の撮影に入る頃には、さらに立派になっているわけだからね。

ロナ・クレス　妻たちのキャスティングにはだいたい三年半かかった。俳優に会い、ミュージシャンに会い、あらゆる人に会った——五〇〇人は下らない女の子たちと。ジェニファー・ローレンスとマーゴット・ロビーまでオーディションしたわ。

P・J・ヴォーテン　マーゴットがきたとき、彼女はテレビドラマ「パンナム」〔2011－12〕に出ていた。オーディションに落ちたのは彼女にとってはもっけの幸いだったよ。あのあと『ウルフ・オブ・ウォールストリート』〔2013〕に出たんだからね。

ローラ・ケネディ　妻グループの配役は、手を抜けなかった。毎日毎日果てしなく、えんえんと組み合わせを試したわ。ダイヤル式の鍵をあけるみたいにね。ひとつの数字を固定したら、別のを回し、それからもうひとつ別のを回す。みんながお互いに肌の色、体形、身長を引き立てあわなければならないけど、まったく同じに見えてはいけない。

P・J・ヴォーテン　しまいには、ジョージはリアーナとすら会ったよ。

ジョージ・ミラー　ふつう、俳優はすごくカジュアルな服装で現れるが、いやはや、リアーナは目の覚めるような服装で入ってきたんだ。映画の内容を知っているかさえ怪しいものだが、彼女はリアーナとして着飾ってきて、それは正しい判断だった。

ライリー・キーオ　クレイジーで型破りなオーディションをオーストラリアでやっていた。わたしたち五、六人の女の子でオーディションを受けて、映画のシーンはやらずに即興をたくさん、マイズナー・テクニック（演技法のひとつ）をたくさん、演技クラスでやることをたくさんやった。最終日のある時点でジョージが部屋に入ってきて腰をおろし、わたしたちを観察したの。選ばれたのかどうかわからなかった。あのグループから選ばれたのは、結局わたしだけだった。

ロナ・クレス　モデルたちともどんどん会った。コートニー・イートンはずぶのしろうとだったわ。オーストラリア出身の子。

コートニー・イートン　十六歳なんてふつう、将来のことはわからないけど、演技の道に進みたいってちょうど自覚したところだった。オーストラリアではアウトワード・バウンドというスクールキャンプの習慣があって、一週間かそこらブッシュで過ごし、地図を頼りに移動して、自炊するの。それで、キャンプをしていたらパパが先生に電話して、キャンプは切りあげさせるって話した。シドニーまで飛んで、ほかの子たちと一緒に再オーディションを受けるからって。

キャンプを出てシドニーへ飛んだあと、人生でいちばん変なオーディションを受けた。カメラがそこらじゅうにある部屋に入れられて、読みあげるセリフさえ与えられなかったの。互いに話しあい、女の子同士の力学を理解しようとしたわ。たくさん泣いて、いろんな感情を味わった。

P・J・ヴォーテン　スプレンディドの配役がいちばんの難問だった。時間が押していた。「まだスプレンディドが決まってないぞ」

ロージー・ハンティントン＝ホワイトリー（〝スプレンディド・アングラード〟）　あれはわたしが受けた二度目のオーディションだった。数年間返事がなくて、忘れかけていたわ。頭の隅に追いやっていたの。

ペトリーナ・ハル　スプレンディドの周りには常にオーラがあった。イモータンへの態度か、自分が犠牲になって、彼女を失った仲間がうちひしがれるためかもしれない。キャスティングがほんとうに難しい役だった。

ロージー・ハンティントン＝ホワイトリー　エージェントからある日電話があって、「『マッドマックス』に青信号が出た、ジョージ・ミラーがきみに会いたがっている。二、三日でオーストラリアに飛べるか？」っていわれた。ちょっとショックを受けてまごついたけれど、飛行機に乗ってジョージに会いにいったわ。数時間コートニー・イートンと一緒のワークショップを受けて、それからジョージと話をして、その場でスプレンディドの役をオファーされた。すごくわくわくした。マイケル・ベイの映画に出たばかりだったけど、ジョージと会ったらすごく安心して、守られている感じがした。抱きしめたくなる、温かい、テディベアみたいな人で、すごく話しやすいの。ほんとうに安心できて、それこそまさにわたしが監督に求めることだった。

💀

二〇〇九年十月、トム・ハーディとシャーリーズ・セロンの『マッドマックス』新作出演が紙面で報じられた。二〇一二年夏の公開が発表されたが、その後、長期にわたって延期されることになる。

💀

ロナ・クレス　あの頃をふり返ると、わたしたちが探して討議を重ねて検討した俳優たちみんなの姿が思い浮かんで、胸がつまる。彼らにあそこまで個人的な部分をさらけだしてもらえたなんて、感無量よ。

ローラ・ケネディ　ロナはふたりの常軌を逸した監督と仕事をした、そうじゃない？　ジョージ・ミラーとバズ・ラーマン、ふたりのやりかたはときどきものすごくとっぴになるけど、ほんとうに徹底していて、ジョージは心からキャスティングの過程を楽しんでいた。わたしたちキャスティング・ディレクターにとって、そういうときこそが腕の見せどころ。あのプロセスを尊重して楽しめる監督と組むと、やりがいを感じるわ。

第八章　荷物を持って走れ

一見、なんの変哲もない倉庫に見えるかもしれないが、そこには全宇宙が格納されていた。二〇〇九年、『マッドマックス　怒りのデス・ロード』制作チームはシドニーのダウンタウンからほんの二十三キロ西にあるヴィラウッド郊外に作業場を構えた。バーミングガム・アヴェニューの倉庫のなかで、世界でも指折りのクリエイティヴな人々が、二年にわたり風変わりな武器や車両や小道具づくりに勤しんだ。荒野《ウェイストランド》でそれらを操る登場人物の心情をつかむには、少しばかりマッドになったほうがいい。

ティム・リッジ　まるで、だれかが「シドニーのどこか奥まった場所に建ついちばん広くていちばん空っぽの作業場を探し、そこで車とバイクと小道具をつくれ」という指令を受けたみたいなものだった。

マット・ブーグ（バイク外装／廃材アーティスト）　この映画の制作体制ですごくいいのは、全員がひとつ屋根の下にいるから、作業場を見渡すとすべてが見えるってところだ。それぞれの仕事がどう組み合わさっていくのか、全体像をつかめる。

P・J・ヴォーテン　作業場を見てまわりながら、驚きのあまりあごが落ちっぱなしだった。はじめの、およそディテールに欠ける状態から、最高に美しい乗り物がスタッフによってつくりだされる。自分たちの手で、車の一台一台に愛とディテールを注いでいるのがわかるんだ。おとぎの国みたいだったよ。

ジャシンタ・レオン（アートディレクター）　一緒に仕事をしたのは、すばらしい腕前の職人たちだった——機械工、板金工、金属加工職人、特殊効果スタッフ、装飾チーム。彼ら職人たちが集まって、ここではない世界、だれも見たことのない世界で使う道具をつくりあげる。

マイケル・ウルマン（廃材アーティスト）　ジョージとコリン（・ギブソン）は、ファウンドオブジェ・アーティスト（廃材や自然物などを利用して作品をつくる芸術家）を探していた。「ファウンドオブジェ彫刻家」と入力してグーグル検索してみると、おれの名前がヒットしたので連絡をとったというんだ。「もし『マッドマックス』をご存じでしたら、こちらにきてもらえれば、新作用に車とバイクをつくる仕事があるんですが」って。頭が真っ白になったよ。「マジか、ボストンで適当な人材を見つけたって？　それも、ロズリンデールで？」

ピーター・パウンド　もしきみがカーマニアなら、ホットロッドと鳴り響くエンジンに囲まれたガレージにいるときの気分を知っているはずだ。それならヴィラウッドにあの作業場ができたとき、ぼくたちが天国にいたってわかってくれるだろう。一二〇人あまりの男や女たちが車両工房で働いた。こんなことは二度とないから、「この瞬間を楽しめ」って周りの連中にいったのを覚えているよ。

ディーン・フッド（ユニット・プロダクション・マネージャー）　普段はひどく気むずかしくて、荒っぽい連中だ。「へいへい、働きますよ。食ってかなきゃいけないからね」って調子で。だがあの作業場だけは違った。今日この日まで、にこにこしながら作業している彼らの姿を見たのはあのときだけだよ。すごいアート作品をつくれるのがうれしくてしかたなかったんだろうな。

アンソニー・ナトーリ（エンジニア）　みんな一心不乱に手を動かしていた、特大の笑みを浮かべてね。

クリス・デファリア　ちょっとだけ、『地獄の黙示録』のボートで河を下る場面みたいだった。つまりその、職人たちは完全に作業に没頭して、組み立てているものはどれもとほうもない。みんな顔はグリースまみれ、車両はなんと、炎を噴きあげる！　ワーナー・ブラザースの幹部連が遂にシドニーまでやってきて作業場を訪れたとき、小声で非難しあっていた。「だれがこれを了承したんだ？　きみがいいといったのか？　許可したのはだれだ？」ってね。だれも、自分だとは名乗り出なかった。

ディーン・フッド　わたしにとってあの作業場は、こどもがキャンディショップにきたみたいなものだった。ある日仕事にいくと、でっかい段ボール箱が置いてある。「なにが入ってるんだ？」すると、中味は新品のシボレー350エンジンで、車体にとりつけられるのを待っている。かと思えば、作業場のすみにいくと、なんてこった、XPクーペが三台、昔の『マッドマックス』仕様になって置いてあるじゃないか！　モナーロまであったよ。わたしはあれに乗って運転を覚えたものだが、モンスタートラック並みのでっかい車輪がついていた。

マイケル・ウルマン　シドニーにいるときは、ロックスター気分を味わえた。車が支給され、手当がもらえる。バーに飲みに出かけては、差しつかえない範囲で自慢していた。「ところで、おれはここで三ヶ月『マッドマックス』の仕事をしてるんだぜ」するとみんなが「そりゃすげえな、おい！」って驚いてくれるんだ。

ジョージ・ミラー　こういう映画に統一感を持たせるために監督が負うべき義務のひとつは、非常に包括的な戦略を立てることだ。デザイン面で立てた重要な戦略のひとつが、どれもファウンドオブジェを転用してつくるということ。

コリン・ギブソン　ウォー・タンクのチェイス・シーンでは、シャーリーズがアクセルを固定したあとサイドドアから身を乗りだして、射撃しはじめる瞬間がある。わたしは年代ものの足の測定器をアメリカから取り寄せることにした。以前靴店で使われていた器具で、こどもの足をそこにおき、小さなクリッカーを上下させて正確なサイズと高さを測る。秀逸なアイディアだと思ったね。あれはマジで、アクセルみたいに動くんだ。上げ下げできるし、固定もできる。用途のまったく違うものを戦闘用に改造できるいい見本になった。

リサ・トンプソン（セットデコレーター）　コリンは目覚いから、なにかをとりあげてひっくり返し、こねくり返しては、「あー閃《ひらめ》いたぞ、これを人に向けて撃ったらすごく様《さま》にならないか？」っていうの。

マット・ブーグ　コリンは新入りのわたしに、ここの方針をはっきり伝えた。すなわち映画に出てくるあらゆるものは三つ以上の用途がなくてはならない。結局、わたしはタイヤ交換の場面で目にするような、革でくるんだツールキットをつくることになったんだが、キットのおもな道具のひとつに大きなバールがあった。それはまた大きな十字架みたいな、一種の宗教的シンボルにもなるし、スウィングさせてダメージを与えたりもできる。それで三つの用途ができた。車を修理し、相手を襲い、マントルピースの上に飾る美しいオブジェにもなる。

ジョージ・ミラー　デザイナー全員が共有したモットーは、荒野《ウェイストランド》だからといって、その地に住む者が美しいものをつくれないわけじゃないということだ。ポストアポカリプスの世界を舞台にした映画やゲームにありがちなのは、ジャンクヤードみたいに見せようとするデザイン観だ。だがよく考えてみれば、世界で最も土地のやせおとろえた地域の住民が、ワイヤーやコークの空き缶で最高に美しいおもちゃをつくる。旧石器時代にも、美しい洞窟壁画が残されているだろう。

マット・ブーグ　コリンはそれからヴィラウッドに〝廃車場〟と呼んでいる場所をつくった。壊れたヴィンテージカーやトラックがそこの裏手に積みあげられていて、「素材をとってくる場所はひとつだけだ。廃車場にいって必要なものを探せ」って指示された。地元のハードウェア店にいって必要な品物を買うのは禁じられ、自分たちでサルベージする決まりだった。

コリン・ギブソン　基本的には、サルベージするに足る美しさがあると思うものか、少なくともポストアポカリプスの未来世界らしく見えるものを見つけ、「これはなんだ？　なにに使ったんだ？」と頭をひねり、それを戦闘用につくりかえる。そうやって、世界の果てに流れ着いたあれやこれやに新たな、少しだけ野蛮な使いみちを与えてやるんだ。

マーク・ナトーリ（板金工）　たとえば、キャデラックを持ってきて、外装をとりはずす。必要なのはそれだけで、シャーシとか残りの部分は廃車場に戻す。あそこにあるのはぜんぶ、基本的に男たちが武器をこしらえたり、バイクにとりつけたりするための部品なんだ。

マイケル・ウルマン　それはもう、山ほどのジャンクがあった。ジャンクは大好きさ！　ジャンクヤードにいくと、おったっちゃうよ。

デーン・ハレット　連中は廃屋になった養豚場までいって、廃品をぜんぶ購入した——掛け金《がね》やら、大包丁やら。あるとき、消火器でいっぱいのクレートが出てきた。クレート一個分の消火器だ！　われ先に奪って、いろんな武器に変身させたよ。

マイケル・ウルマン　ルールはなし。威力がありそうな武器を好きなようにつくって、武器収納箱に入れる——斧やトマホークや銃やなにやらを。テーブルソーの刃をはずし、半分に切断して棒につければ、長くて奇妙な斧が一丁あがりだ。

ジョージ・ミラー　車のハンドルを人形の頭やいろんなジャンクと合わせて、なにか別のものにするとかね。基本的に、ファウンドアートだよ。

コリン・ギブソン　デザインプロセスとしては、あの世界でやるだろうやりかたでデザインしていく。サルベージして、くっつけて、偶像化して、最大限パワーを与える。なぜかというと、荒野《ウェイストランド》における栄誉ある戦いにそれらの武器を送りこみ、敵の車両、敵の人間、さらにはひどくおそろしいものになった自然に立ち向かうからだ。

マット・ブーグ　仕事のある日にまずやるのは、材料漁りにいってなにかクールなやつをみつくろい、自分の作品につけ足していきながら作業する。ほかの連中も同じことをやっているから、素早くやらないといけない。クールなものを見つけたら、車から切りとって人目に触れないように自分のベンチの下に隠すんだ。廃車場の材料を使ってだれがいちばんクールなバイクをつくれるか、となりのやつと競争しているみたいだった。

デーン・ハレット　スピリットさえきちんと押さえていれば、どれだけハメをはずしても許された。刺激的だったな。

ジョージ・ミラー　スクリーン上で、見映えはよくても機能にとぼしい、根拠のないデザインをよく目にする。この映画ではすべてが非常に有機的で、過去を持っていなきゃいけない。すべての小道具には、バックストーリーがある。

マット・ブーグ　大きなワイヤーを一巻き見つけて、さて、〝鉄馬の女たち〟だったらどうするかな？と考える。結局、電気ワイヤーを編んで、鉄馬の女たちの燃料タンクのカバーにした。あれはすごく誇りに思っているんだ。燃料タンクの保護をもう一層厚くできたうえに、みてくれもよくなって、タンクが愛され手入れされている感じを出せたからね、ティーコージー（ティーポットにかぶせる保温カバー）

みたいにさ。

ジョージ・ミラー　すべてに複数の意味を持たせた。イモータンのマスクは治療用で、基本的に空気を濾過《ろか》するが、彼が支配階級にいることを表してもいる。どう猛で、威圧的でなくてはならない。フュリオサの腕は義手だが、やはり、高い機能性と容赦ない資質を併せ持つ。

ピーター・パウンド　ジョージが最初に考えたアイディアのひとつにあったんだ。企画段階のごく初期から、フュリオサは左腕のひじから下が切断されていた。義手はフュリオサが自分でつくった。彼女はエンジニアだから、成長に合わせて改良と調整を重ねていったんだ。

トム・ハーディ　おそらくは史上最高にクールな女性主人公にして、片腕がない。

マーク・セクストン　あの設定になったのは、フュリオサをマックスの鏡像のように感じさせようとした結果だ。マックスは片足にブレースをしているから、彼女は手足のどこかが損傷していなくてはいけなかった。足にはできなかったから、必然的に腕になったんだよ。

マット・ブーグ　わたしがいいと思うのは、ジョージが重きを置くのはそこではないところ——武器なんじゃなく、代替機能としての義手ってところなんだ。障害を負った人へ敬意を払うという意味で、おおごとにすべきじゃないからね。腕を失うのは別にぞっとするようなおかしなことじゃなくて、単なるできごとでしかない。

シャーリーズ・セロン　完璧に気に入った。ジョージが前日譚《プリクエル》の脚本をくれて、「フュリオサの生い立ちがわかる、いいバックストーリーになる」といったの。プリクエルでは腕を失った経緯が語られる。たぶんその脚本を読んだからだろうけれど、義手のことをちゃんと話しあってはいなくて、そこがすごく新鮮だった。片腕だけの戦闘法を習う必要があり、それは難しかったけれど、「変じゃないか？」っていう人がだれもいなかったのは、興味深かった。みんなはただ受け入れていた。それで、なぜもっと映画にこういう登場人物が出てこないのか、疑問に思うようになる。

マット・ブーグ　コリンが腕の制作用に、絵を二枚くれた。一枚はピーター・パウンドが描いたフュリオサのスケッチで、もう一枚はルワンダのフツ族とツチ族の紛争に巻きこまれた男のイラストだ。腕を失い、ペンチを紐で縛りつけただけの間にあわせタバコホルダーでタバコを吸っていた。「これを参考にとりかかってくれ」といわれたんだ。

年季の入ったジャンク屋で抜歯用のペンチを見つけて、それが最終的なデザインになった——美しいハンドルがついていて、骨に似ていなくもない。義手づくりでわたしのした仕事はとどのつまり、長い期間に掘り下げられたアイディアをぜんぶ合わせて橋渡しすることだった。「よし、これはジョージの義手のアイディア、こっちはコリンの義手のアイディア」ってね。最後にシャーリーズも口を出してきて、それらすべてをひとつの道具にまとめ合わせてみんなを満足させる。

P・J・ヴォーテン　ずっと、義手にするなという強い圧力があった。金がかかりすぎるからというんだ。われわれは提示された金額を信じなかった。ロバート・ロドリゲスの映画「『プラネット・テラー』〔２００７〕」を観たら、義足の女がいて、「ほらな、比較的低予算のああいう映画でできるなら、おれたちだって片腕分ぐらいできるに決まってる！」って思ったね。

マット・ブーグ　シャーリーズがはじめて試着したとき、ものすごく緊張した。前にいくつか試作品を試したが、うまくいかなくて――デザインを気に入らないか、問題があった。この打ち合わせでは予感があり、もしシャーリーズが気に入らなければたぶんグリーンスクリーンで撮ることになり、義手全体をデジタルで処理するだろうという段階にきていた。ジョージもコリンも、ひどく実写でやりたがっているのを知っていた。

あのときのプレッシャーを覚えているよ。シャーリーズの前にひざまずき、義手をはめるあいだ、彼女がこちらを見おろしていた。やっと装着し終わると、義手に目をやり、動かしてみてからこういったんだ。「これ、すごくいい感じ！」どんなにほっとしたかしれやしない！　シャーリーズの眼鏡にかなって、うれしかったね。

ヴィラウッドでつくられたもうひとつの中心的な小道具が、ドゥーフ・ウォリアーのエレクトリック・ギターだ。ドゥーフ・ウォリアーはイモータン・ジョー軍団のワイルドな一員で、耳をつんざき火を噴くロックンロールをウォー・ボーイズの集団に向けて演奏する。

ジョシュア・ホロウィッツ（「MTVニュース」記者）　いったいドゥーフ・ウォリアーをどうやって思いついたんだろう？　どんなアイディアを組み合わせると、赤いワンジーを着て火を噴くギターを持った男にたどりつくんだ？　案に相違してうまくいったろくでもないアイディアの、究極的な例だよ。

カレン・ハン（〈スレート〉誌記者）　ロックギターを激しくかき鳴らせるというだけで、そいつを戦闘に引き連れていくって思いつき……最高！

ジョージ・ミラー　彼は『怒りのデス・ロード』の性質を、ある意味蒸留した存在だ。破天荒だが現実に根ざしていないわけじゃない。鼓手や、らっぱ手の役割を担っている。エレクトリック・ギターを弾くことでね。

マイケル・ウルマン　ヴィラウッドで一ヶ月過ごしたあと、手が空いて、「つぎになにをつくってほしい？」ってきいたら、コリンが思いついて、「ギターをつくるかい？」ときくから、「モチだ、ギターをつくるぞ！」って答えた。

マット・ブーグ　完成したギターに使われたおもな部品は、すべてマイケルがみつくろってギターの形に合わせたものだ。できたのは、すごく美しい立体芸術だった。

マイケル・ウルマン　こういわれた。「いいか、三つ条件を与える。火を噴き、ダブルネックで、凶器に見えること」ギターのボディは、病床で使う白い陶製のおまるだ。フリーマーケットで見かけて、すぐに「あれをボディにしたい」って閃いた。切断して、なかにフレンチホルンを仕込んだ。ジョージがすごく興奮していたな。「人間の内臓そっくりだ」って。

マット・ブーグ　外観をマイケルが担当し、わたしは機能面を請け負った。火炎放射用に、ワーミーバーをガスバーナーにつなげたんだ。すばらしい特殊効果スタッフがいたから、手を貸してもらえた。とはいえ、実際に音を出す部分には手こずったね。

コリン・ギブソン　ここはいさぎよく失敗を認めないとな。われわれはギターを組み立て、吊りさげ、何度かトラックの上で動かした。火も噴くし、見映えは上々。六十箇所ばかり可動するパーツがあった。大満足していたら、ジョージが顔を出してこういったんだ。「演奏を楽しみにしているよ」どういうわけか、砂漠の真ん中で三十六基のV８エンジンをとどろかせて進撃するなか、実際に音を出すギターが必要だとは思いもしなくてね。

マイケル・ウルマン　それで、マットはおれのつくったボディを改造して、音が出るようにした。

マット・ブーグ　わたしはQUEENの大ファンなんだが、ブライアン・メイが執筆したギターを自作する記事を読んだことを思い出して、プランを練ってみた。結局、ギターの土台用に車みたいにシャーシを置き、それからマイケルのつくった部品でシャーシの周りを覆い、ボルトで固定した。あらゆる距離と角度を正しくつけるのが難しいしろもので、いろんな部品を合わせる必要があり、少なくとも二〇〇個の部品を使ってある。組み立てるのにひどく苦労したけれど、どうやらその価値はあったね。

マイケル・ウルマン　ギターを演奏した男が、最高に演奏しにくいギターだってぼやいていた。たぶんそれが理由で、バンジーコードをとりつけたんだろうね。なにせ三十六キロもするから。ときには機能より形状優先だ、そうだろう？

iOTA（〝コーマ・ドゥーフ・ウォリアー〟）　なんの因果か、目の前に吊りさげられたのは、くそトンデモないギターだったよ。

マイケル・ウルマン　みんなに「よお、『マッドマックス4』は観たか？　あのギターを見たかい？」ってきくと、「あそこがいちばん気に入ったぜ」っていうから、「あのギターはおれがつくったんだぞ」って教えた。その日はみんな、ずっと口をぽかーんとさせていたよ。最高の気分だったね。

第九章　おれを見ろ

『マッドマックス　怒りのデス・ロード』の制作が再開されるまで、ジョージ・ミラーは十年以上頭のなかで映像を思い描いてきた。ヴィジョン実現のため、撮影現場では並はずれたスタッフに彼の「目」となってもらわねばならない。

ミラーは撮影監督のディーン・セムラーに撮影を頼むつもりだった。セムラーは過去に『マッドマックス2』および『マッドマックス　サンダードーム』を撮っている〔彼にオスカー撮影賞をもたらした『ダンス・ウィズ・ウルブズ』〔1990〕はいうに及ばず〕。だが『怒りのデス・ロード』はミラーの『マッドマックス』シリーズ前作とは勝手が違い、困難をきわめる撮影には高度な創造的思考が要求された。

ミラーが最後に実写映画を撮ってからすでに何年も経っており、ハリウッドは大作映画をフィルムで撮るのを避ける傾向にあった。いまではArri ALEXAなどのデジタルカメラが大手を振っており、少なからぬブロックバスター映画がIMAXや3-Dカメラを使用して映像を立体的に飛び出させている。だが、砂漠での複雑な撮影となれば最高級の機材でさえ故障しないとは限らず、ミラーはそれでもやはり、信頼のおける副官にAカメラ〔撮影の大半を受けもつ機材一式〕とBカメラ〔別アングルやピックアップショットの撮影に使用〕の操作を任せる必要があった。

カメラスタッフと、本作の撮影に適切な機材を見つけるため、ミラーはキャストのときと同様、型破りなオーディションを続行した。

マーク・ギルニッシュ（Aカメラオペレーター）　『マッドマックス』は数ある映画のなかでもとびきり魅力的なシリーズで、こんな仕事が二度とめぐってくるとは思わない。ディーン（・セムラー）から熱心にこの仕事を勧められ、メインのカメラオペレーターになってほしいといわれた。「きいてくれ、ジョージはえり好みが激しくて、旅の同行者は適切な人間じゃなきゃならないと気をもんでいるんだ」監督は冗談抜きに、砂漠のど真ん中に出ていって、まったくお門違いの人物とずっと一緒だなんて目には絶対遭いたくないと思っていた。電話を一本入れてカメラオペレーターをひとり注文、というわけにはいかないからだ。

　そういうわけで、ジョージに対面して、ふつうに面接するのかと思ったら、「いや、違う。正確には二時間の時間枠で監督がきみをオーディションし、方法としてはウォー・タンクのモックアップ（実物大模型）を置いたサウンドステージできみに撮ってもらう」

アンドリュー・AJ・ジョンソン（Bカメラオペレーター）　ジョークだと思ったら、メールが届いてオーディションはつぎの火曜日とあり、香盤表（進行予定表）が添付されていた。

P・J・ヴォーテン　ジョージは自分が俳優とは常に距離を置いていることをわきまえていた。彼らのスペースには踏みこまない。そういう性分だからで、その分カメラマンをとことん信用したがっていた。

ジョージ・ミラー　これは室内で俳優の位置決め《ブロッキング》をしてから撮るような、典型的な映画じゃない。俳優たちは大半の時間を車内に座りっぱなしで、監督がとなりに座る余地はない。モニター越しに見ることになる。

アンドリュー・AJ・ジョンソン　オーディション会場に着くと、きっちり椅子が四つ並んでいて――気まずい状況だった。ほかの面々とは顔見知りだが、同じ仕事を争う状況で滅多に鉢合わせることはない。席について待つあいだ、いたたまれなかったよ。

マーク・ギルニッシュ　シドニーのフォックス・スタジオの裏手にある倉庫スペースにいくと、巨大な扇風機で大量の砂ぼこりを吹きあげ、さらに超強力な照明を煌々《こうこう》とつけて暑い砂漠を再現していて、エアコンはついてなかった。ウォー・タンクの運転台はステージに置かれたモックアップで、わたしは五人の〝妻たち〟を演じる代役と一緒に、ウォー・タンクのキャビンに押しこまれた。

アンドリュー・AJ・ジョンソン　オーディションをすごくうまくやれた唯一の理由は、香盤表をもらったときに代役の名前をググったら、幸い全員ともモデルやキャスティング・エージェンシーの所属だったんだよ！　その子たちの写真を見て名前と顔を覚えたから、会場にいったとき「あれがニッキ、あっちがカレン。あとデイヴ、少し左にずれてくれる？」っていえたんだ。

マーク・ギルニッシュ　あの場にはカメラスタッフがいて、すべての模様をカメラに収めていたが、おもな目的はジョージにわたしのしていることを見せるためだった。わたしは冷や汗をかき、完璧に怖じ気づいてしまい、ディーンに「どうしよう？」と相談すると、「ジョージがなにをするか指示してくれる。だいじょうぶだ」といわれた。ヘッドホンを受けとり、それでスタッフと会話ができ、それから別のヘッドセットでジョージから直接指示を受ける。ジョージは別室にいて――撮影中わたしが指示や変更を俳優にどう伝えるかを見たがった。車内に入れるスタッフがわたしだけの場合があり得るからだ。

リッキー・シャンバーグ（ファースト・アシスタント・カメラ）　あれはわたしが立ちあったオーディションのなかでは最も特殊な例で、愉快なのが、実際には彼らの撮る映像を記録しなかったことだ。ジョージはカメラマンが俳優とどうやりとりするかを見ていた。なぜかというと、もともとの計画では――本番では多少変更があったけれど、ポッドに入ったジョージが終始リモートで指示する予定だったからだ。

アンドリュー・AJ・ジョンソン　監督の頭のなかでは、トラックが砂漠を走行中に運転台にいるのはカメラマンだけで、ジョージはリモートヴィデオを搭載した別の指令車両から指示を出すつもりだった。テレビの放送局みたいにね。

マーク・ギルニッシュ　扇風機の騒音がばかでかかった。撮影中は車両が爆音を立てるのがわかっていたからだ。ステージで模した騒音は、本番よりマシだったね！　ジョージがなにか指示を出し、それからわたしがどう反応するかを確かめ、それが二時間続いた。その頃にはわたしは汗だくで、頭は完全に真っ白になってあまりうまく対処できなかった。

アンドリュー・AJ・ジョンソン　何パターンかやったら、ジョージが「AJ、したいようにしろ」というんだ。それでウォー・タンクの床に横たわって、クレイジーな360度ショットを撮ったら、気に入ってくれた。

マーク・ギルニッシュ　二時間が過ぎて、ジョージと話をして、それでおしまいだった。「あーどうしよう、完璧にしくじった」と思ったら、つぎの人物がきて自分と同じことを最初からやっていた。それが一日続いたんだ。

アンドリュー・AJ・ジョンソン　あのちょっとしたテストのあと、マークとわたしが最終的に選ばれた。わたしには俳優の友だちが大勢いるんだが、オーディションがどんなにつらいかこぼしていた

――受かったかどうか、絶対わからないってね。あのオーディションのあとは、彼らの毎週味わう気持ちがわかったよ！

ミラーはカメラマンをおおかた選び終えたが、新たな問題に直面する。プリプロダクションの後半に入ると、ディーン・セムラーが映画から降板したのだ。

ダグ・ミッチェル　ディーンはひとえに体調をくずしたせいで、撮影が無理になった。

P・J・ヴォーテン　ダグに電話して「ディーンが抜ける」と知らせたあと、フォックスから〈ケネディ・ミラー〉のスタジオまで十分か十五分ほど車を走らせた。到着すると、ダグがジョン・シールに連絡をとっていた。

ジョン・シールはオーストラリア映画撮影監督界のレジェンドで、『レインマン』〔１９８８〕、『いまを生きる』〔１９８９〕、『ハリー・ポッターと賢者の石』〔２００１〕などのハリウッド作品を手がけてきた。なおいいのは、砂漠での映画撮影の経験が豊富にあり――その仕事でオスカーを受賞したことだ。

彼は『イングリッシュ・ペイシェント』〔1996〕の撮影監督をつとめている。ひとつ、障害があった。シールは何年も前に引退していたのだ。

ジョン・シール（撮影監督）　もう仕事をしないという事実をわたしは受け入れていた。個人の事情だった——魅力的なオファーをたくさん受けとったから後ろ髪を引かれはしたものの、これまで長編映画とドキュメンタリーとコマーシャルを六十本あまり撮り、各地を飛びまわってきた。家を留守にしているあいだ妻がこどもたちを立派に育てたあげたが、家族と過ごす時間が短すぎた。それで、孫たちとはもっと一緒にいて家庭生活を楽しみたかったんだ。『ハリー・ポッターと賢者の石』のような映画をやると、十一ヶ月わが家を空けることになる。家庭崩壊の危機だ！　ところがそこへ突然ダグ・ミッチェルから電話が入り、声の調子が、なにか切羽つまっていた。

ダグ・ミッチェル　シールに電話して事情を説明すると、沈黙が落ちた。よく考えて奥さんのルイーズに相談する必要があるんだと思い当たった。家族の反応を見るためにね。

ジョン・シール　『マッドマックス』の新作がシドニーでプリプロダクションに入ったのはきいていたし、アイコンとなる映画なのはわかっていた。電話口で、ダグがあせっているのを感じた。返事をするまで非常に短い猶予しか与えられず、わたしが断れば、即座にほかをあたる必要があったらしい。

ジョージ・ミラー　ジョニー（ジョン）・シールとは、九〇年代初期に『ロレンツォのオイル』で組んだことがある。撮影しょっぱなに、グリップ（特機）かガファー（照明）がひどいミスをやらかし、ジョニーが彼のところへいって耳元になにかささやくと、男はセットを立ち去った。その晩遅く、ピッツバーグの大きなホテルに戻ると、バーのいちばん暗いところでジョニーとその男が話しこんでいた。すごく張りつめた様子だったが、ジョニーは声を落としてとうとうと諭していた。

彼の意図が理解できたよ。セットで部下が面目を失わないように、怒鳴ったりはせずに静かに持ち場から降ろし、晩になってから叱責した、人目のないところでね。その後、スタッフをきこえよがしに注意する現場に何度か出くわしたが、ジョニー・シールのときは皆無だった。しかられた男はセットに戻ったあと、映画とジョニーに忠義をつくしていた。なんでもやっていた。ジョニーが彼の立場を配慮してやればこそだ。

ジョニーと反目した者はそのあと、彼にすごく献身的になる。彼の人情味のある態度のおかげだ。もうひとつ特筆すべきは、リラックスした秩序が保たれる秘訣の一部は、ジョニーが傑作な男であることだ。ひどくドライなウィットの持ち主で、セットではすごく愉快なんだ。どんな緊張もといてしまう。

ジョン・シール　ひと晩考えて、翌朝ダグに電話でこういった。「ダグ、喜んでやらせてもらうよ。脚本を読めるかい？」すると、「ああ、その、脚本はないんだ。オフィスにきてくれれば、ストーリーボードがある」といわれた。会議室の左隅上から説明をはじめて、反対側の壁の下で終わった。正直はじめと終わりの区別がつかなくて、あきらめたよ。彼らには十年の準備期間があったんだ、よくわかってやっているはずだ。あとは実行あるのみってことだろう。

アンドリュー・AJ・ジョンソン　ジョンは最高に気さくなオーストラリア人だよ。パブではじめて会ったばかりでも、なんでも話せるような男なんだ。

ジョージ・ミラー　ある日、きいてみた。「ジョニー、この仕事をはじめたきっかけは？」そうしたら、はじめは〝ジャカルー〟として働いていたというんだ。奥地にいって広大な牧場で働く、まあカウボーイみたいなものだ。その後たまたま国営放送局の仕事について、ある日カメラマンがもうひとり必要になった。彼が引きうけ、それが本業になった。それに加えて、熟練の船乗りだから、戸外の仕事ばかりについていたんだ。

マーク・ギルニッシュ　ジョンはこの映画の撮影監督にうってつけだった。骨身を惜しまない。彼と同じ立場の撮影監督の多くが、とりわけこれだけの大作になると、テントにこもりきってそこからカメラワークを指示する。ところがジョンは手ずからBカメラを操作して、始終現場に出ているんだ。この映画を撮影中に七十歳を迎えた男にしてみれば、三十代の一部撮影スタッフより身軽なくらいだよ。

P・J・ヴォーテン　ジョンはディーンのカメラスタッフとグリップと電気技師を引きついだ。苦戦していた。われわれは略語を使って話す、この映画を知りつくしていたからね。そこへいきなりやってきて、どっぷり浸からきゃいけなかったんだ。

ジョン・シール　どっぷり浸かって、ディーンが経験した問題をぜんぶ引きついだ。わたしはデジタル撮影の経験は一度もなかったが、突然デジタルカメラを持たされ、しかも3-Dときた。

イアイン・スミス（製作）　多くの金と時間が3-Dの撮影用機材の組み立てに投入され、ジョージはしきりに試したがった。

ジョージ・ミラー　というのも、映画は没入できればできるほどいいと思っているからだ。3-Dの没入感をずっと気に入っていたんだ。

コリン・ギブソン　二〇〇〇年の時点でさえ、ジョージは3-D版をやりたがった。

P・J・ヴォーテン　『アバター』〔2009〕より前、3-Dがもてはやされる前の話だ。アナグリフ3-Dを［赤青メガネで］上映するつもりで、ジョージは砂嵐の場面をぜんぶ3-Dでやりたがった。

ジョージ・ミラー　映画内で合図が出るはずだった。マックスがゴーグルをつけたら観客もゴーグルをつけるとか。

マーク・セクストン　そして嵐が去るとまったくの静寂がおとずれるが、観客はまだメガネをしたままだ。でも頭が半分砂に埋まったマックスが映り、それが視覚的な合図となって、全員がメガネをとる。

P・J・ヴォーテン　映画が再始動する頃には3-Dが大流行《おおはや》りで、「3-Dで撮るぞ」がモットーになっていた。わたしは「ポスプロでやれないか？」といい続けた。あの時点で3-D撮影について耳にした話はどれも悪夢さながらで、専用カメラはばかでかかったんだ。

コリン・ギブソン　ロサンゼルスの360度システムを見学にいった。砂漠では、そうだな、一分半もつかどうかってところかな？

P・J・ヴォーテン　ジョージの3-Dのモットーでは、カメラがトラックのフロントガラスをつき抜けられなくちゃいけなかった。わたしは「だけどストーリーボードにそんな必要のあるショットはひとつもありませんよ、ジョージ」といい続けたが、ジョージは小型カメラ一式じゃなきゃだめだといって譲らない。ゆうに人生の二年分を、既製の3-Dカメラの改良に費やしたね。

ジョン・シール　ジョージとチームは3-Dカメラを自前でつくってしまった。たまげたよ。究極の映画づくりだ！

それはきわめつけにやっかいな映画づくりでもあった。二〇一〇年当時は最高の3-Dカメラですらまだ扱いにくく、不安定だった。より優れたカメラを一から制作することはほんとうに可能なのか？　プロダクションはリッキー・シャンバーグを引きいれる。バズ・ラーマンの3-D版『華麗なるギャツビー』〔2013〕の撮影を担当したカメラマンで、『怒りのデス・ロード』を3-Dで撮るのは可能か暴挙かを見極めてもらった。

リッキー・シャンバーグ　ジョージが独自の3-Dシステムを開発したがっているときいて、ワォ、絶対話したいな、と思ったよ。多少は貢献できそうな気がしたからね。そうしたらPJが電話してきて「きみは3-Dの知識が豊富だが、とある企画がある。トップシークレットなんだが」という。わたしが「あんまりトップシークレットじゃないですよ」と返すと、「まあ、とにかく参加してくれないかな。非公式に、カメラマンとして」と頼まれた。

3-Dの技術者としてあの作品に加わった日は、人生でいちばんエキサイティングな日だったけれど、それから一転、人生でいちばんへこんだ日になった。なぜなら彼らのシステムを使えるようにしなきゃいけなかったからだ。彼らのやったことには感心したが、いつもわたしが使っている比喩でいうと、F

1のレーシングカーを自宅のガレージで発明しようとしても、およそ無理なんだ。世界中の会社が豊富な資金をつぎこんで何年もかけて開発し、先端技術の最前線に立つんだから。

アンドリュー・ジャクソン（視覚効果監修）　制作の頓挫中にデジタルカメラのALEXAが発売され、画質はわれわれの使っていたカメラより格段に上をいった。

リッキー・シャンバーグ　問題は、ジョージのチームがいつも少しだけ遅れていることだ。なぜなら企画が遅れ続け、技術は常に刷新されていくからね。しょっちゅう改良して追いつこうとするうち、収集がつかなくなった。３-Ｄカメラを ＤＩＹ用品で開発して、実際に動かせるなんて大手柄だと思う。問題は、それではレースに勝てないし、それなのにレースカーのドライバーみたいに打って出なきゃいけないことだ。この映画を撮るには最高の機材が必要で、残念ながら手持ちの材料ではそれはできない。

ペトリーナ・ハル　砂漠の環境であのカメラが正常に動くはずがなかった。そのせいで、撮影に遅延の生じる重大な懸念があったわ。

アンドリュー・ジャクソン　シドニーでテスト日を設けた。３-Ｄカメラをヘリコプターに載せて、電気ケーブルを巨大な冷却用兼電源ボックスにつなげ、チューブに水を流しこんでカメラを操作可能な状態にもっていくまで冷やす。ヘリコプターの準備ができ、ローターも回っている。すると、「氷をもう一杯持ってこい！」という叫び声がした。カメラが操作可能になるだけ温度を下げるのに氷が必要だったんだ。夏でもなく、暑い日でもない。砂漠に赴いて、このカメラを使用した長編映画の撮影に入る直前だった。あの瞬間みんなが、これは無理だと悟ったよ。

イアイン・スミス　最初にしわよせが出るのはスケジュールだが、ワーナーは延長するような余裕はないと申し渡しただろうね。

リッキー・シャンバーグ　文字通り、撮影開始の二週間前で、みんなが「どうしよう？　3-D撮影でいくべきかやめるべきか？」と頭を抱えた。わたしは頑としていった。「きいてくれ、ジョージが望むように3-Dでこの映画を撮れるとは思わない」重たい決断だった、ジョージの親友や仲間たちが十年、十五年この企画を続けてきたんだから。でもだれかが決断しなくては、映画が完成をみない。

ジョージ・ミラー　そうしたらPJがこういった。「そうだ、エッジアームっていう機材があるんですが、監督が惚れこむこと請けあいですよ」エッジアームはクレーンのついた優れものの車両で、カメラをかなりダイナミックに、どこでも好きなところへ持っていける。PJは「ぜんぶこれで撮ればいいですよ、室内シーンもね」と提案し、それは正解だった。映画が終わる頃には二台導入した。もし3-Dで撮っていたら同じ効果は出せなかっただろうね。

P・J・ヴォーテン　助かったよ。あのやりかたで撮っていなければ、まったく違う映画になっていた。

リッキー・シャンバーグ　3-Dは断念し、新しいALEXAカメラを選んだ。二週間で準備を整えた。

ジョン・シール　2Dに移行したら、スタジオがこういってきた。「ちょっと待て、わが社は3-Dを望んでいるんだが」

マーク・ギルニッシュ　ワーナー・ブラザースはまだ3-Dでの公開を切実に望み、当時はそれがいい実入りになるとみていた。ジョージは「まあ、ポスプロでやるよ。要望するなら費用は持ってくれ」って返していたよ。

ジョージ・ミラー　それが唯一妥当な落としどころだった、とにかくね。

リッキー・シャンバーグ　ジョンとわたしはときどき話をして、昔の3-D素材の古い写真を引っ張りだした。「もし無謀にも、3-D撮影を実際にやっていたらどうなっていたでしょうね。いまだに初日の撮影をしてるんじゃないですか？」って。

第十章　「はっきりいって、われわれの負けだ」

キャストが決まり、カメラを押さえ、ギターは速弾きと火炎放射を同時にできた。二〇一〇年初頭、『マッドマックス　怒りのデス・ロード』の撮影準備が遂にすべてととのい、六月のクランクインが確定する。ここにいたっても、スタッフの多くは二〇〇三年に最後の最後ではしごをはずされた苦い経験に懲りて、再びなにかよからぬことが起きるのではという暗い予感をぬぐえなかった。

「実現する日がくるとは思えず、ほんとうにきた日には、常に最悪を予期するようになっていた」そういったのは、ミラーの妻で、『怒りのデス・ロード』の編集を担当したマーガレット・シクセルだ。「実のところ、この映画にはいい訓練になったかもね」

少なくとも、経費を抑える新たな策が講じられた。費用のかかる遠隔地のナミビアロケを、ミラーは二〇〇三年に計画した。それに代わり、新生『怒りのデス・ロード』はオーストラリアのブロークンヒルでの撮影となる。そこは一九八〇年に『マッドマックス2』を撮影したミラーにはおなじみの、故郷にほど近い場所であり、オーストラリアにとどまることで旅費が浮き、政府からかなりの額の税額控除《リベート》措置を受けられる。

だが、大がかりなスタントをそれなりの水準にもっていくには、まだたくさんの作業が残っており、ミラーの注意は相変わらず『怒りのデス・ロード』とアニメーション作品の続編『ハッピー フィート

2　踊るペンギンレスキュー隊』に二分された。後者は二〇一一年後半の公開に向け、突貫工事の最中だった。『怒りのデス・ロード』の主要プレイヤーを集め、総員が持ち場についた頃、文字通り暗雲が水平線にたれこめだす。

シャーリーズ・セロン　いちばんつらかったのは、オーストラリアに集まって、撮影まであと二週間というタイミングで待ったをかけられたときよ。

P・J・ヴォーテン　ジョージは『ハッピー フィート2』をやっていて、同時にこっちはブロークンヒルで『怒りのデス・ロード』の準備にかかっていた――二本の映画が同時進行した。

ジョージ・ミラー　わたしは映画を量産しないが、スティーヴン・スピルバーグのような監督を非常に尊敬している。たびたび二本の映画をおおよそ同時につくり、たびたびどちらも傑作だ。彼にきいたら、面白い答えが返った。「一本は、もう一本からの休暇なんだ」。一作だけだと執着するようになるが、一作からもう一作へ頭を切りかえないといけないとなれば、口直しになる。二作が違うテイストの作品ならだがね。

クリス・デファリア　ジョージは『怒りのデス・ロード』の撮影現場でモニターを用意させ、そこから『ハッピー フィート2』のアニメーションをチェックするつもりだった。それがワーナーの逆鱗に触れた。スタジオはこういうんだ。「だめだ、そんなことはしないとこの場ではっきりさせる必要がある」それで、わたしはいい返した。「はっきりさせる必要なんてなにもありませんよ。あなたがたはケンカを売っているだけだ」『怒りのデス・ロード』の製作では、必然性のないいさかいばっかりやっていた。

マーク・セクストン ジョージはこれを二度目論んでいる。二〇〇三年、昼間はナミビアで『マッドマックス』を撮影し、夜は『ハッピー フィート』を監督するつもりだった――そんなにたいへんなことだとは考えていないという印象をひどく与えた。そして、『ハッピー フィート2』をやろうってとき、ジョージは同じことをしようと考えた。CGアニメーションの長編を一本撮ってどれほどたいへんかは身にしみたはずなのに、『マッドマックス』と『ハッピー フィート2』を懲りもせず同時にできると考えたんだ!

ジョージ・ミラー まあ、二作は別ものだ。アニメーションは実写映画の完全な印画紙なんだ、とりわけアクション映画のね。段階にもよるが、アニメーションは非常に思索的で、真のプレッシャーはない。すべてCGで、一度にひとりと仕事をし――大所帯のスタッフとじゃないんだ。大勢のアニメーターの手が入るとしても――非常に反復的な手順だよ。あるカットに目を通して調整していき、やがては最も望ましい段階と思えるところへ到達する。

クリス・デファァリア　ジョージとダグ（・ミッチェル）はそのやりかたに活路を見いだし、そんなふたりにそれは無理があるといっても、意味ないよね？　実際、ふたりと仕事をする最善の方法は、全面的に彼らのアイディアをサポートすることだ。しょっちゅう驚かされるよ、絶対不可能だと思ったこと、絶対うまくいきっこないと思ったことがうまくいく。そうじゃないときは……まあ、彼らも気がつくさ、そうだろう？

P・J・ヴォーテン　それで、ブロークンヒルに車両を移動してテストした。たぶん制作開始から十八週目ぐらいで、一年の真ん中だった。これはいったらまずいのかもしれないが、現場を閉鎖され、ジョージが『ハッピー フィート2』に専念できるように仕向けられた。ジョージがそっちを仕上げるまで延期するか中断する予定だった。スタジオが突然「『ハッピー フィート2』に専念しろ、きみたちは時間を二分しているがそれは感心できない」といいだしたからだ。

マーク・セクストン　『怒りのデス・ロード』の最終的なてんまつを思えば、そうだよ、もし二作を同時にやっていたら、完全にめちゃくちゃ悲惨な結果になっていた。

イアイン・スミス　こういおう。『怒りのデス・ロード』と並行して撮影できるものなんかなにもない。製作およびクリエイティヴ面からいって、はかりがたいほど困難な見こみだった。

ジョージ・ミラー　うん。そうならなくてよかったよ。

P・J・ヴォーテン　当時わたしは車両をブロークンヒルに持っていくぞってごり押ししたんだ。「この映画を制作するつもりならいまのうちにテスト撮影をすませ、問題点を把握しておけば、時間を有効に使える――たとえ資金提供がなくても――望んだ結果に向けて目処をつけられる。映画制作において決してとり戻せないひとつのこと、それは時間だ。だからいまやろう、閉鎖して再開後にテストするんじゃなく」とね。それで車両をブロークンヒルに運び、全車両のテスト撮影を二週間やった。キーショットはぜんぶ、カメラの配置を、リグ（補助機材をマウントするシステム）とPOV（視点）も含めて試した。

コリン・ギブソン　〝滑走路〟を敷いて車両を走らせることにした。たぶん六十五～七十台ばかり車両を組み立て、武器もたくさんつくり、訓練中のスタントマン二十数名に持たせた。

P・J・ヴォーテン　ウォー・タンクとギガホースもブロークンヒルに運び、ポールキャッツ（棒飛び隊）のテスト撮影もした。ジョージにクリップをせっせと送ったよ。ぜんぶ白黒だ。わたしは映画を白黒で撮りたかったんだ。

ジョン・アイルズ（〝エース〟）　そして当然みたいに、撤収したその日、雨が降って花畑になった。

二〇一〇年、ブロークンヒルにスーパーストームが襲来し、一二一年間で二番目に雨量の多い雨期を記録した。この地におけるスタントのテストは完了していたが、『怒りのデス・ロード』の撮影をブロークンヒルでオールロケするプランに、突如暗雲がたちこめる。

ダグ・ミッチェル　テスト等もろもろのプリプロダクションに予算をつぎこむあいだに、気象パターンが変化して、連日雨が降り続けた。

ジョージ・ミラー　ブロークンヒルに雨が降ったのは十五年ぶりで、赤茶けて平坦だった地面がいまじゃ花畑とみまごうほどだ。南オーストラリア州の塩湖で撮影するはずだったのが、水をたたえ、葦《あし》が生えてペリカンと魚がやってきた。

マーガレット・シクセル　ブロークンヒルにいってみると、紫色の花が膝丈まで育っていた。

P・J・ヴォーテン　現地の農家が「生まれてからずっと住んでいるが、見たことのない植物が生えてる」というんだ。信じられなかった。

ジョン・アイルズ　ジョージは愕然としていた。「なんなんだ？　なんでこんなことがあり得るんだ？」

ダグ・ミッチェル　はっきりいって、われわれの負けだ。どうやってここで撮れというんだ？　草一本生えなくなった世界という設定なのに、ひと通り撮影をすませてあとでＣＧでごしごし消すなんてわけにはいかない。わかった、降参だって心境にもなるさ。

ペトリーナ・ハル　活発に動きまわってアドレナリンがみなぎっていたから、自分ではまったく制御できない自然発生したもののせいで中止だなんて、冷水を浴びせられたも同然よ。「これは自分たちに下された決定で、自分たちで決めたことではない。折りあいをつけるしかない」っていいきかせた。

コリン・ギブソン　それで、すべてを倉庫にしまい、またもや尻尾を巻いて退散した。思い入れと愛と手間暇と想像力をうんと注ぎこみ、たくさんの道具をつくったんだ。あきらめるにあきらめきれない。

ペトリーナ・ハル　胸がつぶれそうだった。ジョージが電話やメールを入れて、信じようとしないキャストやスタッフを説得していたのを覚えている。映画が製作中止に追いこまれるのは珍しくないけど、洪水のせいで中止だなんて、ねえ、耳を疑うよね。

ライリー・キーオ　泣いた。心がぽっきり折れた。映画がこんなふうにだめになるなんてはじめてで、「ほんとうに天気のせいなの？　クビになったの？　なにが起きてるの？」ってパニックだった。

マーク・セクストン　映画をどう完成させるかは、まったくの別問題だった。あの段階になると、P・J・ヴォーテンはできるだけブルースクリーンで撮影し、あとで背景を入れ替える案をものすごく推していた。そうしていたら、ひどく違った撮影になったと思う。滑走路で撮影してそのあとで背景を置きかえるやりかたを、ヴォーテンたちは実際に検討していた。

P・J・ヴォーテン　空港でぜんぶ撮影し、使うのはランウェイだけにしようと考えた。シドニーに閉鎖されたばかりの空港があったんだよ、実際。

ジョージ・ミラー　ところが寛大にも、ワーナー・ブラザースが「まあ、一年か一年半ほど待って、ブロークンヒルがまた干あがらないか見てみようじゃないか」といってくれた。そして、干あがったりしなかった。

ダグ・ミッチェル　またしても、頓挫した。ちくしょう、トンネルの向こうに小さな光明が見えたってのに。

雨天順延による被害にあった二本目の映画は、おもに秘密裏に生みだされたものだ。ミラーとニコ・ラソウリスが共同で、フュリオサのバックストーリーを掘り下げた長編一本分の脚本を書きあげてから数年、ミラーは日本人監督の前田真宏に脚本を送り、『怒りのデス・ロード』のプリクエルをアニメーション化しようとした。

P・J・ヴォーテン　最初の計画では、映画より先にアニメとゲームをリリースし、異なるメディアを通して映画の登場人物を紹介するはずだった。アニメーションの形式で観た者に、おお、実写でこれをやるのは無理だな、とうならせる映像をたくさん盛りこみ、そのあと『怒りのデス・ロード』で実写の映像を目にすれば、うまくいけばさらに度肝を抜ける。

マーク・セクストン　非常に評価の高いアニメ監督の前田さんにジョージがコンタクトをとると、彼らはオーストラリアまでやってきて、目を瞠《みは》るようなイラストレーションを披露してくれた。ルックについてはまだなにも固まっていない時期で、それで彼らはフュリオサにシャーリーズ・セロンが配役されるずっと前から作業をはじめていた。『マッドマックス』を日本のアニメ風にスタイライズしてあり、みごとな要素もあった。しかも、仕事が早い。早くけりをつけてしまいたがっていた。

ペトリーナ・ハル　でも『ハッピー フィート2』と『怒りのデス・ロード』のあいだですでにいろんなことが起きていた。アニメ計画は中止にせざるをえなかったの。ちょうど立ち往生していた時期だったから。

マーク・セクストン　少しばかり、彼らはジョージが思いもよらない先まで仕事を進めていた。暴走していて、ジョージは「あー、ちょっと待ってくれ。落ちついて。まだあれもこれもじっくり考える暇がないんだ。こっちがはじめる前に終わってしまうつもりかい」って引いていた。

P・J・ヴォーテン　『怒りのデス・ロード』を制作しながら、同時にあのアニメにまでじゅうぶん目がいきとどかなかった。その後、ストーリー的にアニメより実写向きだとジョージは気がついたんだと思う。

二〇一一年の大半が足踏み状態で過ぎ、ミラーが『ハッピー フィート2 踊るペンギンレスキュー隊』の完成を急ぐいっぽう、製作者のダグ・ミッチェルは『怒りのデス・ロード』で追跡劇の舞台となる荒野《ウェイストランド》にはいまや肥沃すぎて使えないブロークンヒルの代替地を探した。

待機中、トム・ハーディは『ダークナイト ライジング』〔2012〕の撮影に向かい、シャーリーズ・セロンは『スノーホワイト』〔2012〕に出演、ニコラス・ホルトとゾーイ・クラヴィッツは『X-MEN：ファースト・ジェネレーション』〔2011〕に参加した。その間《かん》ずっと、キャストとスタッフはミラーとミッチェルが『怒りのデス・ロード』を崩壊の危機から再度救う手だてを講じられるかどうか、見守った。

ジョージ・ミラー　いまだに少しばかり、思うようにいかずに悔やんでいる映画ならある。何度か味わっているし、どんなフィルムメーカーも同じ思いを味わっていると断言できる。ダグ・ミッチェルがこういったんだ。「この映画にはすでに多額の資金がつぎこまれ、責任は重い。二度も中断したんだからね。どう転ぼうが完成させなくてはならない」そして、その信念を貫くのみだ。

コリン・ギブソン　雪崩《なだれ》にはプロセスがある。ある量まで達したら、一挙に崩れ落ちて、どこかで止まる。

ガイ・ノリス　わたしの確信はさらに強まったよ。われわれには語るべき物語があり、どんな手段を講じようとも必ず世に出すぞって。よくジョークをいいあった。車両をぜんぶ倉庫から出してきて、ハンディカムで撮影し、自分たちのヴァージョンをつくろうぜってね。

マーク・セクストン　あの段階までいってもしポシャったら、それはもはや犯罪じゃないかという境地だった。

ガイ・ノリス　凡百の、ほかの監督だったらこういっていただろう。「ああ、もう限界だ。あきらめよう」だがジョージに語るべき物語があるとき、彼は世に出したがる。それにやっぱり、ダグがしつこく手放そうとしないんだ。

ベリンダ・ジョンズ　〝しつこく〟どころじゃないの。ダグの究極のゴールは、ジョージと彼のヴィジョンをなにがなんでも守ることなのよ。

ジョージ・ミラー　わたしの製作パートナー、ダグ・ミッチェルを内輪では「ミツアナグマ」と呼んでいる。ミツアナグマを知っているかい？　一度つかんだら離さない。外見も似ているしね！

ダグ・ミッチェル　確かにわたしには容易にあきらめないところがある。この映画はときには死に体に見えたかもしれないが、変わらず傑作であり続けた。

ケリー・マーセル（脚本）　ダグは〝ジョージの世界〟のまさしく門番で、ジョージとジョージのヴィジョンのまごうことなき守護者よ。ふたりはチーム。「偉大な男の陰に女あり」というけれど、偉大な男の陰に男あり、ね。

ペトリーナ・ハル ダグは自分のやっていることにはすさまじい集中力を発揮して知略をつくすし、カードの切りかたも心得ている。すごく特殊なのよ、監督と製作者の関係にありながら、パートナーとなって会社を立ちあげるなんて。ふたりの職業生命は、一蓮托生《いちれんたくしょう》なの。

ディーン・フッド もしほかの人物が製作していたら、映画は完成をみなかったはずだ。

ダグ・ミッチェル ジョージと一緒に、コンセプトについて一種のロビー活動をした。オーストラリアの砂漠では撮影できなくなったため、ほかに適した場所を探す必要があったからね。それで、最終的にナミビアにいきついた。

ジョージ・ミラー 十年前にナミビアにはもういった。絶対に雨の降らない地だ。

クリス・デファリア いつもジョージはナミビアの砂がどれほど美しいか話していて、でもそこへいく意図はだれにもなかった。輸送問題がとんでもなく厳しく、オーストラリア政府のリベートを受けられなくなるおそれがあった。

ダグ・ミッチェル　なんとか〈スクリーン・オーストラリア〉から支援をとりつけた。ワーナーの幹部連はこの映画を「死に体」呼ばわりしたけれどね。オーストラリア政府の援助と承認があれば、製作者のリベートをナミビアでも適用でき、ガリポリ条項（海外ロケに関する条項）というちょっとした書類を提出すれば適切な支出の四十パーセントを法的に持ってもらえる。

クリス・デファリア　スタジオ側はこう明言した。「いいか、アフリカにはいかないぞ。リスクが大きすぎる」それに対するダグ・ミッチェルの返答は、事実上、全車両を船に載せてアフリカへ送ることだったが、スタジオに報告したのは船が港を出たあとだった。スタジオの幹部たちが「いったいなんの話をしてる？　車は船の上ってどういうことだ？」といったのを覚えているよ。ダグは「いかにも車は船の上で、船はナミビアへ向かっています」って返していた。傑作だね、あー腹が痛い。

ケリー・マーセル　ダグは気にもとめない、これっぽっちも。つぎの映画を相手がつくってくれようがどうしようが歯牙にもかけない人間とは勝負にならない。こういうしかないの。「わかった、負けたよ」って。

クリス・デファリア　同時にダグがやってみせたのは、条件さえ守ればオーストラリアのリベートを受けられる方法を探り当てたことだ。その見返りに、スタジオはナミビアには戻らないという懸案の主張の矛を収めた。ダグが打開策を見つけたからだ。だがそれはつまり、ナミビアにいく実務的な作業が発生することを意味し、それにもちろん、予算のやりくりもあった。

ディーン・フッド　貨物船を借りる必要があり、二〇〇万ドル支払って一二〇台の車両を載せた。あらゆる機材を、映画全体で少しでも使うようならば運ぶ必要があったからね。

リチャード・ホッブス（アートディレクター）　どれだけ大仕事だったか、どこから話せばいいやら。船には中身のつまったコンテナが七十二個積載され、それには車両が入ってすらいない。車両はトラックの後ろには載せられず、コンテナにも入らない。カスタムメイドの梱包箱ですべて移動させた。

アダム・キュイパー（キーグリップ）　あれほどたくさんの機材に世界を半周させるなんて、二度とできることじゃない。

マーガレット・シクセル　ダグが「一〇〇台の車をナミビアに持っていく」といったとき、まさか、本気？　と思った。ダグとジョージときたら、だれもやらないようなことをやるんだから。全人員と全車両をナミビアに移動させるなんて、まともじゃないわよね。ジョージらしいというか。ほかの人とは違うの、ホントに――そこが好きなんだけど。ほかの人ならすぐにやめるようなことをやるの。

コリン・ギブソン　ある意味、内心ほっとしたよ。もともとわたしが想定した場所に戻り、その間にジョージは『ハッピー フィート2』を完成させた。

あわただしく、問題含みの制作期間を経て、『ハッピー フィート2　踊るペンギンレスキュー隊』が二〇一一年末に公開された。批評家はこの続編に冷ややかな反応を示した。ミラーがゲイリー・エック、デイヴィッド・ピアーズと共同監督した続編の週末興行成績は驚くほど振るわず、アメリカ国内の一週目の売りあげは二一〇〇万ドルにとどまった。

最終的に『ハッピー フィート2』の世界興収は一億五九〇〇万ドル、一作目の半分以下の成績に終わる。『ベイブ　都会へ行く』同様、続編がシリーズに引導を渡し、それはミラーが最大の続編にさあ乗り出すぞ、という矢先に起きた。

マーク・セクストン　『ハッピーフィート2　踊るペンギンレスキュー隊』には共同監督がふたりいて、ジョージはふたりにあとを託してから自分は『怒りのデス・ロード』にとりかかるつもりだった。『ハッピーフィート2』はジョージの庇護のもと、ふたりの共同監督が作業をずんずん進め、あとからジョージが参入すると「ありゃりゃ、こりゃあひどい。どうやって修正しよう？　あんまり手の施しようがないぞ。参ったな」となった。

『ハッピーフィート2』のプロセスの終わりにジョージが盛大にしくじったため、わたしは『怒りのデス・ロード』を彼が当初の想定通りに撮れるか怪しくなってきたと、不安を募らせた。『ハッピーフィート2』でジョージは何人ものスタッフに好きにやらせ、その結果、作品はめちゃくちゃになった。それで、正直いってわたしはとほうにくれたんだ。『怒りのデス・ロード』が日の目を見ないなんて犯罪だ、けれど同時に、ジョージにはもはや撮れないだろうとも思った。

ジョージはこの映画を撮りあげなきゃいけないとわかっていたけれど、目の前にある重責がどんどん現実味を帯びるにつれて、おそれをなしたんじゃないかな。そして少しばかり自分に自信が持てなくなっていた。そうなるところを二回見ている。『ベイブ　都会へ行く』が公開されたとき、自信が砕けて、ひどい疑心暗鬼に陥った。その後、『ハッピーフィート2』の評価が芳《かんば》しくなく――悲惨な、出来の悪い映画だった。わたしの意見にバイアスがかかっているのはもちろんだけど、あの映画でいいところをひとつも挙げられない。

でもジョージはその結果、自分の能力と判断プロセスに果てしなく疑問を持つようになった。ジョージは本能的なフィルムメーカーで、たいてい正鵠を射た決断を下せるが、今回ははずし、そんな彼を見ると、わたしは自分が正しいことをしているのか、わからなくなる。

クリス・デファリア　ジョージは並はずれた男で、尋常ならざる集中力の持ち主だ。『ハッピーフィート2』の結果がよもや彼をひるませるとは思わない。ふっきって先へ進んだと思う。

P・J・ヴォーテン　ジョージは喜んで『ハッピーフィート2』の失望から気持ちを切りかえた。いよいよ本命作品が撮れるという、新たなチャレンジにね。

ジョージ・ミラー　駆けだしの、一本だけの映画の準備をしているときは、全力で集中する。心が折れることもあるが、ときが経つにつれ、少し賢くなって、たくさんの仕事をこなしている自分に気づき、それがプロセスの一部であることに合点がいく。

P・J・ヴォーテン　みんな、二月スタートの準備ができていた。そうしたらジョージが心臓にステントを入れた。

ジョージ・ミラー　撮影に入る前、冠状動脈に疾患が見つかってね。映画の前に検診を受けて、恩師のひとりで人格者の、高名な医師であるロン・ペニー教授に診てもらったら、「ジョージ、冠状動脈の処置をしないとだめだ」といわれた。彼はシドニーの真ん中にある聖ヴィンセント病院のデイヴィッド・ムラー教授を紹介してくれた。わたしはそこのインターンだったんだ。

冠状動脈にステントを入れたよ。幸い、心臓の筋肉を少しも損なわず、入院したときよりもいい体調で退院した。あの処置をしなければ、映画が完成するまで無事だったかは疑わしいね。

P・J・ヴォーテン　また中断だ。ジョージが心臓のステント手術をしたためだ。三ヶ月クランクインが延び――ところがこれまたもっけの幸いだった。車両にはさらに手を加える必要があったからだ。あれはブロークンヒルの地勢に合わせて整備してあるため、ナミビアの砂ぼこりには対応していない。それで、車両部門は空白期間中、寸暇を惜しんで調整作業に勤しんだ。

ディーン・フッド　撮入が延びたことで、支払上のペナルティがあった。主要キャストとはペイ・オア・プレイ契約（製作が実現せずとも報酬を保証する契約）を結んでいたせいだ。再交渉に含まれていた契約だったが、キャストはこの映画への出演を望み、スケジュールを空けておいた。

シャーリーズ・セロン　一度目の撮影中止から戻ってきて、養子縁組の申請をはじめたの。いつ電話がくるかわからなかったけど、もちろんジョージが「撮影をはじめるよ」と知らせてきて、わたしは「どうしよう、赤ちゃんが生まれたところなのに。わたしったらなにやってるのよ?」ってあせった。もしこれが『マッドマックス』以外の映画だったらすぐに降りただろうけど、撮影に向かう気満々だった。ジャクソンは生後七週目で、わたしはナミビアの真ん中へひとり乳飲み子を抱えて飛んだわ。あんなことをさせるプロジェクトなんて、そうそうないと思う。

ほぼすべてが裏目に出るなか、なんとか『怒りのデス・ロード』を軌道に乗せようとだれもが奮闘した。だが、スタッフがナミビアへ発ちはじめ、新たな撮影開始日の二〇一二年六月二十六日が迫ると、ワーナー・ブラザースの経営幹部が映画へさらなる大打撃を加えた。

P・J・ヴォーテン　スケジュールを四週間短縮しなくてはならなくなった。ばかな話だ。

イアイン・スミス　彼らの立てたプランに目を通したが、これは到底実現できないのがわかった。必要な日数を与えられず、必要な日数分伸ばすには膨大なコストがかかる。それで、なんらかの合理化が必要になり、ジョージはほんとうに嫌がったが、それが唯一、映画が本格始動し撮影に入れる方法だった。

コーリー・ワトソン　ジョージは映画を撮らないか、撮影スケジュールの三分の一を切りつめるかの選択を、撮影開始前夜に迫られた。それで、三分の一少ない期間でこの映画を撮り終えるにはどうしたらいいか、大急ぎで練り直さなくてはならなくなった。考えたら、えらいことだ。

イアイン・スミス　段階的なプロセスを踏んで、すべてをつぶさに見ていく。ジョージのもともとのヴィジョンを傷つけずに、なにができる？　もっと効率よく撮るにはどうすればいい？　三五〇〇枚のストーリーボードを精査して、与えられた予算でどうやりくりするかを検討した。

ジョージ・ミラー　わたしは多作なフィルムメーカーではさらさらないが、高度な困難さをともなう作品にあたるとき、それがついてまわる問題なのはわかっている。わたしがしなくてはいけないのは、自分のなかにニュートラルな場所を見つけ、できるだけ冷静に現状を判断することだ。

クリス・デファリア　それこそが名監督の証だ、そうじゃないか？『ハッピー フィート2』みたいな映画が鳴かず飛ばずに終わり、スタジオはナミビアでの撮影を阻止しようとしたり、予算を切り下げたりとものすごい圧力をかけてくるわ、さらには映画制作上の実務的な問題にあたって大きな決断を五分ごとに迫られるなか、その間ずっと平静を保って仕事をやり抜く。それに加え、疲れ知らずの働き虫だ。

あの期間をくぐり抜け、映画の撮影に漕ぎつけられる監督など滅多にいやしない。そしてつぎにやってきたのが、映画そのものだ、いうまでもなく。

PART II SHOOT TO THRILL

第二部　スリルに一撃

第十一章　戦闘準備

映画制作が戦争に似ているというなら、戦闘への備えはどうするのか？　まずは兵士を集めることだ。『怒りのデス・ロード』において、その規模は軍団、その名は〝ウォー・ボーイズ〟なり。

二〇一二年半ばにジョージ・ミラーがナミビアに渡り『怒りのデス・ロード』を撮りはじめるに先立ち、各部門の責任者を含めたスタッフとスタントの大集団が、スワコプムント――ナミビアの海岸沿いにあるエキセントリックな町で、撮影隊のほぼ全員が滞在した――へ押しよせ、架空世界の構築に着手した。だが、あまりにリアルな世界のため、映画制作と苛酷な荒野《ウェイストランド》での生活の境界線が、そのうちぼやけてくる。

没入型アプローチの最たる例が、ほかでもない、オフのときでも常にウォー・ボーイズとして生活するスタントマンたちだ。いつでもイモータン・ジョーの軍団でつとめを果たす覚悟満々の、上半身裸でぎらついた目をした狂信者集団、ウォー・ボーイズ――彼らの闘争心をかきたてるため、一連の型破りなワークショップを女優のナディア・タウンゼンドが主催した。『怒りのデス・ロード』のドラマターグ、ニコ・ラソウリスの教え子タウンゼンドは三十歳を間近にスワコプムントに送りこまれ、若いスタントマン数十人を指導するというとっぴな使命を背負わされる。

もしタウンゼンドがスタントマンのガードをうまく下げ、自分の指示に従わせられれば、訓練の成果が全撮影を活性化するはずだ。

ミック・ローファン（スタント・リガー）　リハーサルがはじまって数日間、スタント・パフォーマーたちは演劇ワークショップに参加させられた。部屋に入ったとたん、一瞬カルトに入信したのかと錯覚したよ。

マット・テイラー（スタント・ドライバー）　そこには大まかにいえば演劇教師として雇われた若い女性がいて、カメラで撮られる者たちにウォー・ボーイの魂《スピリット》を叩きこむのを主眼としていた。

ナディア・タウンゼンド　そもそも、ニコ（・ラソリウス）が仕事の片棒かつぎを必要としたからなの。あそこでの仕事量がひとりでは手にあまったのね。わたしはヒヤヒヤしていた。なぜって、実際に仕事をしたかったから――ただそこに黙って座っているなんてご免だった。ニコは脚本の仕事があってシドニーに足止めをくっていた。それで、単独で発ったの。ジョージがやってくるのは数週間後の予定だった。

一日に三時間のセッションを二回やるときかされていた。二週間、わたしだけで二、三十人の男たちを教え、一緒にやるプログラムを考えつかなきゃいけなかった。わたしの受けた説明は、ニコとの話しあいとジョージがつくったヴィデオ集だけ。ヴィデオのなかで、ジョージが脚本についての考えを何時間もえんえんしゃべっていたわ。
ほかに受けた指示としては、カメラに映るときは常にドキュメンタリーのように見えなければならない——やっている行為は本物だけど、どこかねじれていて、そのため別の世界を撮っているように見せろ、って。

リチャード・ノートン（〝最高司令官〟）　大勢のキャストがおそらく演技経験はほぼ皆無で、役への入りこみかた、バックストーリーの考えかたを教わった。どこで育ったのか？　両親はどうした？　人生で愛する者は？　憎んでいるのは？

ニコ・ラソウリス　質問はぜんぶ、ウォー・ボーイズにストーリーの感覚をつかんでもらうために考えだしたものだ。あらゆる真実を検証し、分析しなければ、うすっぺらな映画に仕上がってしまう。

ペトリーナ・ハル　この作品ぐらい大規模な撮影になると、膨大な実作業やロジスティクスが毎日組まれ、つい日課をこなすことに意識が集中してしまう。「自分の演じる役柄はなぜこんなことをいうのか？」なんて気にしてる余裕がなくなるの。でもだれかが目を光らせて、ほんとうに語りたいストーリーからはずれていないか、気をつけている必要がある。

ニコ・ラソウリス　本編の脚本を使ったリハーサルは信奉していない。フットボールの試合をリハーサルするようなものだからだ。生の試合のリハーサルはできないが、準備を万全にすることはできる。カメラが回りだしたときに生かせるような経験をさせてやれる。

ナディア・タウンゼンド　いくつも儀式があった。それで、スタントマンたちに集まってもらい、靴を脱いで輪になって立たせた。わたしの理解するところ、ただこの映画に出たいという以上の、大きなものに導かれた同志愛とアンサンブルをつくりあげる必要があった。あの若者たちは運動神経で行動できなくてはならない、つまり考えるより先に体が反応しなくちゃいけなくて、自分よりも大きなものに仕えているという思想でつながる必要があった。それで、イモータンを父親像に見立てた思想で彼らを結びつけることにしたの。

ハリソン・ノリス（スタント・パフォーマー）　最初、ぼくらは即席の疲労状態にさせられた。ワイルドなモッシュピットで押しあいへしあいして自分の役に入りこめたと思えるところまでもっていき、するとその場を共有する者同士のつながった、小さな結合組織が新たに生まれる。それが自分のウォー・ボーイの物語《ナラティヴ》の一部となる。シュールな、支離滅裂な方法によってね。

ミック・ローファン　はじめはみんな、「えー、なんでこんなくだらないことをやらなきゃいけないんだ？」とぼやいていた。

ナディア・タウンゼンド　彼らの信用を得る必要があった。ふつうスタントマンに要求されるのは単に見かけを演じることだけなのに、わたしときたら「行動を感情と結びつけろ、それが自分の立ち位置に反映されるからだ。感覚にすごく違いが出る」なんていうんだから。

スチュアート・ウィリアムソン（スタント・パフォーマー）　互いに向かいあわせに立ち、相手に対してわめきあう。目の前の男がまもなく死ぬと吹きこまれるからだ。つまるところ、おれたちは死ぬまで戦う運命にある。

ハーラン・ノリス（スタント・パフォーマー）　荒れ地で半分死にかけた人間の心のなかに入りこもうとするんだ。

スチュアート・ウィリアムソン　役のうえでは、おれは死をおそれていない。だからいけるところまで突き進む。キャラクターとあまりにも同調しすぎて、基本的に自分を見失った。

ジョシュ・ヘルマン　ウォー・ボーイズは、自分たちが要するに殉教者になり、つぎつぎに兵士が自然発生する軍団の一部を構成していることを理解している。

ジョージ・ミラー　九〇年代後半にみんなで脚本を最初に練ったとき、ウォー・ボーイズの設定はカミカゼ特攻隊のパイロットをいくらか下敷きにした。あの若い兵士たちは、戦争で勇敢に死ぬか犠牲になればそれが祖国への奉公になり、一種の〝戦士たちの天国〟にいけると考えた。それは歴史上、常に見られた——支配者のために若者を熱狂的に戦わせるひとつの手段なんだ。もちろん、それこそがまさに、9・11の同時多発テロが喚起したことだ。だからこそ、わたしは震撼した。

クリス・パットン（〝モーゾフ〟）　ボーイズを演じているのは全員俳優だと思うだろうが、おれたちの大半は、演技についてはずぶの素人のスタントマンだ。でも映画ではすごくリアルに見え、それはあのおかしなクラスのおかげだった。ひとりがなにかひとことというと、相手がひとこと返し、それを一時間やる。そのときは、「これはなんだ？　なんのためにこんなことをしてるんだ？」って思ったよ。

ナディア・タウンゼンド　一部の者は、もっとあからさまに胡散臭《うさん》がったわ。そういう輩《やから》に限って、みんなをあおりたがるのよね。彼らの信用をどうやって得るか？　一歩も譲っちゃだめなの。

ベン・スミス＝ピーターセン（スタント・パフォーマー）　すごく伸び伸びできたよ、ぼくは演劇オタクなんだ。

ハリソン・ノリス　みんな、自分で役名をつけて共有できる歴史をつくっていったけど、一部は理性的で個人的な作業だ。過去にどんな経験をしたのか？　役作りに生かせるような弱味はあるか？　強味はなにか？

クリス・パットン　それがジョージのこだわりなんだ。「小さな役など存在しない」がモットーだ。ウォー・ボーイズの全員に、わずか五秒しか画面に映らない者でさえ、完全なバックストーリーがある。

スコッティ・グレゴリー（スタント・ドライバー）　全員が各自、キャラクターを持っていなくてはいけなかった。おれはヴェガスのタトゥーをしてるから、役名は「ヴィー・ガス」だ。

リチャード・ノートン　もしジョージがセットにきて「あの車の泥よけにへこみがあるのはなぜだ？」とか「あの傷はどうした？」ときいたら、スタントマンはウォー・ボーイとして説明する。「ああ、それはあのいざこざのときにこさえたんです」衣装の破れもそうだ――いいかえれば、役柄の歩んできた人生にエピソードを与えてやる。画面にはそれが表れていると思う。

スチュアート・ウィリアムソン　あとにも先にもあのとき限りだよ。スタントマンに、たとえモブであっても多大な労力をかけて役づくりをさせるような現場で働いたのはね。

クリス・パットン　「いや、ちょっとばからしいんで」って拒否することもできたが、周りを見まわすとみんながやっている。それで自分もはじめると、同調しだす。ほかのみんなが唱和しはじめるや、自分の奥深いところに響くんだ。

リチャード・ノートン　それによって、真の同志愛も生まれた。

ペトリーナ・ハル　オーストラリアからきたスタントマンは比較的経験があるから楽にできたけど、スタントチームには南アフリカ人のウォー・ボーイズも大勢いた。彼らにしてみればまったくはじめての経験で、しかも大急ぎでチームにとけこまなくてはいけなかった。

ナディア・タウンゼンド　締めのセッションのひとつで、こういったの。「ナミビア人のボーイズと、スタントマンがひとつにまとまらないとだめ。まだ一緒にやってないでしょ」彼らを別々に訓練していたのよ。ナミビア人の子たち――はじめは八十人ぐらいで、ウォー・ボーイズというよりウォー・パップス（子犬）みたいだった。ガリガリに痩せて。あとから筋骨たくましい、でかくて不穏そうなスタントマン御一行がやってきたから、そこに妻役の女の子たちを呼びよせて見学させた。

コートニー・イートン　撮影開始に先だちセレモニーがあり、妻たちは全員布にくるまれて現れた。顔を半分覆ってて、イモータン・ジョーの手下役に雇われたスタントマンと俳優たちがドラムを叩き、わたしたちを見るのは禁じられた。それはリハーサルの一部で、両者のあいだに緊張感を生むのが目的だったの。

ハリソン・ノリス　あの日はとりわけワイルドな一日だった。

ナディア・タウンゼンド　女の子たちにヴェールを被るよう指示し、部外者お断りのあの空間に、実際にしばらく同席する機会を与えた。

アビー・リー　ヴェールを通してだとほとんど周りが見えないから、ボーイズが叫んでドラムを叩く音がきこえると、ビビったわ！

スチュアート・ウィリアムソン　文字通りマッドだったが、南アフリカ人とニュージーランド人とオーストラリア人全員が一室に集まった。場の空気が高まるとヴァイブレーションが生まれ、互いの頭をつかんで叫びあっていた。「イモータン！　イモータン！」ってね。イモータンがおれたちの神で、彼のためにおれたちは殉じる。

ナディア・タウンゼンド　「ああ、ボーイズは肌と肌でひとつにならなきゃ」って思った。それでこういったの、「靴を脱いで。シャツを脱ぎなさい」

スチュアート・ウィリアムソン　みんなで抱きあった――シャツを脱ぎ、全身汗まみれで、まんまオージー集会みたいだったよ。

ジョシュ・ヘルマン　すばらしくカルト的な行為だった。

ゾーイ・クラヴィッツ　奇妙な経験だった。つくづくね。

ベン・スミス＝ピーターセン　それが四十五分続いた。みんなで小刻みに一斉に揺れはじめ、それからだんだん大きな動きになっていく。ｉＯＴＡがギターを弾いていて、催眠術にかかったみたいなトランス状態だったから、はっきり思い出せない。だけど全員がこれをやって終わった——指八本の、Ｖ８シンボル。

スコッティ・グレゴリー　おれがＶ８サインを考えたんだ！　あの日に思いついたのさ。

コートニー・イートン　わたしたちは座っていて、男たちがみんなでスローガンを唱え、妻たちを世界に残された最も貴重なもの扱いした。

リチャード・ノートン　妻たちはイモータンの所有物で、それゆえに不可侵の存在だった。ウォー・ボーイズにとっては見ることすら——そしておそらく密かにセクシャルな思いを抱くことさえ——最悪の行為、イモータンへの裏切り行為となる。どんなサブリミナル効果が演じ手たちの心に生じたかは、だれにもわからない。

スチュアート・ウィリアムソン　空気が張りつめすぎて、女優のひとりが耐えきれずに実際泣きだしてしまうほどだった。でもおれたちの注意は、ぜんぶイモータンに向けられた。彼がおれたちの神、おれたちのボスだ。

アビー・リー　不気味だったわ！　ジョージがわたしたちに心底感じさせたかったのは、ウォー・ボーイズと対峙《たいじ》した女の子たちがどれほど震えあがり、虐《しいた》げられていたかということ。あんな経験を生で味わえば、役柄に共鳴するのはたやすいし、どんな思いをしたのか、感覚をつかむ助けにすごくなった。

クリス・パットン　あの瞬間、「ああ、この映画はエピックになるぞ」と思ったよ。だって、真っ当なやりかたで撮ってもいなければ俳優に真っ当な作業を要求してもいないんだからな。あれ以降、あんな撮影に参加したことはない。

ミック・ローファン　やがて、全員の役に統一感がしっかり生まれたことを理解した。それが露わになったのは映画の撮影が半分いったあたりかな、とあるシーンでイモータンが岩壁のてっぺんに立つ。

ヒュー（・キース＝バーン）は図体のでかい年かさの男で、衣装を身につけた状態だと足もとがおぼつかなくなり、足を滑らせた。起きあがるまでしばらくかかって、でもそれより前に、セットにいた者全員が声をそろえて叫んでいたんだ、「イモータン！　イモータン！」ってね。

サッカーの試合で、何万人もの観客がチームの名前を連呼しているみたいだった。ぞくぞくして、彼が立ちあがると歓喜の波が広がった。あれは本物の感覚で、けれど訓練のたまものであり、それ以降は完全に納得できた――主従関係、その全体的な異様さといったものをね。

ナディア・タウンゼンド　その話、きいてないわ！　共鳴作用が起きて、すごくうれしい。演劇の仕事をしていてとても興味深いのが、一心に打ちこんで仕事をすると、ストーリーの根本的な要素がその担い手である人間にも作用するところなの。ジョージの大作映画には撮影外のプロジェクトがうんとたくさんあるから、そこでみんなが共鳴した経験は、すごく骨の折れるブロックバスター作品を撮る以上の、もっと大きな、深いレベルのものだったとわかる。

あの作業の味をしめたら、もう拒めない。おいしい食事みたいなものよ。手打ちパスタを一度食べてしまったら、もうもとには戻れないでしょ？

第十二章　サイコーな日だぜ！

二〇一二年七月九日、『マッドマックス　怒りのデス・ロード』の撮影第一日目の終了後、シャム・〝トースト〟・ヤダフという視覚効果の技術者が日記を開き、一行目を書いた。

これから書く話を、きみは信じないだろう。

撮影初日は、『怒りのデス・ロード』に関わる少なからぬ人々にとって待ちに待った日だったが、ヤダフほど予想外の道のりをたどった者はそうそういない。ニュージャージー州ハドンハイツで内気な少年時代を過ごしたヤダフは、地元の図書館で『マッドマックス』のVHSテープにいき当たった。パッケージにはマッスルカーと凶暴そうな戦士があしらわれ、しかも「R指定」とある。要するに、抵抗しがたい禁制品だ。ヤダフ少年は『マッドマックス』を借りて帰宅し、屋根裏のテレビ部屋にこっそり持ちこんで、正しく頭を吹き飛ばされた。

それほどの影響を与えた最初の映画というのは忘れがたいものだが、ヤダフは確かに忘れなかった。おとなになり、ハリウッドにきて視覚効果のデータ・ラングラー（データの整理や加工、分析の専門家）になった理由をきかれたときは、いつもこう答えていた。「ジョージ・ミラーが『マッドマックス』の続編をもう一本撮る場合に備えているんだ」二〇〇五年、映画『ゴーストライダー』〔2007〕の仕事をしながら、ヤダフは自分の野望を第一助監督にうちあけた。その人物はたまたまジョージ・ミラーの信頼厚いスタッフ、P・J・ヴォーテンで、『怒りのデス・ロード』がワーナー・ブラザースで再始動したとき、ヴォーテンは熱意あふれるデータ・ラングラーを思い出し、仕事をオファーする。

撮影のためナミビアにいく途中、ヤダフは空港でミラーを見かけ、緊張のあまり憧れの監督に声こそかけられなかったが、警備員がふたりを奥の部屋に手招きし、スーツケースをあけるよう要求した。「ほんとうに身の置きどころがなかったよ、文字通り監督がぼくの目の前で下着を広げたんだから」と、ヤダフは思い返す。「自己紹介はしたくなかった。あの瞬間のぼくを印象づけたくなかったんだ」

とはいえ、ヤダフは監督に強い印象を残した。データ・ラングラーのスーツケースには、ナイフとスパチュラとキャンプ用こんろが収まっていたからだ。〈フレンチトースト・アンド・ハグ・ギャング〉という集まりのリーダーであるヤダフは、道具をナミビアに持参した。無償の贈りものとしてフレンチトーストを通りがかりの人々に手渡す活動をしているのだ。ミラーはそのアイディアに大受けする。とりわけ、ヤダフのニックネームが〝トースト〟である理由を気に入った。

あの時点で、軽い気晴らしはなんであれ歓迎だった。ミラーとヤダフは人生でも未曾有《みぞう》の大冒険に乗りだすところだったのだから。ふたりの男は初日を迎えるのを首を長くして待っていたが、夢を待ち望むのと、叶えるのは別の話だ。

シャム・〝トースト〟・ヤダフ（ＶＦＸデータ・ラングラー）　撮影初日、ぼくはすごくおびえていた。つまり、ぼくが雇われたのには理由がある――いい仕事をするから――けれど、昔から自分は無能だと思いこむ性分なんだよ。だから撮影現場にいったときは心底おびえていた。だって長いあいだずっと、これをやりたかったんだから！

ロビン・グレイザー　はじめ、わたしはすくみあがっていたの。どうすればうまくやれるだろうって。

トム・ハーディ　初日は「この撮影はやっかいだぞ」と思ったよ。どうやって象を食う？　たとえるなら、一度にひと口ずつだ（「ものごとは手順を踏んでやるべし」という意味のことわざから）。

ジョージ・ミラー　自分にいいきかせた。備えあれば憂いなし。だがいまは行動に移すときだぞ、ってね。

ライリー・キーオ　あれは備えようがないわ。一日目は、「やばい、あと七ヶ月ここにいるのか」って愕然となる。

リッキー・シャンバーグ　まああれだな、ジェットコースターに乗ったら最後、しっかりつかまってろってやつだ。

ジョージ・ミラー　あの日をよく覚えている。ここまで漕ぎつけられて、うれしかった。とはいえ、わたしはことのはじめを祝う感覚を持ちあわせる人間ではない。最後の最後、やろうとしたことが多少なりとも観客に響いたら――そのときはじめてお祝い気分になれる。

シャム・〝トースト〟・ヤダフ　あんなに大所帯のスタッフ、生まれてはじめて見た。

ロビン・グレイザー　ベースキャンプに向かって車を走らせていたら、宙に浮かぶ光の宇宙船みたいなのが目に入った。『未知との遭遇』〔1977〕のUFOみたいな。ただの小さなテントじゃない――一大拠点。ものすごいロジスティクスだった。

トム・ハーディ　目に映ったのは、ヘルズ・エンジェルスとSMとシルク・ド・ソレイユのフェティッシュ・パーティみたいな光景だ。砂漠の真ん中でだよ。

クリス・デファァリア　終末もの映画のセットでやる〝バーニングマン〟のイベントみたいだった。

ダグ・ミッチェル　撮影期間中は基本的に、このサーカスのテントでロックダウン生活を送ることになる。一〇〇〇人の仲間と一緒に、砂漠の只中でね。車でいくつか砂丘を越え、砂漠のふちから見渡すと、どでかいテントの町と、重量級のものすごい台数の車両群が視界に広がる。少しばかり、テニソン卿の詩「軽騎兵の突撃」を連想したよ。「左に大砲《おおづつ》、右にも大砲《おおづつ》、死の谷へ進むは六百騎」われわれは砂漠の真ん中でそれをやっている一〇〇〇人の集団だ。

シャム・〝トースト〟・ヤダフ　セットにいって車両を見たとき、笑っちゃった。自分がそこにいるのが信じられなくてさ。

マイケル・ミーキャッシュ（メイクアップ）　スワコプムントにいく途中ですら、トレーラーつきのトラックを追い越したら、うしろにインターセプターを載せているんだ。「うそだろ？」って声が出たよ。この業界に長年いて、クールなものをたくさん見てきた。だけどあれほどクールな光景には、この先もお目にかかれないね。

ジョージ・ミラー　あの一日目が、一二〇日間だか一三〇日間の撮影のはじまりだと承知していた。一日一日が苛酷このうえない撮影になるのもわかっていた。毎日スタントを実際に撮るんだからね。

サマンサ・マクグレイディ（チーフ第二助監督）　ストーリーボードと、スタント・パフォーマーと車両の香盤表の束に、はじめはちょっと圧倒されてしまう。「ああそうなの、わかった。これまでやってきたのとはわけが違うのね」って思ったわ。

ジョージ・ミラー　いいかい、映画づくりにいちばん適したたとえは、軍事訓練だ。地雷がどこに埋まっているか、狙撃兵がどこに潜んでいるかわからない精神状態ではじめ、けれど着実に遂行し、できるだけ最高の結果を出す必要がある。

リッキー・シャンバーグ　われ先に作業を終わらせようとあせっていたのさ、要するに。だれかがカメラマン小屋の鍵をどこかへ置いてきて、別のだれかが「じゃあ窓を割ろうぜ」という。典型的な撮影第一日目だ。だれもがショーをはじめようとパニックになる。

ゼブ・シンプソン（ヴィデオ・アシスト・オペレーター）　すごくカオスな現場だった。雑用がたくさん、移動するものがたくさん。

シャム・〝トースト〟・ヤダフ　それと、iOTAがアンプを持ってきて、スピードメタルのリフを弾いていた。

P・J・ヴォーテン　ジョージはピーター・ウィアーが撮影現場で音楽をかけてムードとトーンをつくったという話をきいていて、それで、ドゥーフ・ウォリアーを演じるiOTAを初日に連れてきて、エレキギターでリフを弾いてもらった。出番はまだ先だったが、気の毒にiOTAは撮影じゅうつきあわされていたよ。

ブレンダン・スミザーズ（大道具マネージャー）　砂漠に日がのぼるやいなや、彼がソロを弾きだした。あれはまさしく、ゾクッとくる瞬間だったね。この狂気に満ち満ちた、ばかでかいテントとトラックの上に太陽がのぼり、ジョージ・ミラーがだれかのスカーフを直していて、バックグラウンドではヘヴィメタルのソロを男が弾いている。ワイルドだった。

シャム・〝トースト〟・ヤダフ　エンジンを吹かす音がして、ものすごくうるさかった。両方の音にとり囲まれて、どうにかなりそうだった。

P・J・ヴォーテン　キーグリップのアダム（・キュイパー）がやってきて、「ギタリストに演奏をやめさせてもらえませんか？　互いの話し声がきこえないんですが」と苦情をいわれた。

マーク・ギルニッシュ　撮影初日に撮るのは映画の幕開け、トムがトカゲを踏むシーンだ。

シャム・〝トースト〟・ヤダフ　映画ぜんぶを順撮りしていた。前代未聞だよ、すごく金がかかるやりかただ。

アンドリュー・AJ・ジョンソン　たぶん、一ヶ月よけいに撮影期間が延びたんじゃないかな。下手すりゃひと月半か二ヶ月かも。映画を撮るときはふつう、ストーリー全体でひとつの場所を三回使うとしたら、一週目でぜんぶそこでのシーンを撮ってしまい、それからつぎの場所に移動する。

リッキー・シャンバーグ　シークェンス通りに撮るのは時間と金がかかる。俳優にとっては理にかなっているよ、演じる順番で進むからね。だが、湯水のように金が出ていく。

P・J・ヴォーテン　日にちをまたぐ撮影でさえ、順番通りにやる。つまり、二日間シャーリーズがトラックを運転して、それを映画全体で使うというやりかたはしていない。たびたび、二日前にやったばかりのセットアップに戻ったりしていた。

初日に撮影したシーンは映画冒頭の一分程度の部分で、荒野を睥睨《へいげい》していたマックスがウォー・ボーイズに追われて捕まり、イモータン・ジョーの砦《シタデル》まで連行される。第一幕の残り――マックスがシタデルで虜囚《りょしゅう》になる、もっぱら屋内のシーン――は、スケジュールの最後にやるサウンドステージでの撮影までとっておく、映画中順番通りに撮らない唯一の大きなパートだ。それが意味するのは、『怒りのデス・ロード』撮影初日は、ハリウッドの映画制作が試みたなかでも最長の部類に入る屋外撮影の、記念すべき幕開けだった。

ペトリーナ・ハル　ジョージが屋外にいて、ナミビアの土と砂に文字通りまみれながらジョン・シールとショットを撮っていく光景に、ぞくぞくしちゃった。

シャム・〝トースト〟・ヤダフ　ジョン・シールがこれまた、この映画の撮影現場でいちばん大人数のスタッフを引き連れていた。ふつう、カメラ班は二班か三班だ。今回は六つのカメラ班と、二十二台以上のカメラがあった。

ジョン・シール　ジョージとストーリーボード・アーティストは一台のカメラアングルしか想定していなくて、でもわたしはその頃には複数のカメラを使う撮影に入れこんでいた。セットに六台のカメラを用意していなかったら、少なからぬ者が悔やんだはずだと思うと、おかしな気がするね。

ゼブ・シンプソン　あんなにたくさんのカメラが使われた現場で仕事をしたことがない。ジョンのセオリーはこうだ。「多いと、なにか問題でも？」こじんまりしたホテルでふたりの人物が会話している密室劇をやっているのではないんだ。巨大なセットで五台よけいにカメラを向ければ、そのうちの一台はグレートなショットを撮れる、その価値はあったさ。

リッキー・シャンバーグ　それとジョン・シール、彼は自ら手を汚すタイプだ。トレーラーに座りっぱなしで出てこないなんてことはない。初日からシャツを脱いでカメラを担ぎ、トラックにぶらさがっていた。

マーク・ギルニッシュ　トム・ハーディが初日にきて、こういったのを覚えている。「すげえな、ウォー・ボーイズ全員が信じられないほどガチムチじゃないか」正直、こう思ったよ。「あんたはマッドマックスだろ、あんただってガチムチのはずじゃないか」トムはひとつ前の出演作でつけた体重を落としきっていないのをひどく気にして、ほかの男たちほど仕上がっていないことにムカついていた。服をしっかり着こむように気を配っていたのは、望みの体形じゃなかったからだ。

ミック・ローファン　初日に大規模なチーム・ミーティングがあり、ガイ・ノリスがボードにリストを貼って、こういった。「この撮影でこなすべきスタントが、主だったもので一二〇ある」それからもう一枚表を広げると、ちょっとしたアクションがあっちやこっちに、三〇〇個以上載っていた。撮影のはじめにそれを見せられたときは、すでにナミビア砂漠の真ん中でハードな環境――酷暑と思えば、つぎの瞬間凍えるほど寒くなり――にいて、「わお、こんなの、どうやったらこなせるんだ？」って思ったよ。ともあれひとつを選んでやりはじめ、こつこつこなしていくしかない。

少なからぬプロダクションが、撮影初日にはシンプルなセットアップですむ撮影を持ってくるが、『怒りのデス・ロード』はしょっぱなから映画中最大規模のスタントが予定に組まれていた。大がかりなカーチェイスで、マックスの代名詞たるV8インターセプター――ファンのあいだでは通称〝ブラック・オン・ブラック〟――が、チェイスの最後に捕獲される。

アンドリュー・ジャクソン　そのクラッシュ・シーンをCGでやろうというアイディアが初期に出されたとき、わたしは声を大にして、これは『マッドマックス』映画で、本物の車と本物のスタントの映画なんですよと力説した。この作品をCG製のアクションで幕を開けるわけにはいかない――実写《プラクティカル》の、本物の衝突じゃなきゃいけないんだ。

ジョージ・ミラー　われわれの頭脳はひどく短絡的に結論をくだす。もし最初に目にする基準となる映像が本物なら、ほかもすべて本物だと判断する。もし最初の基準が偽物なら、ほかもすべて偽物だと判断する。

リッキー・シャンバーグ　実写のアクションだから、燃えるんだよ。つまり、何ヶ月もマーベル作品の仕事をやっていたけど、これとは正反対だった。わたしにはあれは、フェイクに見えてしまう。

このスタントを仕切る役目は、ガイ・ノリスに任された。第二班監督兼スタント・コーディネーターのノリスは、『マッドマックス2』ではメル・ギブソンのスタント・ドライバーをつとめた。

ガイ・ノリス　ジョージはまた、周囲をたくさんの車両でとり囲み、マックスが動物の群れのように狩られるストーリーを語りたがった。ウォー・ボーイズが野獣を囲いこんで仕留めたという構図だ。最終的にウォー・ボーイズのひとりがサンダースティックを投げつけてマックスの車輪を吹き飛ばし、車を横転させる。

　クラッシュのようなよくあるアクションの場合、周りにほかの車両を置かず、ただ派手にやって車をひっくり返す。でも、車やバイクライダーたちに囲まれての横転に、従来の方法など存在しない。そのため、「フリッパー」と呼ばれる仕掛けを考案した——基本的に、アーマチュアをつけたパドルで、車を押しあげたあとパドルはもとの位置に戻る。

ペトリーナ・ハル　スタントは一流で、興奮のあまり息をのむほどの見ものだった。危険度は毎日すごく高かったけれど、なにしろこれが最初だったから、期待が膨れあがっていた。

マット・テイラー　ああいう危険なスタントの日は、現場がひどくぴりぴりする。一瞬の油断が命取りになるようなリスクを、だれかがとるからだ。

ジョン・アイルズ　高速で横転するクラッシュでは、ドライバーを信じられないほどきつく固定しなくちゃいけない。もんどりうって転がる車内にかかる遠心力のせいだ。戦闘機のパイロットが飛行中に経験するよりもずっとかかる。

ガイ・ノリス　自分でテストをやったから、圧とタイミングは重々わかっていた。それで、「ここはわたしがやります」って申し出た。

ミック・ローファン　気が気じゃなかった。1、ガイは自分の上司《ボス》だ。2、いい友人でもある。3、彼だってもう若くない。撮影で砂漠に六ヶ月いたが、これがおそらく映画のなかでも指折りの危険なスタント《ギャグ》で、それを最初に撮るっていうんだ。

ハリソン・ノリス　しかもブレーキなしでやった。あの日、「ええと、車に問題発生。セットし直す必要あり。ブレーキラインが故障」との知らせが入り、ぼくの父さん、ガイは「でもまあ、ブレーキをかけて停車するわけじゃないだろう？」と返した。スタッフが「そうですね」と答え、それで、父さんは「じゃ、やろうか」って。

ガイ・ノリス　いまでは、あの日がすごくクレイジーに思えてくる。〝ブラック・オン・ブラック〟に歩いていって運転席に座ると、三十数年前の記憶がよみがえった。まったく同じ感覚だった。

スチュアート・ウィリアムソン　おれはすぐうしろで運転していたから、目の前で起きたことがぜんぶ見えた。運転しているのはガイ・ノリスその人で、ずいぶん年なのに、レジェンドの名にしおわず――すごい人だよ。

ジェームズ・ドハティ（ユニット・アシスタント）　あの現場で撮影されたスタントの数々では、それまでの人生でなんの心の準備もできていないものを目撃することになった。トラックが何回転もするだって？　みんな、「なかの男は絶対に死んでるぞ」って思ったよ。

ガイ・ノリス　ああいう状況になると、すべてがスローダウンする。周囲は見えているが、すごくゆっくり進む。ただ耐えるだけになる。

ハリソン・ノリス　リハーサルのほうが、実際もっと回転した。本編では車体は九回転半回っているけれど、リハーサルでは十三回だった。

リチャード・ノートン　あれは世界記録だと信じている。

ガイ・ノリス　基本的に洗濯機のなかにいるのと一緒だ——まあ、時速一〇〇キロで突っ走って横倒しになる洗濯機だけど。

ミック・ローファン　車から出てきたとき、ガイはどう見ても目が回っていた。あんな速度で転がればね。でも無傷だったよ。

クリス・パットン　あれですぐさまヴォルテージが上がった。あの人がおれたちのボスなんだって、身が引き締まった。自分たちは確実にベストの仕事をしないといけない。ボス自らたったいま、現場のムードを決定づけたんだから。

ジョージナ・セルビー（アクションユニット記録）　ボス自らあんなスタントを演じて仕切ってみせた以上、こりゃスタントチームは負けてられないな、って思った。

マーク・ギルニッシュ　撮影一日目のほうが、おそらくほかのどんな日よりもさくさくことが進んだ。「すごいぞ、映画全体がこの調子でいけば二十日間で撮り終わる」って思ったよ。もっとずっとややこしい事態になっていくなんて、だれも予想しなかった。

シャム・〝トースト〟・ヤダフ　『マッドマックス』の映画を、すごく古いRCA製のテレビで観たガキの目を通して、あのスタントに立ちあった。はじめてあの車をテレビで見たときからずいぶん時間が経ったあとで、実物が回転する場面に居あわせたけれど、同時に夢を見ているような感じだった。

ところが、もうひとつ別のサプライズがシャム・〝トースト〟・ヤダフを待っていた。

シャム・〝トースト〟・ヤダフ　ノイズとエンジン音が響きわたるなか、だれかがぼくの名前を呼んだ。「よお、トースト！」ふり向くとジョージで、「ああくそっ、ぼくの正体がバレた。クビになる！」って思った。

ジョージが歩いてきてこういったんだ。「週末に俳優とリハーサルをして、そのあとの食事中にきみのことをみんなに話したよ」展開が早すぎた。だって、なぜ監督はぼくのことを知ってるんだ？　ぼくは彼を知っている。下着を目の前で広げてたんだから。でも彼はぼくなんて知っているはずがない。

ジョージ・ミラー　ひょっこり現れたその若者は、カウボーイ・ハットを被り、美しい心を持っている。撮影中滞在したスワコプムントの町で目にとまり、みんなはすごく惹きつけられた——そのうちのひとりが、ゾーイだったんだ。

シャム・〝トースト〟・ヤダフ　ジョージがいうには、「きみの〈フレンチトースト・ギャング〉の話をしたら、ゾーイがものすごく気に入ってたぞ」。

ジョージ・ミラー　脚本で、妻たちには名前がなかった――単に形容詞だけで区別していて、ゾーイの役は「ノウイング」、もの知りだからだ。けれど俳優たちと打ち合わせをしたとき、「お互いになんて呼びたい？」と水を向けてみた。みんなが名前を考え、ゾーイは「〝トースト〟がいい」といったんだ。

シャム・〝トースト〟・ヤダフ　『マッドマックス』の登場人物には全員おかしな名前がついてるよね？　トーカッター、マスター・ブラスター、アウンティ・エンティティ。それで、ジョージはぼくにこういったんだよ。「そんなわけで、ゾーイの役を〝トースト〟に改名する」彼らは彼女を〝トースト・ザ・ノウイング〟に変えたんだ。

ぼくが歩きだしたら、監督が「おいおい、いまの話がきこえなかったのかい？」っていうので、ふり返ってこういった。「ジョージ、いまはちゃんとお返事できません」だって、やばすぎたからだ。いまでもやばすぎるよ、こうして思い出すだけで！　ぼくは「ありがとうございます、失礼します」というのが精一杯だった。魔法みたいだった。こんなの小説にも書けない。起こりようがない、そうだろう？　文字通り最高のことだったたし、それがぼくの撮影第一日目だった。ジョージはなんのためにぼくに声をかけたのか？　無償の愛だよ、違うかい？　ジョージはこの映画を何年もかけて計画していた。プレッシャーがたくさんあり、あの日はいろんなことが起きて、それなのにわざわざぼくを探して、この話を教えてくれる優しさがあった。すごく特別な人だよ、いわせてもらえば。

彼は覚えてすらいないだろうけどね。たくさんのことを抱えていたから。

ジョージ・ミラー　あの名前は気に入っている。おもに、トースト青年を連想するのが理由でね。

ヤダフの撮影第一日目の日記は、こう結ばれた。


いまの時点で、彼女の役名が映画のなかで呼ばれるかどうかはわからない。『マッドマックス』映画は全体の八パーセントしかセリフがないから。

それに、撮影中にまた別の名前に変えないとも限らない。

それからたとえ彼女の名前を変えないとしても、クレジットが〝ゾーイ・クラヴィッツ――トースト〟となるかもわからない。

だけどわかるのは、この日がこれまで経験したなかで断トツでクールな撮影初日だったということ。

愛をこめて、トースト（オリジナルのほう）。

第十三章　おれの名はマックス

メル・ギブソンは三十歳になる頃には世界的なスーパースターとなり、すでに三本の『マッドマックス』映画に主演していた。だが、彼にとって代わるはずの荒ぶる俳優にとって、成功はよりつかみにくいものだった。

トム・ハーディは一九七七年九月十五日に生まれ、ロンドンの快適な郊外、イースト・シーンで育った。こどもの頃はプレップスクール（エリート私立小学校）に入れられたものの、お上品なお坊ちゃまにはならなかった。荒っぽい連中と徒党を組み、酒やドラッグに手を出し、あやうく放校になりかける。十五歳のときに、医者から「軽度の精神障害、統合失調症でサイコパスの傾向あり」と診断され、若者はレッテルに抵抗したものの、型破りな治療が待ち受けていた。演劇学校に入学すると、荒っぽい傾向を演技に昇華できた。

ハーディの陰のあるルックスと野性的なエネルギーが有望な名刺代わりになり、二〇〇一年、HBOの『バンド・オブ・ブラザース』とリドリー・スコット監督の『ブラックホーク・ダウン』に助演する。だが大ブレイクとなるべき映画――二〇〇二年の『ネメシス／S.T.X』で、パトリック・スチュワート演じるジャン＝リュック・ピカードの敵役を演じた――がフランチャイズの息の根を止める失敗作となり、苦にしたハーディは翌年リハビリ施設に入る。二〇〇九年、ニコラス・ウィンディング・レフン監督がハーディを主演に迎えて撮った犯罪ドラマ『ブロンソン』がアメリカで公開されると、彼のキャリアは再度ヒートアップする。ハーディは筋肉をたっぷりつけて主人公であるギラついた目のカリスマ的な囚人を演じ、映画を観たジョージ・ミラーがチャンスに賭けて、実績においてははるかに上のシャーリーズ・セロンの相手役に抜擢する。

そして、マックスに配役されてから長い待機期間ののち、二〇一二年にクランクインするまでの三年間で、ハーディは突如として注目株のハリウッドスターに躍り出る。クリストファー・ノーラン監督による二〇一〇年のSF映画『インセプション』で場をさらう演技を披露したハーディは、間を置かずに『ウォーリアー』〔2011〕、『欲望のバージニア』〔2012〕などで主役級を演じるようになり、ナミビアへ飛ぶ直前、キャリア最大の映画を撮影する。『ダークナイト ライジング』にてノーランは彼を悪役ベインに起用したのだ。ふつう、これらがマイナス材料になるようなことはない。ハーディに早々に賭けたミラーの読みは当たり、いまや稼げる新進A級俳優が、彼の監督作の主演を張ることになった。

だが『怒りのデス・ロード』でわれわれが目にするマックスは、これまでの主役像とは一線を画した。滅多にしゃべらず、しばしば行動の自由を奪われ、顔は映画の上映時間中、少なからずマスクで覆われている。ハーディのようなホットな映画界の新星に合わせ、役柄をどう変えるべきか諸説紛々《しょせつふんぷん》のいっぽう、メル・ギブソンの復帰を望んだファンにしてみればハーディなどおよびではなかった。

レスリー・ヴァンダーワルト　トムにとってあの役を受けるのは、すごく怖いことだった。いろんな意味でメルに紐づけられていたから、神経を尖らせたに違いないわ。

トム・ハーディ　はじめは大喜びで、あの役を射止めてほんとうにわくわくした。またとない役だからね。でもそれから、マッドマックスの役はメル・ギブソンと同義であり、メルのマックスを愛する人間が大勢いることに気がついた。「メルが演じないならマックスに非《あら》ず」という者たちだ。それでちょっとのあいだ、しゅんとなった。

ショーン・ジェンダース　オーストラリア人として、ほかの俳優をマックスだと思うのは難しかったよ。

トム・ハーディ　筋を通すため、メル・ギブソンに会いにいくべきだと思った。彼は『マッドマックス』ファミリーの一員だからだ。新しい妻が前の妻に会いにいくみたいなもんだな。

撮影がはじまる前、トム・ハーディとメル・ギブソンはビバリーヒルズのカフェでランチをともにする計画を立てる。非公式なトーチの受け渡しだ。緊張した面持ちのハーディが姿を見せたが、ギブソンは会食をすっぽかすつもりらしかった。二時間後、ハーディーがステーキとカプチーノの食事を終えてギブソンのつけにしようと考えていたところへ、年上の俳優がやっと現れた。ふたりの会話は、どのようなものだったろう？

トム・ハーディ　彼は退屈そうだったよ。「わかった、相棒。がんばってくれ」といわれた。彼に祝福あれ。ぼくはメルにブレスレットをつくった。いろんなことを二時間ばかり話した。ぼくは帰り、そのあとメルがぼくのエージェントに電話して、こういったそうだ。「おれよりクレイジーな人物を見つけたな」って。

ドリュー・マクウィーニー　『怒りのデス・ロード』のフッテージを観る前にだれもが抱いた疑問は、「メル・ギブソンじゃない『マッドマックス』を受け入れられるのか？」だった。幸い、『マッドマックス』シリーズはどれもまったく別の人物が語っているように感じる。まるで、荒野をさまよっていると、そのたびに違う人間がやってきて、「なあ、おれはあの男を見たぞ。名前はマックスだ。なにがあったか話すぜ」というみたいに。

パットン・オズワルト　ある意味、好都合だった。マックスと出会った人物によって、異なる記憶が語られたのかもしれないことを暗示できる。

トム・ハーディ　ジョージとさらに話しあって理解したのは、割りこんだり、なり替わったり、上をいこうとする必要はないってことだ。つまるところ、ジョージとメルは三本の映画をともに撮り、そろそろぼくにバトンタッチする時期だったんだよ。マックスはジョージに導かれ、ジョージによって創造された。だからジョージに任せ、ぼくは大舟に乗った気でいればいいのさ。

ジョージ・ミラー　マックスは、普遍的な元型としての存在なんだ——なんらかの意味を求めて荒野をさすらう一匹狼という元型のね。

コリン・ギブソン　『マッドマックス』1、2、3でひとりの男をレジェンドに仕立てた。われわれの役目は、マックスにポストアポカリプス世界を逆向きにたどらせ、ひとりの男に帰してやることだった。

トム・ハーディ　なにものも、バットマンやスーパーマンをほんとうに傷つけることはできない。『マッドマックス』ではすべてが傷つける。インディアナ・ジョーンズが蛇を嫌いなのを覚えているかい？　彼はおびえていた。そういうたぐいのヒーローにぼくはわくわくする。ふつうの人間がとんでもない状況に置かれるからだ。転げ落ちることもある。飛んだら向こう側に着地できるかどうか、わからない。

ジェイシン・ボーラン　マックスは完全にサバイバルモードに入ったマクガイバー（「冒険野郎マクガイバー」〔1985‐92〕などのテレビシリーズの主人公）であり、アニマルだ。たいていの人間は彼の味わったような悲劇のあとで、生きていたいとは思わない。

ニコ・ラソウリス　『マッドマックス』の第一作目を観ると、マックスは家族を殺された男だ。妻の死後、彼には選択肢がある。死を悼むか、それとも犯人に感情をぶつけ復讐するか。彼は復讐を選び、それ以降は復讐によって報われようとする負け戦《いくさ》を戦い続けている。

マーク・セクストン　一九九九年、ストーリーボードを描きはじめたとき、登場直後のマックスは完璧に狂気に陥っているという案があった。座って、前後に揺れながらひとりごとをブツブツつぶやいている——はるかに落ち着きがなく、はるかにハイパーアクティブな、メル・ギブソンが実生活で見せる振る舞いそのものだ。トムに交替したときに下方修正して、もう少し穏やかなたたずまいと突然の爆発的アクションを対比させたけれど、基本のアイディアは変わらず、マックスはズタズタに心が折れていて、アクションを通じて社会に再統合されなければいけない。

トム・ハーディ　ヒーロー映画系の主演で興味深いのは、実際きわめて退屈になり得るところだ——俳優自身ではなく、ヒーローがね。ギリシャ神話の英雄は破滅の種を自分で撒き、つまるところ最後には死んで、賢者に彼の話を語り伝えてもらわねばならない。映画の終わりで生き残る者は真のヒーローじゃないんだ。

それで、いつもハッピーエンディングを迎え、ヒーローが深々とお辞儀をして幕が下りる映画を観るたび、本質的に退屈する。個性に欠けるヒーロー――事件が彼らの身にただ降りかかり、なんとか切り抜け、最後には勝つのがわかりきっている。ジョージがやっているのは、観客にアンチヒーローを差しだすことだ。疑問を持つ主人公。恐怖でいっぱいで、実存的不安を抱いている。ただの薄っぺらい紋切り型のヒーローとは違うんだ。

ニコ・ラソウリス　マックスはけだものとして登場し、社会的な人間になって終わる。そのため、冒頭で彼は檻に入れられ、口輪をはめた動物としての姿をさらす。

レスリー・ヴァンダーワルト　マスクで顔の大部分を覆い、目しか見えないなんて、すごいと思った。あの状態で演技できるなんて、見あげた役者魂よね。

ジェニー・ビーヴァン（衣装デザイナー）　ふつうのまたすき《ガーデンフォーク》を使って、それを鉄製の口枷《くちかせ》に打ちつけたら、上々の中世風な雰囲気が出た。

マーク・セクストン　マックスが隙あらば不快なマスクをはずそうと試みる案を、ずっと持っていた。視覚的にも比喩的にも、彼を拘束するからだ。はずしてしまうまで彼は自由になれない。

ジェームズ・ニコラス　スタジオは、あんまりいい顔をしなかった。主役の顔が映画冒頭の十五分間覆われていることにね。

デイヴィッド・ホワイト（音響デザイナー）　マックスの顔の前にあるあの邪魔なヤツがわずらわしくて、「どうなってるんです？　主人公に感情移入しにくくなっても気にしないんですか？」とジョージに迫ったら、こういわれた。「違う違う。あれは彼が囚われていることの表れなんだ。自分の考えに囚われ、ここでも囚われの身になる。マックスの周りじゅうがメタファーなんだ」

それが、サウンドデザインに手をつけるときのすばらしい基礎になった。マックスが動くたびに金属とチェーンの音がする。マスクがそんな音をたてるわけはないが、マックスは人生をそう見ているんだ。

トム・ハーディ　マスクは好きだ、ほんとうだよ。つくり直してまたすきが顔を覆う格好になるのはよかったね。

マーク・ギルニッシュ　トムは人並み優れた俳優だし、写真に撮るとすごく映える——彼の目、唇、なにもかも。はじめてレンズフレームに捉えたとき、「ファック、きみははんぱない吸引力をしてるな」っていったよ。押しも押されもせぬムービースターだ。

ジェイシン・ボーラン　トムは稀代の俳優だ。彼は……「扱いにくい」といいたいところだけど、彼には彼のプロセスがあり、そのプロセスの邪魔をしないのがわたしのつとめだ。

マーク・ギルニッシュ　彼は重症のメソッド俳優だ。だからセットに一歩足を踏み入れた瞬間から役を演じている。人格も特徴もすっかりね。それで、ときどき扱いに困ってしまう。役柄上すごく不機嫌になるから。

トム・クラッパム（プロダクション・ランナー）　一度、トムのとなりに座ったときに話してくれたんだけど、完全にマッチョな『マッドマックス』の主役を演じたあと、『ロケットマン』〔2019〕でエルトン・ジョンを演じるなんて、すごく変な気がするって。もちろんそっちは実現しなかったけれど、トムは「マックスからエルトンなんてすごい変化だ」といっていたよ。役の頭のなかにすっかり入りこむ俳優なんだ。

ローラ・ケネディ　トムは誤解されているの。すごく複雑で、なんでも真剣に受けとめるたちだから。

リッキー・シャンバーグ　トムは挑発的なパフォーマーで、クレイジーな役だから、わたしは個人的に、彼は俳優として演技していたんだと思っている。なぜって、ずっとクレイジーなことばかりやっていたからね。

マーク・ギルニッシュ　トムみたいな大器だと、十回のテイクのうち使えるのはひとつかふたつかもしれない——ほかのはただおかしいかクレイジーだ。けれど、そこから閃きを引き出しているのかもしれない。

トム・ハーディ　役づくりのためには、常に演じていなければならない。そして拒否や失敗や屈辱にも、オープンでいる必要がある。

デイヴィッド・シムズ　彼はそれはすばらしくフィジカルな俳優だから、恥をかくことをちっともおそれないんだ。

アリソン・ウィルモア（〈ニューヨーク・マガジン〉誌映画批評家）　アクション・シークェンスによっては、トムの演技はほとんどドタバタみたいな感じ。この世界で彼が小突き回される様子には、どこかすごく滑稽なところがある。

リチャード・ローソン（〈ヴァニティ・フェア〉誌映画批評家）　オリジナルの『マッドマックス』では、メル・ギブソンはひとつのことをやり、それ以外の登場人物は全員、じたばたする変人だった。この作品ですごくおもしろいのは、トム・ハーディがその変人になることだ。

トム・ハーディ　ぼくはいつも、マックスをワイリー・コヨーテ（アニメーション「ルーニー・テューンズ」のキャラクター）になぞらえていた。マックスはここからあそこへいかなきゃいけない、あいつにぶっつぶされる前に。ああいう役を演じるには、たくさんのユーモアがいるんだ。

マーガレット・シクセル　最後のチェイスでさえ、トムは少しコメディ演技を試みていて、それでその部分はすべてカットして、もっとシリアスにしなきゃいけなかった。

トム・ハーディ　そうやって、ブレイクスルーの瞬間をつかみとる。すごくクールだ！　窮すれば通ずで、転んで失敗して台なしにしようが気をとり直して前に進み、なにか新しいことを学ぶ。なにがうまくいかないかを体得するんだ。

マーガレット・シクセル　マックスがトラックにたどりついて、女の子たちから銃をぜんぶとりあげていくところ、あそこの編集は地獄だった。トムがすごくクレイジーで――ずっとテンションの高い演技をしていて、それで別のテイクからつぎはぎすることがまずできない。合わせるのがほんとうに難しかったけれど、あのシーンを観直したら、なんだかすごく楽しいのよ！　彼はちょっと崖っぷち状態よね？　今朝、楽しんで観たわ……五年かかった、それだけの年月がかかって、ようやく楽しんで観られるようになった。

ショーン・ジェンダース　初対面のとき、トムはニットを編んでいた。はじめたのはニコラス・ホルトで──『怒りのデス・ロード』の撮影当初、彼はずっとニットを編んでいたんだ。トムは長続きしなかったけれど、なんだか違和感があった。「ああそうだよ、トムはニットを編んでる」なんてね。

アンドリュー・AJ・ジョンソン　トムは〝内気な社交家〟みたいなんだ。すごく内気なのに、無理に人づきあいをしようとして、不自然なほど外向的になりすぎてしまう。

マーク・ギルニッシュ　すごく茶目っ気があって優しいときもある──たとえば、砂漠の真ん中で撮影中にアイスクリームのトラックが現れて、ソフトクリームやアイスクリームをトムがスタッフにおごってくれた。感謝の気持ちを表したかったんだね。

シャム・〝トースト〟・ヤダフ　『ダークナイトライジング』が公開されると、彼はスワコプムントの映画館を借り切ってワーナー・ブラザースにプリントを持ってこさせ、週末いっぱいスタッフに無料で上映した。コークとポップコーンを好きなだけ、何度でも注文できた。

ダグ・ミッチェル　彼は熱意にあふれてやってきて、ものすごく打ちこんでいた。けれど俳優にとっては苦労の多い撮影で、彼の場合、イギリスにいる家族から遠く離れた地にいた。トムはナミビアである種孤立していたから、それで飛行機で里帰りさせ、息子のルイスに会えるようにはからってやった。

ジョン・ハワード（〝人食い男爵〟）　一度、トムがルイスを連れてきたことがある。わたしは人食い男爵の扮装をぜんぶ終え、トムはルイスをわたしの膝に乗せようとした。ルイスはしぶしぶといった感じで従い、わたしはあの子を座らせて、微笑むと写真を撮り、それからこうささやいた。「おまえを食べちゃうぞ」そうしたら、ぼうやは砂漠に逃げだしちゃってね。トムがわたしを見て「ああ、くそ」というなり息子を捕まえに走っていったよ。
　それで、つぎの日ルイスがセットに戻ってくると、ウォー・ボーイみたいなメイクをしてもらった。わたしはテントに座って、いつも通り、ばっちり支度を終えていた。ルイスが入ってくるやいなや、わたしは悲鳴をあげて、そのあとは砂漠の追いかけっこさ。あの子は復讐を果たしたよ。

　撮影が進むにつれ、ハーディは役について疑念を露わにしだす。口数も、手数も少ないマックスを眺めていて、観客はおもしろいのだろうか？

デイヴィッド・ホワイト　トムのセリフはいくつあるか？　記憶によれば十六個だ。ところどころうなりはするが、セリフに限れば極端に少ない。

クリス・デファァリア　トム・ハーディの役は話さない、それは脚本に載っているよね？　だからフィルムメーカーがスタジオから「この人物はどうしたんだ？　うめいてうなるだけか？」ときかれれば、「そう、それが承認された脚本で、ストーリーボードはこれです」と答える。そして、それが大きな論議の的になった。彼にセリフを与え、はっきりきこえるようにしろって、やいやいせっつかれた。何度もくり返しいわれ、それでシーンを新たに加えることになった。

ダグ・ミッチェル　トムの場合、不安定なところがあり、それが脚本の変更につながった。

トム・ハーディ　もし俳優として雇われたのなら、作品全体とチームのために、弱い点と限界点を確認する。そのためにも報酬をもらうんだからね。それを怠るのは相手の役にも自分の役にも立てていないことになる。

ハーディの不安を和らげるため、チームはイギリスの脚本家ケリー・マーセルを呼びよせた。以前『ブロンソン』でハーディと組んだ人物だ。マーセルは次回作『ウォルト・ディズニーの約束』〔2013〕の準備のためロサンゼルスに赴く途中だったが、ナミビアに一週間立ちよることを承知した。「結局、それよりもっとずっと長い期間滞在することになったわ」と、笑うマーセル。実際彼女はプロダクションの要《かなめ》となり、ハーディはじめ他の俳優陣と多忙な監督との仲を、撮影期間の終了間際までとりもった。

ケリー・マーセル　シャーリーズとトムはその時点でおそらく一、二週間一緒に仕事をしていた。ふたりには、外部からやってきて脚本に手を入れてくれる人間が必要だったんだと思う。ジョージが求めていることを理解して、それをセリフに移し替え、カメラの前でふたりが実際にいえるようにね。

ジョージ・ミラー　ケリーはこの映画に必要欠くべからざる存在だった。おもに、不穏な空気をとり除くのにね。俳優たちが心から打ちこめるシーンがなかったんだよ。単なるアクション・シークェンスの連続で、長めのマスターショット（ひとつのアクションを全身が入るように捉えるショット）で演じきることができないからだ。

ケリー・マーセル　はじめはわたしとジョージとトムの三人が部屋にいて、トムには多少の即興の自由が与えられ、ジョージが彼にシーンを説明する。トムがかみ砕いて、それから「ええと、こんなセリフをいうのはどうかな？」とか「トカゲをつかんで食うのは？」とかの提案をする。

トムは動きの激しい俳優で、体をフルに使って演技をする――それが『ヴェノム』〔2018〕で彼の光っていた理由。実際に演じて体で感じたいという欲求が強く、トムとのセッションで気づいたたくさんのことを映画にとり入れられた。要所要所でセリフをちょっとだけ投げ入れるとか。たとえば、「あれはワナだ」というセリフは、ある日彼のフラットで即興をしたときにトムが思いついたの。

イアイン・スミス　トムはセリフをいう必要がある箇所についてはケリーを信用し、ジョージのほうは歓迎したというよりは、我慢していたように思う。でも彼女のした貢献を尊重していた。結局、ジョージは自分の夢見た映画をつくっていたんだからね。

ケリー・マーセル　脚本をリライトしたとかではまったくなくて――わたしが紙に書きつけたのはすべてジョージかトムからの案で、基本的にはふたりがあの部屋で気づいたことを、トムが理解できそうなかたちに翻訳しただけ。ジョージはやると決めたことをとにかくやるからよ。わたしはあの場に〝耳〟としていたんだと思う。ジョージが映画を撮っている最中は、かならずしも一日腰を落ちつけてトムとじっくり話しあう時間はとれないから。

デイヴィッド・ホワイト　こういってもうそじゃないと思うが、トムははじめ、マックスの役づくりをするうえで、あまりうまいやりかたをしていなかった。片耳にiPodを差してほかの音を流し、演じているとき気が散るようにしたんだ。

シャム・〝トースト〟・ヤダフ　ぼくの解釈では、トムはマックスの頭のなかに響く声をきいていた。映画冒頭のマックスは正気を失っていていろんな声がきこえ、それでトムはああやって頭のなかの死者の声をきこうとしたんだ。

トム・ハーディ　マックスの警官時代を想像したのさ。民間のリスクマネジメント会社か、軍関係――特殊部隊出身のように思えた。それで、彼の所属部隊のイヤホンを持っている。

リッキー・シャンバーグ　ジョージがはずせっていうに決まっていると思ったのを覚えているよ。

デイヴィッド・ホワイト　トムは役を深めるための道具に使ったが、案の定ジョージはイヤホンの存在を気に入らなくて、はずさせた。

シャム・〝トースト〟・ヤダフ　すべてのショットで彼の耳を塗りつぶさないといけなかった。なぜならその用途はだれにもわかりようがなかったから。マックスはあまりおしゃべりな人間じゃないんだ。

コーリー・ワトソン　ジョージは何日も、何週間も、何ヶ月も、何年間もかけてすべての根拠を徹底的に考え抜いており、メソッド演技に頼りがちな俳優は苦労していた。

ケリー・マーセル　あるときトムにこういったのを覚えている。とりわけ事態がきな臭くなってきていて、「こんな一面記事は避けたいでしょ、〝おまえがジョージ・ミラーを殺した〟なんて記事は」すごくストレスがたまる現場だったから、トムの立場になりたいとは思わないわね。

マーク・ギルニッシュ　一週目、監督の要求通りにしようとしないトムを、ジョージが一喝したのを覚えている。トムが車のフロントに縛りつけられているショットで、ジョージの望む演技をさせるのにどれほど手を焼いたかわかりゃしない。ジョージはエネルギーのすべてを一オンス残らず注いで、トムを説得した。

とうとうトムがジョージの要求に従って、そのあとのことをわたしはまざまざと覚えている。カメラユニットまで歩いて戻ると、監督に声をかけた。「大丈夫ですか、ジョージ？」彼はうつむいてひとりでとぼとぼ歩いていたけれど、それは稀なことだった。「大丈夫だ。ただ、間違った判断をしたのかもしれない」彼のような監督には起きることだ――大成功し、天才的な名匠でありながら、やっぱり自信のぐらつく瞬間を味わう。ジョージは「もしヒース（・レジャー）がここにいたら、まだ生きていたらって考えるのをやめられなくてね」っていったんだ。

自分が監督で、撮影一週目にあんな試練を、自分が選び、命運を賭けた俳優から味わわされたら、そんな思いがよぎりもするよ。「もしほかの候補者を選んでいたら？　同じ苦しみを味わっていたか？」でもつまるところ、トムで撮りあげて満足したに違いないだろうし、それがジョージの強味だ。俳優の話す言葉で彼らと話すのが世界一うまい監督ではなくても彼は自分の望みをわかっていて、なにを実現しようとしているのをわかっていて、どうにかしてそれを実現する。

イアイン・スミス　トムのベストな瞬間の多くはセリフと関係なく、偉大な無声映画の伝統へのトリビュートになってすらいる。トムを、その意味で、ジョージが映画にうまいこと利用した。ジョージは彼からすばらしい演技を引き出したと思う。

トム・ハーディ　なにがうまくいき、なにがうまくいかないかはわからない。だから勇敢にならないといけない。もし失敗せずじまいなら、それはきちんと仕事をしていないってことだ。

第十四章「すべてはジョージの頭のなか」

壮大なスケールでありながら、『マッドマックス　怒りのデス・ロード』は細部にいたるまで綿密に計画され、映画はジョージ・ミラーの心の常設館で十年以上にわたり無限ループで上映されていた。ある意味、それは祝福でもあり呪いでもあった。

ミラーはなにが必要かあまりにきっちりと特定しており、ストーリーボードに描かれていないものはほぼなにも撮らなかった。シーン全体を俯瞰《ふかん》できる能力がなければ、俳優にとってやっていることが正しいのか悪いのか、最終的に編集でつなげられたときに少しでも意味が通るのか否か、見当がつかない。ミラーのみが確信しており、セットは彼のヴィジョンを信じきるものと信じきれない者に二分された。

シャーリーズ・セロン　脚本はなかった、そこからはじめましょう。代わりに絵があった。

マーガレット・シクセル　俳優にとってはすごくやりにくい撮影だった。マスターショットもなく、ブロッキングしたシーンもない。演技は細切れの一瞬一瞬で構成されていた。

シャーリーズ・セロン　文字通り、数秒ごと。

アンドリュー・AJ・ジョンソン　たいてい、ジョージはストーリーボードで不可欠のショットを撮りたいだけだった。

P・J・ヴォーテン　ジョージは編集ずみ映画を撮るんだ、実のところ。

アンドリュー・AJ・ジョンソン　ふつう、映画撮影ではあらかじめシーン全体のブロッキングをする。けれどジョージの撮影方法では、俳優を果てしなく苦しめ――それにカメラスタッフの大半も、監督のとっぴな意図を理解するまで――ただ三秒分のショットを撮影する。彼が「アクション」と合図し、それから「オーケー、カット」という。俳優は「えっ、ちょっと待って、なに？　もうちょっと続かないの？」ととまどう。するとジョージは「いや、いい。これ以上は必要ない」と答える。彼の頭のなかではそのわずかな尺だけを必要とし、その数秒間のみが必要だった。それで、ことが難しくなった。

ディーン・フッド　最初から最後まで、すべてがジョージの頭のなかにあった。これは彼の創作物であり、みんなは彼のいう通りにしないといけない。

シャーリーズ・セロン　映画ではままあることだけど、今回は極端で、『怒りのデス・ロード』のあとにも先にも経験したことがない。五分間のシークェンスを撮影するのに文字通り三週間かかった。文字通り、三週間よ！

ジョージ・ミラー　いいかい、これは俳優にとってはすごくやりづらい映画だ。調子をつかめるだけの長さを演技させてもらえないからね。トムみたいな俳優なら、『オン・ザ・ハイウェイ　その夜、86分』〔2013〕のような映画の出演経験があるし、舞台経験も豊富で、そういう作品では絶えず芝居し続ける。もしくはシャーリーズのような俳優は、ダンサーとしてキャリアをスタートさせ、演目のあいだ踊り通す。翻《ひるがえ》って、本作はものすごく演じにくい。「アクション」の声がかかり、五秒か十秒後、「カット」の声で止められる。調子が出ない！　しかも目線ひとつとか、ほんの数語話すだけの場合がちょくちょくある。

トム・ハーディ　もしジョージがぼくたちの絵を描けて、ぼくらに意見を持つ必要がなければ、気の毒な彼にはずっと楽だったろうね。彼は〝見える男〟だから。ずっと質問攻めにしてしまった。「このセリフの意図はなんですか？」名監督をわずらわせたよ。

レスリー・ヴァンダーワルト　ストーリーボードに忠実なことといったら、驚異的だった。ジョージはわたしの知る限り、もしストーリーボードにその登場人物が載っていないなら、シーンに映ることはないと思ってほぼ間違いない、数少ない監督よ。

ジョン・シール　ジョージにきいてみた。「ストーリーボードはこの映画でどれだけ絶対なんだい？」するとしばらく考えて「少なくとも八十九〜九十パーセント」と答えた。正確に、その通りの撮影だったと思う。

ジャシンタ・レオン　新鮮で好ましかった。グラフィックノベルが好きだから、わお、なんですべての映画をこんなふうに撮れないんだろう？　って思ったぐらい。映画版のグラフィックノベルね。

マーク・ギルニッシュ　常に参照して虎の巻にしていたわけじゃない。けれどおもしろいことに、撮影から戻ってショットを見直すと、びっくりだ。実質、ストーリーボードを撮っていたんだ。

サマンサ・マクグレイディ　毎日各部門の責任者を現場に集めて、それを「ストーリータイム」って呼んでいた。つぎの日のボードを見て、あした自分たちの語るストーリーを確認していたの。

ロビン・グレイザー　ふつうに脚本を読んで、細かく確認していく方法じゃなかった。明日の分のストーリーボードに三つの小さな点を見つけて、「これはなんですか？」ときくと、「それは全車列隊《アルマダ》だ」という。あの三つの点が？　一五〇人のスタントだよ！

トム・クラッパム　毎日セットで目にするのは、トラックの運転席に座るフュリオサだけかもしれない。一日中、そういう細かなピックアップショットを撮っていた。

テイト・ヴァン・オーツホーン（装飾）　一日十二時間から十四時間、一週間六日撮って、使えるフッテージは一日にだいたい二十四秒から三十秒分だった。

エドガー・ライト　撮影に問題があるというニュースをきいたり、関係者がこういうのをきく。「うん、その通り。『怒りのデス・ロード』の現場では十秒分しか撮れない日もざらだよ」そして映画を観たら、こう思う。ああ、そりゃそうなるよ！　場面のひとつひとつがそれ自体ちょっとしたミニ映画になっているし、ジョージは実写をアニメーションみたいに撮っている。

サマンサ・マクグレイディ　あの仕事のいちばんたいへんな部分は、ジョージとＰＪ（・ヴォーテン）とガイ（・ノリス）の頭のなかをのぞこうとすること。彼らにとって、すべてが第二の天性みたいになっていたから。

ゾーイ・クラヴィッツ　すべてがすごく抽象的だった。でもジョージのなかではすごく鮮明だったみたい。ときどき、わたしたちは指をクロスさせて、ジョージが自分のしゃべっていることをほんとうにわかっていますようにって祈っていた。

トム・ハーディ　自分の弾く音符を知っておく必要がある。「この曲でのおまえはただトランペットを吹けばいい。ギターの担当じゃないぞ」「おまえがやるのはそれだけだ。だから自分の持ち場を把握して役目を果たすんだ、若造」

ケリー・マーセル　ジョージの頭は視覚的に働くの。すべてが頭のなかで見えているけど、頭のなかの映像をページの上や他人に、混乱せずに翻訳するのは苦手なのね。『マッドマックス』を観ればわかるけど、どの映像もワイルドすぎて及びもつかないから、映画を観るまでは「オーノー、彼は実際にマッドなのでは」と心配になる。絵しか判断する材料がないから、恐怖と緊張が生まれるの。

シャーリーズ・セロン　神経がすごくすり減る。ジョージと顔をあわせるたび、「わかった、でもここではなにが起きるの?」ってきいていた。彼は最高に愛すべき人で、映画に出てこないような枝葉末節まで説明してくれる。だって三十年も寝かせてきた企画なんですもの。そして結局、打ち合わせが終わったあとも、やっぱりなにがどうなるのかわからないままなのよ。

ジョージ・ミラー　俳優である以上、その瞬間は最善をつくして演じるが、編集でどうつながるかはわからない。

シャーリーズ・セロン　わたしはすごく実践的な見地に立って演じた——「なぜこれが起きるのか理由を知りたい」という見地よ。そしてジョージが撮るのは「わたしに任せてくれ」という見地に立ってなの。いまこうしてふり返ると、もう少し彼を信用すべきだった。そうしたら撮影はもっと楽だったと思う。

ゾーイ・クラヴィッツ　なにを期待すべきかぜんぜんわからなかった。ほんとうに確信させてくれたのはジョージよ。彼のヴィジョンが見えなくても、監督はいつだってあらゆることをとことん考えぬいていた。ジョージがどこへ連れていこうと、喜んでついていった。

ケリー・マーセル　ワーナーの幹部のひとりが教えてくれたんだけど、ジョージがこの映画を売りこみにきたとき、赤い紐がそこらじゅうにピン留めされたボードを持ちこんで、理路整然と映画を説明しはじめたんですって、赤い紐をキャラクター・アークか道筋みたいに動かして。みんな、なにをいってるんだか理解しようとしたけれど、どうなったかわかる？　彼らにも頭が下がるわ、だって「オーケー、つくりましょう」って返事したんだもの。不思議よね、絶対つくられるはずがなかったのに。

アンドリュー・AJ・ジョンソン　ジョージはすごく厳密に撮っていた。たぶん撮入から二ヶ月後、わたしはヴィデオ・スプリット・オペレーターのゼブ・シンプソンに会いにいき、それまでに撮りだめた映画冒頭三分間のシークェンスをかけてもらった。ゼブと一緒に見て、こう思ったよ。「おお、すごい。やっとわかったぞ」合点がいった。ジョン・シールでさえ同様で、彼も「オーケー、なにをやってるかわかったぞ」っていっていた。

ゼブ・シンプソン　それこそが撮影現場で粗編集《アセンブリー》をする醍醐味《だいごみ》だ。即時性だね。リズムが見えてくる。

アンドリュー・AJ・ジョンソン　俳優たちがそれを観ていたら助かっただろうな。映画がどれだけ早く進むのかがわかって。一部の、たとえばトムなんかは、完成した映画を観て、やっと理解していた。

トム・ハーディ　まだぼくたちには見えていない色をジョージは説明しようとしたんだな。

P・J・ヴォーテン　トムがほんとうに理解したかどうか、わからない。ほんとうに理解できた者がいるとは思わない。ジョージと仕事をするときは、ただ信ずるのみだ。

第十五章　フュリオサをつかむ

『怒りのデス・ロード』を撮影中、ミラー監督のヴィジョンを理解できないでいたときでさえ、シャーリーズ・セロンのフュリオサという役への思い入れの深さに揺るぎはなかった。「この映画で彼女を駆りたてる動機は、ポストアポカリプス世界に身を置かなくても理解できるものばかり」と、セロンはいう。「自分にはもっと価値があるという感覚よ」

南アフリカ生まれのセロンは、ヨハネスブルグから五十キロほど離れたベノニの農場で育つ。一九九〇年代初頭に送ったセロンの思春期は、「キラキラ」とはいい難かった。周囲は殺人が日常茶飯事で――「命に価値はなかった」とセロンはいう――少なからぬ隣人が短命に終わった。「幼少時からそこで育ち、負けじ魂が培《つちか》われた。必ずしも母や父から受けついだものではなく――生活環境のおかげ。こどもが育つには苛酷な世界よ。それに加え、生産農場をやっていたから、家族が食べる分の家畜を処分していた」

ベノニでのセロンのティーンエイジを、悲劇が見舞う。十六歳になる頃、セロンと母のゲルダはアル中の父親に襲われ、ゲルダは自己防衛のため夫を銃で撃ち殺す。だが、やがてセロンはこの環境から抜け出す道をつかみとった。モデルコンクールで優勝後、ミラノ、ニューヨーク、マイアミで仕事をし、十九歳でロサンゼルスに居を移すと、安宿で暮らしながら女優として身を立てようとした。

二十代の大半、セロンはたぐい稀な美貌を武器に役をつかんだ。二〇〇三年の『モンスター』では連続殺人犯アイリーン・ウォーノスを演じ、そのとき外見を変えるのもいとわないどう猛な役者魂を見せつける。セロンはただ美しいだけではなかった。ガッツと感情面への鋭い洞察力の両方を持ちあわせ、『怒りのデス・ロード』がそれを生かせるならミラーには不敵なパワーが手に入り、それに太刀打ちできる女優は稀だった。

ジョージ・ミラー　フュリオサの格好はできても、フュリオサになるにはシャーリーズにならなければならない。シャーリーズは長身で、実物より常に上背だと感じさせる。それに、まごうことなき美貌の持ち主だから、どんな意味でも守りに入る必要はない。ほこりにまみれ、滂沱《ぼうだ》の涙だって流す。

ドリュー・マクウィーニー　『サンダードーム』も『マッドマックス2』も驚くべき映画だ。『怒りのデス・ロード』の持つサブテキスト的な重みには欠けるがね。フュリオサを中心に据えることで『怒りのデス・ロード』ははるかに興味深くなった。単に「おれは妻とこどもを死なせ、さすらいながらもめごとに巻きこまれる男だ」という以上のものがある。

ジャスティン・チャン〈ロサンゼルス・タイムズ〉紙映画批評家　フュリオサは、『エイリアン』シリーズのリプリーの精神的な後継者であるように感じた。シャーリーズ・セロンは男であれ女であれ、その比較に完全に耐えうる数少ないアクションスターだ。

ジェームズ・キャメロン（『エイリアン2』監督） 同感だね。彼女はワールドクラスの女優だ、シガニー（・ウィーバー）同様に。アクション・シーンのさなかでも役を演じている。

マノーラ・ダーギス なかにはある意味、観客におもねる俳優もいる。自分を気に入ってもらいたがる――よくも悪くも、役に見あっていようといまいと。セロンは常にその衝動にいくらか抵抗しているように感じ、そこが女性にしてはすごく興味深いところなの。彼女が「あなたに愛してほしい」といっていると感じたことはないわ。

シャーリーズ・セロン はじめ、このストーリーを読んだとき、フュリオサが妻たちを救いだしているという印象を強く受け、どうもしっくりこなくて。あまりに一途な行為に思えたから。あれほど苛酷な状況で、どうすれば一途な人間を見いだせるのか――本能以上のなにかがなくては。ヒロイックな役を演じるのは、わたしにとってとても難しいの。自分をひどい欠陥人間だと感じているから。この役にふさわしいとは思えなかった。

イモータンにさらわれたときにこのキャラクターが味わった苦痛について、ジョージとたくさん話した。これには復讐譚的な側面があるはず。フュリオサはおそろしい虐待を生きのびた人間なの。家族となれ親しんだ場所から引き離され、自分が所有物にされる世界、商品扱いされる世界に置かれた。

こどもを産めないとわかると放りだされ、フュリオサは復讐のためにその共同体に再度入りこむ。わたしはずっと、彼女が妻たちを連れ出したのは助けたいからじゃなくて、もともとは彼女たちがイモータンの大切な所有物だったせいだと感じていた。自分を痛めつけたのと同じだけ、あの男をめちゃくちゃ痛めつけてやりたい。でも最後には、旅するうちに彼女らに親しみを覚える。

パットン・オズワルト　実際、彼女の役柄のそういったことはすべて、見ていると伝わってくる――演技にすべて出ていて、説明はされない。そのためにはシャーリーズのようなアーティストが、役に命を吹きこんでやる必要があった。

シャーリーズ・セロン　生後四ヶ月になるわたしの最初の赤ちゃんをナミビアに連れていったの。ジャクソンをわたしの人生に迎えいれたとき、人の世話をすることが自然と身についた。それで、演技にもっと厚みを出せた。ただ「ファック・ユー」というだけのすごく苦々しい女性か、四人の美女を救う純然たるヒーローかのどちらかになるはずだったけれど、めぐりあわせによって、その中間のどこかに落ち着き、両方を演じられた。

それが、わたしのフュリオサ像。彼女はヒロイックな資質をぜんぶ備えているけれど利己的にもなれるし、みじめにもなれるし、ヒロインにはあまり認めたくない人間味をぜんぶ持たせられる。おかしな具合に、そうした人間的な欠点があるからこそ、映画のなかであんなに輝いて見えるような気がする。

頭を剃りあげ、顔がグリースで黒光りしていないフュリオサを想像するのは難しいが、当初はほかにも何種類かのルックスが検討され、なかにはずいぶん大それたものもあった。

シャーリーズ・セロン　最初にやったヘアとメイクアップのテストを見返したら、わが目を疑ったわ。最終的に決まったのと違って、ぜんぜん地に足がついてないんだもの。

ショーン・ジェンダース　もとのストーリーボードでは、フュリオサやほかのキャラクターたちは耳元まで笑っているジョーズのタトゥーを入れていて、スピットファイア戦闘機みたいだった。こいつは強烈だなって思った。

マーク・セクストン　ストーリーボードを作成中に出たアイディアなんだが、イモータンの社会は階級制で、上の階級は顔中にタトゥーを入れ、上にいくほど、もしくは人を殺すほどたくさんの歯が刺青されている。

ピーター・パウンド　あれはブレンダン・マッカーシーのアイディアだったと思うが、顔のマーキングはちょっとうるさすぎた。

シャーリーズ・セロン　こんなアイディアを話しあったんだけど、何年も砂漠で暮らしていたらなるだろうとふつう想定することーーかさかさの肌になるーーの代わりに、白斑《はくはん》みたいのができる。それで初期のフュリオサは、白に近いプラチナブロンドの長髪で、顔にはアフリカの泥アートのようなものを施している。当時は別の衣装デザイナーで、もうちょっとバーバレラ（SF映画『バーバレラ』〔1968〕のセクシーな主人公）っぽい服装だった。三年後に制作を再開したとき、あのルックスに戻ることを想像して、心配になった。

ジェニー・ビーヴァン　フュリオサの髪をどうしたらいいだろう？　ドレッドロックかポニーテイルか、極端なベリーショートにするかの三択にしないといけないみたいだった。

デイナ・グラント（シャーリーズ・セロンのスタント・ダブル）　最初に仕事をもらったとき、オーストラリアまで呼ばれてウィッグの試着をしたんだけど、ブロンドの、ボリュームのあるドレッドヘアだった。

レスリー・ヴァンダーワルト　彼女が長髪にしていたら、戦闘中男たちにポニーテイルをつかまれて引きずり回されるかもしれない。わたし的には、彼女が自分のフェミニティを前面に出すようなことをする余地はなかった。戦士であっても、男だけの世界で尊敬を勝ちえなければならなかったのよ。

シャーリーズ・セロン　ジョージはほんとうに度量の広い人で、わたしの意見に耳を貸してくれた。彼に電話してこういったの。「整備士の作業場であんな髪をしていたら、どうやって仕事できるのかわかりません。頭を剃って中性的な、地に足のついたキャラクターにする必要があると思います」って。

ジョージ・ミラー　「ほほう」となった。第一に、シャーリーズはフュリオサのキャラクターをきっちりつかんでいる。第二に、それはつまり、この役に全力で打ちこんでいるということだ——どのみちわかっていたがね、すごくプロフェッショナルな俳優だから。だが三つ目に、せいぜい頭の形が整っていますようにと思った。それでこうメッセージを返した。「すばらしい、やってみなさい」すると一時間かそこらで、スポーツ刈りにした写真を送ってきた。完璧だった。

レスリー・ヴァンダーワルト　それが、ほかの隊長たちにも及んだの。

リチャード・ノートン　役をもらったとき、ジョージにおれの頭を剃らせないためならなんでもやった。「やめてくださいよジョージ、トラウマになっちゃいますよ。生まれてこのかたそこまで短くしたことはないんだ！」って訴えた。あとでシャーリーズに「ところで、おれの髪がないのはあんたのせいだぞ」っていったんだ。そうしたらおれのほおをつねって、「あら、でもすごくかわいくなったわよ」っていわれた。

ニア・ダコスタ　なんてすばらしい女性キャラクターなんだろう。坊主頭で、片腕しかなくて、女らしさというお決まりのトラップに縛られるのと引きかえに、強さを受け入れてもらうなんて小細工を、いっさいしていないんだもの。

ジェニー・ビーヴァン　ものすごく正しい判断だったし、ベリー・ベリーショートの彼女は目を瞠るほど美しかった。

ジョージ・ミラー　わたしにとって、それはシャーリーズが役を理解し、くぐり抜けねばならないプロセスを理解していることを意味した。びっくりしたが、そういう瞬間が好きなんだ。

シャーリーズ・セロン　実はね、ジョージがあんまりわたしを信頼してくれるものだから感情的になってしまったの。深夜二時に電話をしてこんなことをいえるのよ。「あのう、頭を剃って、衣装はセクシー度をもっと抑えて、もう少し中性っぽくしたいんですが」なんて。そうしたら、すごく後押ししてくれた。

ジョージ・ミラー　いいかい、そういってくれるなんて、すごくありがたいことだよ。彼女はプロ意識に徹している。いつもいのいちばんにセットに現れ、基本的に役になりきるためならなんでもやった。その成果がスクリーンに現れているんじゃないかな。

シャーリーズ・セロン　フュリオサにすごく共感している。彼女への思い入れが揺らいだことはないわ。それよりも、彼女をどうストーリーにフィットさせるか——そっちのほうにひどく苦労した。

マーガレット・シクセル　どこかとっぴなコメディ要素がストーリーにはあって、トムやシャーリーズみたいな俳優はどこまでそれに合わせたものか、とまどうようね。

トム・ハーディ　ジョージが持っているユーモアセンス、ポストアポカリプス世界を楽しめるおそれ知らずなところが『怒りのデス・ロード』にはある。『ザ・ロード』やなんかみたいに、すべてが救いがたく荒涼としているわけじゃない。

シャーリーズ・セロン　自分たちが演じているナラティヴをいつも理解しているわけではないけれど、フュリオサとは本質的に何者なのか、なにと闘い、なにに打ち勝とうとしているのかはわかっていた。そういったことをいちばんよりどころにしていて、だからその日にどこに立たされようと、彼女の本質だと自分が強く感じる核に戻る。

ダグ・ミッチェル　シャーリーズは最高だよ。でも、彼女にとっては難役だったね。

シャーリーズ・セロン　ものすごく怖かった、こんな役をやったことがなかったから。わたしとジョージのあいだのいちばんの障害は、彼の頭のなかに映画が入っていたことで、わたしは必死に理解に努めた。彼にとって、相手の知りたいことを完全に伝えるのはたやすいことじゃないのよ。

ジョージ・ミラー　非常に難しい役回りだ、結果がどうなるか見えないからね。たとえれば、少しずつ作曲して、音符とコードをだいたい合わせながら書き入れていくが、終焉部《しゅうえんぶ》ですべてがそろうまで全体を通して曲をきけないみたいなものだ。自分の本能と、共同作業している者の本能を心から信じ、必ず完成させる。

マーガレット・シクセル　シャーリーズは撮影の大半をいやがっていた、正直にいえば。だけどプロの鑑だから演技はいつも完璧に備えができていて、はじめから完成されていた。大助かり！

シャーリーズ・セロン　マージー（マーガレット・シクセル）には感謝してる、わたしと同類なの。タフな南アフリカ人で、南アフリカ人の女性同士、言葉にしなくても通じるものがある。撮影中つらいときがいっぱいあって、マージーがセットにいると、磁石みたいに吸い寄せられた。

メーガン・ゲイル　テイクのたびに、シャーリーズはシーン内のきっちり同じタイミングで泣き、毎回同じほうの目から涙が出てくる。どうすればできるんだろう。見入ってしまって、「やばい、このシーンで出番があったんだ。セリフを思い出さなきゃ！」ってなる。彼女があんまりすごくて、引いてしまってた。

マーク・ギルニッシュ　シャーリーズは蛇口をひねるみたいに自在にオンオフできるんだよ。漁師のカミさんみたいにきつい冗談をいって悪態をついたと思えば、つぎにはもうフュリオサになっている。コツを知っているんだ。

アダム・キュイパー　シャーリーズのことをなんて説明しよう？　もし雑談している女性の集団と男の集団がいたら、シャーリーズは男たちのほうへ話しにいく。男たちに交じってしゃべるのが好きなんだ――いい意味でだよ。

マーク・ギルニッシュ　他人を怒らせても気にしない。セットで彼女はずけずけ話す。ふつうはひんしゅくを買うけれど、彼女は見逃される。人徳ゆえだね。シャーリーズがいると撮影のトーンが定まって、士気があがるんだ。

ジョージ・ミラー　彼女のユーモアは傑作だよ。ナミビアの撮影ではアフリカーンス語を話す者がたくさんいて、シャーリーズはわれわれにきかれたくないことをいうときはアフリカーンス語で話す。アフリカーナ人の笑い声はいつもすごく騒々しくて――ボディランゲージから、猥雑で荒っぽい話題だとピンとくる。

小道具部で働いている気のいい男がいってたんだが、「ベノニから女の子を連れ出せても、その子からベノニは追い出せない」わたしの理解では、優秀なアフリカ人ボクサーが何人かベノニ出身で、それひとつからあの町の暮らしぶりについて多くのことがわかる。

リチャード・ノートン　あるシーンで、おれはシャーリーズに頭突きをくらわすことになっていたんだけど、ジョージのところへいって相談した。「ジョージ、ちょっと心配なんですが、シャーリーズは以前ケガで首を痛めていますよね。代わりにシャーリーズがおれを頭突きするのはどうでしょう?」シャーリーズはそのアイディアをすごく気に入った。彼女の役が際だつってね。おれはいつもみんなにいうんだ、「いいか、もし頭突きされるならシャーリーズ・セロンにしてもらえよ」って。

アンドリュー・AJ・ジョンソン　あるときウォー・タンクにハーネスとヘルメットを装着して乗りこんだら、わたしを見たシャーリーズに「AJ、この意気地なし、なにやってんのよ?」っていわれた。

マーク・ギルニッシュ　ふるってるのが、シャーリーズはこの撮影隊全員のタフさをからかって、皮肉でわれわれを「意気地なし」って呼んだこと。いつも「そらきた、意気地なしカメラマンのお出ましよ」っていってた。

アンドリュー・AJ・ジョンソン　アフリカに〈ウィンピー〉っていうバーガーのチェーン店がある。彼女はわれわれに「『怒りのデス・ロード』意気地なし《ウィンプ》カメラ班」っていうTシャツをつくった。

だがセロンは必要ならば、もちろんドラマチックにもなれる。その好例が、映画の尺の長さ分走り通した使命がすべて無駄だったとフュリオサが悟る象徴的な瞬間だ。逃亡先の〝緑の地〟はもはや存在しない。弓折れ矢尽きたこの女戦士は砂漠へさまよい出、ばらばらに砕けた心で叫ぶ。

ニア・ダコスタ　フュリオサが砂丘に膝をついたとき、ほんとうにずしん、ときた。

シャーリーズ・セロン　あれはストーリーボードになかったの。あのシーンはずっと、緑の地が消えたと悟り、ぼう然となる彼女の周りをカメラが回りだすことになっていた。わたしはジョージにこういった。「フュリオサが目的を失い、完全にもろくなる瞬間が必要だと思うんです。この女性がすごく有能なところを見てきたから、無力なところも見せましょう」この人物はあきらめようとしている。もう先には進めない。

ジーエ（コメディアン）　〝約束の地〟にはすごく残酷なところがあるよね？　そこへ着けば問題はすべて解決すると思い、着いてみたら、蜃気楼《まぼろし》にすぎなかった──望みを失ったあの瞬間が、わたしにはよくわかる。ポストアポカリプス世界の砂漠横断レースをやったことのない人間だって、一緒になってこう考える。「オーケー、つぎはどうする？　あきらめるの？」

シャーリーズ・セロン　（ネルソン・）マンデラの言葉にこんな一節がある。「成功でわたしを判断するな、何回転んで起きあがったかで判断してくれ」あれは、わたしには重要な瞬間だった。あの場面によって、彼女が回れ右してもときた道を戻るリスクの大きさがより真に迫るから。想像してみて、それまでの苦労が水の泡と消えた絶望を。すべてが癒やされるとそれまで望みをつないできたのに、一切の癒やされる望みが断たれた。彼女にどん底を味わわせる必要を、とても強く感じたの。

ペトリーナ・ハル　数名を早めに切りあげさせて、シャーリーズにパーソナルスペースを空けてあげようとしたのだったかな。わたしの記憶では、彼女はどうするつもりか決めかねていたものの、ジョージに「カメラを回して、わたしを撮って」と提案した。ほかの場面はすべてディテールまでことこまかに振りつけられていたけれど、あの瞬間だけは違った。

シャーリーズ・セロン　カメラが回りこむシーンを撮って、それから一台のカメラを砂丘まで持っていった。ちょうど太陽が沈むところで、風が出てきた。

ジョージ・ミラー　風の強い日で、あまりに砂ぼこりが舞うため金髪のアビー・リーと、白髪の〝種を持つ老婆〟を演じるメリッサ・ジャファーふたりの髪がほぼオレンジになり、ポストプロダクションで色を修正しないといけなかった。われわれは風に逆らい、それから突然、味方につけた。砂丘に絶妙な風が吹きつけ、いい映像が撮れたよ。

マーク・ギルニッシュ　日の沈む適切な時間に砂丘に登れれば、すばらしいショットが撮れるとジョン・シールは知っていた。下では〝鉄馬の女たち〟のシーン全体を撮っていたから、大あわてだった。そっちが終わったあと、ダッシュで砂丘の上まで走っていったんだ。自分の足以外に登る手段なんかないからね。おのおの機材をつかむと、こんもりした砂丘の上に足をめりこませながら駆けのぼり、三脚を突き刺してカメラを載せ、電源を入れてフレームを決めた文字通り五秒後には撮っていた。日没の光を逃すまいとしてね。

ペトリーナ・ハル　砂漠って驚異的なの。広大でなにもなく、心を動かされるような経験を少しでもしたいなら、ちょっとした異世界気分を味わえる。シャーリーズがもたらしたのが、その瞬間。畏怖を覚えるわ、彼女の苦悩の深さに。

クリス・オハラ（オンセット第二助監督）　彼女がその場面を演じるのを見て、「オーマイゴッド、すごい」ってなったね。

ジェイシン・ボーラン　彼女ほど全身全霊を注ぎこむ俳優を見たことは、断じてない。数えきれないほど大勢の俳優と仕事をしたし、なかには友人と呼べる者もいる——マット・デイモンや（クリス・）ヘムズワース——だが彼女は格が違った。

ケリー・マーセル　シャーリーズはあの瞬間のために闘った。彼女には絶対に必要な瞬間だったの。映画のなかでイモータン・ジョーとの因縁についてフュリオサが話すシーンがあるけれど、シャーリーズはもっといいたくて、モノローグをもっと長くしたがった。それでふたりですごく長いあいだとり組んで、二、三ページの長大なスピーチにまとめたの。彼女が役をより深く理解する助けにはなったけれど、結局は、うまくいかなかった——あの映画にモノローグは不向き、すべてを断片的に語るスタイルだからね。だけど砂丘での叫びによって、あのモノローグを一瞬に凝集し、言葉を使わずにすべてを語りつくしていた。

ローラ・ケネディ　シャーリーズはこちらの予想を超えてきた。驚異的だった。

ジーエ　あの映画はいい仕事をして、シャーリーズは絶対にいい仕事をした。セリフがものすごく少ないから、なにが起きているか読みとるのは微妙な表情を通してのみになり――俳優としての彼女のとてつもない技量を見せつけられたわ。

トム・ハーディ　シャーリーズはアクション映画で最上の主役をものにしたと評されているが、それはきわめて正当な評価だと個人的に思うね。彼女の驚異的な才能と、ジョージの慧眼《けいがん》両方の功績だ。プロセスのはじめから、メルのバトンをフュリオサに渡す頃合いだとジョージにはわかっていて、それは映画に新風をもたらしただけでなく、とんでもなく賢い一手だった。

ジャスティン・チャン　『マッドマックス』という映画の文脈に沿っていえば、非常に破壊的ともいえる。自分の映画のなかで、彼は基本的に引き立て役にされたんだからね。それが、この映画の大きな、隠されたサプライズのひとつだ。これはフュリオサの映画なんだ。

第十六章　人生は痛いものよ

アベンジャーズがサノスと宇宙の彼方の惑星で戦うにしろ、レイとカイロ・レンがデス・スターの波に洗われた残骸でライトセイバーを交えるにしろ、最近では大スケールのアクションの大半が、実際にはロケ撮影されていない。屋外の撮影ですらない。メガ予算のつく映画はおもにサウンドステージで撮影され、異世界の環境は部分的に装飾したセットと、大部分を占めるCGIとをつぎはぎしてつくりだす。

『マッドマックス　怒りのデス・ロード』はその限りではない。はらわたにガツンと響く衝撃は、実際に触れることのできる物理的なロケ地、広大かつ荒涼としたナミブ砂漠で撮影されているからこそ感じるのだ。砂の舞う風景は、コンピューターではいかんせん喚起しえないインスピレーションをフィルムメーカーたちに与えてくれた。

「カメラ操作の多くが、なにを撮影するかはあまり重要ではなく、なにを撮影しないかで決まる」とカメラマンのアンドリュー・AJ・ジョンソンはいう。「もしブルースクリーンを張ったバンクーバーのサウンドステージで撮るなら、アクションを引き立てるためのフレーミングはできない――サウンドステージの残りを入れないためのフレーミングになる。だが『マッドマックス』ではそんな制約はない。360度どこへでもカメラを向けられ、すべてが最高に映える」

そんなシュールな場所で一年の大半を過ごすのは、どんな体験なのだろう？『怒りのデス・ロードの』キャスト&スタッフにとり、ナミブ砂漠は異世界のようでもあれば、圧倒されもする。

ライリー・キーオ　砂漠って変なのよね。なにもない場所にいると、奥行きをつかむ感覚がおかしくなってくる。

ハーラン・ノリス　ときどき、ここは絶対ろくでもない火星だぞって思っていたよ、メイト（mate。親しみをこめた呼びかけ）。

アンドリュー・AJ・ジョンソン　砂漠で撮影中、ブランキー・フラッツという場所で撮ったことがあるんだが、目を閉じて十分間、六キロメートル四方を運転しても、なにひとつ轢く心配はなかった。

サマンサ・マクグレイディ　なんにもない、すごい景色だった。

ガイ・ノリス　これまでいった場所で、３６０度見渡す限りなにもないという経験をしたのは、世界中で唯一あそこだけだ。

マーク・ガット（製鋼工）　ソリティアという場所があって、そこを何マイルもひたすら突っ走る。用を足しに車を止めたとき、妻に「降りて見てみろよ」って声をかけた。なにもないんだ。まったくなにも。

ミック・ローファン　そして、砂嵐が巻き起こる。

アダム・キュイパー　どこからともなく。

ジョージナ・セルビー　心の準備をしておかないと、すごく怖い思いをする。映画の心配をする代わりに自分の身が心配になるの。

ペトリーナ・ハル　あれにはほとほと参った。文字通り、砂が空気をうねって走り抜けるの。あたり一面、四方八方から襲いかかってくる。

ナターシャ・ホプキンス（ゾーイ・クラヴィッツのスタント・ダブル）　蜂の群れが一斉に襲いかかってくるみたいだった。視界はほとんどきかないし、テントが倒れ、それでヴァンのなかにみんなで避難して、砂嵐が収まるまでカメラを守った。

コリン・ギブソン　わたしにいわせれば、おそろしい砂嵐に襲われたのにそれを利用しないなんて言語道断だ。

デイナ・グラント　彼らは砂嵐を撮影していたわ。「これ、使えるかな？」って。なんにも見えやしないのに！

アンディ・ウィリアムス（特殊効果監修）　ナミビアにジョージ・ミラーがやってきたとき、わたしは真っ先にこうたずねた。「ジョージ、砂ぼこりをコントロールする必要がありますか？　ナミビア砂漠は六十パーセントがシリカで、吸いこんだら健康に悪いですよ」ジョージは「いや、砂ぼこりは友だちだ」いまじゃちっとも友好的じゃない。吸うべきではないという事実とは別に、あらゆるところに入りこんで機材のすべてをだめにする。悪夢だ。でもミラーは実際、正しかった。結果的に、すばらしい映像が撮れた。

ナディア・タウンゼンド　それに、雲母《うんも》──砂ぼこりのなかのキラキラするやつ──が昼日なかに砂塵をきらめかせて幻影をつくりだし、幽霊を見ているのかと錯覚してしまうの。

マーク・ギルニッシュ　機材からいまだに砂が出てくる。決してなくならないみたいだ。

アンドリュー・AJ・ジョンソン　ついこのあいだも、自分のペリカンケース（防水のハードケース）をのぞいたら、底にまだ金属と砂とスズと銅の粒がたまっていた。あの砂は金属を含んでいて、電気製品とカメラには最悪なんだ。

ジョージ・ミラー　シャーリーズは砂ぼこりを目の敵《かたき》にしていたから、わたしは「ええと、ティッシュを手もとに置いておくかい？　いつでも手を拭けるように」と声をかけたんだ。そうしたら「いえいえ。利用しますから」っていわれた。まさしく、彼女はメイクアップと衣装をつけ終えて出てくると、毎朝砂の上を転がって仕上げをしていた。

アビー・リー　砂ぼこりは容赦なかった。いつも目のなかや耳や口のなかに入りこんでくる。

ペトリーナ・ハル　一日の終わりに当時寝泊まりしていた家に戻ると、三日間キャンプにいってたみたいな気がした。

ユージーン・アレンセン（スタント・ドライバー）　自分が車列隊《アルマダ》の一台を運転することになったら、視界ゼロの覚悟をしないと。目の前の車が動きはじめたとたん、砂ぼこりの壁ができるんだ。あるシーンではレイザーコーラ（ウォー・ボーイズが改造したマックスのインターセプター）を運転したんだが、フロントガラスはないし、ゴーグルもないし、むきだしだった。テイクのたびに両方の目にすっかり砂がたまって、ほとんど見えなくなる。医療班がきて生理食塩水で洗ってもらい、それを何度も何度もくり返した。

レスリー・ヴァンダーワルト　初日にウォー・ボーイズにメイクを施してやり、そのあとトラックに乗って砂漠へ繰りだす彼らを見送り――つぎに気がつくと、サン・トロペの海岸で一日過ごしたみたいになって帰ってくるじゃない！　砂漠の砂ぼこりは赤や赤銅色をしていて、全身をすっぽり覆っていた。結局、ボーイズにはたきつける白い粉と粘土を小袋に入れて持たせ、トラックに乗せて休憩のたびにはたくように指示したわ。

ジョージ・ミラー　撮影当初は、一日のあいだに冬から春と夏に変わるんだ。寒かったよ。

アビー・リー　環境はものすごく厳しかった。わたしたちのいた最初の四ヶ月は酷寒で、〝妻たち〟の役は薄着だったでしょ。しかもスプレーをたくさん浴びて暑そうに見せなくてはいけなかったの、汗をかいているみたいにね。ライリーは低体温症になっちゃった。

ナターシャ・ホプキンス　黒人のくせにちょっと恥ずかしい話、アフリカにいくんだから暑くなるぞって思っていた。大はずれ。自分が信じられないんだけど、六、七ヶ月そこにいる予定だったのに気温を一度も調べていなくて、現地に着いたときはキュートなクロップトップ（丈の短いシャツ）とショートパンツと水着しか持っていなかったから、凍えちゃった！

ミック・ローファン　風に足をすくわれそうになる日があるかと思えば、日射しが強すぎて背中の皮がむける日もあった。

ジョイ・スミザーズ（〝鉄馬の女〟）　真昼の一時間はあんまり暑くて、服を破り捨てたくなる。むちゃくちゃだった。

クリス・オハラ　朝は冬用の手袋、冬用の帽子、厚いコートで防寒して、昼にはマジ Speedo 一枚になってた。夕方五時にはパーカを羽織り直すんだ。

ケリー・マーセル　それに、砂漠では変なことが起きる。みんなが砂ぼこりで息がつまり、砂がまたあがらないうちに撮影をすまそうとがんばっていたら、自転車に乗ったラスタファッションの男がセットを走りながらアイスクリームを配ってまわっていた。文字通り砂漠の真ん中に、数百キロの彼方から忽然と現れたの。そんなのあり得ない、でもホントにいたの！

キャストとスタッフが滞在した小さな海岸沿いの町、スワコプムントも撮影現場と同じほど地の利が悪かった。ロサンゼルスからは空の旅で三十六時間かかり、ロンドン行きの夜行便、南アフリカ行きの別の夜行便、港湾都市ウォルビスベイへの三つ目のフライトを乗りつぎ、さらにスケルトン・コーストまで車で移動する。

他作品の撮影ではオフの日にはそれなりに自由に過ごせた俳優やスタッフは、スワコプムントに愕然となる。あまりに僻地にあるため、撮影のない日に町を離れるのは不可能で、訪問者たちと地元住民の関係はしばしばきな臭くなった。

サマンサ・マクグレイディ　スワコプムントに到着したら、町全体を自分たちで乗っとってしまったことにびっくりしたのを覚えている。

ユージーン・アレンセン　ナミビアの真ん中にできたドイツの村だったね。石畳の街路、ドイツバー、ブラットブルスト・ソーセージだらけでさ。

ハリソン・ノリス　あそこは「なんでもふたつの町」だったよ。食堂が二軒、バーが二軒、靴が買える店も二軒。すごく狭くて、ぼくたちがやってきたら巡業中のサーカス一座と駐留軍の鉢あわせみたいになった。

ジョシュ・ヘルマン　スワコプムントの少し北の海辺に、家が立ち並んでいた。ライリーとゾーイはそのとき同室で、ぼくらがふたりの家にいって一緒に夕食をとるか、ふたりがこっちにきてバーベキューをしていたよ。

コートニー・イートン　ひどく孤立した場所だった。テレビはほとんど映らないし、DVDは『パイレーツ・オブ・カリビアン』一本しか持ってこなくて。なんでだったかな。少なくとも十五回は観た、ほかに町にはなにもないんだもの。仲間同士で気晴らしするしかなかった。

ジョイ・スミザーズ　みんなで始終一緒にいるような気がしていた。オフの日は全員そろって日曜だけで、カフェはひとつ残らず、でかでかした長テーブルをスタントマンたちが占領していた。オーストラリアのサーフメーカーのラベルが正面に印刷されたTシャツを着てね。

マット・テイラー　おれたちはみんな、目立っていた。だれがスタント・パフォーマーかすぐにわかる。丸坊主で走り回っているオーストラリア人なんて、おれたちだけだったから。

ペトリーナ・ハル　最初はハネムーン期間で新鮮だったけど、三、四週間もすると、いつも同じ面子に出くわすの。どこにもいくところがない。身の安全を心配し、常に気を張ってなきゃいけない。新鮮な空気を吸う必要があっても、夜の八時にその辺を一回り散歩に出るなんてできないのよ。

スコッティ・グレゴリー　ペッパースプレーとナイフは必需品だった。

アダム・キュイパー　わたしは一メートル九十センチ、体重は一〇〇キロある。でかくて屈強な男だ。それでも何度か少しびくついたときがあった。

ケリー・マーセル　女性ならなおさら、夕方六時以降は外に出られない。ディナーに出かけるときは集団でいくか、警備班か男たちについてきてもらった。

デイナ・グラント　頭を剃っていたせいで、町の住民はわたしをシャーリーズだと思い、通りを歩いているとひんぱんにいやがらせを受けたし、わたしのこどもたちも小突かれた。プロダクションが結局ウィッグをつくってくれ、そのあとはずいぶん好転したけどね。

マット・テイラー　スリや強盗なんかの標的にされた。夜更けや明けがたにパブから歩いて帰っても平気だなんてなめていたら、報いを受けてぶちのめされる。だがプロダクションがSAS（特殊空挺部隊）の元隊員をふたり雇って、暗闇で目を光らせていたのを知っていた。

ジョン・アイルズ　警備班を結成した。おれと、G4S（民間軍事会社）の要員ふたりだ。週末はパトロールをしたよ。スタッフが外出して安酒場《シェビーン》にいくのがわかりきっていたからね。朝の四時にスタッフを家に連れ帰ると、頭を切っていた。おれはこう忠告した。「メイト、腰をあげなきゃだめだ。やつらに靴を盗まれ、身ぐるみはがされてからドブに捨てられちまうぞ」

デイナ・グラント　三回、家に押し入られた。きれいで大きな海沿いの家を与えられて、快適に違いないと期待したのに、実際は恐怖だった。一晩中、階下で押し入ろうとする音がきこえるの。外に出るとすごく無防備に感じた。人が海岸を歩いてきて、うちの玄関先までくる。しまいにはこどもたちを二階にあげて、一緒に寝ていたわ。

ジョン・アイルズ　カーペットにくるまれて、一切合切盗まれる。三人組の男が砂漠からやってきて、正面玄関から押し入るんだ。複数のスタッフが「もうこんなところにいられない」といって帰国した。

デイヴィッド・バー（第二班撮影監督）　毎日のようにそれが起きていた。仕事にいくと、朝食の席で報告しあう。「さて、昨日の夜盗難にあった者は？」元オーストラリア特殊空挺部隊員がスタント班にいて、結局、そのふたりと地元出身の者たちで小さな委員会を結成して夜に見まわりをはじめ、まもなく盗人《ぬすっと》たちを捕まえた。

スコッティ・グレゴリー　現地のナイトクラブに仲間と繰りだしたんだ。喫煙可の店だ。そのとき着ていたジャケットは裏地がフリースですごくクールなやつだったから、入り口で図体のでかいバウンサーに「ジャケットを置いていっていいかな、タバコの煙をつけたくないんだ」ときいた。「ああ、心配いらない。そこに置いていけ、おれが預かる」という。いいぞ。問題なし。そして、夜も更けて引きあげるとき、声をかけた。「おい、ジャケットを返してくれるかい」すると相手は「いや、あれはもうおれのジャケットだ。おれがもらっておく」やつは一〇〇パーセント本気だった。「冗談だろ？」「いいや。とっとと消え失せろ」

それでおれは二階に戻ってリクタス役のネイサン・ジョーンズのところにいったんだよ。「ネイサン、こんなことを頼んですまないけど、きみがいちばんここではでかいだろ。あのでかぶつバウンサーにおれのジャケットをとられちまった」するとネイサンが立ちあがって、バウンサーのところにいった。「ジャケットをよこしやがれ」そうしたら別のバウンサーがおれたちのほうへやってきた。おれは内心、あぁくそ、厄介なことになったぞってあせった。気づくと、二十五人のウォー・ボーイズが周りを囲んでいた。全員頭を剃りあげた男たちに「どうしたんだ？」ときかれ、相手は「あー、いやいや、なんでもない。なんでもない。たいしたことじゃない」そういうわけで、ネイサン・ジョーンズはおれのジャケットの恩人なんだ。

レスリー・ヴァンダーワルト　製作アシスタントのひとりがウォーターフロントの地元のパブでディナーを食べた帰り道、追い剝《は》ぎにあったの。そこは極貧地域だったから、ことさら被害が頻発していた。彼らの多くが一日に一ドルの稼ぎ。わたしたちがとんでもなく裕福な人間に映ったのよ。宵越しの金は持たぬ映画撮影隊ご一行ってね。もう少し周囲に気を配り、常識を持つべきだった。

でも、地元住民を動員して、現地で調達できるとは思いもしなかった人手を確保できたの。理髪店の従業員はみんな頭を剃ったり刈ったりするのを手伝ってくれたし、ナミビアのこどもたちに人工装具のつけかたを教えた――ふつうなら専門学校に一年も二年も通って身につける技術なのよ。

ハリソン・ノリス　ウォー・ボーイズのパンダ目メイク用にMACのすごく濃いアイライナーを使ってて、しまいには目のふちから落とす努力をやめてしまった。無理だったんだ。それであきらめて、八ヶ月ガイライナーで暮らした。すごくおかしいのが、最後の二、三ヶ月に入ると、町の地元住民――ウォー・ボーイズ役でもなんでもない連中――が、ガイライナーをしてるのを見かけるようになった。図らずも、ぼくらはあの町にグラムロックを流行《はや》らせたんだ。

クリス・オハラ　打ちあげで、全員が立派な木のフレームに入ったウォー・タンクの写真をもらった。たくさんのスタッフがいたずらで、マンション型ホテルのトイレに飾られた絵をはずし、その写真を掛けた。そうしておけば、そのあと泊まった観光客があの写真を見て、たぶん国軍の戦車かなにかと勘ちがいするぞって思ってね。

二〇一五年、釣《クリックベイト》りサイトの記事に、スワコプムントのトイレに掛かったウォー・タンクの写真を見つけた。いつかあそこに戻って、写真が残っているか見にいってやるんだ。

第十七章　イモータン万歳

『マッドマックス』ほどの大作映画で悪役を演じるには、邪悪なカリスマの醸し出す近寄りがたさを備えていなくてはならない。ヒュー・キース゠バーンのみが唯一、二度もその大役を果たせる男だったのは、おそらくそのせいかもしれなかった。カシミール生まれの俳優は朗々と響く声、あふれる茶目っ気、そして長髪をなびかせた非凡な風貌に恵まれ、オリジナルの『マッドマックス』でギャングのボス、トーカッター役を探していたジョージ・ミラーは、幸運にもキース゠バーンを発見する。

一作目のおもな出演者の多くは演技経験が浅く、彼らにとってキース゠バーンは一目も二目も置く存在だった。温かい人柄だが、おそろしい悪役になりきっていたために周囲の人間は気圧《けお》され、また刺激を受けもした。「実のところ、彼から演技を学んだんだ」と、ミラーはいう。

数十年後、ミラーがとうとう『マッドマックス　怒りのデス・ロード』を始動させたとき、悪の主役イモータン・ジョーをだれが演じるべきかについて、疑問の余地はなかった。ウォー・ボーイズの軍団を心酔させ、彼の名のもとに命を投げ出させるおそろしいウォーロード、イモータンはばかでかい呼吸装置のマスクをしているため、演じる俳優はこの役柄のカリスマを、眼光と声とたたずまいだけで伝えなくてはならない。

ミラー監督はイモータン役に関しては、オーディションの手間すらかけなかった。その代わり、ずっと昔、映画の演技がどれほどパワフルになり得るかを身をもって彼に教えた男に再び頼った。

ジョージ・ミラー　『マッドマックス』第一作を撮ったとき、彼からたくさんのことを学んだ。わたしは演技についてはなにも知らず、そこへ共同作業の非常に巧みな人物が現れた。彼は評判を呼んだ『真夏の夜の夢』の舞台を終えたところで、七〇年代初頭に世界じゅうを巡業して回り、最後にオーストラリアにいきついた。ロイヤル・シェイクスピア劇団の全団員がオーストラリアに残ることを選び、その座長がヒューだった。

ヒュー・キース＝バーン　わたしは舞台はそれなりに踏んでいたが、映画俳優としての経験は浅く、あれがジョージのはじめて手がけた長編映画だった。オーストラリアにはパナヴィジョンカメラが一台しかなくて、ジョージ・ミラーは当時メジャーな監督ではなかった。その前は医者だったんだ！

ジョージ・ミラー　われわれはヒューを起用し、すると彼は、友人や仕事仲間を暴走族役に引きいれた。彼らは同じ集合住宅で固まって生活し、撮影現場まで自分たちのバイクで衣装を着て通い、そのままで過ごした。それが映画全体の空気に影響を及ぼし、撮影現場で実際わたしは彼らにびくつくこともあったよ。

ティム・リッジ　ヒューはメソッド演技を少々実践して、セットのなかでも外でもトーカッターでいた。

P・J・ヴォーテン　ヒューたちはメル・ギブソンの部屋に忍びこんで天井に落書きをし、彼を芯から震えあがらせていた。

ジョージ・ミラー　ヒューはすごく豪胆な俳優なんだ。なんでもやってみて、即興を歓迎し、いつも人を驚かせる。彼ともう一度組みたいと常々思っていたが、もちろんトーカッターは『マッドマックス』の結末で死んでいる。それからイモータンがやってきて、こう思った。「やあ、チャンス到来だぞ」

マーク・セクストン　ヒュー・キース゠バーンが『ジャスティス・リーグ』のマーシャン・マンハンターを演じに顔を見せにくると、ジョージと再び意気投合した。結局『ジャスティス・リーグ』は頓挫して、ジョージが「ところで、イモータン・ジョー役をやるかい？」と声をかけた。

ヒュー・キース゠バーン　自分にいいきかせ続けたよ。「いいや、実現はしないさ」って。興奮を抑えようとした。信じられなかったからだ。こう思った。「どうすれば実現できるっていうんだ？　トーカッターがどうすればイモータン・ジョーになれる？」それにあの時点で、二作のあいだはざっと三十年ばかり開いていた。

ジョージ・ミラー　みんなは「メル・ギブソンを『怒りのデス・ロード』に出したらどうだい？マックス役以外で」と提案してくる。そんなことをしたら、観客を映画の世界からすっかり引き戻してしまうと思った。だが、ヒューはまったく違う。マスクをしているから、別の感覚を出せる。問題なしだ。

ティム・リッジ　いまだにインタビュー記事で、イモータンがトーカッターと同じ俳優だと気づかなかったといっているのを目にするんだ！

ジョージ・ミラー　あれは極めて簡単な判断だったし、荒野《ウェイストランド》でもう一度彼に役を演じてもらえて、すごくうれしかった。

ヒュー・キース＝バーン　まるっきり新たな状況だと感じたとも、もちろん。こっちはどでかいハリウッドタイプの映画で、もう片方は雑多なトレーラーの裏手でつくられた、急ごしらえの小さな箱庭映画だ。だが、ミラーが作品に効かせるエッジがあった。

この映画の大半の主要登場人物同様、イモータン・ジョーの外見はスクリーンに映るまでにたくさんの紆余《うよ》曲折を経ている。

ジョージ・ミラー　ストーリーボードとコンセプト・ドローイングで描かれたイモータン・ジョーは、はげ頭で全身コバルトブルーだった。

マーク・セクストン　彼は水色をしてて、それはちょっと鼻についたかもしれない。

レスリー・ヴァンダーワルト　彼が全身青塗りだったとき、「そうだ、色で所属分けすればいいんじゃない?」って思いついた。弾薬畑とガスタウンの手勢とイモータンのウォー・ボーイズは違う色で、車以外でも彼らが何者かわかる。

P・J・ヴォーテン　メイク係がイモータンに青い色を塗りつけていた。洗剤だったかなんだったか思い出せないけど。

マーク・セクストン　ぼくのせいだ、面目ない。ストーリーボードになにげなく指定したんだ。当初、〝臭いやつら（悲惨な人々）〟のシークェンスがまるごとあって、だれもがリフト係のウィンチマンに貢ぎものをしてとり入り、砦《シタデル》に上げてもらおうと必死になる。イモータンは全身青だったから、ある日、「そうだ、群衆のひとりに〈OMO〉のパックを貢がせよう」といったんだ。〈OMO〉はオーストラリアで使われている洗剤で、たまたま青い液体だった。なぜかわからないが、みんなのなかでそれがイモータンの青い理由だってことになった。おかしいだろ。ともかく、結局青にはならなかった。彼の色は白になった。

P・J・ヴォーテン　青はとりやめになった。ジェームズ・キャメロンが『アバター』で全身青づくめの人物をやったあとだったから。

ジョージ・ミラー　その頃には映画のなかに青い登場人物がごまんといた――『X-メン』〔2000〕、『アバター』、『ブレイブハート』ですら青かった。こう思った。「そうか、常套手段になっちゃったのか。クリシェだと思われるな。青はやめとこう」それでボツになった。イモータン・ジョーはもう青じゃなくなったが、ヒューのみごとなたてがみを切る日――ロイヤル・シェイクスピア劇団にいたときからその髪形だった――わたしは「きみの髪にさよならをいうぞ。どんな気分だい？」ときいた。

彼は「いいさ、映画のためだものな」といったものの、こんな話をした。「よく甥っ子がわたしの髪につかまり、わたしはサーカスの乗り物みたいにスウィングしてやるんだ」それで、内心こう思った。「それなら彼の髪を切るわけにいかん！」とても立派な髪だった。残してよかったよ。

ゼブ・シンプソン　すごく象徴的な悪役のヴィジョンだよね。あの衣装、胸当てとコッドピース（股袋）、いくつもの勲章、それに吸入器と背中のフィルター。

ヒュー・キース＝バーン　あのマスク、あれは最高に大それたしろものだった。ひと目見てキャラクターがつかめたよ。

ジェン・ヤマト　わたしの印象では、イモータン・ジョーはダース・ベイダー的な性格をいつも帯びていた。防毒マスクと呼吸装置のせいも一部にはあるけれど、自滅して病んだ人類という種をまざまざと体現してもいるところがね。腐敗する家父長制みたいなものよ。

カレン・ハン　コスチュームにメダルをいっぱいつけてるのも滑稽だわ。そんなのは本質的に意味を持たない世界なのに。

パットン・オズワルト　それに、肉のたるんだ老いぼれのイモータン・ジョーが、朝イチに鎧をつけてメイクをして男らしく見せなきゃいけないのも、非常に意味深だよ、もちろん。

リチャード・ローソン　イモータンは『デューン　砂の惑星』のハルコンネン男爵みたいだ。権力を握っているが肉体的には完全に廃人の、胸くそ悪い男。（ドナルド・）トランプ臭が、ある意味する。

ジェニー・ビーヴァン　イギリスの新聞を読んでいたら、アメリカ合衆国の歴代大統領の写真が載っていて――クリントン、オバマ、トランプ――大統領就任当時と退任時を比較していたの。クリントンとオバマは八年間でめっきり老けこんでいたけれど、トランプの任期最後の写真がね、イモータン・ジョーそのものだった！

コリン・ギブソン　イモータンをばかみたいな髪形にして、オレンジ色の日焼けをさせる案はあったかって？　ああ、それは意識したよ。だがジョージはジョーゼフ・キャンベルにはまっていたから、そんな下品であからさまな政治色を出すなんて芸のないことはしないさ。

アリソン・ウィルモア　ヒュー・キース＝バーンは、このグロテスクなのにとんでもないカリスマ・キャラクターをすごく巧みに売りこんでいるわね。人々が彼のためにどんどん死に、イモータンに見てもらうだけでじゅうぶん報われるのだと、観客は納得する。

ヒュー・キース＝バーン　『怒りのデス・ロード』の撮影現場に、一作目をやったときはこどもだった――というか、こども未満か――者たちがいた。彼らはわたしがまだ生きてるのが信じられないでいたよ！　すごくおかしな気分だ。とてもシュールで、ぞくぞくした。

ディーン・フッド　みんな彼を崇めていた。実際に、ひとりの人間として。イモータンとしてではなく、すばらしい男としてね。

ティム・リッジ　一作目の映画に彼がもたらしたものを、『怒りのデス・ロード』ではさらにたくさんもたらした。

ゾーイ・クラヴィッツ　ヒューはわたしたちにメモを書いたの。差出人はイモータンからで、血みたいなインクで書いて、それを読み合わせのときにわたしたちみんなに回した。

ニコラス・ホルト　彼はスタント専用ジムのそこらじゅうに自分の写真を貼ったんだ。ワークアウトしているあいだ、ずっとイモータンに囲まれていた。彼がぼくたちみんなをじっと見ている。

リチャード・ノートン　ヒューがスタントマン向け演劇クラスにやってきて、童謡を歌ってきかせた。彼にとってスタントマンたちは自分の赤ん坊で、そうやって絆を結んだんだ。ヒューが出ていくと、キリストがセットに出ていくみたいだった。

ベン・スミス＝ピーターセン　彼を見るたび、ぼくたちは「愛してるぞ、ダディ」と声をかけた。ばかばかしいから、だいたいがノリでやっていた。スタント・パフォーマーたちはたいてい「おれはスタントマンだぞ、こんなおっさんを〝ダディ〟なんて呼ぶかよ」って感じだったが、あんまりばかばかしすぎて、ついやってしまう。しまいには、全員が乗っかっていた。

ヒュー・キース＝バーン　ロイヤル・シェイクスピア劇団のエキストラだったとき、それをたたきこまれた。自分の仕事は、主役に権力を与えることだ。だから彼から目を離すな。それをボーイズがわたしにしてくれたのさ、まぎれもなく。

ジョシュ・ヘルマン　そしてもちろん、ヒューにはとてつもない厳粛《げんしゅく》さがある。役の上ではすんなり受け入れられた。だってあの巨体のクマ男が、ごてごて飾りたてた衣装を着ておれたちの前に立ち、朗々たる声でひざまずいて祈れと命令するんだぜ。ぼくたちは「御意っ！」てなもんだったよ。

マーク・ギルニッシュ　彼がセットにやってくるたび、あと十分とかあと五分とか、アナウンスが入る。ほとんど「位置につけ、大統領がお出ましになるぞ」みたいな調子で、ウォー・ボーイズ全員が整列し、シュプレヒコールしながらヒューを迎えるんだ。撮影じゃなくてカメラが回っていないときでさえ、ウォー・ボーイズは熱狂していた。

ショーン・ジェンダース　はじめてその場に居合わせたとき、ヒューがセットに歩いてきてメガフォンをＰＪからつかみとり、「ダディがきたぞ」というと、ボーイズがそろってでかいＶ８のあいさつを返していた。あれにはぶっ飛んだよ。

シャーリーズ・セロン　町の食料品店にいっても、坊主頭の男たちが歩きまわっていて、もしヒューが通りを歩きすぎれば、奇妙なお辞儀とＶ８のサインを彼に向かってするの、スワコプムントの町なかでよ。

ジョシュ・ヘルマン　ダディがくるときは事前にお触れが出て、ぼくたちの役目は彼を出迎えて舎弟を演じることだった。すごく特別で、ジョージがつくりだしたこの空気が、どんなに効果てきめんだったのかに気づく。

ティム・リッジ　ウォー・ボーイズは撮影の終わりには、心から彼に入れあげていた。わかっていたんだよ。ヒューの意図を理解していた。

シャーリーズ・セロン　振りだと思わせないなにかが、彼にはあった。お伽噺《とぎばなし》の『３びきのくま』みたい――彼がやると、みんなをその世界にずっと巻きこんだまま、それがいかにも当然のように感じさせるの。

ティム・リッジ　それがヒューの得意技だ。人を信じこませ、作品を向上させるには一〇〇〇パーセント彼についていくことが唯一の方法だと、みんなに理解させる。そしてみんながそうした。全員が自分の役割を理解し、それがイモータンをカリスマに押しあげた。

ニコラス・ホルト　そうやってできた空気は、すごく開放的だったよ。ヒュー・キース＝バーンとジョージがウォー・ボーイズのためにつくりだした文化、スタントチーム全員が持ちこむエネルギー、そしてガソリンの臭いとノイズ――ほんとうに士気があがった。

ヒュー・キース＝バーン　すばらしい気分になり、うまくいった。申し分ないね！　幸い、最後までやり通せた。

ベン・スミス＝ピーターセン　ヒューはなにをしても刺激的な人間だ。すごくオープンで愛すべき人柄のこと、彼の映画愛がすごく伝染しやすいことを覚えてる。いい人だった。頼りがいがあって。

ジョージ・ミラー　おっかないみてくれ――それを利用して遊ぶのがヒューは大好きだ、もちろん――の背後には、愛すべき、温かい心根の男がいて、すごく遊び心があり、あの年になってもやっぱりすごく遊び好きだったよ。

P・J・ヴォーテン　両者のすり合わせがどうしてもできない。彼は最高に優しい男で、演じる役柄とは正反対だ。

シャーリーズ・セロン　あの演技を見ると、彼の人となりとは似ても似つかない。ヒューはとてもとても優しい人。ちょっとヒッピーっぽいの。話をするとそう感じる――いつも、この世界のことを話してるんじゃないな、って。わたしたちの住む世界の外のことを思っている。

二〇二〇年十二月、本書のためにインタビューに応じたわずか数ヶ月後、ヒュー・キース＝バーンは他界する。享年七十三歳、『怒りのデス・ロード』が彼の最後の出演作となった。

ヘンリー・ドレイ（トランスポート・マネージャー）　彼の御霊《みたま》が安らかならんことを。ヒュー・キース＝バーンは、縁のあった人のなかでも最高に愛すべき人物だった。うちに二回ほどバーベキューにきたときがあって、人の話をききたがるんだ。「週末はどうしてたんだ、おまえたち《ボーイズ》。教えてくれよ」って。

ユージーン・アレンセン　彼と座ってビールを飲んだ。ヒューはいつでもその時間をつくってくれた。

ティム・リッジ　ジョージが彼といるところを見ると、部屋のなかに愛があふれていた。互いにすごく認めあい、ヒューはジョージを天才だと思っていた。映画制作の大混乱のさなかにジョージがあれほど優しくて思いやりがある人間でいられることに、驚愕するっていっていたよ。

ゼブ・シンプソン　亡くなってすごく悲しいけれど、とんでもないレガシーを残していってくれたね。

ティム・リッジ　みんなが彼を愛した。大きな穴があいたけれど、いずれ終わりを迎えるなら『怒りのデス・ロード』は完璧な結末だった。

ジョージ・ミラー　ある意味、彼はこの映画の接着剤だった。

ティム・リッジ　『マッドマックス』でひとつの役のみならず、ふたつの役を演じきった事実を誇っていた。当然だよ。彼がイモータン役を引きうけてくれ、再度その怪演を目にできたのは僥倖《ぎょうこう》だった。

ヒュー・キース＝バーン　自分が関われたことが信じられない。『怒りのデス・ロード』に出たなんて、うそみたいだ。

第十八章「最後の傑作アクション映画」

『マッドマックス　怒りのデス・ロード』のワイルドなスタントを、ひとりも死者を出さずにどうやってこなせたのか？　おそらくはアクション・シーンの総責任者、スタント・コーディネーターのガイ・ノリスが、前回参加した『マッドマックス』映画でスタントにしくじるとどれほど危険な目に遭うかを、身をもって学んだおかげかもしれない。

三度の飯よりスリルを求める男、ノリスはオーストラリアじゅうのスタント・ショーでパフォーマンスしはじめ、十代のうちに早くも映画とテレビのスタント界への進出を果たしていた。当時、安全性は実質的に二の次だったとノリスは語る。「どれも体を張った苦痛をともなうアクションで、たとえば燃えながら高所を落ちるときは、実際に原燃料を少しかぶっておくんだ」そうノリスは述懐する。

当時でさえスタント・コーディネーターとしての本能をノリスは備え、そういった向こうみずな冒険の危険度を和らげるコツを自然と体得した。あるインストラクターが若きスタントマンのノリスに走行中のトラックから飛びおりて安全帯まで転がるよう指示したとき、「飛びだす順番は最初か最後が望ましいと、即座に見てとった」と、ノリスはいう。「そのときに車が速度を上げるか落とすからだ」

二十一歳のとき、ノリスははじめての長編映画の仕事、『マッドマックス２』にありつく。スタッフのなかで最年少だった彼にはだれより熱意があり、ほとんど全員のスタント・ダブルをこなした。ノリスはメル・ギブソンのスタント・ドライブの大半を引きうけただけでなく、七種類の異なる衣装を着て、ギブソンがタンカー上で対決する敵をひとりひとり演じた。

だが、ノリスがいちばん名を馳せたのは、大腿骨を折って危うく死にかけたスタントだ。彼の乗ったバイクが破損した車と衝突し、ラグドールのように回転しながら空中に投げ出された。落下をやわらげるため、そばに掘った穴に敷きつめた段ボールの上にノリスは着地し、病院に急送される。「少なくとも、あのショットは映画に採用されたよ」と、いまでは笑ってノリスはいう。

ガイ・ノリス　なにが起きたかというと、バイクがバギーに衝突し、バギーが浮きあがったためによけきれずにバギーの縁に足が引っかかり、体がもんどりうったんだ。

ジョン・アイルズ　あの回転で足がやられた。

ドリュー・マクウィーニー　あれがだれであろうと、てっきり死んだかと思った。はじめて観たときは立ちあがって叫んだよ、この目が信じられなくて。

ガイ・ノリス　あのスタントで足が折れていなきゃ文句ないんだが、ともかくすばらしいショットが撮れた。数日入院したが、骨がくっつきだすまで三週間かかり、でもまだタンカーの上で戦うキャラクターがひとり残っていた。それで、二日ほど家で静養し、それから松葉杖をついて現場に復帰すると、シークェンスをぜんぶこなした――文字通り、踏み台の上に折れた足を乗っけてね。

リチャード・ノートン　ガイについてひとつおれにいえるのは、おそれを知らない男ということだ。世界記録ものの降下をやってのけたんだ。ビルからまっさかさまに飛び降りて、地上三メートルのところでケーブルが彼を止める。おれはきいたよ、「ガイ、あなたは怖いもの知らずなんですか？」彼の答えは、「いや、宿題をして、すべてを二回確認し、周りの者を信用するだけだ」

ベン・スミス＝ピーターセン　彼はおっとりしゃべるタイプなんだ。威圧するような体格じゃないけれど、ぼくの知るなかではいちばんバッドアスなスタントマンじゃないかな。

『マッドマックス2』の荒業スタントを数多く自分でこなしたノリスは、あの実践的な魔法《プラクティカル・マジック》を『怒りのデス・ロード』でも再現する決意だった。

ガイ・ノリス　最優先のルールは、実際にやること。すべてのスタントをできる限りインカメラ（実写）ですませたかったし、あの世界に信憑《しんぴょう》性を与えなくてはいけなかった。

コリン・ギブソン　アクション映画を撮るつもりなら、『怒りのデス・ロード』が最後の傑作アクション映画となる。

ベン・スミス＝ピーターセン　この映画みたいな場合はたいてい、多くてもスタントの出番はたぶん一週間に一回だ。ところが本作では撮影ののっけからすでにスタントがあり、さらにそれ以上のスタントがある。スタントマンの夢だったよ、『怒りのデス・ロード』は。

ニコラス・ホルト　大作映画では俳優にスタントをやらせないのが定石だけど、ある日撮影にいったら、彼らがぼくをウォー・タンクの下にハーネスで吊ったのをよく覚えている。日常的にやるようなことじゃないよ、トラックの下に吊られて、地面から十五センチ浮いた状態で砂漠を走るなんてね。スタントチームが段取りをつけ、すべてをリアルに見せる手際には、感心しきりだった。

コリン・ギブソン　すべてのアクションは、本物じゃなきゃいけない。登場人物は生身の俳優が実際に演じなくてはいけない。そして俳優は自分自身のスタントマン、スタントウーマンじゃなければいけない。足がすくむようじゃだめだ――わたしは無理だが――ヴィン・ディーゼルが三トンの金庫を引きずってあり得ない角度で通りを曲がるのを見たとしても、涼しい顔でいなくちゃ。

ジョージ・ミラー　もし二台の車が衝突するなら、どうしてデジタルでシミュレーションするんだ？　実写でできるのに。実際にやれば、予測のつかない偶発的な要素がすべて手に入る――砂塵の立ちかたでもなんでも。

トム・ハーディ　ＣＧＩのスーパーヒーロー映画を観ると、迷子になっちまう。Ｘｂｏｘのゲームをするのは好きだけれど、ついていけないものもあるね。コンピューターゲームを息子や友人とプレイするときはその世界にどっぷり浸かるし、積極的にゲームに参加する。だけど映画館にいってまで、なんでコンピューターゲームを観なきゃいけないんだ？

ジョージ・ミラー　進化の過程で、人類はできるだけ正確にものごとを読みとることで生き残ってきた――話をひどく脱線させるが、整形手術が失敗する理由はそこにある。「不気味の谷」なんだ。本物ではないのをわれわれは読みとってしまう。

トム・ハーディ　ひと目見れば、すぐにわかる。この映画で繰りひろげられるアクションは実際に演じているから、即座に本能が反応する。「やばいぞ、ひりひり感じる」って。

マーク・ギルニッシュ　重力をリアルに感じ、スピードをリアルに感じる。マーベル映画を観るときは、ただそう想像するだけだ。

トム・ハーディ　ジョージがばっちり決め、自分もその一部になれてこれほどわくわくするのは――クリス・ノーランもその伝では同じだけど――「そうだ、ここが限界ギリギリの臨界点だ」と観客を連れていってくれるからだ。そのために実際にトラックを横転させ、実際にスタントを演じさせる。

コリン・ギブソン　ジョージは何年も必要以上にピクセル〔画素〕とつきあい、思う存分試した――タップダンスするペンギンや、口パクするブタたちでね。本作で彼の原点に戻るのは、新鮮でエキサイティングな経験だった。

ブレンダン・マッカーシー　ぼくにとって、ジョージ・ミラーが車両を破壊して生みだす純粋な詩情は、ジャクソン・ポロックがドリップペインティングで絵を描く行為や、ウィリアム・バトラー・イェイツが「一九一六年復活祭」の詩を書くのとちょっと似ている。ジョージ・ミラーの車両破壊は、アートの域に達しているんだ。

ジョン・シール　ガイ・ノリスが度肝を抜くスタントの準備と振りつけをし、ボーイズはそのために何年も鍛えられてきた。

ガイ・ノリス　『赤い河』〔１９４８〕や『ベン・ハー』〔１９５９〕やジョン・ウェインの西部劇など

の昔の映画が、スタント・コミュニティでよく話題にのぼった。当時はロケ地へ繰りだして何ヶ月もただそこで生活を営み、馬に乗って過ごしたりと、撮影にとほうもない時間をかけた。われわれにはあの時代以来の贅沢な時間の使いかたができた。おそらく次回作を除けば、もう二度とできないだろうね。

業界仲間と話したが、一五〇人のスタント・パフォーマーと一〇〇台超の車両を支給され、砂漠でたっぷり時間を使える機会を与えられるとなれば、もちろん連中は歓迎する。そうならないのは、たいていスタジオが「いや、それはＣＧで修正できる」というからだ。今回違うのは、ジョージが創造した世界でじっくり過ごせる機会に恵まれ、製作のダグとスタジオがそれをサポートしてくれた点だ。

トム・ハーディ　アクションが高度になるにつれ、危険というか、確実に荒っぽくなっていく。だからこそ確実に手順を踏むプロ意識と、スタント・コーディネーションやスタントチームやスタント・リガーといった専門家による立案と準備が欠かせないんだ。

コリン・ギブソン　ジョージは元医者で、「ヒポクラテスの誓い」を真剣に受けとめている。人を傷つける原因をつくるまいと必死に努力しているんだ。それはとりもなおさず、現場に出て意図的にだれかを傷つけるつもりなんて露《つゆ》ほどもないということであり、三〇〇人のスタントが爆走するアイディアとは相容れないものがある。

ジョージ・ミラー　これまでの最大の不安は、安全性だ。一三八日間、毎日が大がかりなスタントデーで、わたしはこう考えていた。「ひとりも死者を出さずに今日の撮影を終えるには、どうするべきか?」

スコッティ・グレゴリー　ほぼ毎日、だれかが危ない目に遭っていた。

リチャード・ノートン　立ちあったすべてのスタントで、心臓が口から飛び出そうになったよ。演じているスタントマンたちは仕事仲間だし、いいやつらばかりだから、すべて無事にいってくれと気が気じゃなかった。危険ととなり合わせだった。

トム・クラッパム　どれだけ手順をきちんと踏まえてクラッシュに備えたとしても、重量級の金属の塊が物体と衝突するのは変わらない。

ジョージナ・セルビー　ここで息をしたらなにか手違いが起きるかも、みたいな気持ちになる。

イアイン・スミス　ああいうスタントが絡めば、健康面と安全面の悪夢になるのは想像がつくと思う。とはいえジョージにはものすごく助けられた。彼はほら、ヘリコプター事故で製作パートナー「バイロン・ケネディ」を失っているだろう。だからスタッフを非常に気遣い、だれひとり無謀なマネをしないように入念に計画し、もし順序が乱れたり、気がかりなことを目にしたら、手を挙げて叫べば撮影を即座に中断するように徹底させた。そのおかげで、何度か危ない状況を回避できた。

ベン・スミス＝ピーターセン　大したケガ人が出ずにすんで、それはどんなスタントチームにおいてもちょっと前例のないことだった。危険度の高い映画だったから、無事で当然だとはだれもが思わないようにした。「ぜんぶの準備をちゃんとやろう」と気を引き締めあってね。

ガイ・ノリス　ウォー・タンクに乗ったボーイズをＣＧでやるって話じゃない。砂漠の旅をスタジオでシミュレーションする話でもない。文字通り、砂漠に出向いていって爆走した。われわれが心がけたのは、入念な安全対策だ。安全ケーブルやリギング装備で幾重にも支え、あとでアンドリュー・ジャクソンと彼の視覚効果スタッフがそれらを非常に巧妙にとり除いてくれた。そのおかげで、パフォーマー全員の身体的な能力を存分に引き出せた。

クリス・パットン　ミック・ローファンがスタント・リギングの安全性についてどれだけ考えていたのかは知らないが、ガイは予定されているスタントの簡易ヴァージョンを見たがり、ミックはなんでも手早く処理できた。ささっと溶接して、準備オーケーってもんさ。

ミック・ローファン　わたしが気にかけるのは、第一にスタントたちの安全だ。第二にアクションが監督の思惑通りに正確に見えること。第三に、観客が映画を観たときに「うわ、危ない！」と手に汗握ることだ。

『怒りのデス・ロード』の大部分がカーチェイスと車両の衝突で成りたっているとはいえ、技斗のグレッグ・ヴァン・ボーサムとリチャード・ノートンが演出した肉弾戦も、入念に振りつけられたことには変わりない。

クリス・パットン　映画を観ると、たいてい格闘シーンはただ「ここにクールな格闘シーンを挿入しました」でしかないが、ガイ・ノリスとジョージ・ミラーのふたりはしょっちゅう格闘の最中に待ったをかけて、「このキャラクターはどうして戦っているんだ？」と質問を浴びせてくる。

リチャード・ノートン　おれたちにとり、格闘シーン全体を合わせたとき、起きていないことは起きていることと同じぐらい重要だ。一瞬一瞬の合間に、殴られたとしたらどんな気分がするか？　突然怒るのか？　怖がるのか？　自信がぐらついた？　そういったことが違いを生むからだ。ジョージはあらゆる動きにストーリーと役柄の裏づけがなくてはならないと、はっきり指示を出した。

完璧な例が、マックスとフュリオサがタンカー脇で争う最初の衝突場面だ。あれは役柄に基づいて激しさが増していく、格闘シーンの白眉だった。だがシークェンスを撮影中、フュリオサのスタント・ダブル、デイナ・グラントの頭には、格闘の振りつけをこなす以上のことがあった。

デイナ・グラント　格闘シーンの撮影中はずっと、体調をいちじるしく崩していたの。ディナーにいってガーリック風味のエスカルゴを注文したら、ひどい食あたりを起こしたせい。体に入れた液体の分量より、出すほうが多かったわ！　格闘の最中に吐かないように錠剤を飲んだらボーッとなってしまい、帰宅後は一晩中吐いてた。

ほぼ一週間吐き続けで、格闘シーンをぜんぶやり終えたとたん、文字通りくずおれたの。シャーリーズが病院にいけるように手配してくれ――点滴を受けて、ひどい脱水症状だった。アレルギーがないかきかれたから、「ペニシリンにアレルギーがある」と答えた。つぎにやってきた看護婦がわたしにペニシリンを注射したため、発作を起こしたの。それで三、四日入院するハメになって。

トラックから投げ落とすなりなんなり、なにをされてもわたしは平気。だけどガーリック風味のエスカルゴだけは、二度とごめんよ。

とはいえ、シーンを活気づける明るい話題もあった。デイナはこのときマックスのスタント・ダブル、デイン・グラントと出会って恋に落ち、『怒りのデス・ロード』の撮影終了後に結婚する。［ふたりのスタント・パフォーマーは離婚したものの、友情はいまも続き、ひとり息子がいる］

デイン・グラント（スタント・パフォーマー）　ふたりでこのスタントを――ぶっちゃけていえば――すごくＳＭっぽい演出の格闘をやった。登場人物たちのあいだには愛憎が入り混じっていた。デイナとおれはぴったりくっついて鎖につながれ、すごく親密な体勢でつかみあい、長くやればやるほどある意味互いに目をつけ合った。殴りあいながら、恋に落ちた――あっというまに。

シャーリーズ・セロン　ふたりは結婚したのよ！　映画を観るときは思い出して。

ナターシャ・ホプキンス　すごくワイルドじゃない？　何組もカップルが生まれてたわ。

マット・テイラー　絶対表沙汰にならない行為がたくさんあったよ。

リチャード・ノートン　ロックバンドと二十五年間ツアーをしていた時代を思い出すね。リンダ・ロンシュタットと仕事をして、十四年ほど専属ボディガードとして働いてたんだ。彼女は〝ロードマンス〟という造語を編みだしたよ。

マイケル・ワネンマーカー（製作アシスタント）　ロケ撮影にきていて、みんながひとつところに閉じこめられていたら、それが起きるのは避けられないさ。

クリス・オハラ　赤ちゃんが生まれ、結婚するカップルが出る。みんなスワコプムントで暮らしていたからね、基本的に。それで、ある意味ひとかたまりにくっつきあっていた。

マイケル・ワネンマーカー　おまけに、スタント・パフォーマーはみんなすばらしい体つきをしている。なにせスタント・パフォーマーだからな！

ガイ・ノリス　世界最高峰のスタント・パフォーマーを雇えとの指示を受けていた。「どこに探しにいっても構わないからみつくろってこい。最高のスタントにする必要がある」

ベン・スミス＝ピーターセン　ぼくはサーカスのパフォーマーだった。空中ブランコを教えていると、ガイが息子のハリソンとハーランを連れてきて習わせたんだ。ガイに「きみはスタント・パフォーマーになれるって知ってたかい？」ときかれた。ぼくは「いいえ、でもいまの仕事よりずっといいですね」って答えたよ。

ガイ・ノリス　下の子がハーランで、長男がハリソン。ふたりともいまではわたしと一緒に仕事をしていて、どちらもタンカーに乗ったウォー・ボーイズを演じた。

ハーラン・ノリス　撮影のときぼくは十三歳で、終わったときは十四歳になっていた。

ハリソン・ノリス　ぼくは十六歳で、十七歳になるところだった。弟はウォー・パップ。ぼくはウォー・ボーイだ。

ガイ・ノリス　すばらしい道のりだった。『マッドマックス2』に二十一歳で参加し、ひとめぐりして『怒りのデス・ロード』をできることになり、やがて息子がふたりとも加わった。改めて、数奇なめぐりあわせだ――家族の歴史だな。

ハリソン・ノリス　ぼくらはどうしても、いま起きているクールなイベントに一枚嚙みたかった。父さんは「そうかい、ひよっこたち。まあオーディションがんばれ」って感じだった。

ジョージナ・セルビー　息子に高い期待をかける父親ね。

ガイ・ノリス　わたしは息子たちの安全と、仕事ぶりと、健康全般に責任がある。もとより父親として自分の血縁であるという事実を度外視できないし、ひときわ注意が向く。ふたりはごく早いうちから父親の哲学が「失敗しないわけがあるか？」だと学んだ。「大成功確実！」の反対だ。

ハーラン・ノリス　ママの心労を増やすのがいままではぼくの仕事で、特技だ。

ハリソン・ノリス　ママの白髪の一本一本をぼくらは誇りに思う。

ハーラン・ノリス　最後に抱きしめてあげれば、万事オーケーさ。

スチュアート・ウィリアムソン　それと、トム・ハーディ。彼がまた手加減なしの男でね。いろいろやらかしてくれた。

トム・ハーディ　ぼくたちは飽きると「顔はＮＧ」っていうゲームをたくさんやった。基本的に、ぼくと武器係とスタント・ボーイズで、気が向くと「顔はＮＧ」をやる。互いに撃ちあうが、顔を狙うのはだめだ、もちろん。顔に傷がついたら、メイクアップ係の仕事を増やしてしまうからね。

当然、ゲームについてもうひとつ疑問が湧く。ハーディとスタント・ボーイズは、正確にはなにを使って撃ちあったのか？

トム・ハーディ　なんでも好きなものでだよ、メイト。だけど殺したり、病院送りにするようなものはなしだ。ルールはただひとつ。顔はNG。

ガイ・ノリスが『怒りのデス・ロード』のために用意した最後のスタントは、最も危険なものだった。映画の幕切れ近く、ニュークスがウォー・タンクをクラッシュさせ、イモータン・ジョーの車列《アルマダ》が狭い〝岩の門〟を通り抜けられないようにする。ノリスはぶかっこうなドラム・ワゴンを自ら運転し、ひっくり返ったウォー・タンクに突っこむ計画を立てた。

マイケル・ワネンマーカー　当日の撮影現場はひどくぴりぴりした空気に包まれた。それだけ危険なスタントだったからだ。実際、ガイは自分以外のスタント・パフォーマーにやらせようとはしなかった。ケガをする可能性が非常に高かったからだ。そして、トラックは大破する予定だったのでワンテイクしか撮れない。絶対に成功させないといけなかった。

ガイ・ノリス　ドラム・ワゴンは〝キャブオーバー〟と呼ばれる型で、トラックの前面に乗員用の安全対策を講じる場所がない。フロントガラスは文字通り運転手として座っている自分の鼻っ面にあるため、実際に運転してクラッシュさせる手段がなかった。自分がまず最初に衝撃を受ける位置にくるのは明白だからだ。リモコン操作による運転を検討したが、わたしの心配はやはり、十五、六トンもある車両を時速一〇〇キロで、周りに大勢の人間がいる状況で走らせることだった。電子機器の手には委ねたくない。

アンディ・ウィリアムス　車をブラインド・ドライブする手段はいろいろとあり、ポッドがそのひとつだ。車の操作――スロットル、ブレーキ、ハンドル――を運転席からではなく、ポッドに入った者がやる。

ジョン・アイルズ　だれかがトラックを運転する演技をするが、ほんとうの運転手は脇の、カメラに映らないポッドのなかにいる。

マイケル・ワネンマーカー　彼らは特別なケージを制作して運転席のすぐ右脇に設置し、小さなモニターつきのそのケージにガイが乗りこんでトラックを運転できるようにした。

ユージーン・アレンセン　ポッドから運転するのは妙な感じなんだ。車とのつながりを感じられなくて、奥行きを判断しにくい。ヴィデオゲームをやっているみたいな感覚で、かなり危険だ。

ガイ・ノリス　それに、衝撃の強さはすべて減速の度合いにかかっている。古典的なたとえをすると、家のベッドでジャンプする場合、柔らかくて体重が吸収されるから、マットレスの十五センチの厚みが減速してくれる。同様に床でジャンプすると痛いのは、減速が自分の体頼みになり、床面は衝撃を吸収してくれないためだ。

それで、Gファクター（重力加速度）に関していうと、Gファクターの体にかかる時間が長引くと、外傷やダメージを負う。ざっと二十〜二十五Gまで落とさないといけないが、実際のスピードでやると五十〜七十五Gあたりのとんでもない値になり、とても吸収しきれない。

マイケル・ワネンマーカー　基本的に、車は完全に停止しなければいけなかった。もちろんその際は、心臓が文字通り胸から飛びだしてもおかしくない。

リチャード・ノートン　つまり、おれならやらない。おれは格闘家だ、両足を地面につけていたい。ごめんこうむるよ。

ガイ・ノリス　あれは他人にやらせるのが気の進まないスタントのひとつだった。こう思った。「おい、結果がどうなるかわからないのに、だれにも頼めやしないだろう」って。自分でやるほうがよっぽどましだ。つまるところ、衝撃を吸収できるシステムをデザインしなきゃいけなかった。

マイケル・ワネンマーカー　彼が入って運転するケージは、衝突時に壊れてGをいくらか吸収するはずだ。

ガイ・ノリス　ドラム・ワゴンの車体を切断し、衝突時に折れて前方に飛んでいくように細工を施し、結果、そうなった。実際、ラウンジチェアに座っていたみたいだったよ。減速は完璧にうまくいった。上々だ。

マイケル・ワネンマーカー　クラッシュし、成功し、それから医療班がいっせいに駆けつけた。するとガイが飛びだして、みんなが集まってきて喝采した。

ミック・ローファン　モロにいったのに、ガイは交通渋滞で後部に追突されたみたいな調子で出てきた。

ガイ・ノリス　夢心地だった。計画通り安全にやりおおせ、それこそがジョージの望んだことだった。わたしにとってはパフォーマーとしてのすばらしいキャリアにもなり、ほかにしたいことはほんとうに、もうなにひとつなかった。「よし、自分でやるスタントはこれで打ちどめだ」というにふさわしいスタントだった。これからはただ監修と立案にとどめ、あとは後進に任せるよ。

ハリソン・ノリス　エフェクト班が衝突用シートを切断して、残骸で父さんに完璧な揺り椅子をつくってくれた。イモータンのシンボルが彫りこまれていたよ。父さんはまだ持っている。いままで見たなかで、最高にクールなしろものだ。

ハーラン・ノリス　父さんの引退チェアだ。

ハリソン・ノリス　すっかり足を洗ったわけじゃないけどね。

第十九章　軍団――ウォー・パーティー――

ウォー・ボーイを演じるのは、快感では？　もちろん、スタント・パフォーマーはみんなそう思った。ナディア・タウンゼンドのウォー・ボーイズ育成ワークショップでは、叫び、吠え、胸を叩いて互いに天井知らずの高揚感をあおったりもした。だが、イモータン・ジョー軍団の、より経験豊富な俳優たちのあいだにも、たがのはずれた精神は伝染しやすいようだ。

イギリス人俳優ニコラス・ホルトは、それまでニュークスのような役を演じたことはなかった。フュリオサをつかまえようとあとを追い、不名誉な敗北を喫したのち仲間に加わる。「演じていておもしろい役柄だよ、そのとき目についたものにすっかり入れあげて、全身全霊を捧げるんだ」というホルト。彼のそれまでの役は、はるかに抑えた演技が要求された。ニュークスになりきることでホルトは自由になり、陰うつで無口な主役たちばかりの映画のなか、粗野な合いの手を入れてくるウォー・ボーイのおしゃべりなエネルギーは大歓迎された。

ジョージ・ミラー　わたしにとって、キャラクター・アークがいちばん大きいのはニュークスだ。イモータンの狂信的な信奉者で、その日にデス・ロードで歴史的な死を迎えると信じこんでいたのに、思わぬなりゆきによって信仰をくつがえされる。彼は自分のできる最善をつくすために選択をし、つまるところより大きな利益のために自分の利益を手放す。

ニコラス・ホルト　ニュークスは幼いときから洗脳され、イモータン・ジョーの世界で育ち、戦闘で死ぬのは〝英雄の館《ヴァルハラ》〟へ至る究極の道だと完全に信じこんでいる。ぼくは彼のことをいつも子犬として捉えていた。それまで完全に信じこんでいたものが、新しい考えや思想や人間によって目を開かれ、イモータンより死を捧げるによりふさわしい大義と、幼い頃から信じこまされてきたことよりずっと大きなものごとを突然悟るんだからね。

ジェームズ・ニコラス　ニュークスがおそらく、いちばん長い旅をする。サイコパスから救済者に至る道だ。

ニコラス・ホルト　撮影をはじめる前、ジョージが何時間もあるヴィデオを送ってくれた。母親がニュークスを身ごもった瞬間から、成長して映画に登場するまでのニュークスの物語。つまり、彼の全人生の歩みを記録したデータベースにもアクセスできた。すごく掘り下げられたバックストーリーと世界観だった。

マーク・セクストン　この世界は汚染され、人類はおよそ絶滅に向かっているという設定により、ウォー・ボーイズはほぼ全員が白血病や腫瘍を患っている。

エリック・ブレイクニー　ストーリーについて話しはじめたとき、ある種の癌は男にとってセックス時にとんでもなく痛みをもたらすという穏やかならぬネタを、ジョージが持ち出した。ニュークスの役を膨らませるため、トラックで女の子といい感じになる展開を話しあっていたら、女の子にセックスを求められるが、ニュークスは痛がってできないというシーンをジョージが入れたがった。それで、わたしはこういった。「ジョージ、そいつはうまくいかないよ。『ペニスが痛すぎてできない』なんてめそめそするニュークスを見せられるとは思わない」

マーク・セクストン　設定では、たいていの人間は二十歳から二十五歳より長くは生きられない――みんな若死にする。ウォー・ボーイズは基本的に少年兵なんだ。

ジェームズ・ニコラス　アフリカの少年兵たちから大きく影響を受けているのはいわずもがなだろう。こどもたちがマシンガンとタバコを手に腰をおろし、六歳にしてうつろな目つきをしている。

マーク・セクストン　もっと極端なアイディアも出て、一時はウォー・ボーイズはひどくおそろしいこどもたち、『マッドマックス　サンダードーム』の〝最後の部族《ロスト・トライブ》〟がひどく間違った方向にいってしまったみたいな設定だった。ストーリーボードではニュークスを十四歳のような外見で描き、そのあと結局、それはどうにも無理な相談になった。なぜなら、仕事をするのは熟練したスタントマンの猛者《もさ》たちでなければならず、十四歳ぐらいの年ではそうそういないからね。

ジョージ・ミラー　ブレンダン（・マッカーシー）がもともと描いたウォー・ボーイズを見ると、もっとチャラチャラと装飾品を身につけている。それをはぎとっていった。それがこの映画で学んだことのひとつだ。時間が経つにつれ、シンプルに、シンプルに、シンプルになっていった。物不足が深刻な世界だからね、つめこみたくはない。視覚的な雑音を入れたくなくなる。映画が猛スピードで進行するのがわかっていたからだ。

マーク・セクストン　ごく早いうちに、ボーイズは全員基本的に見わけがつかないというアイディアになった。

ジョージ・ミラー　彼らは短命な運命にあるから、生きているうちから自分たちを骸骨のように見せている。タトゥーのモチーフに生き物は選ばず、車のパーツのタトゥーや傷をつける。車のパーツのほうが、自分より長らえるからだ。

マーク・セクストン　ニュークスは胸にエンジンブロックの設計図を刻みつけている。文化の一部としてマシンを崇拝し、車を崇拝しているんだ。

ショーン・ジェンダース　ジョージによると、ウォー・ボーイズは自分で体を傷つけてグリースとオイルを傷に擦りこみ、タトゥーにする。

ジョージ・ミラー　もしきみがウォー・ボーイズか短命であれば、自分を白く塗って骸骨っぽいルックスにする。隊長たちは通常は丸めた頭を黒くし、病気になりはじめたら白く塗る。

マーク・セクストン　ナミビアの砂漠を、焼けつく太陽の下で一日中走りまわる者たちがいたら、彼らを日焼け止めとタルカムパウダーで覆ってやれば、日射しから守れてひどいやけどを負わせないようにできる。

ジョージナ・セルビー　男たちの半数は見わけがつかなかった。みんな頭を剃りあげて、似たような顔つきの者が配役されたから。六ヶ月間あそこにいても、「どれがあなたかわからないんですけど」っていってたわ。

ロビン・グレイザー　あのあと一緒に仕事をしたスタントマンもいたけど、「いや、別人でしょ！」って感じ。突如髪が生えていたり、ガリガリじゃなかったり。

ニコラス・ホルトは『怒りのデス・ロード』に起用されたとき、弱冠十九歳だったが、子役としての演技歴があり、『アバウト・ア・ボーイ』ではヒュー・グラントと共演し、幼い主役を演じた。成長期を迎え、英国のティーン向け番組「skins-スキンズ」に出演後は映画界に進出し、『シングルマン』〔2009〕や『X-MEN：ファースト・ジェネレーション』に出演した。

アリソン・ウィルモア　彼はハンサムな青年に成長したため、次世代のイケメン主役候補か？　みたいな役ばかりやらされていた。

リチャード・ローソン　この映画にニコラス・ホルトが出演するのを知ったとき、『12モンキーズ』〔1995〕のブラッド・ピットみたいになるんじゃないかと心配したよ。「自分の顔がいいのは知っているけど、変人役のぼくを見て！」ああいうのはいつもやりすぎていて不自然で恥ずかしいが、ニュークス役で、ホルトはいっぱしの俳優としてきちんと認められると思う。単に醜いアヒルの子が美しい白鳥に成長したってだけじゃない。等身大以上の役を演じられる味のある俳優にもなった。

アリソン・ウィルモア　彼からは死のカルトへのカミカゼ的献身が伝わってくる。盲信している者を演じるのは難しいのよ、ひたむきな熱情を感じさせるのは。

ペトリーナ・ハル　ニュークスを演じるニック（ニコラス・ホルト）の演技を見るのが、すごく楽しかった。おまけに彼はたいそう好人物で、ニュークスのスピリットを持ち、キャストの集団力学に新風をもたらした。映画のストーリー上の二大勢力にふたまたをかけていたためだと思うけど、みんなの味方になってだれの側にもつかずにいた。

ニコラス・ホルト　セットで何度かトムかシャーリーズが、自分のいうセリフについて、その状況でこの役が口にすることじゃない気がすると異議を唱えていたんだけど、ジョージはストーリー上必要だと感じていて、それで、ニュークスもたまに、いう必要があるセリフをいっているんだ。

ジョシュ・ヘルマン　ニックに会ったらすぐに、この世で最高級に親切なやつだってわかるよ。たぶん会って三十分もすれば、「お茶でもどう？」と誘ってくれる。ふたりで彼のホテルの部屋へいき、ポットでお茶を飲んでたら、ゾーイがひょっこり顔を出して、家に遊びにくるよう誘われた。玄関口までいくと、ゾーイがほかの女優仲間に、ぼくたちがふたりのナードよろしく座ってお茶を飲んでた、と話すのがきこえた。でも、もちろんニックはイギリス人で、ぼくはオーストラリア人なんだぜ。国民的習慣だよ！

ユージーン・アレンセン　ニックはほんとうに屈託がなくて、いいやつだ。彼は本格的な腕こきドライバーになりたくて、「悪いけど、ちょっと手ほどきしてもらえる？」とおれに声をかけた。それで、ニュークスの車でドライブに出かけた。自由に走れる一画が砂漠にあって、最高なんだ。彼はすごくスムーズに運転できるようになったから、映画ではリアルな、堂に入ったハンドルさばきを見せているよ。

ペトリーナ・ハル　ニックの起用は大正解だったって、彼が現場へきて演じてみせる前にわかっていた人が果たしているのかしら。認められるまで時間が要ったけど、ニックは別に焦らなかったわ。

ニコラス・ホルト　俳優として認められたと実感したのは、［シャーリーズが］ぼくの顔にツバを吐くシーンだ。ぼくは丁寧に「ツバを吐き返したらいやですか？」とたずねたんだ。

シャーリーズ・セロン　それでわたしは「いやよ！　さあこい！」っていったの。

ウォー・ボーイズはほとんどいつも怪気炎をあげているが、忘我の境地に達するのは、顔に銀色のスプレーを吹きつけて自分を鼓舞し、特攻を仕掛けるときだ。

ニコラス・ホルト　あれはすごくうっとうしかったよ！　顔じゅうにアプライアンスをつけてスカリフィケーション（傷）をつくり、いっぽう銀のスプレーはちっとも落ちてくれない。ショットごとに、二十分から三十分ものすごく長いリセット時間がかかるから、撮影中は奇妙な感覚になる――時間が限られていて、日が暮れていくのを意識する。

レスリー・ヴァンダーワルト　あのスプレーはケーキのデコレーション用の着色料を、メイクと少し混ぜてあるの。正しい銀色にするのに、やけに苦労したわ。

クリス・パットン　あれはくそまずかった！

ニュークスが道半ばで改心し、われらがヒーローたちを助けるようになっても、スリット［ジョシュ・ヘルマン］という名のウォー・ボーイはイモータンの側にしっかりとどまる。フュリオサ追討に出るときからすでにニュークスをあざけり気味だったスリットは、映画の苦い結末まで、若いライバルを威嚇《いかく》し続けた。

ジョシュ・ヘルマン　俳優としてぼくがいちばんしっくりくるのは、自然主義だ。この役をもらったときは少しビビったよ。あんなに壮大な世界に存在するキャラクターを、どう演じたらいいんだろうって。ある時点で、オペラみたいなものだと気がついた。世界は拡張され、ふつうより大げさな演技をしても許容される。少なくとも自分の解釈ではね。

それに、スリットにはやけにこどもじみたところがあって、必死にイモータンに認めてほしがる。それでぼくはこの役を息子のことなんか気にもとめない、ろくでなしのアル中親父にねぎらってもらいたがっている息子みたいに演じようと思った。

ショーン・ジェンダース　ジョシュは映画のなかでいちばん大きなアプライアンスが必要な役だった。メイクアップに三時間半かかり、それから一日十二時間の撮影に入る。

ジョシュ・ヘルマン　できるだけ体をしぼろうとした。こう考え続けた。ポストアポカリプス世界の荒野《ウェイストランド》には、プロテインパウダーは存在しない。どうすればいい？

トム・クラッパム　肌がたくさん露出する。ボディコンプレックスもたくさんだ。

ロビン・グレイザー　ウォー・ボーイズにはきわめて厳しい食事プログラムが組まれ、専用のケータリングテントすら用意されたの。彼らにしてみれば一大ブートキャンプだった。セットにいないときはジムにいたわね。

スチュアート・ウィリアムソン　うんざりしたのは、ウォー・ボーイズはシャツを着られないことだ。だから毎回「オーケー、おまえたち。せーのでいくぞ、上着を脱げ」って命令されると、おれたちは「だれが脱ぐか、ファック・ユー」って文句をたれた。猛烈に凍えてたよ！

トム・クラッパム　ウォー・ボーイズ用に室内暖房器をうんと買った。

ハーラン・ノリス　トラックの上は凍える寒さのときもあって、そんなときぼくらは歌いはじめるんだ。ワークショップでやったたくさんの集団行動のひとつだけど、自然と出てきた。

ハリソン・ノリス　最初は「ちっちゃなクモさん」からだ。くそ、なんで覚えてるかな。だけどそうだ、出だしはすごく低くてゆっくり、それからみんなが加わって、ボルテージがあがっていき、だれかが上で叫んだり押したり揺すったりして、しまいには突然みんなが童謡を叫びながら互いに体をぶつけあい、すごいことになる。ひと月後、スパイクのついた車の後部でひとりの男が「ちっちゃなクモさん……」と歌いはじめると、一瞬後にはウォー・タンクのやつらが、「えいくそ、いくぞ」ってなる。抗《あらが》えないんだ。

ベン・スミス＝ピーターセン　車列隊《アルマダ》の合唱を通し稽古でやってくれとしょっちゅう同胞にせがまれ、みんなに歌わせようとした。お調子者のまぬけなもんでね。連中に「ベンがやるぞ」といわれると、ぼくはやる。みんなに向かってこのくそったれな歌を叫んで、思いっきりがなったのはいい思い出だよ。ぼくが「われら……」というとみんなが「ウォー・ボーイズ！」という。ぼくが「おれたちは死をおそれない……」というと、やつらが「ウォー・ボーイズ！」と返す。

レスリー・ヴァンダーワルト　こどもたちがやってきて、「レスリー、ウォー・ボーイズになってい い？　ウォー・ボーイズになっていい？」ってせがむの。だから坊主頭にしてあげた。あんな小さな頃から、もうウォー・ボーイズをレジェンド視しているんだから。

ハリソン・ノリス　ウォー・ボーイズのだれかが死ぬと、変に悲しくなるんだ！　いつもはスタント・パフォーマーとして登場し、階段から転げ落ちてハイ、それでおしまいというのに慣れている。だから、彼らボーイズたちの立場を正当化しようとしている自分に気づいて興味深かったし、もっと驚いたのは、ほかの連中もまったく同じだったたってことだ。

ウォー・ボーイズの最も印象深い死は、最初の見せ場チェイス中、ウォー・タンクの上に立つモーゾフ［クリス・パットン］が、胸を矢で打ち抜かれる場面だ。死が間近いのを悟ったモーゾフは顔に銀のスプレーを吹きつけて仲間のウォー・ボーイズに叫ぶ。「おれを見ろ！」そして襲撃者（ヤマアラシ族）のスパイクに覆われた車に飛びつき、ボンネットを槍で突いて自爆する。

クリス・パットン　おれはモーゾフのスタント・ダブルをやるはずで、本物の俳優がやってくることになっていたが、あのちょっとした演技クラスでみんながすごくよくやっているのを見て、ジョージが「なあ、オーストラリアから俳優を連れてこなくてもいいんじゃないかな。きみはスタントも演技もできるだろ？」ときくから、おれは「はい、もちろん」と答えた。首を縦に振り、その晩部屋に戻って考えた。「ああくそ、安請けあいじゃありませんように！」

あれを撮影した日は、おれがリグに吊られてスタントをするはじめての日だった。だからぶっつけ本番さ。「大丈夫です、あのトゲトゲはハリボテだ、そうですよね？」と念を押すと、彼らは「いや違う、本物だ」という。スパイクから十五センチ手前で止まるよう吊られて、もちろん一〇〇パーセント安全だと感じ、それに最高のスタッフが操作していた。だけど、それでもしょせんは人間にすぎなくて、頭の奥で「おれはなにやってんだ？」って思わずにいられなかった。

ハリソン・ノリス　ぼくの死ぬ場面は、ペースを早めるためにカットされた。スウィングして、ゾーイ・クラヴィッツをつかんでウォー・タンクから引っこ抜くけど、妻たちのひとりがぼくの腰から銃を抜いてぶっ放す。するとつけていたマスクが吹き飛び、ただの若造の、ぼくの顔が露わになる。ふたりはうなずきあい——ふたりとも若く、ここにいるべき人間ではなく——それからスウィングして離れていき、こときれる。だけど編集段階で、〝種を持つ老婆〟が絶命するのとまったく同じタイムラインに並べられ、「いや、続けざまにふたつの死の場面はつなげられないな」と判断された。

ハーラン・ノリス　ぼくは二回死んだ。

ハリソン・ノリス　ぼくらは使い捨てだ！　なかには八回死んだやつもいるよ。

第二十章　キラキラ、ピカピカ

最初の二本の『マッドマックス』映画でヒーローによく仕えたあと、マックスの代名詞ともいうべき愛車〝ブラック・オン・ブラック〟Ｖ８インターセプターは『マッドマックス　怒りのデス・ロード』開幕早々のシークェンスで壊れ、化け物じみた無敵の車両動物園に道を譲る。『怒りのデス・ロード』のほぼすべてのシーンはねじくれたホットロッド群のルーフや周囲、もしくは車内で展開する。車両はどれもプリンシパル車両デザイナーのピーター・パウンドが夢想し、美術監督のコリン・ギブソンと大勢のカーマニアからなるスタッフによって組み立てられた。

Ｈ・Ｒ・ギーガーとヘンリー・フォードによる共同作業の産物を想像すれば、『怒りのデス・ロード』の駐車場に着地するだろう。有機的でいかついこれらのクリーチャーに映画の成否が多分にかかっているため、香盤表のいちばん上に載っていたとしてもおかしくはなかった。

サマンサ・マクグレイディ　わたしにとっては車たちこそがキャストよ。

リチャード・ホッブス　実際、車のほうが一部のキャストよりお行儀がよかったんじゃないかな。

コリン・ギブソン　八十八台の車両にはそれぞれにいわれとキャラクター・アークがあるが、総数にして一三〇台か一三五台あったはずだ。三台のウォー・タンク、二台のギガホース、ダブルとトリプルのスペア、爆発用車両やらなんやらを含めると。

シーラ・ホックマン（アートディレクター）　装飾スタッフがすばらしい仕事をして、車の一台一台すべてに個性とバックストーリーを持たせたの。以前の所有者は？　どんな改造をしたのか？　デコレーションの由来は？

デイナ・グラント　ディテールがまたすごくて。こまごました飾りやなにかがそこらじゅう、画面には決して映らないような場所にまでぶらさがってた。

ジャシンタ・レオン　見えなくたってデザインの一部なんだ。すべてを目にした俳優が感激するのは当然だよ。

ヒュー・キース＝バーン　一台一台に個性を与える徹底ぶりに、おそれをなした。つまり、ディテールへのこだわりがはんぱじゃない！

リチャード・ホッブス　どれも思い思いのインテリアで、小さな鳥のくちばしがついたエイトボールとか、ボンネットのオーナメントもそうだ。武器将軍の車のハンドルは薬莢《やっきょう》でつくった。とある車は鎖かたびらのカーテンがウィンドウをぐるりと囲んでいる――入り組んだチェーンをだれかがせっせとつなげたんだ。

ティム・リッジ　車両組み立ての場にいても、予算の上限がいくらだったのかわからない。でも金に糸目はつけていないような感じだった。『ジュラシック・パーク』〔1993〕のリチャード・アッテンボローみたいだったたな。

ジャシンタ・レオン　奇想天外な空想の乗り物だけど、やっぱり信憑性がないとね。デザインしながら、やりすぎてないかな、と心配していた。すべてが未知の領域だった。

ピーター・パウンド　あの映画で学んだ大きな教訓は、ＳＦアクション映画であってもリアルで動いて見えるなら、観客は信じるということだ。

コリン・ギブソン　ここは地の果てだ。鉄の塊を、燃えるように熱い砂の上で引きずって戻り、洞窟のなかへ吊りあげ、つぎはぎしてなにかをつくろうと思えば、たぶんカムリは選ばない。戦いに備えるつもりなら、最近の車はやっぱり選ばないだろう。カーボンファイバーでは古きよきデトロイト製の鋼鉄の車体ほどには、砲弾を受けとめきれないからだ。

車両のうちなによりも重要なのは、フュリオサのウォー・タンクだ。全長二十四メートル、十八輪、タトラ社のT815。燃料と母乳と五人の逃亡性奴隷を運ぶウォー・タンクは、ほぼどんな攻撃にももちこたえる、どう猛な野獣だ。

シャーリーズ・セロン　ウォー・タンクの隅々まで知りつくしている――忘れる日がくるとは思わない。はじめて借りたアパートみたいなものよ。

コリン・ギブソン　ウォー・タンクは、十八輪の、リヴァイアサンの怪物とホットロッドのあいだをとったような車両だ。自前の防衛ユニットで武装する必要があり、防衛ユニットには銃座が必須だ。車を基盤とする社会だから、タンカー最後尾に配置する銃塔はフォルクスワーゲンにした。

デイヴィッド・ホワイト　トラック自体がものすごくでかい。ジャンボジェット並みだ。映画ではわからないが、それぐらいでかい――ばからしいほど長いんだ。

クリス・オハラ　ウォー・タンクの前部は「索引車」と呼ばれていて、タンカーが後部に当たり、最後尾に小さなボールみたいな燃料ポッドが連結されている。

ジャシンタ・レオン　昆虫の体みたいだった――頭、胸、腹。

ピーター・パウンド　ジョージは背中の真ん中にこぶのある動物みたいにしたがった。

P・J・ヴォーテン　二〇〇三年の制作時は、フォードとプロダクト・プレイスメント（映画に商品や企業名を出して宣伝する広告手法）契約をした。今回スタッフは田舎を当たり、農場で放置されて錆《さび》ついていた車両を手に入れた。

ジャシンタ・レオン　キャデラックのフロントがオーストラリアからコンテナで輸送されてきたときは、蜂の巣と草まみれだったけど、だれかの農場で朽ち果てずにすむと思うと、うきうきした。フィルムに収められて不滅の存在になるなんて、数奇な第二の人生よね！　前の所有者は、車たちの運命を知るよしもないって賭けてもいい。

リチャード・ホッブス　われわれの買った車の一部には、きわめて稀少なものもある。もしその後の運命を所有者が知っていたら、たぶん売らなかっただろうね。

デーン・ハレット　ある男には、車はきれいな場所にいってレストアされるとコリンが思いこませた。作業場に着き次第ばらばらに解体したよ。

シャーリーズ・セロン　ときどき、コリンの思いついたディテールのことを楽しく思い返すの。ギアシフトや、始動ボタン。ハンドルに仕込んだボール。すごくよく覚えているし、すっかり慣れたから、義手で運転できた。

コリン・ギブソン　なぜ彼らはそれほどの愛情を車に注ぎ、ほとんどフェティッシュな芸術作品にまで高めてしまうのか？　それは、自分たちが所有するただひとつのものだからだ。

デーン・ハレット　わたしは動物の骨の膨大なコレクションを持っていて――プライベートなコレクションだよ。あるとき彼らが髑髏《どくろ》と骨を欲しがったから、「死ぬほどあるぞ！」と教えてやった。車に動物の頭蓋骨がついていたら、ほぼすべてわたしの頭蓋骨だ。おじには以前猫かわいがりしていたウォンバットのペットがいたんだが、レイザーコーラのハンドルには本物のウォンバットの頭蓋骨が載っているよ。

コリン・ギブソン　骸骨のうち一部は動物、一部は人間だ。それもやっぱり、フェティッシュな「気をつけろ」の警告灯代わりなんだ。よく見ると赤ちゃん人形の頭も混じっていて、用途はもう失われたが、人間みたいでどきっとする。

シーラ・ホックマン　狂気じみた人形の頭はぜんぶ目立たないところについてるの！　人形が到着したときは、すごく特別な瞬間だった。頭をもがなきゃいけなくて。

ピーター・パウンド　第一班用にウォー・タンクが一台、第二班用にもう一台。三台目は横転爆発させるためだ。

クリス・オハラ　Aヴァージョンはキャストが乗りこめるように、車内が装飾されている。Bヴァージョンはスタントヴァージョンで、馬力をあげたエンジンを装備した爆走用。Cヴァージョンは、二台を融合したような折衷版だよ。

コリン・ギブソン　『ベイブ』のブタは一匹だけだと思ったみなさんには夢を壊して申し訳ないが、ブタがかわいいのは短いあいだだけ。多頭繁殖して訓練し、完璧なブタをつくりだした。今回は一種類の車両につき一、二台用意して……それから破壊する。

デイヴィッド・ホワイト　どの車にも固有の声を持たせ、個性を与えた。

マーク・マンジーニ（音響編集）　ウォー・タンクの走行音はあたかも人間性を備えているかのように、生きているかのように感じさせたかった。そのため、トラック自体を白鯨のアレゴリーと捉えてクジラの鳴き声をデザインし、トラックの走行音の下で鳴らして生物らしさを与えた。銛《もり》が刺さるたびに低い、クジラのようなうめき声をあげ、いわば傷ついたことを表している。

　最後の一撃は、映画の終盤にニュークスがウォー・タンクをT字衝突させ、自分を犠牲に道を塞いでイモータン・ジョーの軍団が通れないようにしたシーンだ。美しい、バレエのようなスローモーションでウォー・タンクがもんどりうって衝突するシークェンスのあいだ響きわたる音に、リアルな音源は皆無だ。すべてクジラの鳴き声および、速度を落としたクマの声を使った。観客に伝えたかったのは、これは死を迎えるクリーチャーの断末魔ということだ。

マーク・ガット　作業をしているときはその日その日の仕事だけど、一歩下がって全体図をはじめから終わりまで見てみると、「わお、ぼくたちがこれをつくったのか？」と驚くんだ。ウォー・タンクはぼくのベイビーで、彼女が砂漠をはじめて渡るのを見たときは、「ああ、メイト」って感嘆した。クレイジーこのうえなかった。だだっ広い平地を走り、まっすぐこちらへ向かってくるあの姿。ビューティフル！　ワンダフル！

イモータン・ジョーは自分のトレードマークとなる車両、彼を目にする栄に浴した者に、畏怖の念を起こさせる車を必要とした。ギガホースの出番だ。七十インチのトラクター・タイヤと、二台のヴィンテージもののキャデラックを溶接した車体から成る、十トンの化け物だ。

マット・テイラー　ギガホースは、掛け値なしにとほうもない。

ディーン・フッド　わたしのお気に入りはギガホースだ。ひと目見たとたん、借り受けてこどもを学校に送っていきたくなったよ。

ピーター・パウンド　毎日ジョージは通りすがりにわたしの絵に目を通していった。二〇〇一年の二月のある日、ギガホースの絵を二種類描いていると、ジョージが「二台をつなげて、一台にしてみよう」といったんだ。

コリン・ギブソン　何人かにギガホースを説明するとき、一九五九年式キャデラック・ドゥビル二台が〝flagrante delicto（不法な性行為）〟に及んでいる格好だ、といった記憶がある。ラテン語を話す人間はもういないから、煙《けむ》に巻けた。絶対興味を持ったはずだ。

マーク・ナトーリ　キャデラックとシボレーを切断するなんて、犯罪だと思われるかも！

コリン・ギブソン　なんでもひとつあるかないかの世界で、同じものをふたつも持てる唯一の人間は、悪の親玉だろうとずっと考えていた。それで、ギガホースはシボレーのV8ビッグブロック・クレートエンジンが二基、W型十六気筒のフォーマットに収まり、キャデラック二台が重なりあっている。

アンソニー・ナトーリ　わたしはギガホースの主変速装置とモーター・アセンブリを担当したんだが、それは本来実現不可能な仕様だった。彼らが「あらゆるところを当たった」というので、わたしは「でもわたしには頼んでませんよ」と返し、そのあと家に帰ってから設計した。ヴィラウッドに届けられたときは、儀仗兵の護衛つきみたいなうやうやしさだった。パレットに乗って運ばれてくるのを、六十人の男たちが整列してお迎えしていたよ。

シーラ・ホックマン　あの車両群がどれほどでかくてクレージーか悟ったのは、ナミビアに着いたら、美術部門が倉庫の作業場に設置されてるのを知ったときね。自分の机を用意して仕事道具を出していると、彼らがギガホースを倉庫に転がしてきて、スイッチを入れたとたん、建物全体が文字通り揺れだしたの。「なにごと」って仰天したわ。

ディーン・フッド　ギガホース、あいつは五十キロごとに燃料を補給しないといけなかった。

ヘンリー・ドレイ　一八〇万ドルほど費やした。燃料をばかみたいに消費するんだ。フルサイズのタンカーがほぼ毎日撮影現場を往復していたからね。

小型ながら、仰々しさでは負けないのが、ニュークスの車だ。大々的にカスタマイズした一九三四年式のシボレー5ウィンドウ・クーペのフロントには、マックスがボンネットのオーナメントよろしく縛りつけられている。

ピーター・パウンド　ニュークスの車は、エンジンがボンネットから突き出した2ドア車をデザインした。『アメリカン・グラフィティ』〔1973〕の黄色い2ドア車へのオマージュだ。アメリカのホットロッド文化をできるだけたくさんとり入れようと思ったんだ。ホットロッド・ファンの気を引くことだけを念頭に、彼らの好みに合わせようとした。

スコッティ・グレゴリー　みんながニュークスの車を運転したがって、ユージーンがものにした。

ユージーン・アレンセン　車両はディテールまで、すばらしく手がこんでいた。ニュークスの車だけとっても、革製の水入れがあり、小さなスリーヴには糧食が入っていたり。数時間は自給自足できた、そうしたければ。

リチャード・ホッブス　お気に入りの車は特にないが、嫌いなのはあった。ほんとうに運転しづらい車両のひとつが武器将軍のリップソー、上にトラックが乗っているやつだ。あれには手こずったね！　パワーがありすぎて、加速すると仁王立ちになる。みんなが怖じ気づいていた。

様々な車両がまだ手もとに残っていて、マックスの車――黒いインターセプターも一台ある。あれが最後の一台になると思う。あいにく、人気のコレクションアイテムになってしまったからだ。去年鶏舎で見つかったのは、ニワトリの糞と泥まみれだった。十年間走らせていないのに、オークションで二十五万ドルの値がついた。最初の『マッドマックス』のときは、劇用車なんてなんの価値もなかったのに。ただでももらい手がなかったよ！

もちろん、ディテールに気を配ったときけば、こんな疑問が湧く。それほど凝ったものをつくり、あれほど盛大に破壊されるのを見るのは、どんな気分だろうか？

コリン・ギブソン　純粋な喜びさ。そのためにつくられたんだからね。映画美術は期間限定の画廊であり、スミソニアン博物館じゃないんだ。

第二十一章　わたしたちはオモチャじゃない

フュリオサがイモータン・ジョーから解放した五人の女性とは、何者か？　『マッドマックス　怒りのデス・ロード』の登場人物の大半のように、われわれにわかるのは道中に拾える断片でしかない。ミラーと共同脚本家たちは、五人組をごくシンプルな特徴で分けた――〝愉快〟〝頭脳明晰〟〝繊細〟〝誘惑的〟〝指導者〟――そして、逃亡中のめまぐるしく変化する状況に、それらの特徴でどう反応するかをもとに肉づけしていった。

チード・ザ・フラジール［コートニー・イートン］は性奴隷のなかでは最年少で、所有者イモータン・ジョーのもとへいちばん強く帰りたがる。ザ・ダグ［アビー・リー］はとっぴな、ひねりのきいた見方を披露し、トースト・ザ・ノウイング［ゾーイ・クラヴィッツ］は実際家で不愛想だ。ケイパブル［ライリー・キーオ］はまだ無垢なところがあり、ウォー・ボーイの変節者ニュークスとかりそめの恋愛をするが、スプレンディド・アングラード［ロージー・ハンティントン＝ホワイトリー］はイモータンのこどもを宿し、赤ん坊の命を――自分の命をも――危険にさらしても、それが全員の逃亡の助けになるならば躊躇しない。

ストーリーボードを描き終えたあと、ミラーと脚本家たちは五人の妻たちが何者なのかをぼんやりと理解できたものの、監督はさらに、より真実味のあるインプットを求めた。「男たちが女性の出てくるストーリーを書くと、常に男の視点になってしまう」と、リードストーリーボード・アーティストのピーター・パウンドはいう。「ジョージは女性の意見をとり入れるのが、すごくうまい」

ミラーは妻たちを演じる女優陣に通常あり得ない自由を与えてバックストーリーを自作させ、映画が描いている危うさへの理解を深める一助にした。また、意外な人材をリクルートしてくる。戯曲『ヴァギナ・モノローグ』を書いた劇作家であり活動家のイヴ・エンスラーだ。彼女はコンゴ人の性暴力被害者を支援している。

イヴ・エンスラー（コンサルタント）　わたしだって驚いたわ！　以前から『マッドマックス』のファンで、若い頃はディストピア映画ばかり観ていた。自分たちがそっちの方向に進んでいると感じていたからね。映画は未来に備えるためなんじゃないかっておびえてたの！　でも、やっぱり声をかけられたときは、すごく面くらった。だって、オリジナルの映画に包括的なフェミニスト的視点は見えなかったから。

世界中で起きている女性に対する暴力についての平和講演をシドニーでやったとき、ジョージがわたしの講演について耳にしたらしいの。直接わたしに連絡をとり——ボイスメモをメールしてくる、それがジョージのコミュニケーション方法——自己紹介をし、映画について話すと、参加の意向をたずねられた。

ジョージ・ミラー　女優たちが役柄とその世界に入りこめるように、きちんと手助けしてやれる人物が必要だと、はたと思ったんだ。なぜならこの物語の全員が、イモータン・ジョー以外はなんらかの形で「商品」扱いされるからだ。オーストラリアでラジオを聴いていたら、アフリカで立派な人権活動をしているイヴが、われわれのナミビアにいる時期に偶然コンゴ共和国を訪れると知った。

イヴ・エンスラー　ジョージは非常に思慮深く、知的なのめりこみをする人で、それでわたしの思想にすごく興味を覚えたのでしょうね。反応を求めて脚本の一部を送ってくれ、性奴隷を演じる予定の女性陣が役を肉づけし、体験を理解するにはどうしたらいいか、やりとりしはじめた。俳優として誠実に演じるには？　結局、ナミビアで彼らと合流するため招待されたの。

ジョージ・ミラー　すごく多忙なスケジュールのなか一週間時間を割いてこちらへやってくると、すばらしいワークショップを開いてくれた。いくつものワークショップで五人の女性たちときわめて親密に交流し、おのずとその成果が映画ににじみ出た。その点は間違いない。

ゾーイ・クラヴィッツ　妻たちの過去は会話にはあまり出てこなくても、自分たちがなにから逃げているのかを理解するのが、ジョージにとって大事だったの。

イヴ・エンスラー　ジョージが何年も何年もかけてこの映画の準備をしてきただけあって、ディテールへの徹底的なこだわりぶりに目を瞠った。過去二十年におよぶ活動家としての経験を、映画に持ちこむことを求められてほんとうに光栄だった。紛争地帯を回り、映画の妻たちと同じような状況にある女性たちにずっと寄りそってきたのよ。

アビー・リー　お互いまだ会ったばかりの女の子の集まりが、イヴみたいにパワフルであけっぴろげで激しい人と過ごす時間をもらえたのは、とても刺激的な体験だった。イヴはわたしたちがすっかり安心できる空間をつくってくれ、質問したり、男たちが幅をきかす世界で育った一女性として、自分が経験したことを探求したりできた。

ゾーイ・クラヴィッツ　七日間、一日中イヴと過ごした。彼女は自分が見聞きしてきたこと、知りあった女性たちのことを話してくれた。

イヴ・エンスラー　世界中で、レイプと性暴力を戦争の組織だった一手段として利用していること、ボスニア、コソボ、アフガニスタン、ハイチ、より最近ではコンゴで活動したわたしの経験について、ざっくり話をした。もし何年も性奴隷でいたら、所有者との関係はどうなるのか？　すごく複雑になるのは、あきらかよね。

ロージー・ハンティントン＝ホワイトリー　ワークショップのプロセスで、ひどく感情を揺さぶられたわ。それまで味わったことのない感情を覚え、ときにはひどく暗い気持ちにもなった。イギリスの中流家庭でぬるま湯のような少女時代を送った身としては、大ショックだったわ。

ゾーイ・クラヴィッツ　脚本を読んで、自分たちを閉じこめている相手に手紙を書くとかのエクササイズをしたの。興味深い課題で、自分の役柄の境遇に深い共感を覚えるようになった。

イヴ・エンスラー　長年にわたる身体へのダメージの深さについて、話しあった。体の内側へ、どの程度作用するのか？　やり返そうとしたことは？　反抗したらどうなる？　彼女たちの演じる役に基づいたストーリーを、ぜんぶ見ていった。

ライリー・キーオ　ワークショップが終わる頃には、自分たちの役柄を知りぬいていた。考える必要は二度となかったわ。

アビー・リー　イヴはわたしたちに自分自身の人生を深く分析させた。なにか清められたというか、すごく神聖な行為だったように思う。

ライリー・キーオ　ジョージがあれほど心を砕くなんて、すごいことよ。単に「これはハリウッドの大作映画だ。水着を着て外に出ろ」っていってもおかしくなかったんだから。

イヴ・エンスラー　ジョージがわたしに話を持ちかけたのは、とてもラディカルな行為だった。わたしにとってそれは、正しく忠実に、複雑に描きたいと真摯《しんし》に望む彼の探求心の、さらなる表れだった。

ジョージ・ミラー　なぜ自分のなかの良識的なほうの本能に逆らって、ずっと『マッドマックス』に惹かれていたのかが不思議で、あるとき、ここはいじりがいのある世界なんだと気がついた。ディストピア的な未来設定であっても、物語は人を過去に連れ戻す――この映画の場合、ほぼ中世世界へね、実際の話。行動様式は現代よりはるかに原始的で、支配階級がはるかに露骨に、少数が多数を支配する。それは人類の歴史を通じ、連綿と続いている行為だ。つきつめれば、『マッドマックス』映画は現在の自分たちの姿を、過去を参照しながら語っている。第一の目的は教訓をたれたいのでも、思索を促したいのでもない。要は、自分たちの正体を見すえているのさ。

ナディア・タウンゼンド　スタントマンたち相手だと、暴力と破壊の存在としての男性、育む存在としての女性についてくどくどいってもうまくいかない。だからある晩「イヴとミーティングをして、そのことを話しあおう」といったの。ジョージがききつけて、「それに出たい」って。

それで、ある美しい宵にスタントマン約十人、ジョージ、ほか数人がイヴと輪になって座った。彼女は物語のアレゴリーと、女性の役目は育てることだという概念について、独自の見方を語ってくれた。緑の地と、世のなかを変えられる唯一の方法が女性の領域に移っていくことについて話した。

ジョージが腹ばいになってイヴを見あげている光景にグッときたわ。彼はこの女性を呼びよせて、映画にそういった考えをいくらかでも注ぎ入れようとし、「うん、そうだ。その話をきかせてくれ」といったのよ。

ゾーイ・クラヴィッツ　ミーティングをやってよかった。だって撮影自体はすごくクレイジーな経験で、いろんな意味で、すごく長くてあわただしくてカオスだったたから、もし戻ってこられるしっかりした基点がなかったら、自分たちがなにをやっているのかたやすく忘れてしまったと思う。救いの神みたいに感じた。

コートニー・イートン　あのプロセスで、わたしたちはほんとうの姉妹になったの。

アビー・リー　ウォー・タンクの後部座席に座る頃には、わたしたちはひとつのグループなりペアなり三人組なりの関係を築いていて、撮影中にそれを感じた。わたしとコートニー・イートンはべったりくっついていたわ。十歳違いの妹みたいだった。なぜだか自分のミニヴァージョンみたいに思えて、それが自然と表に出るようになった。ふたりのキャラクターはいつも手をつないでいるか肩を組んでいた。すごく仲良しだったの。

コートニー・イートン　わたしはセットでいちばん若く、十五歳か十六歳だったからここでのなにもかもが超もの珍しかった。家には父と兄しかいなくてすごい男社会で育ったから、女の子たちとつるむのが新鮮だったし。それぞれ役割があって、わたしはグループのベイビー役。撮影をやり通せるようにみんながすごく助けてくれて、面倒を見てくれた。ほんとうのお姉さんたちみたいだった。

アビー・リー　ジョージは五人ができるだけ固まって動くようこだわった。頭が五つのヒュドラみたいに。

ロージー・ハンティントン＝ホワイトリー　女の子全員、海辺の家にとなりあって住んでいたの。

ライリー・キーオ　ゾーイとわたしは十四歳のときから友だちで、すごくクレイジーな体験をすることになるだろうから「一緒に住もうよ」ってことになった。アビーとはナミビアいきの便で乗り合わせたけど、ゾーイもわたしも彼女と会ったことはなくて、空港の反対側から彼女を眺めていた。すぐにわかったわ。だって、全身でアビーだって主張していたから——一八〇センチの上背。ちょっと常人離れしてて、そして目が覚めるほど、驚くほどゴージャス。

ゾーイ・クラヴィッツ　家族同然よ。互いに殺したくなるときがあり、笑いあい、すごい二日酔いで現場に現れるときがあった。奇妙なサマーキャンプを体験したみたいだった。

ライリー・キーオ　家で遊んでばかりいた。ゲームの「真実か挑戦か」をいっぱいやって、しこたま飲んだわ。すごく孤立した場所だった。家にいるか、セットにいるかだった。

マーク・ギルニッシュ　妻たちはすごく仲がよく、互いに引き立てあい、思いやりがあった。その必要があったんだよ。セットはいつも快適とは限らず、彼女たちはヴェールっぽい白い衣装で、裸同然だったからね。

ジェニー・ビーヴァン　ジョージはドイツバレエを観たことがあって、バンデージに包まれた女性の映像をわたしに送ってきたの。妻たちは砦《シタデル》のすごく隔絶された住居に監禁され、そこでの彼女らは〝子産み女〟だったから、あまり着こんではいないはず。美術監督のコリン（・ギブソン）は、「なんか、経帷子《きょうかたびら》をまとってるみたいだね」っていっていた。

ジョージ・ミラー　女性たちのつけている貞操帯は、ヴェニスの博物館で見た——正確にはあれとは違うが、おそらく十五世紀のもので、酷似していた。わたしの見たなかでは最も残虐なもののひとつで、脳裏に焼きついたよ。たったひとつのイメージ、ひとつの小道具で、たくさんの物語を語れる。見返りは大きい。説明いらずで一目瞭然だ。

ジェニー・ビーヴァン　女の子たちがきたとき、各自にニッカーズとブラっぽいものをつくった。ひとりずつに巻きつけてピンで留めて服代わりにしてね。それでじゅうぶんだった。

レスリー・ヴァンダーワルト　ライリーを見て、ジョージにこういい続けた。「あの子を赤毛にしませんか？」って。きれいな、ほとんどアイルランド系の肌と緑の目をしているんだもの。

ライリー・キーオ　わたしがセットに着いたとき、だれかに「髪を赤く染めるよ」といわれたの。「え？　それ、ぜんぜん似合いませんよ。でもわかりました」って答えた。ところがあの世界とあの役にはぴったり合っていて、ジョージはわたしには見えないものが見えていたのね。

レスリー・ヴァンダーワルト　それで彼女は赤毛になって、アビーはブロンドになって、それからゾーイの役は気が強いから、「短髪でいこう」といったの。

ジェニー・ビーヴァン　彼女たちはすごく似通った服装という設定だったけれど、それぞれに個性を出そうとした。それからもちろん、鉄馬の女たちと合流すると、服装に思い思い、手を加える。

コリン・ギブソン　妻たちを演じた五人の素敵な女の子と打ち合わせをした際、それぞれに袋を一枚と、小道具を載せたテーブルを五台用意した。そして、妻たちはこれから選択するところだと教えた。バイオドームを脱出して命がけで逃げるとき、なにを持っていく？　持っていけるのは袋一枚に入るものだけだ。だから袋一枚を選んで、好きなものを選ぶよう指示した。

ライリー・キーオ　［ジョージは］この世界をすごく入り組んだ、驚くべきやりかたで創造してすべてを練りあげていたけど、わたしたちが自分で役をつくりこむ余地をくれて、すごく楽しかった。

コートニー・イートン　ジョージはわたしたちの提案に、とってもオープンだった。たとえば、アビーとわたしは映画を撮っているあいだにすごく仲がよくなって、衣装の一部としてわたしが片方の手袋をつけ、アビーがもう片方をつけるようにしたの。ジョージはわたしたちがお互いに、いかにもな共通点を見つけるのを気に入って、それをふくらませたりした。

ライリー・キーオ　何時間も使って、バックストーリーを考えた。妻たちが何者か、どこからきたのか、なぜイモータンに差しだされたのか、すべてをすっかり考え抜いてみた。イモータンについていこうと決めた者もいれば、両親に差しだされた者もいる。記憶が確かなら、わたしの過去は、ケイパブルの父親がイモータンの下で働いていて、死んでしまったの。

ロージー・ハンティントン＝ホワイトリー　あそこにいたとき、ほとんど別の映画の話があって、『マッドマックス』のプリクエルにあたるんだけど、五人の妻たちの状況とイモータン・ジョーの庇護下に置かれたいきさつを描いているの。映画一本分を通しでワークショップした、ほとんどね。

マノーラ・ダーギス　当代随一の女性アクションヒーローであるリプリーを考えると、『エイリアン』シリーズを通して彼女には仲間はいても、なぜかいつもひとりぼっちのような気がする。その孤立無援さは、一部は実存的な理由でも、ときにはただ、作品の本質としてそうなの。リプリーはひとりきり。『怒りのデス・ロード』は反対に、ラディカルなシスターフッドを支持する映画であり、すばらしき第二波フェミニストの旗を振っている。

ロージー・ハンティントン＝ホワイトリー　フェミニズムは、この映画のバックボーンそのものよ。妻たちにしても、みんなは「囚われの乙女」と捉えているかもしれないけれど、ほんとうは違う。おのおの、自分たちの強さを見いだすの。この映画に出て得られた最も特別なことは、そのバックボーンが観客にきちんと響いたことで、それがどんなに特別なことなのか、人々が気づいたかはわからない。

デイヴィッド・シムズ　映画が公開されて数年経ってさえ、スタジオや製作者たちはあの映画を旗印にして「あの瞬間を再現しろ！　あの映画がやったことを見倣《なら》え！　主張するんだ！」ってやっているよ。

アリソン・ウィルモア　マーベルの全女性キャラクターが『アベンジャーズ　エンドゲーム』〔２０１９〕で大集合するとか。

デイヴィッド・シムズ　後発の映画はこれみよがしにやっている、そうだよね？「われわれがやったことを見てくれ！」って。だが『怒りのデス・ロード』の称賛すべき、そしてはるかに胸に迫る点は、それをやっていないところだ。映画は自己満足に陥っていない、といったらいちばん適切だろうか。

マーク・セクストン　ストーリーボードの完成間近にジョージがいったひとことに、ぼくは総毛立った。ストーリーボードの最終版を見て、彼はこういったんだ。「うーん、ちょっと心配だな」スプレンディド・アングラードが死に、フラジールはキャラクター・アークが貧弱なまま、映画の終わりにイモータン・ジョーを見限る。あの当時、ノウイングがイモータン・ジョーのあとを引きつごうとし、それで、残るはあとふたりの妻たちと、フュリオサとマックスだけだ。するとジョージは「あのリフトであがっていった者のなかで、将来ポジティヴな違いを実際に生むような者が見当たらない。だから、六番目の妻を加えようと思う」

わたしは描きあげたばかりの四〇〇〇枚近くのストーリーボードを見て、妻たちの出てくる場面を数えていった。「ジョージ、だめだよ。もしどうしてもそうしなきゃいけないなら、その女性は広場恐怖症で、ずっと後部座席の箱の下に潜んで出てこないようにしないと。それでもいいかい？」それで、ジョージは解決策を講じた。もちろん、鉄馬の女たちを登場させて。

第二十二章　母たち――メニー・マザーズ――

『マッドマックス　怒りのデス・ロード』はハリウッドの慣習的なルールに従わない。鉄馬の女たちが、まごうことなきその証しだ。中年や高齢の女性の一団が、ショットガンを振りまわし、バイクにまたがり窮地を救うアクション映画をほかに思いつくだろうか？

われらがヒーローたちの冒険が終盤にさしかかる頃、フュリオサは自分の一族――少女のときに引き離された白髪のバイカー女性の一団と再会する。鉄馬の女たちは、タフでさばさばしている。だが女たちのひとり――高齢の〝種を持つ老婆〟――は新たな緑の地を再生できる可能性を秘めた小袋を携える。

鉄馬の女たちはマックスとフュリオサの寄せあつめ集団になんなく溶けこんでおり、それ自体が驚くべきことだ。アクション映画の大半が、意味深い女性キャラクターひとり分の空間すら空けるのに苦労するというのに、われらが主人公一行は一ダース以上の女性を仲間に加え、映画の終幕に向けて突き進む。

ジェニー・ビーヴァン　鉄馬の女たちのキャストは南アフリカとオーストラリアからやってきた、きわめつけに興味深い年輩の俳優からなる一族よ。すでに若く美しい者たちは足りているから、こっちは

現実的に、日に焼けたサバイバーの女たちを打ち出した。

レスリー・ヴァンダーワルト　みんなこんな役を演じたことのない女優たちで、それまでは母親や祖母ばかりを演じてきた。鉄馬の女たちを演じるなんてあの年齢にすれば大事件で、ほこりまみれの役を楽しんでいる様子だった。

メリッサ・ジャファー（〝種を持つ老婆〟）　この年でオファーされる役といえば、正直いって養護施設にいる役か、病院で死の床にいる役か、認知症を患っている役ぐらい。だからこの役がきたとき、まあこんな機会は死ぬまでにもう二度とないだろうと思って、それで引きうけたの。

メリタ・ジュリシック（〝鉄馬の女〟）　オートバイに乗ったキックアスな中年女戦士になる方法を教えてもらうなんて、夢が現実になったみたい。

ジョイ・スミザーズ　わたしたちはアマゾネスみたいな、国境を守る容赦ない戦士たち。時が経ち、大地が汚染されて根無し草となったけれど、再び定住できる土地をずっと探し続けるうちに、砂漠の海賊みたいになった。種を持っていて、それが未来への希望なわけだけれど、強盗やレイプから自分たちの身を守り、殺しと盗みを働いて糊口《ここう》をしのいでいる。

エリック・ブレイクニー　ひとつ思いついたのが〝ガイノトピア（女性たちからなる架空のユートピア共同体）〟のコンセプトだ。『怒りのデス・ロード』では映画の終わりに出てくる緑の地となり、女性たちがこのコミュニティを築いている。

ジョイ・スミザーズ　もともと、わたしら（鉄馬の女たち）はVulva-liniになるはずだったけれど、スタジオがちょっとばかり難色を示したの。〝Vulva（陰門）〟は語弊があるって。それで、Vuvaliniになった。

鉄馬の女たちを演じる女優のうち、数名はすでにミラーと仕事をした経験がある。ジョイ・スミザーズもそのひとりだ。『マッドマックス』第一作で、主演女優が撮影一週目にオートバイ事故でケガをしたあと、もう少しで代役をつとめるはずだった。

ジョイ・スミザーズ　もともと起用されていた女優が出番の前日に足を折り、それでわたしのエージェントが契約書と脚本を持ってうちにやってきて、こういったの。「ぜひこれに目を通してほしい。もし気に入ったら、月曜にアデレイドいきだ」

両親は業界とは無縁の人たちで、脚本を読んだ母が「わたしの娘が車に轢かれて終わるなんていや！」って週末じゅう叫んでいた。それで許してもらえなくて、父は実際、母の死の床でわたしに謝ったわ。「ほんとうにすまない。まさかあんなことになるとは知らなかったんだ」

ジョージがすごく誠実な人だとはきいていたんだけど、エージェントがいつだか電話してきて、こういうじゃない。「ジョージが『怒りのデス・ロード』について話したいから、きてほしいそうだ」わたしは「これは驚き。おおかた若者たちを演技ワークショップで指導するとか、陶器でもつくってほしいんだろうさ」って思った。わたしを使おうと考えてくれたなんて、これっぱかりも思いもしなかった。

メーガン・ゲイル　ジョージ・ミラーとは、彼が『ジャスティス・リーグ』の映画化に関わっていたときに、ワンダーウーマン役に起用されたあとに会ったの。企画がポシャったとき、すごくすまなさそうに「いつか一緒に仕事をしたい」といってくれた。社交辞令でいったんだと思っていたら、突然電話がかかってきた。

ジョージはこういったの。「相談なんだが、『怒りのデス・ロード』にぜひとも出てほしい。でも妻たちには体格的にそぐわないし、鉄馬の女ほどの高齢じゃない。いまはきみにふさわしい役があるとは思わないが、なにかみつくろって知らせるよ」って。

それからまた音沙汰がなくなり、すると連絡がきて「きみのための役ができた。できたてほやほやだ」っていったの。彼の頭のなかで、わたしの役、ヴァルキリーはこどもの頃フュリオサの友人だった。わたしは事実シャーリーズと同い年、誕生日まで一緒なのよ——一九七五年八月七日。ジョージが知るよしもない、小さなトリヴィア。ともかく、それで劇中わたしが彼女に駆けよったとき、感激の再会となったわけ。親友だったたからね。

ジョージがリップサービスで「ああそうだね、いつか一緒に仕事をしよう」といったのではなかったのをほんとうにありがたく思っている。彼は本心でそう望んだの。それがどんなに珍しく特別なことか、忘れたことはないわ。

先達のウォー・ボーイズと妻たち同様、鉄馬の女たちを演じた女優一同は、クリエイティヴ・エクササイズへの参加を求められ、そこで互いの絆を深めた。

メリタ・ジュリシック　あの手の壮大なストーリーの映画で仕事をした経験は皆無だったから、あそこまで入り組んで大規模な冒険ものになるとは、思いもよらなかった。

メーガン・ゲイル　ジョージはわたしたちが何十年もともに暮らして生きのびてきた、強い絆で結ばれた女性の一族だと観客にわからせたかったけれど、それはたやすく達成できるものではない。お互い初対面の間柄で、しかもほんとうに孤立した世界の片隅にアンサンブルとして放りこまれた状況ではね。それで、わたしたちは撮影開始の数週間前にここへきて、一緒に交流し、ワークショップをいくつもこなし、集団として部族カルチャーを築いた。

ジョイ・スミザーズ　絆を深める体験で最初にやったうちのひとつが、オーストラリア軍の特殊部隊員に砂漠に連れ出されて銃の撃ちかたを教わることだった。そこで、年かさの女たちとメーガン・ゲイルとわたしはあらゆる種類の銃を試したの。すごく楽しかった。ウージーがわたしのお気に入り。

メーガン・ゲイル　武器係にこうきかれた。「これがあなたの銃です。なにか彫りますか？」わたしはヴァルキリーをカラスのイメージで捉えていたから、「カラスの頭を入れる！」っていったの。それで、衣装と髪じゅうにカラスの羽をつけ、バイクの前面は黒い羽で覆われているわけ。ああいう創造面の共同作業が、あの映画を特別にしているの。

メリッサ・ジャファー　わたしの役にリクエストしたいちばんの注目ポイントは、「彼女をもっとオージー（オーストラリア人）っぽくして」っていうところ。「もっとオージー」……なんていい響き！

メーガン・ゲイル　映画に初登場するときわたしは裸に見えるけど、世界最小のGストリングをつけていた。あそこへいくひと月前にジョージがわたしにそのことについて話してくれ、「ヌードになるシーンがあるけど、コンテキスト上必然なんだ」と説明された。鉄馬の女たちがヴァルキリーをやぐらへあげて、彼女を〝エサ〟に男たちをおびきよせ、それから女たちが襲いかかってマシンを略奪し、必要なものをいただく。

わたしは「なんとか隠せない？」と頼んだ。それがすごい長髪をしている理由。ジョージが「たしなみとして胸を隠せるかも」っていうから。もちろん撮影当日やぐらに登ったら、風が猛烈に吹きつけて髪は吹き飛ばされちゃった。

ペトリーナ・ハル　撮影当日のセットはすばらしい天気だった、鉄馬の女たちが現れたあの日は。

アビー・リー　あんまり長くみんなと一緒にいたから、心の一部では新顔の到来に興味津々でわくわくしながら待ち、別の部分では縄張り意識を感じていた。「あの人たち、なにしにくるわけ？」

マーク・ギルニッシュ　キャストは役になじんで、リハーサルもばっちり、準備は万全だった。実際、鉄馬の女たちとマックス一行が出会うシーンは、あの映画でステディカムを使った数少ない長回しで──『マッドマックス』ではきわめて異例だった。ジョージは落ちついた雰囲気を出したかったんだ。あの女たちはゆっくり移動し、すごくスピリチュアルで賢いという雰囲気をね。それで、あのショットはひどく弛緩している。

シャーリーズ・セロン　新顔がやってくるのはいつも歓迎だけど、そのなかに南アフリカ人がいたから、最高に気分があがった。

アントワネット・ケラーマン（〝鉄馬の女〟）　セットでシャーリーズと会った日、手を差しだされたのでとっさにアフリカーンス語で自己紹介したの。「Ek is Antoinette Kellerman（アントワネット・ケラーマンです）」って。彼女は「Ek weet wie jy is（知ってる）」って返した。わたしたちはセットでも互いにアフリカーンス語で会話していた。あるシーンで銃を構えながら走行中のトラックの脇にハーネスでぶらさがっていると、シャーリーズがときどき左を見て叫ぶの。「ねえ！　jy nog（まだ）いける？」

シャーリーズ・セロン　その頃にはみんなが疲れていて、そこへ、このすてきなことが起きた。女性だからか、年かさだからかはわからないけれど、あの人たちはこっちが疲れていることにとても理解があった。それがいちばんの心証ね、守り育てる人々に囲まれている。

クリス・オハラ　自然と彼女たちは母性本能を発揮し、ほかの女性たちの面倒を当たり前に見ていた。鉄馬の女たちとしてだけではなくね。

イヴ・エンスラー　この映画は複雑さを備えた幅広い層の女性を登場させた。種を運び続け、自分の女性性を保ち続けた鉄馬の女たちみたいなキャラクターを。しかも、タフな姐《あね》さんだなんてね？

メリッサ・ジャファー　スタントとアクション・シーンを気に入った。若い頃はダンサーだったから、衰えた筋肉でもまだ反応できるのがわかってゾクゾクしたし、楽しめた！

メーガン・ゲイル　唯一後悔したのは、ジョージが役をオファーしてくれて引きうけたあと、パートナーとすごく長い旅を計画していたの。いまでは彼はふたりのこどもの父親なんだけどね。あれはこどもが生まれる前の最後のふたり旅になるはずで、ジョージがスケジュールをくれたとき、キャンセルしなきゃいけないと悟った。それでジョージに相談したの。「実はちょっと迷っています。キャリアを選ぶか、個人的な事情を選ぶか」

そうしたら返事をくれた。「映画に出られて旅にもいける方法を考えたよ、だけどマイナス面がある。きみの役は死ぬ」もともとヴァルキリーはトラックに轢かれて殺される予定ではなくて、あのまま最後まで無事に砦《シタデル》に着くはずだった。ジョージは「完全にきみ次第だ」といったわ。どっちを選んだかはあきらかだけど、ときどき思うの、正しい決断をしたのかなって。続編があったらどうしよう？

リチャード・ローソン　ふつうは主人公たちがひとつところを訪ね、それから立ち去り、それが鉄馬の女たちの退場となる。はじめて観たとき、「おお、彼女たちも一緒にいくんだ！」と悟った瞬間はすごく満足した。主人公たちに交じって活躍している！　ストーリーの一部に組みこまれていたから、登場時間があまり長くなくても、ひとりでも死ぬとショックが大きい。世界で残された唯一善きものへの冒瀆《ぼうとく》みたいに感じる。

デイヴィッド・シムズ　彼女たちが映画の終盤を、スーパーチャージしていた。

ジョイ・スミザーズ　スタントのセットにいたら、わたしの扮装をしただれかがスタントをぜんぶやっていた。わたしは第一助監督のところへいって、いったの。「ねえ、スタントをやらせてくれない？　わたしはここにいて、衣装を着て、絶好調なんだけど」あれで完全に状況が変わった。彼らはわたしをウォー・タンクに乗せ、わたしはトム・ハーディを両脚ではさんで、車列隊《アルマダ》に追われながら落ちないようにきつく締めつけた。主役を殺しちゃわないか、ヒヤヒヤしたわ！

でも、オーマイゴッド、すばらしかった。人生最高の経験のひとつ。とてつもない自信をもらった。四十九歳で映画にキャスティングされて、わたしの年でスタントをやらせてもらえて疑問視されなかったのは、鉄馬の女たちの精神に則っていた。自分はなんでもできるし、重要な存在であり、元気で手強い。真綿にくるまれて「だめだ、そんなのはさせられない」とはいわれなかった。「そうか、スタントをしたいのか。じゃあやってみな」って。

メリッサ・ジャファー　鉄馬の女たちに対する人々の反応には、いまだに驚かせられっぱなし。彼女らが与えた感銘はいまでも続いているの。数ヶ月前にロンドンのナショナル・シアターに出演したとき、各公演後にわたしのサインを求める長い行列ができていて、驚いたわ。でも、だれも劇は観ていないの。全員、鉄馬の女たちを崇敬する『怒りのデス・ロード』ファンだった。

イヴ・エンスラー　鉄馬の女たちが互いに団結して戦うところがすばらしかった。あんなの、観たことある？　彼女たちにはいたく感動させるものがある。あまりにしばしば、年輩の女性は最も円熟したときに捨てられる――最も利口で最も賢く、ときには最も体が強靭なときに。わたしは六十代のいまを人生で最も強いと感じているけれど、その矢先にわたしたちは捨てられ、見えなくなり、顧みられなくなる。あの女たちを目にし、自分たちで部族を形成したバッドアスなバイク乗りだとわかって、最高だった。わたしたち五十歳以上の女性は、とてつもなく勇気づけられたわ。

ジョイ・スミザーズ　同感よ。いまわたしは五十七歳で、二十五歳の頃よりもっと自然体でもっと有能で、したいことをなんでもできるように感じている。これまでうそを教わってたみたい。いまはこの知識を身につけ、感情的に安定している。エンパワーされたと感じる。

メーガン・ゲイル　ジョージは強くて自立したタフな女性の大ファンだけど、わざとらしく描きはしない。政治的ステートメントや、提起みたいのをしようとせずにやる。たぶんああいった環境、ポストアポカリプス世界で、女性はすごくしぶとく生き残ると思う。

ジェン・ヤマト　ティナ・ターナーいわく、「ヒーローはもういらない《We Don't Need Another Hero》」（『マッドマックス　サンダードーム』の主題歌「孤独のヒーロー」の原題&サビ）。その通り！　新たなヒロインが必要よ。

第二十三章　「男たちが屋根から降ってくる」

『マッドマックス　怒りのデス・ロード』最終幕の出だしで、われらがヒーローたちはひどく頭の痛いジレンマに陥る——そして、映画の監督もまたしかり。

その頃にはフュリオサが一団を率い、まぼろしの緑の地を求めて長い道のりを旅した末に、鉄馬の女たちからもはやそこは存在しないと知らされる。心がかき乱される真実だが、つぎにくるのは、さらにゆゆしき局面だった。マックスの提案に従い、一同は砦《シタデル》までとって返すことに決める。イモータン・ジョーと彼の軍団がまだ荒野《ウェイストランド》に出ているあいだに、守りが手薄になった砦を奪取しようとの腹だった。

そしてもちろん、最後のチェイスがスタートを切り、それがジョージ・ミラーに難題を突きつける。新たな車両追跡シークェンスの危険度をさらに上げるには、映画のそれまでの時間をずっとチェイスに費やしていた場合、どうすればいいのか？

ポール・キャッツ（棒飛び隊）、登場。彼ら覆面の敵は、第三幕のチェイスで参戦し、走行中の車に搭載されたポールでスウィングする。主人公たちをとり囲むと、ポール・キャッツはシュールな圧倒的脅威をもたらし、ウォー・タンクの鉄壁の守りを突きくずす。揺れるヴィジョンを実現するのは、スクリーンで目にする映像と同じぐらい、危険な道のりだった。

ピーター・ラムジー（『スパイダーマン：スパイダーバース』監督）　ポール・キャッツが実写だと悟った瞬間、ぼくは「ちょっと待て、あれを実際にやったのか？　現実にトム・ハーディがあそこにつかまってるだと？」ってなったよ。自分の感覚がもはや信じられない。ぼくの理解を超えている。

ダグ・ミッチェル　あのとほうもないパートをCGなしでやった。ワイヤーをところどころで多少は使っているが、基本的にコンピューターグラフィックスではなく、生身の人間が実演している。

ジョージ・ミラー　映画全体がウォー・タンクの周囲で起き、タンクは常に敵に包囲されている。スパイクを装着し、守りの固いウォー・タンクに乗りこもうとするのは船に乗り移るようなものだ。そよ風に揺れてしなるポールに乗ったストリート・パフォーマーを、オーストラリアのフェスティバルで見たのを覚えている。「おお、あれを車に載せられたらすごいな」と思ったんだ。

ガイ・ノリス　あれは、だれも触れたがらない懸案事項だった。ストーリーボードのその箇所以外は文字通り、すべて実行可能だった。

ジョージ・ミラー　ほんとうにできるとは想像すらしていなかった。あれは制作が遅れた利点のひとつだ。ポール上の彼らを撮って、あとから疾走する車にポールをCGで載せるつもりだったんだよ。

ガイ・ノリス　あのとき、こういうのは簡単だった。「あなたが正しい。CGにしましょう」って。でもわたしにすれば、それでは映画へのアプローチのしかたがすべて変わってしまう。それで、「わたしに任せてほしい。なんとかできると思う」といい張り続けた。

ジョン・アイルズ　あれはせんじつめれば、ガイ・ノリスの功績だ。「やってみよう、どこまで物理的にいけるか、試してみる」って。

スティーヴ・ブランド（アドバイザー）　ガイから電話がきてね。わたしは軽業師で、オーストラリアを二十二年前に離れてアメリカへ渡り、シルク・ド・ソレイユに入団した。おもしろかったよ、ガイたちになにかつくってくれと頼まれたが、だれも具体的なことはわかっていなかったんだから。

ガイ・ノリス　ごく早いうちから、ポールの素材選びに手をつけた。最初はヨットレースに採用されているカーボンファイバー――超軽量でものすごく強靭――を試し、そのつぎに竹などの自然の繊維《ファイバー》を試した。竹ってよく、ひとりでにしなっているだろう。

スティーヴ・ブランド　しなやかな素材だと、高く登れば登るほど大きく曲がってしまう。

ガイ・ノリス　最終的に、すごく上質のスチールを採用した。硬度がありつつ、ある程度しならせられるからだ。

スティーヴ・ブランド　まずは採用したスチール製スウィング・ポールをテストすると、揺れが速すぎることに気がついた。それで、ポールの末端に釣り合いオモリをつけ、揺れる速度を全体にスローダウンさせて毎回弧《こ》の先端が宙に浮いたまま停止できるようにした。

ガイ・ノリス　技術的な問題としては、ポール・キャットを乗せると、ポールがもとの位置に戻らないんだ。重さとピボット・ポイント（支点）との距離のせいだ。そのとき頭に浮かんだのが、机に飾ったりするオモチャの水飲み鳥だった。あれはピボットを末端に設けるのではなく、もっと上に置いている。オモリは結局、エンジンブロックに落ちついた。

クリス・パットン　二〇〇九年、ポールを立てた装置を車の後部に積んで、テストをやってほしいと頼まれた。「ポールに登ってみて、このアイディアがうまくいくか見てみよう」おれが「わかった。だれかもう登ってみたのか？」ときくと「いや、登るのはきみが最初だ」という返事だった。了解！

ガイ・ノリス　ジョージはその頃『ハッピー フィート２』を手がけていた。一日の終わりに、わたしはカメラに向かって「これが今日やったことです、ジョージ」と毎日話しかけ、それからテストフッテージをつなぎ合わせて彼に見せた。「びっくりさせることがあります」といったのを覚えている。それは、はじめてポール・キャッツを勢ぞろいさせて、車両の上で揺らしてみせたショットだった。

ジョージ・ミラー　とうとうガイたちは実際に、人間をポールに乗せて車を走らせるやりかたを考えだした。涙があふれたよ。ほんとうにできるとは、まったく想定していなかったからね。

マーク・セクストン　あれは、その場で固まり、「ああ、くそう。あいつらやりやがった」となる瞬間だったね。ああいうときのために映画をやっているんだ。アイディアが実を結ぶのを見るために。オリジナルの小さなコンセプトアートを描き、それからみんなで実現方法をひねりだそうとあれこれ頭を絞り、するとだれかが思いつく。エレガントで、わくわくして、美しい瞬間だよ。

ジョシュ・ヘルマン　スタント専用のジムに練習用の振り子のポールがあって、ぼくはこう思った。「ホーリー・シット、床にフォームを敷いたジムに固定されててもキツそうだぞ。走行中の車両に積まれたら、どうなっちまうんだ？」

ハリソン・ノリス　フリーハンドで三回、途中で止まらずに登りおりできるほど鍛えなければ、本番で乗せてもらえなかった。みんながこいつを扱えると証明するのに失敗した。

ロビン・グレイザー　ポール・キャッツはどうやって飛びあがって、そのあとそこにとどまっていられるの？　驚異的なバネよね。

スチュアート・ウィリアムソン　あの男たちがこなしたリハーサルの数は、とほうもなかった。

ベン・スミス＝ピーターセン　最高にクールで、登る順番が待ちきれなかった。純粋に、楽しいからやっていた。

トム・ハーディ　高いのはあんまり得意じゃなくてね。ダグがいまにもぼくに手をあげんばかりの写真があるよ。「あんな足場組みのポールに登りたくなんてない。絶対、絶対いやだ」ってつっぱねていたから。

シャーリーズ・セロン　はじめてポール・キャッツを見たとき、実際に起きていることだなんて信じられなかった。撮影現場ではあまりこの場面のリハーサルをしなかったから、いきなりよ、もうぶっつけ本番。わたしがいかれたトラックを時速六十キロで砂漠を走らせると、男たちが屋根から降ってきた。「なにが起きてるの？　わたしたちみんな、ドラッグをやってるの？」

ジョシュ・ヘルマン　そりゃ、ぼう然とするって！　ポールの森ができて、砂漠をつぎつぎ移動していって、てっぺんではスタントマンたちが浮いたり沈んだりしてる。見たことのない狂気のバレエだった。あのときは、もしだれも落ちたりひどいケガをしなかったら奇跡だぞって思っていたよ。

ジョイ・スミザーズ　スタントマンたちが心配で、ヒヤヒヤしていた。あの頃にはみんなと友だちだったから。それで、「どうかこのスタントでだれも死にませんように」って切実に祈っていたわ。

トム・ハーディ　足場ポールの両側には、十八センチぐらいしか足をかけてバランスをとれる場所がなかった。すごくこころ細いんだ、もし足場ポールがあっちに倒れたら、自分も自然にあっちに倒れるから。それから真ん中まで戻ってきて、体を回転させて反対に倒れる、そうしないと足場ポールに顔面を打ちつけてものすごく痛いのに、そこにはだれも文句をいう相手がいないんだよ。

スチュアート・ウィリアムソン　ポール・キャッツのスタント・パフォーマーがひとり、落下する小さな事故があった。心底ぞっとなった。

事故は映画からのちにカットされるシークェンスで起きた。弾薬畑、ガスタウン、砦《シタデル》の軍勢が再集結し、それから最高速で散る。砂漠を疾走しながら車が砂ぼこりの雲をたてるなか、スタント・パフォーマーのクリス・パットンがポールから振り落とされた。

スチュアート・ウィリアムソン　突然小さな点が見えたと思ったら、それはポール・キャッツのてっぺんにいる人間で、まっさかさまに落ちて砂ぼこりのなかに着地したあと、車列のあいだに消えてしまった。

マット・テイラー　おれはポールに乗ったクリスの車の後ろにいて、その前を十台ほど走っていたから、砂ぼこりが最悪だった。ポールを見あげて目印にしていたら、クリスが落ちるのが見えた。あとから思うとたぶんそれであいつは命拾いした。地面に見えたものに対して反応したんじゃなかったからだ。おれはやつが落ちる瞬間を見た。

それで三秒、おそらく四秒ほど反応する時間ができて、そのとき運転していた車はたまたま前身がレースカーだったから、すごくスムーズにターンを切れた。クリスをなんとかよけて、それから無線で叫んだ。「止まれ、止まれ、止まれ」そのあとあいつの周りを円を描いて囲み、車を盾にした。おれが最後尾の車かわからなかったからだ。その頃にはクリスが意識をとり戻した。最初は気絶していたんじゃないかな。

スチュアート・ウィリアムソン　幸運にも、クリスは無事だった。

クリス・パットン　おれはすぐに走って戻ったが、この仕事はそういうものなんだと思うよ。ある仕事では滞りなく進み無傷で終わり、ときには靭帯を切ったりあざをつくったりする。

ミック・ローファン　われわれはスタントをしていて、クリケットをしているのでもなければスカッシュをしているのでもない。ときには倒れ、起きあがって残りを続けなきゃいけない。

マーク・ギルニッシュ　徹底的に調査した。「なぜあの事故が起きたのか？　どうすれば避けられる？」

マット・テイラー　時速七十キロ以上になると、ポールが同調して振動しはじめ、文字通りクリスをふるい落とした。もちろんリハーサルで六十キロを超えることはなく、本番までその振動問題は露呈しなかった。

クリス・パットン　思い返すと、なんであの仕事から生きて戻れたんだろう？　非現実的だよ、ほかの映画でパフォーマーが大ケガをして病院行きになるおそろしい話を耳にしたら、その映画を観たときにどこでそれが起きたか当てようとする。それから『マッドマックス』を観ると、「おいおい、あいつらみんな無事だったのか？」って思うんだよ。

このシークェンスでおそらく最も印象的なスタントは、マスクをしたポール・キャッツの乗り手がウォー・タンクにスウィングして接近し、主人公たちの隙をついてトースト［ゾーイ・クラヴィッツ］をかっさらう場面だろう。仲間の妻たちが彼女をつかむが、ポール・キャットが抗う獲物を引きはがし、叫ぶトーストを地上六メートルの高さに連れ去る。

マーク・ギルニッシュ　とびきり複雑なショットだった。ポール・キャットを乗せた車が疾走するウォー・タンクににじり寄り、ウォー・ボーイがサンルーフから俳優のひとりを引きずり出そうとする、そうだよね？「うそだろ?」っていうよ。絶対止まったままやって、あとでエフェクトを入れるんだよな？　いやいやいや。走りながらやるんだ、実際に。それで、われわれは敢行した、正真正銘。映画であのショットを観たら、狂気の沙汰だったよ。

ジョン・アイルズ　現場で実際に立ち会えば、一秒一秒が惨事すれすれだとわかる。ミスが起きるのは紙一重だ。彼らが目標にするプラットフォームは四十五センチ幅しかなく、完璧なタイミングじゃなきゃいけない。

ゾーイ・クラヴィッツ　映画に映っているものはすべてリアル。わたしたちはリグにつながれ、砂漠にいて、車は走っていた。わたしはトラックから引きずり出され、うんと高く飛ばされた。あれはライリー（・キーオ）の夫のベンだって確信がある。わたしをつかんでトラックから引きあげた相手は。クレイジーだった。ふたりは映画で出会ったの。

ライリー・キーオ　ベンとは撮影のあいだ一度か二度話をした。彼は二十一歳だけどティーンみたいで、わたしは男の人たちをそういう目であんまり見ていなかったの、つきあっている人がいたから。でも一年後、シドニーで映画の結末をぐっと少人数のスタッフで再撮影した。彼氏とは別れてシングルだった期間で、そのスタントチームにいたベンは記憶のなかの彼とはすごく違った。もっと成熟して、年上で落ちついていた。

ベン・スミス＝ピーターセン　ライリーといたとき、「なあ、ぼくのつくった歌を聴いてみる？」ってきいたんだ。ばかみたいな曲さ、ちなみに――いま聴くと赤面ものだ。彼女は「うん、クールだね。メールで送ってよ」って返事をくれた。それでメールを送って、つきあいはじめた。

ライリー・キーオ　進展があるとは思わなかったけど、オーストラリアにもう二ケ月滞在して、彼が「サーフィンを教える」っていったの。結局恋に落ちた。だから、わたしの夫はウォー・ボーイなんだ。

ガイ・ノリス　ベンとライリー、ふたりはファンタスティックなカップルだよ。

ハリソン・ノリス　あいつがやった最高のスタントだな。

第二十四章　炎と血

荒野《ウェイストランド》において同盟相手は手に入れがたく、マックスとフュリオサの不穏なパートナーシップが成立するには時間を要した。「当初、ふたりの最高の関心事は互いに相手を排除すること——まさしく、殺しあうことだった」と、ジョージ・ミラーはいう。

その境地になるのは、俳優たちにとって難しくはなかった。撮影中の空気は張りつめ、撮影が進むにつれ、状況はより深刻になっていく。トム・ハーディとシャーリーズ・セロンは『怒りのデス・ロード』のセットで衝突した事実を隠そうとしなかったが、彼らの場合は、A級俳優同士の不仲を報じるゴシップ以上のドラマがあった。緊張に満ちた荒野《ウェイストランド》に暮らすうち、ふたりの演じるキャラクターの抱く恐怖とフラストレーションと絶望が、どんどん本人たちにもしみこんでいく。

ライリー・キーオ　最初の五ヶ月は、とてもうまくいっていた。士気は少しも衰えず、そうでなければ散々《さんざん》になっていたと思う。毎日自分を鼓舞していたわ。

ゾーイ・クラヴィッツ　ときどき、すごく暗くなった。あんな僻地にいてすごく不快な経験をしても、家に帰って気分を一新する贅沢ができない……おかしくもなるってものよ。奇妙な狭い町に住んで、周りにはなにもない。

アビー・リー　みんなして完全に頭がおかしくなるって思うときもあった。一週間に六日働く日が何度もあって。へとへとになる撮影だった。

ライリー・キーオ　めちゃくちゃたいへんな日中があった。めちゃくちゃ苛酷な夜間撮影があった。あんまりたくさんの砂ぼこりが舞って、その日の終わりには顔に八センチの砂を被っているの。

ジョン・シール　俳優たちには試練だった。スタッフは寒さや風や砂などの環境から身を守れたが、彼らはできない。衣装は厳密に決まっていて、砂漠が零度近いからといって突然ダウンジャケットを羽織ったりはできなかった。すごくつらそうだった。俳優たちを尊敬するよ。彼らには試練だった、とりわけ妻たちには。薄着だったからね。

ゾーイ・クラヴィッツ　終わりのほうは、家に帰りたくてしかたなかった。九ヶ月、しかも都会にいてトレーラーでだらだらする九ヶ月とは違う。実際、少しばかり正気を失いはじめる。映画で目にする通りの環境そのままに九ヶ月暮らし、周りにはなにもなし。ほんとうに、少しばかりおかしくなっちゃう。

ジョン・シール　俳優たちは好きだが、脚本がないのを実のところ少々やっかいだと思っていたかもしれないな――というか、深くて意味のある脚本がないために、きちんと把握して咀嚼《そしゃく》できないことをね。

シャーリーズ・セロン　運転し通しの撮影中にいちばん感じるのは、恐怖よ。せんじつめれば、人は恐怖を覚えると自分が生き残れるような行動をするし、だれでもそこを起点に行動する。

マーク・ギルニッシュ　俳優たちの文句でよくあったのは「ジョージ、どうしてシーン全体を演じちゃいけないの？　このシーンを終わりまでやらせてよ」というやつだ。彼の返事は「いや、シーン全体のショットはいらない。この部分だけが必要なんだ」。だけど、俳優は演じたいよね？　ジョージが「ハンドルに触る手だけが欲しい、それから顔にティルト・アップして、カット。よし、つぎいくぞ」というたびに摩擦が起きる。いっぽうシャーリーズは演じきってしまいたい、シーンを感じられるように。

トム・ハーディ　ジョージは彫刻刀ですべての演技を彫っていた。

シャーリーズ・セロン　あまりに断片的だった。数ページも進まない撮影すら何日もあった。助監督と打ち合わせると、こういわれたわ。「今日はどのユニットを撮りたい？」マジで、「ユニットをひとつ選べ」ってこと。あんまり細切れすぎて、それがみんなを少しおびえさせた。あまり安全ではないと感じ——というか、自分に限れば、わたしはそう感じた。恐怖を抱えたまま演じると、自分の周りに壁を張りめぐらして、違いが表に出てしまう。

ゾーイ・クラヴィッツ　この状況を乗り切るにはジョージを信用しなきゃいけない。みんな、「なにが起きてるの？　なにを撮ってるの？　なんでこんなことのために人生の九ヶ月を費やしてるの？」と思う瞬間があった。トムを見ているのはつらかった。彼はほんとうにイラついて、怒っているときがあったから。シャーリーズもそうだけど、ジョージに突っかかっていたのはたいてい彼だった気がするし、見ていると気が滅入った。でもあんまりトムを責められない。俳優への要求はたくさんあるのに、答えてくれない疑問がたくさんあったから。

シャーリーズ・セロン　若い女の子たちが自分の問題を解決してくれる相手としてわたしを頼ってきたとしても、それはだれが悪いのでもない。いまこれをいえるのは、わたしはジョージをよく知っていて、一緒に経験しているのが彼だったからよ。完全に彼を信用できた。けれどもまた、意図を理解できないまま監督を完全に信用したら、めちゃくちゃになった作品だって、いくつかあるわ。

ジョージ・ミラー　非常に困難な撮影だった。われわれは人里離れた僻地にいて、実写のスタント撮影があり、毎日が大がかりだった。完全に厳密にやらなければ、安全性に固執しなければ、なにかまずい事態が起きる。それがわたしの最大の不安だった。前にその経験があり、あれには心を蝕まれた。だが、俳優たちが実際に仕事をする手順について、もっと注意を払うべきだったかもしれない。

ジョシュ・ヘルマン　きいた話では、トムは自分の演じる役を、野良犬みたいなやつで、行動をともにする人間をまだ信用していないと解釈していた。共演者に温かく接するのに時間がかかったのは、そのためらしい。それが理由で、できるだけ他人と話したがらなかったって。

マーク・ギルニッシュ　われわれはみんな、「トムはなんであんなに不機嫌なんだ？」と思う。それは役に入ったままだったからだ。一部には、それが彼とシャーリーズのあいだがあんなに張りつめたものになった理由だ。

ジョン・シール　俳優はしばしば役に入りこむあまり、現実世界からいなくなる。それをひどくよそよそしく感じる者もいる。わたしはごく早いうちに、俳優たちがバブルのなかにいると感じるときは、放っておいてやることを学んだ。話したいと思ったとき、バブルを破れるのは本人だけなんだ。

トム・ハーディ　ぼくが気にかけるのは、ジョージがなにを求めているかを理解すること、ただそれだけだった。もしそれがわからなければ、撮影に支障をきたさずに彼の要求を探りあてなければならない。監督にはやることがたくさんある。「おれは追いつけていない。正さなきゃだめだ」と思ったんだ。

マーク・ギルニッシュ　トムはわかっていなかった。常に不信感があった。ひっきりなしにジョージを問いつめていた。ときどきトムを揺すぶって、「ジョージを信じろ。あの人は自分がなにをやってるのかわかってる。天才なんだぞ」っていいたかった。

トム・ハーディ　ぼくら俳優がとるべき手順の細かさと、シチュエーションごとに自分でコントロールできることの少なさ、テイクの短さのせいで――ストーリー上のほんのちっぽけな部分が、映画全体のファイナルカットのためには必要だった――撮影はどんどん進み、ときにはついていけなくなった。最終的により大きな絵ができあがることを信じなくてはいけなかった。

ケリー・マーセル　彼らにとってきつかったのは、すごく長期間ここにいて、それなのに狂人《マッドマン》の下で働いているのかそうでないのか、あまり確信が持てないことだった。それがあの時点で、身にこたえはじめたの。

コートニー・イートン　みんなに影響した。ストーリーラインも、ことの重大性も、体への負担も。それに、ずっとトラックに一緒に押しこめられていることもね。一日中、毎日よ。

ロージー・ハンティントン＝ホワイトリー　わたしたち五人とニック（ニコラス・ホルト）、それからトムとシャーリーズが前の席。どこかの時点で分別を失う。

ライリー・キーオ　一日中それだけ大勢と車のなかにいれば、互いのエネルギーを吸いあってしまう。もしだれかがふざけたムードになれば、みんながふざけたムードになる。もしだれかがイラついていれば、みんながイラつく。もしだれかが疲れていれば、みんなが疲れる――みんな、遅くまで飲んでいたしね。

アビー・リー　家族と出かけるロードトリップみたいなもので、長びくと退屈して、イライラがたまった。撮影の段取りのせいで、ときどき何時間も何時間もトラックの後ろに座ったまま、なにもしないときがあった。ショットはものすごい広角だから、だれもほとんど見わけがつかないのに、わたしたちを使わないといけない。スタントガールたちは第二班の撮影で出払っていたからね。忍耐が鍛えられたけど、互いにうんざりするときもあった。

ロージー・ハンティントン＝ホワイトリー　ムードが始終変わった。ときには笑い、ときには違う。

マーク・ギルニッシュ　ゾーイがおそらく女の子のなかでいちばん苦労していたな。しょっちょう居心地が悪そうだった。

ゾーイ・クラヴィッツ　セリフが多いシーンですごく集中しているのでない限り、ただ後部座席に座っているだけ。自分の実生活の状況そのものが、砂漠の真ん中でウォー・タンクにカンヅメになっているみたいな気持ちになってくるの。あらゆる意味で、実際の現実と接していないのよ。

シャーリーズ・セロン　ゆっくり座ってライドをもう少し楽しめていたらよかったのにね、おびえる代わりに。その余裕のなさが、わたしとトムのあいだに大きく響いたんだと思う。

ロージー・ハンティントン＝ホワイトリー　四ヶ月間、トムとシャーリーズと一緒にトラックに座っているのは、すごく興味深い経験だった。それぞれが演技に対して完璧に違うアプローチをとっていた。

ケリー・マーセル　トムはとってもフィジカルで、とっちらかって、すごく違ったことをやろうとする。シャーリーズは役へのアプローチのしかたが理性的で、常に一貫している。ふたりとも演技巧者だけど、仕事のしかたは天と地ほども違った。それが、奇妙なことに、映画がうまくいった理由。すべてがスクリーンからほとばしってくる。

ジョージ・ミラー　これは、自己保存についての物語だ。もし相手のキャラクターを殺すことがきみに利するならばそうするべきで、ためらう余地はない。そんな情緒が、俳優たちに影響したんだと思う。

P・J・ヴォーテン　プリプロダクションのうちから内部崩壊してみえた。撮影に入ってもいないのに、火花が散っていた。

ペトリーナ・ハル　そして撮影に入ると、それがこじれていった。

P・J・ヴォーテン　ある段階で妻たちはトムをうとんじるようになり、ときには、それを隠しもしなかった。われわれの面前で互いにわめきあっていた。

ニコラス・ホルト　ときどき緊迫した空気になった。夏休みに家族旅行をしたら、おとな同士が前部座席でケンカをしているみたいな。こどもはうしろにじっと座って、息を殺し……。

シャーリーズ・セロン　ニックは正しいわ。前部座席の両親みたいだった。いい争うか、よそよそしくするか――どっちが最悪かはわからない――こどもたちはうしろで耐えないといけなくて。悲惨よね！　生産的な職場環境じゃなかった。あんなふうになるべきではなかった。もっとおっとり構えるべきだったわ。認めます。深謝させてもらうわね。

ニコラス・ホルト　でも、すごく楽しかったよ。なぜだかあの環境で伸び伸びできた。

リッキー・シャンバーグ　トムはすごく挑発的。シャーリーズは違う。そのせいでぶつかりあった。

リチャード・ノートン　トムは動作をいちいち正当化したがる。実際のアクションだけでなく、アクションの前ふりやその他ぜんぶをだ。シャーリーズのほうは、基本的な欲求は単純だ。「あいつをぶっ殺したい。さあ撮りましょう」

P・J・ヴォーテン　ふたりがはじめて出会い、戦うシーンのリハーサル当日は、空気がひりついていた。信じられないぐらいね。

J・ヒューストン・ヤン（マーケティング）　ショットをもっと長く編集する必要があるとき、特定のシークェンスのデイリー（ラッシュ）をもらうことがあり、そのうちのいくつかが、タンカー脇でのチェーンを使っての格闘場面だった。迫力だったね、あのふたりが憎みあっているのは明々白々だった。カメラが回っていないときは、互いに触りたくもなければ、目を見交わしたくもないし、顔を合わせようともしなかった。

ペトリーナ・ハル　一触即発の状態だったから、あらゆることが火に油を注ぐ結果になった。

シャーリーズ・セロン　あとから思えば、メル・ギブソンのあとを引きつぐトムの心境をちゃんと理解せず、共感が足りていなかった。すごく怖いことなのに！

ディーン・フッド　履きこなすにはでかすぎるブーツだとトムにはわかっていて、怖じ気づいていた。

アンドリュー・AJ・ジョンソン　映画の題名は『マッドマックス』だ。たぶんトムは、映画は彼の役についての話だと思っていたのだろう、本質的には等しくふたりについての話だった。けれどたぶん、どっちが映画のナンバーワン俳優の座に座るのか、多少の緊張が互いのあいだにあった。

シャーリーズ・セロン　悪い態度をいいわけしたくはないけれど、タフな撮影だった。なにがまずかったのか、いまではすごくはっきり見える。映画をつくっているときにはその視点がなかった。わたしはサバイバルモードだったから。心底おびえきっていたの。

ジョージ・ミラー　何年も前、『イーストウィックの魔女たち』で光栄にもジャック・ニコルソンと仕事をした。悪魔の役を演じた彼は、こういったんだ。「いいかい、おれたち俳優は役柄を家に持ち帰ることはないと考える。トレーラーに置いて、セットを出てくると考えがちだ。だが実際は、もし仕事を真剣にやっているなら、家に持ち帰るのさ」それが、この映画で起きていた力学のひとつだった。

シャーリーズ・セロン　わたし自身の恐怖心のせいで、ふたりとも壁を築いて自分を守った。「ふむ、これはそっちにとっても怖いし、わたしにとっても怖い。お互い穏便にいこう」という代わりにね。わたしたちは奇妙なかたちで自分の役と同じように反応していた。すべてがサバイバルだった。

マーク・ギルニッシュ　トムとシャーリーズが、いままで見た俳優同士で、文字通りいちばん対照的だったな。

サマンサ・マクグレイディ　ばっちり準備完了、となったときの相手として、シャーリーズは最高に楽な俳優だった。彼女に電話して「一時間で準備ができます」といえば、彼女はいつだって車に乗りこんで、メイクアップをすませた状態で、セットにやってくるってわかっていた。

マット・テイラー　そしてかたやトムみたいなならず者で、遅刻魔で、極端なメソッド演技派で、強烈な個性の持ち主がいれば、衝突が起きるのは避けられない。

トム・クラッパム　トムは必要以上にトレーラーで一日を過ごし、撮影のときだけ出てきた――ときには時間通りですらなかった。「おいおい、もう真夜中を回ってて、おれたちゃ家に帰りたいんだぜ」となるよ。

P・J・ヴォーテン　トムは現場でわれわれをさんざん待たせた。たっぷり時間をかけてやってくる。撮影の段取りも、ジョージがどんな経験をしているのかも理解しなかったせいだと思う。

ジェイシン・ボーラン　ときどき、そのせいで難しい日になった。九時間五十分現場で過ごして写真一枚撮れない日もあった。忍耐の日々だったね。

とうとう、ベテランの映画製作者デニーズ・ディ・ノヴィがナミビアに派遣され、映画の二大スターの仲裁役を求められた。

シャーリーズ・セロン　蒸し返すのはいやだけど、わたしとトムのあいだはすごく険悪な、一種の殴りあい寸前のところまでいったの。

マーク・ギルニッシュ　あの日を鮮明に覚えているよ。セットのコールは八時だった。シャーリーズは八時ぴったりにきて、ウォー・タンクに座ったが、トムが絶対八時にはこないとわかっていた。たとえ「時間厳守でくるように」と名指しで厳命されていようとね。午前中、トムは絶対時間通りにこないことで悪名高かったんだ。もしコールタイムが午前中なら、あきらめろ——トムは現れない。

リッキー・シャンバーグ　パワープレイの一種だかなんだかわからないが、わざと挑発しているように感じた。わたしにいわせれば、トムはそれがシャーリーズを心底怒らせると知っていたんだ。彼女はプロフェッショナルで、すごく早めに現れるからね。

マーク・ギルニッシュ　九時になってもまだトムはこない。「シャーリーズ、ウォー・タンクを出て手足を伸ばすか、それとも……」「いいえ、わたしはここにいます」彼女は頑なに意志表示するつもりだった。トイレにもいかなかった。なにもしなかった。ただウォー・タンクに座っていた。

ナターシャ・ホプキンス　彼女は新米ママで、ただセットにいって仕事をすませ、こどもの世話をしたかっただけなの。

マーク・ギルニッシュ　十一時。シャーリーズはウォー・タンクに座り、メイクアップをして衣装をぜんぶ身につけた状態で、三時間そのままだった。トムが現れ、砂漠をなにげなく歩いてくる。シャーリーズはウォー・タンクから飛び降りざま、激しくののしりはじめた。「このくそったれ×××、一分ごとに莫大な費用を払ってジョージはスタッフを維持してんだぞ」とか「敬意のかけらもないやつめ！」とか。正論だった。毒づきまくった。叫んでいた。あんまり周りがうるさくて、風がものすごくて——いくらかはトムにきこえたかもしれないが、近づいてくると彼はこういった。「なんだって？」

彼は非常に攻撃的だった。シャーリーズは心底おびえて、それが転機になった。なぜなら、そのあとこういったんだ。「護衛が欲しい」それ以降はその役目を帯びた製作者と、始終一緒にいた。

シャーリーズ・セロン　始末に負えないところまでいき、女性の製作者を送ってもらえればいくらか均衡が保てるかも、と思った。なぜなら、わたしが感じたことの多くはダグからの……ああ、くそ。もういっちゃうわ。目にあまる振る舞いの同性に対して男は寛容で、わたしは安全だと思えなかったのよ。

トム・ハーディ　シャーリーズは激しい女性だ。猛女だよ、実際。いい意味でね。つまり、『モンスター』の彼女を見れば――鼻歌まじりにできることじゃない。ああいう真実味を感じさせるには、とてつもなく豊かな芸術的能力を発揮せずにはできない。すごくシリアスな俳優だ。だから、なぜ彼女がぼくに怖じ気づいたり、少しでも怖がることがあるのかわからないね。たわごとだよ。

ケリー・マーセル　現場にいて、そこでなにが起きているか知らなければ、指摘できないことがある。ほんとうにぎりぎりに張りつめた空間で、ぎりぎりに張りつめた期間だった。あの場所で家族が築かれ、互いに愛し、憎みあう。家族というものは完璧ではなく、この家族も例外ではなかった。みんながそれまで経験したことのないなにかを経験し、みんなが互いを必要としたのは家族が互いを必要とするのと同じで、それでいながら、みんながいがみあった。

シャーリーズ・セロン　ジョージはダグがこの件を処理してくれると、ある種頼みにしていて、でもダグにはできなかった。わたしとトムの関係をどんなかたちでも修復するのにダグはあまり力になってくれず、わたしのほうで折れるつもりはなかった。ジョージはそれからこういったわ。「うーん、そうだな、デニーズがくれば……」ジョージは柔軟な姿勢で、それでわたしは少し息がつけた。わたしの直面している問題を理解してくれる別の女性に、きてもらえると思ったから。

P・J・ヴォーテン　デニーズはトムとシャーリーズの仲を沈静化するために送られてきた。すてきな女性だが、だれにも状況を改善できなかった。すでに泥沼だったんだよ。あのふたりが経験しているのがなんであれ、簡単には修復できそうもなかった。

シャーリーズ・セロン　デニーズはプロダクション・オフィスに待機し、わたしの様子に気を配り、相談に乗ってくれた。彼女はみんなの仲裁役だったかもしれないけれど、撮影現場にいるときはやっぱりまだひどく無防備で、ひとりぼっちに感じた。

ケリー・マーセル　ダグは実質、デニーズを撮影現場に入れさせなかったの。彼はブルドッグよ。ジョージをなにがなんでも守る、どんな犠牲を払っても。製作者を送りこむことも、なんでもできるけど、ダグがそこに立ちはだかれば、彼が望まない限り、まったくもって無意味。彼はだれにもこの世界を邪魔することを許さなかった、それがどれだけ危うい世界であっても。

シャーリーズ・セロン　わたしたちのいまいる世界を鑑みれば、わたしとトムのあいだに起きたことの善後策としてデニーズのような女性の製作者を参入させるのは賢明な手段だったはず。そうすればなにかが変わり、たぶん周囲はもう少し、ほんとうはなにが起きていたのか気づいたでしょうね。でも、これが不幸にもこの業界の現状、そうじゃない？　現場を守りたい監督のニーズは理解するけれど、いざ自分の手に負えなくなったなら、もっと大きな見地で考えられるようにしなければ。

そこが、わたしたちに改善の余地があったところね。もしジョージが、だれも彼のヴィジョンにちょっかいを出すつもりはなく、ただ状況の沈静化をはかりにくるだけだと信頼してくれていたら。彼はいかなる邪魔立ても望まず、撮影中の数週間、わたしは自分の身になにが起きるかわからなくて、それは職場で感じる必ずしも好ましい感情ではないわ。ちょっとばかり、薄氷を踏むようだった。

ジョージ・ミラー　撮影中の段取りでがっかりしたことがいくつかある。ふり返ってみて、もしもう一度やることがあれば、おそらくもっと気をつけるよ。

トム・ハーディ　同感だ。あと知恵になるが、いろんな意味で自分のキャパを超えていた。ぼくらふたりへのプレッシャーが、ときどき強すぎたんだ。シャーリーズが必要としたのは、ぼくのなかのもっとましな、たぶんもっと経験豊富なパートナーだった。それは装ったりできないことだ。年をとってもっと老獪《ろうかい》になったいまなら、あの状況に対処できたと思いたいね。

マーク・ギルニッシュ　トムとシャーリーズがバイクに乗って、背後に鉄馬の女たちと妻たちが控え、交じりあっていたあのシーン——あそこで、たぶんトムが最大級に変化したのがはた目にもわかり、実生活でのシャーリーズへの当たりが実に柔らかくなった。彼がどんな演技を見せるのか、だれも心構えができていなかった。撮影後、わたしはカメラを離れ、戻ってきたシャーリーズにこう話しかけた。「参ったな、シャーリーズ。すばらしかったよ。仲直りしたのかい？　トムは最高だったな」

彼女も驚いていたみたいだ。だけど、最高だった。マックスとフュリオサがほんとうにチームになったのがわかる。あれを撮った日、総毛立った。ふたりのムードが変化したのを肌で感じたんだ。カメラがオフのときのふたりの話しかたときたら。「なんだ、どうした？　ふたりにドラッグを盛ったのはどいつだ？」って思ったよ。ほんとうに丁重で感じよかった。終わりのほうのトムは別人だった——はるかに御しやすかった。ぐっと協力的で、思いやりがあった。トムは徹底したメソッド俳優だから、そのままの感覚で、キャラクター・アークに従ったんだろうね。

ペトリーナ・ハル　概してふたりのフィーリングはキャラクター・アークを反映していたし、ふたりの人間が理解しあおうととんがって衝突するうち、なぜだか互いに尊重するしかたを覚えた、結局はね。それがマックスとフュリオサの最後にいきついたところ。ほんとうに尊重しあえる、一種の愛。馴れあいとは無縁の。

イアイン・スミス　ふたりのあいだの緊張は実際には、映画のなかのふたりのあいだに存在した愛を強めたと思うし、それはしばしば起きることだ。最悪なのは無関心であり、実際ふたりのあいだに、無関心はあり得なかった。

ケリー・マーセル　あのセットで度を失わなかった人間を知らない、自分を含めてね。空気が張りつめていておそろしかったし、撮影中止になるのではというプレッシャーに常にさらされていた。スタジオがロサンゼルスにあって、こちらでなにがつくられているのか理解せず、現地のスタッフはなにをつくっているのかを、やっぱりうまく伝えられないでいた。

クリス・オハラ　トムとシャーリーズの関係を、マスコミは書きたてた。ふたりの人間ができるだけ最高の仕事をしようとしたってだけなのにね。

第二十五章　やつらがくる

『マッドマックス　怒りのデス・ロード』の人里離れた撮影現場で派手ないさかいが起きるいっぽう、ハリウッドでも事態は風雲急を告げていた。

ワーナー・ブラザースの経営幹部が彼らの製作作品のなかでも最高級にワイルドで高額なプロジェクトの撮影を見守るあいだ、世間の耳目《じもく》を集めた後継者争いに幕が引かれる。二〇一三年にはスタジオトップの椅子に空きが出る予定で、外向的なバリー・メイヤーCEOの跡目を継がせるため、タイム・ワーナーのジェフ・ビューカス会長は三人のパワフルな重役を互いにけしかけあった。

次期候補の面々は、スタジオのホームエンターテインメント・グループを率いるケヴィン・ツジハラ社長、テレビジョン・グループのブルース・ローゼンブラム社長、そして映画部門のジェフ・ロビノフ社長。三人がポストを争って緊張が高まるなか、現在製作中の映画になにか由々しき事態が発生すれば、詳細に探りを入れられるとロビノフにはわかっていた。もし『怒りのデス・ロード』の状況が制御不能の惨事にでも陥れば、ワーナー・ブラザースを牛耳る彼の目論見は確実に阻まれる。

数ヶ月の困難なナミビアでのロケ撮影で、『怒りのデス・ロード』のキャストとスタッフは気をもむスタジオの経営幹部に悩まされ、さらにはロビノフ社長じきじきに……

コーリー・ワトソン　スタッフ・キャストは全撮影にわたるつめこみスケジュールのストレスと闘い、日々危険なスタントを撮影し、同時に資金面で締めつけられていた。そしてもちろん、キャスト間のごたごたがいくつかあった。自分だったら五日もすれば頭がおかしくなって、夜中に叫びながら飛びだしていっただろう確信がある。どんな罰ゲームなんだって思うよ。

シャーリーズ・セロン　ジョージは現場の指揮に粉骨砕身していた。

ケリー・マーセル　彼はほんとうに疲れていたし、ロケ地の環境は苛酷だった。わたしは七十代じゃないのに、砂漠を長時間歩いただけでへとへとになったわ。

ダグ・ミッチェル　ジョージが心配で気が気でなかった。砂漠で暮らし、夜明けに起きだして、確実に頭をちゃんと働かせていなけりゃいけない。一日の撮影の合間に、わたしはひと息入れて頭をすっきりさせられるが、ジョージにはできない。セットの真ん中に座って、みんなの問題に対処しなければいけなかった。

ゼブ・シンプソン　ジョージは疲れ果てていた。しまいには燃えつきていたよ。ひとりの男にとって、息つく間もなかった。一分ごとに二十個の質問を浴びせかけられるみたいなものだ。「これはなに？　これはなに？　これはなに？」

iOTA　ジョージが六ヶ月のあいだにすり減っていくのを見た。しまいにはボロボロになっていた。

ジョージ・ミラー　なんというか、わたしにはたぶんマゾヒスティックな信念があってね。出がらしにならない限り、全身全霊を映画に注いだことにはならない。ゆえに、疑問の余地なく、わたしは出がらしだった。

マーガレット・シクセル　彼が心配だった。あなたがたは半分も知らないわ、いっておくけど。ケープタウンに着いた頃のジョージを見せたかった。やせ細っていたわ。家に帰るのを待ちきれずにいた。こういっていたの。「もうどこにもいかないぞ、絶対だ」入念な下準備と、何年もそれに費やしたおかげで彼はやりおおせ、それから支えてくれる大切な仲間がいた――ＰＪ、ガイ・ノリス、ジョニー（ジョン）・シール。だけど、ジョージはすごく強情なのよ。

ダグ・ミッチェル　彼には疲れていてもどうにかして、外科医の正確さをもって仕事をこなす能力がある。不屈の意志があるんだ。

ジョージ・ミラー　わたしがやり通せた要因のひとつに、以前医師として鍛えられた事実がある。あの経験を、映画制作にどれほど応用できるか忘れていた——とりわけ、問題解決においてね。救急医療でたくさんのローテーションをこなし、さっぱり予測のつかない状況に置かれ、極限状態にある人間の治療にあたり、効果の望める対処をしなければいけない。自分の不安が起こすカオスとパニックに屈している場合じゃない。

ダグ・ミッチェル　ジョージについては、懸念があった。彼は二十五歳じゃないし、疲労がたまると絶望的な気分になるものだ。

アンドリュー・AJ・ジョンソン　彼はこの映画で七十歳の誕生日を迎えた。ジョン・シールも同様だ。でもジョンより年若い監督にあの映画が撮れたとは思わない——安直に、楽な道をとっただろう。先だっても、ある監督がショットのセットアップをしているときにわたしにこういったんだ。「いちばん楽な方法で撮れ」って。ジョージから学んだ大切なことが、まさに逆だった。「いちばん楽な道を安易にとるな。映画にとって最善の道をとれ」

ペトリーナ・ハル　ジョージは意固地なところがあって、今回の撮影みたいにカオスでリスキーでぶっ飛んでいても、手綱を離さない能力はそこからきているの。ジョージは本質的に手強いのよ。

ハッチ・パーカー　ジョージはこれ以上ないくらい優しいというか、ラブリーな人物だが、彼の優しい人柄は、ある意味偽装だ。彼には尋常ならざる集中力と固い意志があり、あきらめない。あの手の困難に直面してだめになった映画を少なからず見てきたが、ジョージには「やり遂げてみせるぞ、すごく時間のかかる準備プロセスを全うするぞ」という不屈の気概と闘志がある。それが彼のすごくユニークで特別な芸術家たるゆえんだ。過去に積みあげてきたもので、すごい逆風が吹いてもなんとか乗り切ってしまう。

ジョージ・ミラー　別の説明をすると、わたしにはよき友人の若手フィルムメーカーがひとりいて、彼はとてもよくやっていた。彼がはじめて長編映画を撮る前に、わたしに電話をよこし、「なにか助言はありませんか？」ときくので、こう答えた。「いいかい、きみは必要なことをすべて知っているが、ひとついえるのは、撮影中、自分のしていることが完全にクレイジーだと思う日がくる。理屈に合わなくても、その気持ちに負けてはだめだ。進み続けろ、すごくシュールになるから」

とにかく、彼は映画を撮り終え、わたしは「首尾はどうだったかい？」とたずねた。彼いわく、「すばらしかったです。でもほら、自分たちがやっていることが完全にクレイジーで、自分が完全にクレイジーに思える日がくるって話してくれましたよね？　あれが毎日続くとはいってくれなかったじゃないですか」

ダグ・ミッチェル　スタジオとしょっちゅう摩擦があった原因は、こっちは砂漠の真ん中にいて、製作費の張る大作映画を撮っていて、多くのことがこの映画にかかっていたからだ。

ゾーイ・クラヴィッツ　スケジュールは遅れていて、スタジオが製作費の超過に真っ青になったってきいた。

アダム・キュイパー　トラック内のごたごたで、少しばかり時間を浪費してしまった。

ニコラス・ホルト　ぼくの心情としては、こういう映画に出るときは、一週間か二、三週間程度で終わってほしい。とりわけ、砂漠の真ん中で映画を撮ろうってときにはね。

コリン・ギブソン　少しばかり予算を超過して少しばかりスケジュールを超過したが、（a）うちの（美術）部門ではなく、（b）もしジョージにこの仕事をやらせてスケジュールを超えると考えないなら、どのみちそいつは職を間違えている。

マット・テイラー　ジョージの撮影のやりかたでは、時間を超過することになるって、予備撮影でわかっていたはずだ。頭のなかで自分の欲しいイメージが鮮明に描かれているから、イメージ通りに撮れるまで撮り直し、撮り直し、撮り直す。そして正しく撮れたら五時まで待って、マジックアワーを使って本番の撮影をし、フィルム缶に収める。

ジョージ・ミラー　そのプロセスのあいだずっと、スタジオからの一貫した指示は皆無だった。われわれのやっていることを理解していないからだ。断片的すぎて、なにが映っているのかわからないんだ。

デイヴィッド・ホワイト　想像してみてくれ、自分がワーナー・ブラザースの人間で、このくそったれスタッフがアフリカのどこかの砂漠でスタジオの大金を湯水のように使い、送られてきたデイリーを観てみたら、映っているのはだんまり人間たちの集団だ！　「これはいったいなんの映画なんだ？」っていうに決まっている。把握するのは至難の業だよ。

ディーン・フッド　昔なら、スタジオの人間は二十年から三十年勤めあげていたが、いまでは一度へたを打てば一巻の終わりだから、リスクを冒したがらない――『怒りのデス・ロード』は大きなリスクだった。

ケリー・マーセル　ダグはスタジオとすごい剣幕でいい争っていた。電話に向かって叫ぶ彼の声で、トレーラーが一日中揺れていたわ。ジョージのヴィジョンを必死に生かし続けようとしていた。

イアイン・スミス　ジョージとダグがスタジオと角突《つの》きあわせていたから、わたしは板挟みになって、ワーナーと毎晩話してなだめるはめになった。出費のレポートや日誌その他と矛盾していても、わたしが軌道に乗っているといえば信用しなければいけないと請けあった。すごく異常で難しい役回りだったよ。

ガイ・ノリス　スタジオの連中は、ちょっと近所にいって、だれかがやっていることをのぞき見るのに慣れきっていた。ところがわれわれときたら、地球の反対側にいる。

コリン・ギブソン　ロサンゼルスに座したまま、六〇〇人がスタジオの有り金を使って砂漠をさまよっていても、コントロールする術がなかった。

クリス・デファァリア　書類を見れば、撮影が遅れているのはあきらかで、遅れの原因は様々――フィルムメーカーのコントロールによるものもあれば、その限りではないものもある。問題は、スケジュールが遅れているならその分をだれが支払うのか？　その話しあいは、決着がついていなかった。

ジョイ・スミザーズ　当時出回っていたゴシップによれば、スタジオは『マン・オブ・スティール』と『華麗なるギャツビー』〔共に2013〕を同時に撮影していて、どちらも予算を超過した。ごっそり損失を出すのを心配したスタジオは、『怒りのデス・ロード』で埋めあわせようとした。

シャム・〝トースト〟・ヤダフ　スタジオは月に一度、こちらの状況を偵察に、だれかを送りこんだ。

ジョン・ハワード　ジェットでやってくる彼らを見かけたが、ひと目でわかった。全員おそろいのスーツを着なきゃいけないとかなにかなのかね？　まなじりを決して現れ——わたしの知る限り、ジョージは毎回自分のいる砂漠まで彼らをこさせた。彼らになにをしたのかは知らないが、町へ戻るなりそそくさと退散していったよ。

シャム・〝トースト〟・ヤダフ　ぼくらはチェイス・シークエンスを何ヶ月も撮っていて、スタジオからきた男が安全管理者と一緒にぼくの車に乗った。余分な座席があるのはぼくのだけだったからね。彼にこう話しかけられた。「トースト、撮影はどんな調子だい？　映画はどうなってる？」真意は「撮影はスケジュール通りか？　予算を超えてないか？」だったと思う。だけどぼくは気にしなかった。

ぼくは「撮影の調子」ね、と思って、窓の外を指さすと、ドラム・ワゴンに乗った男たちがドラムを叩き、火炎放射ギターをかき鳴らしている。ぼくはこう答える。「絶好調ですよ！　これまでぼくが経験したなかでいちばんとてつもなくて、これ以上なんて、とても望めません！」すると、安全管理者のショーンがこういう。「こりゃ傑作だ。きみは彼の質問相手には最悪だな、予算通りかどうかなんて気にもかけないいんだから。おれたちが永遠にここにいても、気にしないだろ！」

ジョン・ハワード　彼らはげっそりして帰っていき、それからひと月後ぐらいに替わりがやってきて、同じことが起きる。人食い男爵に生きたまま食べられる。

リチャード・ノートン　少しばかり、突然自分がいたずら小僧になって、先生がだれかをお目付役に送ってくるみたいだった。こういっては語弊があるかもしれないが、ちょっと侮辱された気がした。スタジオはいつも、すべてに指紋をつけたがる。視察をよこした事実を正当化したいからだろう。

ジョージ・ミラー　とどのつまり、有能なフィルムメーカーはどんなスタジオの幹部より、自分の映画をわかっているんだ。

ヒュー・キース＝バーン　ジョージが心配になった。「まいったな、あいつらは彼をどうする気だ？」

二〇一二年の九月末、『怒りのデス・ロード』の撮影終了まで残すところあと三ヶ月になると、ジェフ・ロビノフが遂にナミビアへ、自ら采配をふるいに飛んできた。当時はまだ重要なシークェンスの撮影が残っていた。最後の砂漠の追跡劇と、イモータン・ジョーの牙城たる砦《シタデル》での全シーンだ。映画の冒頭と結末の大部分が砦で起きる予定で、ミラーはケープタウンに移動して、最後の撮影に入ってから数週間をかけてそれらのシーンを撮る予定でいた。だが、ロビノフはどんな手段を講じてでも出費を抑える構えだった。

ジョン・シール　ワーナー・ブラザースの社長がナミビアに飛んできて、財布の紐を引き締めにきた。

コリン・ギブソン　ポーカーをしている連中が、賭け金の数字を心配しはじめた。

マーク・セクストン　ロビノフは『怒りのデス・ロード』を気に入らなかった。『ハッピー フィート2』がうまくいかなかったとき、結果としてことさら『怒りのデス・ロード』の心証を悪くしたんだと思う。

ダグ・ミッチェル　理由がどうあれ――ツジハラに対抗してのことだったんだろう――映画の制作再開をあと押ししたあと、異例にもジェフが砂漠のわれわれのもとへやってきて、不穏な雰囲気をつくった。

ジョージ・ミラー　ジェフはあえて、自分が強い経営者だと誇示しなければならなかった。ここへ顔を出し、彼の指揮するワーナー・ブラザースで親分風を吹かせなければならなかった。彼の現状は知っていたが、そんな生半可なことをやっても、だれにもなんの得にもならない。

ジョシュ・ヘルマン　彼がロサンゼルスから飛行機に乗ってナミビアまでジョージに会いにきた、ときいたとき、ぼくは「あちゃ、おれたちゃおしまいだ」と思ったよ。世界の反対側からだれかが飛んでくるとあれば、深刻なトラブルが起きたに決まっている。

マーク・ギルニッシュ　四日間、撮影が止まった。

アンドリュー・AJ・ジョンソン　朝食を食べに歩いていくと、iPadを手にしたPJが反対方向からやってきて、わたしが「よおPJ、調子はどう?」と声をかけたら「今日は撮影はなしだ。朝食を食べたら一日機材のメンテナンスをしてくれ」といわれた。

ジョイ・スミザーズ　ほぼ全員が休みをとっていいが、キャストと各部門の責任者はロケ地にいって写真を撮り、その間《かん》ワーナーの人間が視察にくるっていわれた。それで、演技はなしになった。写真撮影のために配置についていると、心配顔の一団が歩きまわっていたわ。

クリス・オハラ　ジェフ・ロビノフと打ち合わせをしているあいだに、ジョン・シールとウォー・タンクをロケに連れ出して、たくさん撮影してこいとPJにいわれた。わたしは「了解。自分はプールにいるってことに!」と返事をし、ジョンと影の部隊をまとめると、夜明けにこっそり出発した。ウォーキーでロビノフととり巻きを乗せた車が近くを通ると知らせを受け、わたしが「くそっ、隠れなきゃ。どこかないか？」ときいたら、だれかが「あそこの砂丘はどうだ？」と指さした。「ウォー・タンクがはみ出るぞ！」「いいから、隠すんだ！」それで、「おいみんな、ウォー・タンクを動かせ！ウォー・タンクを動かせ！」とせきたてた。

で、みんなで砂丘に隠れて向こうの小さな橋をのぞいていたら、車が走っていく。「きっとやつらだ」とわたしはいった。われわれは三十キロばかり走って逃げ、その日は六、七時間たっぷり、ウォー・タンクが砂漠を走りまわる撮影をした。電源を落として撮影はなしのはずなのにね。妙だな！　一部は実際に、映画のファイナルカットに使われたよ。

ダグ・ミッチェル　ジェフは不安とパニックの種をまき散らし、わたしは電話を山ほど受けた。ジェフはこういった。「カメラは十二月八日に止めろ。どれだけ撮れていようと、それまでだ」

ジョージ・ミラー　ジェフは「最後のチェイスシーンを選んでもいいが、はじまりと終わりは撮れないぞ」というんだ。それで、映画から一貫性が失われる日がくるのを知った。ふたつの砦《シタデル》のシーンでサンドイッチしなければ、映画は締まらない。

P・J・ヴォーテン　ジェフにこういったよ。「あともう二週間くれれば、完全にすべてを撮り終えられます。映画ぜんぶが撮了し、われわれはおとなしくなる。さもないと、来年あなたがたは舞い戻るハメになり、二倍のコストがかかりますよ。でもそれはできない――というか、しないとわかっています」結果、彼らは二週間を与えてくれなかった。われわれは砦《シタデル》をカットした。

レスリー・ヴァンダーワルト　ジェットで飛んできたと知って、わたしはこう思った。「オーマイゴッド、それに幾らかかったの？　わたしたちがここに残る資金にできるのに！　それに、一日一ドルで暮らし、食べものもろくにないここの人たちを尻目によくできるわね」って。頭にきた。わたしたちへの仕打ちだけでなく、彼らの懐に入っている何百万もの大金《ドル》の、これみよがしの茶番に対してよ。

シーラ・ホックマン　製作者たちがきて、ケープタウンの撮影がごっそり削られたうえ、スタッフを解雇しないといけないと宣告された。ナミビアにはきたことがなく、ケープタンで雇われた人が大勢いて、突然職にあぶれて大ショックを受けていた。

ジョイ・スミザーズ　助監督たちとジョージとニコ（・ラソウリス）の様子から、一大事だってわかった。だって、ジェニー・ビーヴァンに「ラストシーン用の衣装一〇〇〇着の縫製は中止。その場面の空撮はなしになった」というんだもの、「ええっ？」となるでしょ。

テイト・ヴァン・オーツホーン　ケープタウンで組んだ八つのセットのうち、三つを残すようにいわれた。

シーラ・ホックマン　あと三日で完成できるセットもあったのに！　たとえば、バイオドームは文字通り壁にコケまで生やしたのに、まるごとバラしたわ。

レスリー・ヴァンダーワルト　壮麗なセットだった。手間暇をかけたのに、解体しなきゃいけないなんて、悲しかった。

ショーン・ジェンダース　そのうち、コリン・ギブソンが自分のクレジットカードをテーブルに投げて、こういうのをこの耳できいた。「セットを残しておけ」コリンの性分だ。完成させようと入れこんでしまう。

ジョイ・スミザーズ　コリンってば、「解体させたりしない。あいつらだってミスするさ！　気が変わって、また要るっていい出すはずだ」って。

シーラ・ホックマン　あそこで撮れたのは、血液バンク、祭壇、水耕栽培室だけ。文字通り、それで終わり。

ジョン・アイルズ　われわれみんなが、「やれやれ、完成目指してここまでやってきた結果がこれかい」ってがっくりきたよ。

第二十五章　やつらがくる

ジョージ・ミラー　はじまりと終わりのない映画なんてあり得ないのはわかっていた。映画をつくろうと心に決めたら、寝ても覚めても映画のことで頭がいっぱいになる。問題なのは、もしきみがスタジオの経営者なら、水曜日に十分ほど考えて終わりってなることだ。

第二十六章　「すり減って、濃縮された」

ジョージ・ミラーとその製作パートナー、ダグ・ミッチェルはいまやはじまりと終わりの欠けた映画をいかに救うかに集中し、そのいっぽうで重要な部分の撮影がまだ残っていた。二〇一二年十一月十九日から十二月八日にかけて、撮影はナミビアの砂漠からケープタウンのサウンドステージへ場所を移し、最後の工程に入る。その地でミラーは可能な限り、屋内撮影をつめこもうとした。セットの大半を解体すべしとのジェフ・ロビノフの命令をよそに。

あわただしい時間だったが、疲弊したキャストとスタッフは、少なくとも景色が変わることを歓迎した。困難をきわめた撮影が、終わりに近づいていた。

コートニー・イートン　砂漠にいた最後の月には、全員がげっそりしていたから、ケープタウンに移動して、都会に繰り出してバーにいけると思うと、気がはやってしかたなかった。

ライリー・キーオ　その話で持ちきりだった。「オーマイゴッド、あと二ヶ月でケープタウンだよ！」それまであと何日だろうって、月と週をカウントダウンした。映画で登場人物たちが緑の地に焦がれるみたいだった。

デイナ・グラント　終わり近くはみんながボロぞうきん状態だったわ。だれもがちょっと錯乱して、へべれけになってた。

ブレンダン・スミザーズ　もうほんとうに、すっかりあそこに居着いてしまった。とても長いことい たからね。

iOTA　ナミビアからケープタウンへ渡航した日、機内は何百人ものキャストとスタッフとスタントたちでいっぱいだった。砂漠を出て、とりあえず文明社会に戻れ、みんなすごくほっとしていた。

クリス・オハラ　定員三五〇人の便にまとめて乗った。ジョージまで乗っていた。

iOTA　地面を離れると、機長が「紳士淑女のみなさま、ウォー・タンクは離陸しました」とアナウンスしたもんで、機内全体が割れんばかりの歓声に沸いた。感無量だった。

アダム・キュイパー　終わりかたとしては文句なしだ。快適なホテル、オーシャンビュー、ちゃんとしたショッピングセンター。もう毎日どろどろで帰らなくていい。

ショーン・ジェンダース　みんな映画の話はしなくなって、レストランの話をしはじめた。いままで小さな町にいたと思ったら、突然レストランのNOBUにいるんだ！

シャーリーズ・セロン　わたしたちみんな、「文明世界よ、どうしよう！」って感じだった。ぜんぜんわたしらしくないけど、みんなしてケープタウンでやったレディー・ガガのコンサートにいったの。オーマイゴッド、日常生活に戻った！

アダム・キュイパー　「まとも」の範疇に属する人々が大半の場所へ戻るのは、変な気分だった。すごく長いあいだ、砂漠で生活していたからね。

クリス・オハラ　ケープタウンに到着次第、「おー、サウンドステージとエアコンがある映画撮影に戻ったぞ」と気分があがった。でも、どうしたらいいかわからなかった。みんなはだいたい戸外にいた。

コーリー・ワトソン　わたしが合流したのは遅くて、ケープタウンに入ってからだった。彼らがやってきはじめると、文字通りにも比喩としても砂漠を渡ってきたような印象だった。彼らは自分が変わってしまうような、強烈な経験をしたばかりで、まだ折りあいをつけている途中だったんだ。だけどみんな少し精神的に疲れていて、いかにもそう見えた。

ゾーイ・クラヴィッツ　わたしとアビーとライリーで、ケープタウンに着いたときにタトゥーを入れたの。三つの小さい点。一緒に登った小さなピラミッドみたいに。ニックはタトゥーを入れたのかな？

ニコラス・ホルト　し損ねた！　彼女たちが入れにいった日、ぼくは撮影だった。「きみたちでいってきなよ、ぼくは明日いくから」っていったんだ。そのあと彼女たちのいったタトゥーショップにいくと閉まっていたから、結局やらなかった。

ショーン・ジェンダース　ぼくたちは一ヵ月か五週間しかケープタウンに滞在しなかった。もっと長くいる予定だったのに、繰りあげられたんだ。

ジョシュ・ヘルマン　なにか映画にとって欠かせないものが抜け落ちてしまわないかと心配だったよ。あの映画は引き締まっていて、適切に効力を発揮するにはすべての断片が必要だったから。

シャーリーズ・セロン　わたしたちみんなで話しあったの、ジョージが映画の結末を思いつけるまでここにとどまるべきか否か。だけどみんなはすごく疲れていて、強くは押せなかった。いったん解散してあとで結末を考えるべきだとジョージは悟ったんだと思う。それで、「いや、きみたちを解放する」といって、解散になった。

十二月八日、『マッドマックス　怒りのデス・ロード』はジェフ・ロビノフに申し渡された最終期限を迎えた。これが撮影の最終日となる。

P・J・ヴォーテン　あの日、わたしはシャーリーズを抱きしめて、こういった。「ありがとう、がんばってくれて」そしてわれわれはなかに入り、マックスとニュークスが嵐に揉まれる車内シーンを撮った。

ジョージ・ミラー　サウンドステージで一緒に撮影をしたのは、〝ファンタジー班〟と呼んでいる小規模なユニットだ。ふつうはカメラマンと小道具係から成り、あっちやこっちの小さなショットを埋めていく。それで、ボルトでつくった小さな鳥があった。スプリングにつけたファウンドオブジェ・アートで、ニュークスのダッシュボードのオーナメントにしていた。嵐の最中、スプリングの小鳥が上下するのが見え、ニュークスが声を張りあげる。「あー、サイコーな日だぜ！」小鳥はまるで、同意しているみたいだ。

アンドリュー・ＡＪ・ジョンソン　ダッシュボードに載った小鳥のショットを撮ったら、三秒間のショットに二時間かかった。最後にはジョージが魚釣りのワイヤーを持って、わたしのとなりに座った。小鳥のはねかたをコントロールしたがったんだ。ＰＪがわれわれのほうへ歩いてきて、こういった。「ジョージ、おれはこのショットを映画の最後のショットにはさせませんよ！　こんなのばかげてる、あのくそ鳥に二時間使ってますよ」

ジョージ・ミラー　ＰＪは「撤収しないと」といい、スタッフが「まだだ、これを完璧に撮りたい」といい張ったのを覚えている。わたしは「わお、まだそんなエネルギーが残っているのか！」と思った。まだ懸命に、最後までやり通そうとしている。わたしはすごくうれしくなり、これは映画のなかでもお気に入りの、小さな逸話つきのショットなんだ。

アンドリュー・ＡＪ・ジョンソン　ただ十分間撮影してつぎのショットに移ることもできたけれど、あれが本質的に、ジョージの映画がすごくいいことの秘訣なんだ。とてもこだわりがあって、妥協を許さない。

ゼブ・シンプソン　撮影の終わった最後の晩、ジョージは精根尽き果てていた。たぶん一週間ぶっ通しで寝る必要があったんじゃないかな。あんな大作を撮影していれば、一日はいくらあっても足りないよ。

シャム・〝トースト〟・ヤダフ　ストーリーボードを家に持って帰って、堅表紙の本に綴《と》じたかったから、こう考えた。「そうだ、これに監督のサインが欲しいな——イヤーブックみたいに、高校の卒業記念みたいに」ある意味、卒業するようなものだったと思う。それで、クランクアップの日、ジョージのところへいって「ジョージ、これにサインしてもらえます？」といったら、彼は「ああいいとも、もちろん」と快諾してくれた。その日のあとで、「ヘイ、トースト！」ってぼくにストーリーボードを手渡してくれた。「サインしたぞ」って。

トースト！
きみはみんなのお手本、インスピレーション、喜びだ！　ＰＪがきみを『怒りのデス・ロード』に引きいれて、すごくうれしいよ！
——ジョージ・ミラー

シャム・〝トースト〟・ヤダフ　それで、歩きはじめたら、監督がぼくの肩に手をかけてふり向かせた。「その、そこに書いたことは……わたしの気持ちをちゃんと伝えられていない」そして、感極まった声でこう続けた。「参加してくれてすごくうれしいよ」彼はほんとうにすばらしい人だ。とても親身で、最後の数日間はそんな感じだった。なにかを一緒にくぐり抜けたみたいな。

ゾーイ・クラヴィッツ　撮影終了間際になって、どれほど深くうさぎ穴を落ちたのか、みんなやっと実感したんじゃないかな。あんなあとでふつうの生活に戻るのは、ほんとうに奇妙な感じだった。みんながとほうにくれていた。

ロージー・ハンティントン＝ホワイトリー　あの経験をふるい落として、自分をとり戻すのにしばらくかかった。自分の服やジュエリーを身につけるのさえ奇妙に感じたわ。

シャーリーズ・セロン　映画の撮影中は一日も病気にかからなかったのに、飛行機に乗ってロサンゼルスに着く頃には急性気管支炎になって、肺炎をこじらせた。体が壊れたみたいだった。わたしのすべてのパーツが、「オーケー、もうサバイバルしなくていい」っていっていたの。もう休んでいいぞって。

マーク・ギルニッシュ　この一大事業が、遂に終わりを迎えた。地獄にいって帰ってきた気分だよ。ほとんど自分たちがウォー・ボーイズみたいだった。

ケリー・マーセル　発《た》たないといけない日がきたとき、完全に打ちひしがれたわ。みんなとすごく仲よくなって、すごく結束して、家族みたいだったから。それまでやったどの映画より強く結びついた。だって、サバイバルした仲だもの、そうでしょう？　『ウォルト・ディズニーの約束』の初出勤日、「『怒りのデス・ロード』ファミリー」から巨大な花束が届いたの。泣いたわ。『ウォルト・ディズニーの約束』と関係者一同を好きだけど、そこにいたくなかった——絶望的に『怒りのデス・ロード』に戻りたかった。人生で二度と再び、あんな体験はできないとわかっていたから。

ユージーン・アレンセン　このヤバいごっこ世界で、ほんとうに気のおけない仲間と毎日最高に楽しいことをやっていたのに、突然家に帰って九時から五時まで仕事をしなきゃいけない。それを俗に〝スタント・ブルース〟というんだ。

ペトリーナ・ハル　すり減って、ギュッと濃縮された感じ。ほろ苦いというか。一生ものの体験をしたってわかっていた。それがどういう意味を持つかは公私ともどもよくわからないけれど。

ジョシュ・ヘルマン　大々的にヒットするか、大々的にコケるかのどちらかになるとわかっていた。

P・J・ヴォーテン　変に感じたのは、映画がまだ終わっていないと知っていたからだ。

クリス・オハラ　帰宅し、妻の実家にクリスマス休暇でいったとき、義理の両親から「大丈夫？　うわの空に見えるけど」っていわれた。わたしは「ああ、すみません。映画を撮ったばかりで、いいのか悪いのかまったくわからないんです」と答えた。八ヶ月ほど経って、妻がわたしを見てこういったんだ。「あのね、あなたってばあの映画のことばっかり考えてて、何ヶ月も心ここにあらずだった。ほんとうになにかすごいものをつくったっていう実感がないいんじゃないの」指で十字をつくって、願をかけたけれど映画のできがどうなるかはわからない。

ジョージ・ミラー　クランクアップの日に映画づくりは完了すると思うかもしれないが、それからつぎの戦いがはじまる。つまり、ポストプロダクションだ。それはまったく、別の話なんだ。

PART III END OF THE ROAD

第三部　旅路の果て

第二十七章　心が壊れたら

二〇一二年の大半を砂漠での戦争に費やしたあと、ジョージ・ミラーはシドニーに戻り、新たな戦闘準備に入る。小競り合いの場は、スタジオの重役専用室や試写室に移るが、『マッドマックス　怒りのデス・ロード』の制作上、ナミビアでのいちかばちかの日々に劣らぬほど重要な局面だ。もしミラーが編集室で自分のヴィジョンをつかみそこね、とまどう経営幹部たちから死守できなければ、この企画に彼が長年注いできた膨大な作業が無駄になる。

この局地戦でミラーと共同戦線を張るのは彼の妻マーガレット・シクセル、『怒りのデス・ロード』の編集者だ。公私にわたるパートナーとして、ふたりは互いにバランスを保ち――ミラーは喜んでもったいぶった長広舌をふるい、南アフリカ人のシクセルは辛らつでそっけない――シクセルは以前『ベイブ　都会へ行く』と『ハッピー フィート』を編集した。だが彼女の一度も編集したことのないジャンルが、アクション大作だ。

ジョージ・ミラー　この方面でのわたしの判断は正しい。マーガレットに編集を頼んで幸いだった。なによりもまず、彼女はアクション映画に興味がない――感性が違うんだ――が、妻の思考法をわたしは知っていて、厳密にことにあたるとわかっていた。技術的な厳密さをいっているのではない。ショットをひとつに並べるのならだれでもできる――わたしが知るどの編集者にもできない、知的かつ感情的な厳密さのことだ。

マーガレット・シクセル　ジョージたちはナミビアで九ヶ月か十ヶ月撮影し、わたしはシドニーでアセンブリー編集をしていた。

イアイン・スミス　素材に目を通すだけで、だいたい二、三ヶ月かかった。

ジョン・シール　フィルム四〇〇時間分を撮った。かわいそうなマージー（マーガレット）、それを二時間分に編集しなきゃいけなかったんだから。たぶんいまでも文句をいっているよ。

ダグ・ミッチェル　膨大な量のフッテージで、カメラ何台分もあった。『ベン・ハー』を超えていた。

ジョン・シール　あれがわたしの撮った最長の映画かって？　そうかもしれない。ジェームズ・L・ブルックス監督と撮った『スパングリッシュ　太陽の国から来たママのこと』〔２００４〕が迫るかな。あの作品ではフィルム二〇〇万フィートは優に超え、コダックからシャンパンボトルを二本贈られたよ。

マット・タウン（ポストプロダクション監修）　マージーを死ぬほど愛してる、絶対的に死ぬほど愛してる。彼女はたぶんわたしが会ったなかでも最も実際家で、それなのにとんでもなく気さくで、なによりシーンの情緒的な核心をつく能力がある。すごく実際家だからこそ、ジョージのいい引き立て役になった。ふたりが結婚して、いいことずくめだけど、彼女の編集手腕を貶《おとし》めたくはない。達人なんだ。

ケント・ワタナベ（ＶＦＸ編集）　ジョージとマージーに夫婦関係についてたずねたことがある。だって、監督と編集は生半可な関係じゃないからね。一緒に仕事をして、一緒に帰宅する。映画が終わったあとは仕事を忘れ、もとのさやにすんなり収まるものなのかな？

ジョージ・ミラー　彼女にはすごく感謝している。たまたま最愛の女性であり、パートナーで、編集者だ。わたしはたぶん世界中で唯一彼女がこの仕事をできると知っている人間だろう。それは彼女の編集のやりかたを熟知しているからだ。

マーガレット・シクセル　素材の大半を、「まあ、すごくシンプルだしつなげるのは簡単だろう」と思うかもしれないけれど、実際はツー・ショットひとつとってさえ、トムを別のテイクから、シャーリーズを別のテイクからとっている。全シーンをそうやってつなげたのよ。

ジョージ・ミラー　彼女はそういうところには、すごくこだわる。努力を惜しまないんだ！　単にべストショットをぜんぶ並べてひとつにつなげるわけじゃない。ひとつのショットからつぎのショットへ、テーマ上の関係性を探る。それに、すごく飽きっぽい性分だから、くり返しがない。

デイヴィッド・ホワイト　あの映画を観ていると、自分がどこにいるか、地理が常に頭に入っている。膨大なカット数と悪夢のようなショット数なのに。

トム・ハーディ　デザインのつるべ打ちとそのオーケストレーション、そしてすごく鮮明な語り口。統制されたカオスだった現場を考えればね。

ジョージ・ミラー　アクション映画がやりがちな常套手段がある。ひとつのショットからつぎのショットへ素早くカットが連続していき、ショット同士になんの因果関係もない。だが、ひとつの音やひとつのコードからつぎのコードへと移る音楽のようにつなげるべきで、そうでなければ一種不快になってしまう。

ピーター・ラムジー　ただスタント・アクションのシーンをお膳立てして、「よお、二十四台のカメラで撮影して、映像を適当にぶった切ってつなげれば、ヤバそうに見えるぜ」というのとは違う。ミラーとマーガレット・シクセル、ふたりは一瞬一瞬を可能な限り明解かつ直感的に見せようと、技巧を凝らしている。観客を煙に巻こうとはしていない。

デイヴィッド・ホワイト　ジョージは逐次的に編集するアイディアに完全にこだわっていて、それはほかのどんな作品ともすごく異なるやりかただった。実際、サウンドミキシングをはじめたとき、彼は〈スプール1〉を完璧に調整してから〈スプール2〉に移りたがった――そんなのはサウンド的には無理な話だ。だけどジョージにあれほどでかい期待をかけられると、みんなが最高の努力に十パーセント上乗せして仕事をした。そうしないわけにいかないからだ。火事場の馬鹿力ってやつだよ。

マーガレット・シクセル　頭とお尻のない映画の編集を一年やるのは難しかった。どうやって体裁を整えるか、考え続けていたわ。ナレーションを書いて、オープニングのチェイスシーンのギャップを埋めてみる？

ダグ・ミッチェル　はじめと終わりでブックエンドにしなければ、映画はほぼ理解不能だ。

マット・タウン　フュリオサがトラックを走らせるところからはじまる編集をしたが、「彼女はあのでかい場所からやってきた」ということを伝えるなにかが必要だった。フュリオサがなにかから逃げているのはわかるが、敵は何処《いずこ》に？

それでも、ミラーとマーガレット・シクセルはアフリカから戻ったあと、ろくな猶予ももらえないまま、初期段階の編集版をワーナー・ブラザースの幹部に見せる必要に迫られた。ヴィジョンをきちんと洗練させる時間などまったくなく、あわててまとめ、曲がりなりにも一貫性を持たせ、あまつさえ壮大さを醸《かも》し出そうと努めた。

ペトリーナ・ハル　スタジオ向けに最初のディレクターズ・カットの試写を、たぶん撮了後八〜十週間でおこなっている。大事な瞬間だった、ものすごくどきどきした。

ジョージ・ミラー　マーガレットがわたしにこういったんだ。「ほんとうにこれを彼らに観せたいの？　まだぐだぐだだから、間違った解釈をされるよ」だがわれわれには彼らに観せる義務があり、「まあ、やってみるさ」と答えた。

マット・タウン　たぶんわたしがやったなかでは、最も緊張した試写だった。シドニーでやった最初の社内試写で、ジェフ・ロビノフとクリス・デファリアと［製作総指揮の］コートニー・ヴァレンティが出席した。彼らがドアから入ってくる一、二時間ぐらい前に編集を終え、文字通りAvid［編集システム］から再生した。ジョージが小声で出す「音量をあげろ」とか「しぼれ」とかの指示に従ってね。これでわれわれの生死が決まる、と思ったよ。

急場しのぎの『怒りのデス・ロード』初期編集版は、シドニーに飛んできた経営幹部と製作者たちから、どっちつかずの評価を受ける。

クリス・デファリア　きいてくれ、映画の最初の試写で、スタジオの最悪の懸念が完全に現実のものとなった。ある意味あのドラフト版は、最終版の姿を霧に包んで非常に見えにくくしてしまい、大半の人々はひどく動揺した。この映画をつくるために危ない橋を渡ったり、厳しく監視したり、攻撃した者たち——撮影許可を出したジェフであれ、フィルムメーカーへの支援をしたコートニー（・ヴァレンティ）であれ、進行に尽力したわたしであれね。

ジョージはこういった。「いまの状態の映画を観せます。完成にはほど遠いですよ」スタジオの常として、彼らは非現実的なスケジュールに固執し——ジョージには編集時間がもっと必要だった。だが彼は要求されたことをしたんだ。そしてとても早い時期に社内上映にかけ、たぶん尚早すぎた。おかげで、確かにぞっとしない印象を受けた。

ケリー・マーセル　ワーナーがわたしを呼び出して、彼らの持っている編集版を観るようにいわれた。映画は全体の三分の二しかなくて、あれを観てわたしは、なんの映画だかわからないぞ、と思ったのを覚えている。トムはまだ観ておらず、電話をよこして「どうだった?」ときくから、「すごくよかった!」と答えたわ。だって、本音はいえないじゃない。そして、こう思っていた。「たいへんだ、ワーナーは正しかった。支離滅裂だ」

ユージーン・フィリオス（トレーラー編集）「迷走しているアート作品」、それが当時の所感だった。あれを観た者みんなが、これはいったいなんの映画なのだろうと、首をひねった。三時間半の無音のラフカット——あの映画を、セリフが極端に少なく、音響のない状態で想像してほしい。ジョージ・ミラーはおそらくユニークで明確な、肉づけを施《ほどこ》したヴィジョンを頭のなかに持っていて、最終版を観れば「おお、これは傑作だ、みごとにひとつにまとまっているぞ」っていえる。だけどこの映画の最初のワーキング・ドラフトを観たときは、「ワーナー・ブラザースがジョージ・ミラーに一億五〇〇〇万ドルをやって撮らせたのは、イケてる女の子たちが砂漠にいて、トム・ハーディが仲間に加わる映画かい」と思ったよ。最初に手をつけたときは、マジでぐちゃぐちゃにしか見えなかった。配給・宣伝サイドの人間の大半が、これはコケると思っていた。

コートニー・ヴァレンティ（製作総指揮）　ジョージの編集プロセスは、ほかのフィルムメーカーとは一線を画している。たいていは、ディレクターズカットまでに大まかに全体像を仕上げ、そのあとからファイン・カッティング（カットごとの細かい調整）していくのに、ジョージは最初からずーっとファイン・カッティングしているの。ポストプロセスでやっと、完全なかたちの映画が見えてくる。

アンドリュー・ジャクソン　もしジョージに時間を与えれば、なにかすばらしいものを生みだす。すごくきつい締め切りで彼を拘束しようとすると、ろくな結果を望めない。

クリス・デファリア　ジョージは編集を続けて映画を整えていき、そのかたわら、かなり真剣に討議を重ねた。ストーリーについて、登場人物――たとえばマックス――にもっとセリフがいるかどうかについてね。

マーガレット・シクセル　マックスの過去を肉づけするために、〝少女〟の要素を加えた。フラッシュやサブリミナル・カットで、過去のトラウマを示唆しようとやってみたの。興味深いことに、比較的シンプルな、マックスたちが全員引き返そうと決めるシーンで調整が必要だった。このシーンの最初のカットはもっとケイパブルとニュークスに比重が置かれ、マックスの配分が少なかった。注意深いリライトと編集で、焦点をマックスに移したの。これは再撮影なしですませ、オーディオのリレコーディングだけで処理している。

ユージーン・フィリオス　ほとんどのフィルムメーカーなら、スタジオに映画を牛耳られていることがわかると、台なしにしてしまう。いちばん生《なま》の状態から最終的なかたちを判断するなら、幸運だったか、監督がものすごく明確なヴィジョンを持っていて、彼だけがやりかたをわかっていたかのどちらかだ。

ジョン・アイルズ　ジョージの場合、彼の壮大なプランは頭のなかにあるんだ。

マーガレット・シクセル　作曲家のトム・ホルケンボルフがごく早いうちからきて、仮音楽をつけてくれ、わたしにはすごく助けになったの。おかげで映画を読みとくのがかなり楽になった。

トム・ホルケンボルフ（音楽）　ほとんど二年この映画に関わっていたが、それは異例の長さなんだ。作曲家が一本の映画に費やす平均時間は三ケ月から五ケ月間。作品をどこへもっていくかの図抜けたヴィジョンを持つ監督と組むのでない限りね。

マーガレット・シクセル　ハイオクタンのチェイスと静かな瞬間があって、二本の違う映画のように感じた。ふたつを縫い合わせて一本の映画らしい感じを出せるか、ずっと心配していた。「これでうまくいくの?」って。音楽を見つけ、流れを見つけたとき、映画の各セクションがすごく鮮明になる。トムがいちょくちょく、作曲家たちを連れてくるタイミングが遅すぎるって思うのよね、実のところ。トムがいてくれてすごく感謝してる。

トム・ホルケンボルフ　曲をつけはじめたとき、ジョージはこの映画にあまり劇伴は必要ないと考えていた。ギターを少しとドラムを少し、それから残りは車のエンジン音でじゅうぶんだと。

ジョージ・ミラー　ギタリスト――ドゥーフ・ウォリアー――とドラマーたちと車両がじゅうぶんなサウンドスケープとなって、ストーリーを基本的に語ってくれると考えた。音楽がつくのは、登場人物たちが仲間を見つけたあとでいい。

クリス・ジェンキンス（リレコーディングミキサー）　音楽のないヴァージョンがあった、セリフのないヴァージョンがあった。

デイヴィッド・ホワイト　ジョージとの仕事でも特に楽しかったのが、〝セリフ撲滅デー〟だ。映画を通しで観て、「あれはいらない。これもいらない」って消していく。

ジョージ・ミラー　要するに、わたしはいまだにサイレントムービーで勝負していた。映画の言語を最初に定義した形式だ。大写しにした人物の頭部が回るのを劇場ではじめて観た観客は、悲鳴をあげた。生首だと思ったからだ。いまでは小さなこどもが映画、つまり〝動く絵〟の言語を読みこなしている、本を読むより先にね。

トム・ホルケンボルフ　少しずつシーンを攻めていき、ジョージに提案した。「ほら、これはどうです?」そしていつの間にか、ひとつかふたつの箇所を残し、映画全編に劇伴がついていた。

とはいえ、根本的にはひとつの長いチェイス・シークェンスである映画に曲をつけるのは、容易ではない。〈ジャンキーXL〉のステージネームで本作の劇伴を作曲したホルケンボルフ最大の挑戦は、疾走するが二度とくり返さない、感覚に訴える体験を演出することだった。

トム・ホルケンボルフ　映画音楽で優先順位の高い需要は、アクション映画に曲をつけるとき、つぎはどうなるんだろうという絶え間ない期待を、いかにあおり続けるかだ。自分の人生に起きたふたつのすごく重要な体験によって、それに対する一種の解決法のヒントを得た。

ひとつは、ライヴショーをやる電子音楽家だった以前の仕事からきている。ＤＪが新しいトラックをかけるたび、それ以前のどんな音よりうるさく感じるが、実際は違う！　どんな仕組みかというと、新しいトラックをかけてから三〜五分間のあいだ、ほんの少しずつ音量を下げていく。それから新しいトラックがかかると最初の出だしのレベルに戻り、それで一層うるさく感じるんだ。

だから、それが解決法のひとつ。もうひとつは、ぼくの最大の趣味、料理に関係がある。十コースの食事では、どれかひとつからはじめて、口のなかに余韻を残したまま、つぎのステップに移りたい。ワインテイスティングも同じで、あるワインではじめ、つぎにもっと強いやつに進む。その知識が、連綿と続くアクションスコアにアークをつくりだしたいときにほんとうに役に立つんだ。最初の二十分で、味覚を確立する。

たとえば、「エスケイプ」という曲がある。マックスがウォー・ボーイズに連行され、背中に焼き印を押されそうになるすごくエキサイティングなアクション・シーンで、音楽がさらに盛りあげているが、唯一きこえるのは奇妙な弦のリフだけで、それが何度も何度もくり返される。ウォー・ボーイズがフュリオサの乗ったばかでかいトラックを追跡しはじめてからやっと、ドラムとギターが鳴りはじめる。いったん導入したら、排除できないからだ。

マーガレット・シクセル　オープニング・シークェンス全体が、ほとんど脚本に起こされなかった。ヴォイスオーバー、マックスの過去の人生……あそこは編集室でつくったの。

シャーリーズ・セロン　映画の九十五パーセントがダビング。サウンドステージでほとんど映画全編をもう一度演じたわ。

ヴィクトリア・ミエルースカ（アクセントコーチ）　撮影隊が引きあげてきて、映画の編集をはじめたとき、かなりの割合でセリフの追加録音が必要だと悟った。戸外で、たくさんの車と一緒に撮影されていたから。ぜんぶクリンナップして、リフレッシュしないといけなかった。この作業には数ヶ月かかったわ。

クリス・ジェンキンス　シャーリーズはくり返し、くり返し、くり返し演じた。彼女にはキツい作業だった。ジョージに惜しげなく協力して、ものすごく寛大だった。女優の多くが「遠慮します」といっただろうから。

アリソン・イングラム（VFXコーディネーター）　それに、VFXショットが二〇〇〇点ほどあり、それは〝非VFX〟映画にしては多いの。

ケント・ワタナベ　『マッドマックス』はわたしが手がけた視覚効果では、いちばんたいへんな映画だった。最終的に、デジタルの延べ時間にして三〇〇万フィート以上のフィルムに匹敵する量になった。

視覚効果の多くは、ささやかな使われかたをした。スタント・パフォーマーのワイヤーを消したり、空に浮かぶ無数の雲をクリンナップするなどだ。だが、中心的なシークェンスで一箇所、第一幕の車列隊《アルマダ》チェイスを終わらせる〝毒砂嵐《トキシック・ストーム》〟は、最初から最後まで膨大なコンピューター・ジェネレーテッド・イメージを必要とした。

アンドリュー・ジャクソン　わたしは視覚効果監修だが、実写のソリューションを愛している。世界一最悪なのは、一〇〇パーセントCGのショットを制作すること——たとえすべてを入れ替えることになろうと、実写ショットをもとにすれば、核の部分にはまだなにか受けつぐものが残るし、それがほんとうに大きな違いを生むんだ。自然の無秩序さと混沌が、CGにはあまりにしばしば欠けている。

ポストプロダクションの最中、毒砂嵐を映画の残り部分と差が出ないように現実的にしようとしたが、望むほどには埃《ほこり》っぽくできなかった。それで、カメラの周りを黒いカーテンで囲み、強烈に明るい照明を当てると、カメラに向かって砂ぼこりを投げつけた。カメラを吹きすぎる砂ぼこりのプレートがこれで手に入った。すごくざらついた砂ぼこりのディテールをクローズアップで撮影でき、それを三日間続けたら、たっぷり素材ができた。

素材は嵐を制作しているコンポジット担当に提供し、彼らはそれを全ショットに加えた。その瞬間から、CGの映像がガラッと変わり、自分が嵐のなかにいるような臨場感を出せた。

『怒りのデス・ロード』が編集室で着々とかたちを成していっても、映画はまだ、大事な砦《シタデル》のはじめと終わりのシークェンスを欠いていた。しかしながら、長年にわたるひどい悪運続きのあと、制作チームにとうとう奇跡が訪れる。

二〇一三年一月二十八日、ワーナー・ブラザースの長引いた〝パン焼き競争《ベイクオフコンテスト》〟のあと、ホーム・エンターテインメントのケヴィン・ツジハラ社長が三つ巴《どもえ》レースに勝利し、スタジオの新たなCEOに就任する。前年、『怒りのデス・ロード』の撮影を短縮させた映画部門のジェフ・ロビノフ社長は、いまや前途を絶たれた。数ヶ月後、ベイクオフコンテストのライバルを排除するのに余念のないツジハラによって、ロビノフはワーナー・ブラザースを永遠に追われる。

ジョージ・ミラー　ジェフはスタジオと袂《たもと》を分かち、もはやこの映画の責任者ではなくなった。

P・J・ヴォーテン　ケヴィンがきて、「この醜態は前任者の過ちだ。わたしがあと始末しなくては」という態度だった。

ジョージ・ミラー　もちろん、映画を観た彼は「うーん、意味がわからん」といったよ。われわれははじめと終わりを撮影しなきゃいけなかった。

ディーン・フッド　スタジオは同意し、そのあと資金を送ってきた。だが、正式な書面は交わさなかった。彼らは一種、この映画を追い払いたがった。もしコケたときは、彼らの管理下ではないと思わせたいとでもいうようだった。

ダグ・ミッチェル　それで、われわれはナミビアから車両を送り返し、二〇一三年の終盤にチームを再招集してトムとシャーリーズをオーストラリアに呼びよせた。

P・J・ヴォーテン　キャストが戻ったのは奇跡だ。全員そろった。

ジョージ・ミラー　いいかい、最もあり得なさそうなことが起きるのを受けいれなくちゃいけない。そして、その事態に対応できる柔軟さと弾力性を持たなくちゃ。

ジョン・ハワード　ジョージがこの難物を完成させるための資金を得るのに、どれだけかかったか考えてみてくれ。つまり、十八年だぞ。彼の決心のほどがわかるってもんだろう。

デイヴィッド・ホワイト　ジョージはいつも通り、粘り勝ちした。ジョージがいつだって勝つ。

第二十八章　「そんなのは『マッドマックス』の結末じゃない」

二〇一三年十一月十四日、当初の撮影が短縮されてほぼ一年後、『怒りのデス・ロード』の主要プレイヤー全員が、映画を完成させるためシドニーに再集合した。だが、これは単純な追加撮影とはならない。

ナミビアでは、ジェフ・ロビノフがふたつの重要なシークェンスをボツにした。どちらもイモータン・ジョー［ヒュー・キース＝バーン］が君臨する砦《シタデル》の岩壁を舞台にしている。今回、そのシーンをシドニーで撮影できることになり、膨大な数のエキストラが必要となった。イモータンがためこんだ水を恵んでもらおうと、砦《シタデル》での悲惨な集会が開かれる、冒頭のシークェンス用だ。マックスとフュリオサが要塞に戻り、独裁者の死体を見せて群衆にショックを与えるエンディングの撮影は、さらに複雑だった。『怒りのデス・ロード』に長らく必要としたシーンをミラーが映画に与えるための時間的猶予はあまりない。とはいえこれほど巨大な映画に決着をつけるのは、容易ではないことがすぐに判明する。

マイケル・ワネンマーカー　たいへんな撮影だった——短い時間で、できるだけ撮ろうとした。

シャーリーズ・セロン　せっかく髪が伸びていたのに、「やんなっちゃう、また頭を剃らなきゃいけないの？」ってこぼしたわ。

レスリー・ヴァンダーワルト　シャーリーズには基本的に坊主頭のキャップを被《かぶ》せて、その上にウィッグで押さえこんだ。ゾーイ（・クラヴィッツ）にも被せなきゃいけなかった。悪夢よ、まったく。「うそでしょ、この期に及んで、またぜんぶ準備し直すなんて！」でも、みんなにまた会えてうれしかった。

ジェームズ・ドハティ　耐えがたい暑さで、しかもあの酷暑のなか二、三〇〇人のエキストラを集める必要があった。水のペットボトルの入った箱をあけて十五秒以内にはみんななくなってしまうんだ。まるで、現実に水を必死に求めているみたいだった。

マイケル・ワネンマーカー　水を求めて突進するエキストラを監督しなければいけなくて、少し怖かったよ、三〇〇人の目を血走らせた群衆が自分目がけて押しよせてくるんだから。

シェーン・カヴァナー（エキストラ）　『不屈の男　アンブロークン』〔2014〕のエキストラをするんだと思っていたら、エージェンシーが「『アンブロークン』？　『マッドマックス』だぞ」っていうんだよ。「やったぞ、よっぽどましだ！　オーストラリア人として『マッドマックス』に出る権利がおれにはある！」

ライアン・オズモンド（追加撮影助監督／製作アシスタント）　エキストラの大勢がエージェンシーから送りこまれたが、コーチふたりに車で市内を回らせ、ホームレスも拾ってきた。

シェーン・カヴァナー　シドニーには中央駅があって、たくさんのホームレスがその周辺で生活している。毎日バスを走らせて、ホームレスを撮影現場に連れてきた。たいていは仕事にありつけて喜んでいたよ。

ライアン・オズモンド　彼らがいちばん行儀良くていちばん興奮していた。三度の食事が出て、シャワーを浴びてから帰れて、報酬まで支給される。大勢がやってきて握手され、その日のお礼をいわれた。毎日だ。目的ができたと感じたのさ。

撮影で最も議論が紛糾した部分は、エンディングだった。マックス、フュリオサ、その他砦《シタデル》に生還した者たちはそのあとどうするのか？　全員がリフトに乗り、要塞にあがって新たな支配者となる？　それとも、よりマックスにふさわしく感じるビタースウィートな幕切れにするべきか？

シャーリーズ・セロン　結末がいつまでも決まらなかった。スケッチで描かれた結末はあったけれど、それではないとみんながわかっていたし、ずっとそのことを意識しながら映画を撮っていた。撮影中にだれかが考えつくだろうと、みんな思っていたの。

ブレンダン・マッカーシー　ジョージをせっつき続けてきた。「ジョージ、結末はどうするんですか、ところで？　どこに向かっているのか知っておくべきなのでは？」すると彼は、「いや、安心してくれ。そのうち登場人物が生を持ちはじめて、そうすれば彼らが連れていってくれる。われわれがしっかり仕事をすれば」

マーク・セクストン　ストーリーボードの段階で、全員リフトに乗り、マックスはフュリオサを支えていた。これはメル・ギブソンが演じる前提のあいだは何度も採用され、だからそれがほんとうにマックスの物語の終わりかただとみなされていた。彼はいまや社会の一員となり、人間性を回復する。より大きなものの一部になりたいと望み、一匹狼に見切りをつけ、究極の救済へと昇っていく。

マーク・ギルニッシュ　一同は砦《シタデル》に戻り、階層全体に緑の地を、力を合わせてつくりあげる。みごとな、ほとんど熱帯雨林スタイルの温室で、いろんな種類の野菜や植物が生い茂っている。やがて彼らは子孫をもうけ、食料を家族やみんなに分け与える。陳腐の極みだよ。想像できる？　いいや。完全に拍子ぬけだ。

ジョージ・ミラー　撮ろうとしたが、非常に安っぽかった。マックスが上にあがってめでたしめでたし、なんて幕切れは。

シーラ・ホックマン　その結末は一度も撮らなかった。全員が一緒に到着し、マックスがフュリオサを抱えて水耕栽培のセットへ戻っていくところどまり。音声なしで撮った。ジョージはすでに、これは映画に残らないと知っていたからよ。でもこの吊り装置にはすごくお金をかけたから、とにかく撮った。

マーク・ギルニッシュ　そう、あのセットには大金をかけた。ものすごくみごとな出来だったのに、ジョージは一顧だにしなかったよ。スタジオは撮らせたがったが、ディズニー的な結末に彼は関心がないのがわかった。この映画のエッセンスにちっともそぐわなかったんだ。

シーラ・ホックマン　撮った映像はひどくて、ほとんどわざとみたいだった。撮り直しができるように。

P・J・ヴォーテン　ジョージが一度しか撮らないのを見たのは、これっきりだ。「これは絶対本編に入らない」といっていたよ。

一年後のシドニーで、ミラーは違う方向にいこうと決めた。女たちは砦《シタデル》にあがっていき、マックスは彼女らを残して荒野《ウェイストランド》を再びさまよう。女たちの闘いを助けて人間性をとり戻したマックスは、最後にフュリオサを情感こめてふり返ると、下界の群衆のなかに消える。

ジョージ・ミラー　撮影のあいだずっと、マックスはフュリオサとともにあがっていって妻たちと残り、心機一転するものと思っていた。だが荒野に自分探しに戻るほうがずっといい。それまでずっと、マックスがそうしていたように。この終わりかたのほうが、映画の残りの部分に、もっとしっくりくる。

ショーン・ジェンダース　マックスはひとりのままでいるべきだ。そこがいいんだ、ハッピーエンディングとは正反対で。これまでのシリーズで、彼はすべてを与える。一度、二度、三度までも。そして最後にはひとりに戻る。

シーラ・ホックマン　絵本みたいな「そしてふたりは恋に落ち、末永く幸せに暮らしました」より、ずっとよかった。そんなのは『マッドマックス』の結末じゃない。

マーク・セクストン　これは新生マックスなんだ。若返り、もっと続編をつくる可能性が出てきたから、物語は続く。マックスの若返り版シリーズにうまくはまり、本作における物語の焦点を、フュリオサおよび、彼女が妻たちと成し遂げたことに移行する妙案だった。

ピーター・パウンド　わたしはいまでもマックスはフュリオサと砦《シタデル》にあがっていったほうがいいと思っている。

ブレンダン・マッカーシー　ジョージと書いたオリジナルのヴァージョンで、マックスはフュリオサとリフトに乗ってあがっていく。映画が公開されるまで、意図的にあまり観ないようにしてきた。はじめて観るみたいに鑑賞したかったから。それで、観客として十ドル払い、『怒りのデス・ロード』を観にいった。「なんだこりゃ？」と思ったよ。正直混乱して、イラついた。「マックスはなにやってんだ？なんで荒野に戻るんだよ？」彼女と一緒にあがっていくのを完全に期待していた。新たな社会の一部になることを。

ジョージ・ミラー　ニコ（・ラソウリス）とわたしは、マックスはそこへいく権利を手にしていないと結論づけた。三日間で、彼はなにもまだ解決していない。解決のために踏みだしたところなんだ。

ニコ・ラソウリス　マックスは人を愛する準備がまだできていない。フュリオサといい雰囲気になりかけるが、その手の生きかたへの用意ができていない。愛する者を鎮魂する術をまだ学んでいないんだ。

リチャード・ローソン　映画の最後で砂漠に去っていったとしても、少なくとも砦《シタデル》には真っ当な人間たちがいるのをマックスはわかっている。そして『トゥモロー・ワールド』〔２００６〕風に、人類の試みはまだ完全に終わってはいないと知るだけで、十分かもしれない。最低限、彼らが生きのびる手助けをしたことで、自分が生きのびる糧になった。

ニコ・ラソウリス　なんらかの贖罪《しょくざい》を見いだしたいという欲望にマックスはまだ突き動かされていて、それはおおもとの問題、妻子の死と向きあうまで見つからない。妻とこどもの墓前に戻り、そこにしばらく座して心からふたりを弔えるまで、永遠に探し続ける。それがわたしの感じたことだ。

シャーリーズ・セロン　あの結末を撮ったとき、みんな、すごく腑に落ちていた。「ああそうだ。これこそおれたちの映画の結末だ」って。

ジョージ・ミラー　たぶん、もしジェフ・ロビノフが「いいぞ、映画の最初と最後の砦《シタデル》のシーンを撮ってこいよ」といっていたら、スタジオのお家騒動のごたごたのようなものがなかったら、休止期間を持てず、映画をあのレベルまで持っていけなかったと思う。

マーガレット・シクセル　終わってみれば、あの展開は最高だった。なぜならフッテージを見て、「正確に、なにが必要なのか？」って考える時間ができたから。贅沢だった、ちょっぴりね。

ペトリーナ・ハル　ジョージは念願の映画をつくり、妥協をせず、そのために間違いなく一層いい映画になった。最後に正しいことが起きたの。

第二十九章　最後の戦い

二〇一四年、『マッドマックス　怒りのデス・ロード』の追加撮影がシドニーで終了後、アートディレクターのシーラ・ホックマンはロンドンに移り、つぎの仕事を探した。彼女は人生最大のプロジェクトを終えようとしていたが、履歴書に対する人々の反応からは、そんな感慨に浸れない。「職探しのあいだ、ポートフォリオに『怒りのデス・ロード』の仕事を入れておいたけど、まったくだれも関心を示さなかった」と、ホックマンは述懐する。「面接を担当した人たちは、そのページを素通りしていた。「へえ、『マッドマックス』の新作か。いいんじゃないの。その調子」」

一九八五年の『マッドマックス　サンダードーム』以降、世界のほとんどはマックスのことを何十年も忘れており、新作がくることを知っている少数の者たちは者たちで、制作に問題があったとのうわさをきいていた。ワーナー・ブラザース内部でさえ、経営幹部の多くが結局は時間と金を『怒りのデス・ロード』に浪費しただけで、観客は見向きもしないと確信していた。

だが、マッセイ・ラファニは違う。ワーナー・ブラザース宣伝部副統括であるラファニは『怒りのデス・ロード』のマーケティングを任され、やがて映画の重要な擁護者となる。「大まかにいえば、わたしはハリウッドきっての目立たない部門にいて、それは仕事の性質上そうあるべきなんだ」と、ラファニはいう。「わたしたちはオズの魔法使いみたいなものだとみなされている」

マッセイ・ラファニ（マーケティング）　わたしたち幹部数名にジョージのラフカットを観る許可が出はじめたとき、わたしは少し心配だった。というのも第一作から三十五年経っていたし、それにジョージはこういう系統の作品を何年もずっと撮っていない。彼は天才で、好人物で、すばらしい男だ。だが、これは生半可なプロジェクトではない。

だからラフカットを観たとき、不安になる者がいる理由はわかった。彼はまだ手を入れている途中だったからだ。ジョージはたくさんのスケッチを持っていた。仮のナレーションなどで構成された最初の十分間は断片的で、ブニュエルとダリのコラボレーション作品といったほうが近く、スタジオが観たいと思っている長編映画とは趣が違った。

だが、それからわたしは引きこまれていき、ヴィジュアルを堪能した。砂嵐のシークェンス、美術デザイン、衣装デザイン、登場人物。しまいにはこうつぶやいていた。「すごい、ジョージはやったんだ」宣伝マンとして、このフッテージにどんな曲でもつけられる事実に、夢中になっていた。ヒップホップからシンフォニーからヘヴィメタル、なんでもありだ。試写室を出ながら思ったのは、どうするかはわからないが、ここのみんなが理解しているより、はるかにやりようがあるということだった。

わたしはこの業界に入ってごく初期に、自分の意見を早いうちから表明しておき、人に自分が大うそつきだと思われないようにしろと学んだ。それで、ジョージに電話した。映画を観せてもらえて感謝したからだが、それに加え、興奮冷めやらぬうちにこの体験を伝えたかった。「ジョージ、この映画は天才的だ。ある意味めちゃくちゃで、そこが最高にクールだ。このいかれっぷりを大事にしなきゃいけない。それをとっぱらってしまったら台なしだ」

彼はすごく静かにきいていて、それからこういった。「ほんとうにありがとう、マッセイ。いまは目が回るほど忙しいから、励みになるよ」彼とマーガレットは、自分たちのやったことを飲みこもうとしているのがわかった。ふたりはすごく勇気づけられたんだ、あれほど長いあいだ心血を注いできた作品に、心底興奮している人間がいるとわかってね。

J・ヒューストン・ヤン　マッセイ・ラファニは逸材だよ。無欠の碩学《せきがく》なんだ。ワーナー・ブラザースの配給作品であなたが思いつく傑作、『ダークナイト』〔2008〕から『インターステラー』〔2014〕まで、すべて彼が宣伝を手がけている。年にふたつ、この業種を讃える授賞式があってね。クリオ賞とゴールデン・トレーラー賞——一時間半の式で、お粗末なコメディアンが司会をして、みんなが酔っ払う。でもマッセイが手がけた作品名が挙げられると、会場全体からわっと歓声が湧くんだ。彼以外にそんな反応は起きない。

マッセイ・ラファニ　トレーラー（予告編）は、歌が及ぼすような効果を与える必要があるとわかっていた。要するに、頭に入りこんでくるような構成にしなければ。それに成功したとわかるのは、みんなが「ああ、もちろんこれこそ彼らの編集したトレーラーだ。ほかにどう編集しようがある？」というときで、狙いが当たったとわかる。わたしはなんにも手を加えていないと人から思われるときにね。

映画を観るとき、わたしは大きな全体像でつかむ。つまり、なにがテーマなのかを見極める。それから、たぶん自分のいまいる世界よりも狂った世界での狂気について……まあ、だれだってやってられないと感じるときがあるからね。ほかに注目する点は、「ショットはどれを使おう？」砂嵐には、確実に惹かれた。フレアが打ちあがる空撮がある、オレンジと赤の。あれにとり憑かれた。ウォー・ボーイズのひとりが車のボンネットに乗っている。フュリオサでさえがっくり膝をついて、それからゆっくりと感情を爆発させる。

ヴェルディのレクイエム「怒りの日」に乗せたマッセイ・ラファニの最初のティーザー予告編は、交響楽の爆発だった。映画のマッドな要素すべて――スタント、登場人物、ワイルドなセリフ――を食いぎみにぶちこみ、感情に訴える瞬間――フュリオサの叫びはほぼ丸ごと使われた――に混ぜ入れた。夏のアクション大作を宣伝するトレーラーにしては、実質、アバンギャルドな選択だった。だがそれをいえば、『怒りのデス・ロード』がアバンギャルドな映画だった。

ジョージ・ミラー　この映画の魅力を感じとってくれたのはマッセイが最初だった。そして彼は、初期のトレーラーにそれを反映した。あれで、はじめて自分以外のだれかの視点で本作の魅力を見ることができて、すごくうれしかった。

マーガレット・シクセル　彼が編集室にきて最初のトレーラーを観せてくれたとき、もう少しで泣きそうになった。「オーマイゴッド。ここに映画がある」って思った。

マッセイ・ラファニ　彼女がそういってくれたとき――そういうときのためにこの仕事をしているんだ、ほんとうに。

映画の大々的な一般デビューは二〇一四年七月二十六日、サンディエゴのコミック・コンベンション（コミコン）と決まり、ミラーが『怒りのデス・ロード』のフッテージをインフルエンサーやマスコミの巨大な集まりへ披露する運びとなった。何千人もの観客は、ミラーの情熱プロジェクトにどんな反応を示すのだろうか？

ユージーン・フィリオス　コミコンのHホールで上映したフッテージはわたしが編集したが、そのとき彼らの出したアイディアのひとつが、「詩を書いてシャーリーズ・セロンの役に読んでもらう」だった。わたしは反対だった。トレーラーでへとへとにさせたかった。この映画のDNAには自然に刷りこまれたものがあり、それを捉えようとした。

マッセイ・ラファニ　トレーラーが上映される場所と、当初の編集目的によって、異なる見せかたがある。コミコンの観客はすごく目が肥えている——映画を分析し、平均的な一般の観客とは反応するツボがまったく違う。あの部屋でやるからには、なにか特別なものを観たと、彼らに感じさせたい。それにまた、世界とシェアできるものを提供したい。映画を流行らせようとしているときは特にね。つまり、映画の製作が報じられてからずいぶん経ち、だれも映画の出来の見当がつかなかったからだ。部屋にやってきただれも、『マッドマックス』にぶっ飛ばされることになるとは思っていなかった。

ジェン・ヤマト　このプレゼンテーションを見に、七〇〇〇人がHホールにすしづめになった。コミコンは、耐久レースにもなり得るの——パネルのあとにパネルがあり、スタジオは持ち駒をチラ見せして参加者を揺さぶろうとする。

マッセイ・ラファニ　指をクロスさせて祈った。胸がドキドキした。

ドリュー・マクウィーニー　すごく悪いうわさがすごく長いあいだ広まっていたから、なにを観ることになるのか、心の準備ができている人間はあまりいなかったと思う。超、超気をもんだ。

マッセイ・ラファニ　わたしたちが席につき、トレーラーが再生されると、部屋は静まりかえった。

胃袋がでんぐりがえった。室内は予想したよりうんと静かだった。ふつうはざわついて、人々は興奮を露わにするのに。「どうしよう、どうなってるんだ！」となりに座るデジタルグループの者を見ると、彼らはわたしがひどくおののいているのを見てとり、安心させた。「マッセイ、オンラインは爆発してますよ」会場にいる大勢のライターたちはメッセージを送ったり、執筆したり、興奮を吹聴するのに忙しくて、要するに、わたしの予想していないかたちで成功した。

ドリュー・マクウィーニー　醒めた目線か、否定的なものばかりが広まっていた前評判が、「すげえ、世界中のみんなはこの映画を観るべし！」に一瞬でひっくり返る例のひとつだった。コミコンで欲しかった反応を、彼らはまさしく手に入れたんだ。

エドガー・ライト　最初のティーザーを見たとき、ぼくは「やばい、こいつははんぱないぞ」って思った。

マッセイ・ラファニ　コアなファンベースと幅広い層のベースを同時に育てたいなら、ファンを世に放ち、いましがた観てきたトレーラーについてまだ洗礼を受けていない観客に布教して回らせ、自分たちも観たくてしかたないと思わせればいい。

ベン・スミス＝ピーターセン　クールすぎて、涙ものだった。「ぼくらはなんて大それた作品に出ちまったんだ？」って思ったよ。だって、すごいじゃないか。あれ以来、ほんの少しでもあんな気持ちになったことはないよ。

マット・タウン　コミコンでの発表が決まり、プレッシャーを感じたのは間違いないが、興奮もした。「おー、これはみんなが飛びつくぞ」結果は歴然だった。

ジョージ・ミラー　ひと安心だった。

ハードコア・ファンの歓心は買ったものの、少なからぬワーナー・ブラザースの経営陣は、この映画が一般の観客を呼べるかどうかに懐疑的だった。

ドリュー・マクウィーニー　ワーナー・ブラザースとミラー監督のあいだでもめているという話がざくざく出はじめた。スタジオには『怒りのデス・ロード』肯定派と『怒りのデス・ロード』否定派が生まれ、否定派はがちがちに頑なだった。

エドガー・ライト　ぼくは『怒りのデス・ロード』を『ゼロ・グラビティ』〔２０１３〕と同じくくり

に入れた。後者も技術的には「わお」となり、観客のお気に入りで、賞に複数ノミネートされた。傑作なのは、いずれの場合も、ひどい失敗作だという下馬評だった。「ああ、『怒りのデス・ロード』はひどい失敗作だよ！」「ああ、『ゼロ・グラビティ』はひどい失敗作だって話だ！」それから本編を観ると、もちろん世紀の大傑作だ！　え、ちょっと待て、「失敗だ」と彼らがいっていたのは、「傑作だ」って意味だったのか？

ドリュー・マクウィーニー　ワーナー・ブラザースのあの映画がわからなかった面々は……わからなかっただけじゃなく、忌み嫌い、積極的に反対した。見ものだったよ、わたしは双方から話をきいたから。いっぽうは「わが社は水で流せないくそをつくっている。くそったれのクレイジーな人間がわが社を操り、われわれも一緒に沈没だ」という。また他方では、「なにを観ているのか彼らにはわからないだけだ。彼らにはわからないが、映画は傑作でジョージは名匠だ」。

クリス・デファァリア　確かに、ふたつの派閥があった。だがより重要なのは、ハリウッド映画ビジネスがこれだけ野心的で特異な作品、単にボスを喜ばせるのが目的ではないフィルムメーカーをサポートできるか否かという議論だ。彼らは驚異的な映画をつくろうと必死で、どれだけ資金や人脈や政治が必要かは二の次にする。

だからつまり、スタジオ内の二派が対立しているのは、「ああいう者たちをサポートしないのか？この仕事はそのためにあるのでは？」なのか、「いまこの時代にそぐわないリスクレベルを求めていいないか？　あのフィルムメーカーたちがわれわれに要求しているのは、裁量権とリソースと実験性においてほとんど前代未聞だ」なのかだった。

ダグ・ミッチェル　クリス・デファリアとコートニー・ヴァレンティには感謝してもし足りない、われわれフィルムメーカーと自社をとりもつ役を果敢にも引きうけてくれて。当時はキャリアに響いたはずだ。

コートニー・ヴァレンティ　ジョージがサポートを必要としたとき、わたしは彼の創造しているもののなにが特別で、象徴的で、真にオリジナルなのかを指摘した。会社としてこの映画の一部になりたかったし、当社が力を入れているものを放棄したくなかった。映画制作というのは常にたいへんなプロセスで、傑作映画は観客とスタジオが慣れているものの制約を、ままはみ出すの。

マット・タウン　われわれは幹部向けに試写会を月に一度やっていた。彼らが飛んできて、飛んで帰る。このシーンに問題がある、あのシーンに問題がある。「長すぎる」「短すぎる」

マーガレット・シクセル　編集するのがおそろしく苦痛な映画だったといわざるを得ないわね。スタジオが作品を信頼しないから、作業を続けるのが難しかった。

マット・タウン　スタジオにとっては混乱する作品だった。期待したものと違って見えたからだ。すごく異様で、いったん一歩退いてみれば、「あまりにとっぴすぎ、オーストラリアすぎ、奇妙では？」というかもしれない。

シャム・〝トースト〟・ヤダフ　映画を撮りあげ、もし奇妙なシーンが一箇所あったら、スタジオは「だめだ、あのシーンを削除しろ」っていうかもしれない。でもすべてのシーンが奇妙だったら？　そういう映画なんだ。

マーガレット・シクセル　彼らはひたすらビクついていた。そりゃあ、確かにとっぴで変わってて――暗いといえば暗いけど、奇妙なユーモアがある。彼らは死産の赤子とヘソの緒のシーンを嫌い、風変わりな、醜い人々を嫌った。「醜い人間は出すな！」ニュークスが虫を食べるシーンでさえ「やめーい！　虫を食わせちゃいかん！」っていわれた。手こずったわ、まったく。

ピーター・ラムジー　ジョージ・ミラーみたいな監督でさえ、資金を出すスタジオと対立して、馬鹿げた気まぐれな縛りにわずらわされた。この業《わざ》を、自分の百分の一しか知らない人間が押しつけてくるあれこれに。

J・ヒューストン・ヤン　こんなことになるのは目に見えていた。ピラミッドのてっぺんにいる人間は、創造性のかけらもないやつがごろごろしているから――マジで持っていないんだ。映画をクリエイティヴな作品とはみなさず、彼らが発注した商品だと思っている。彼らの手に商品を納め、すると彼らは商品を人々に売りさばく。この映画を手渡されて、彼らは度を失っていた。

マーガレット・シクセル　ジョージとわたしをクビにできたらさぞやせいせいしたでしょうね。でも、それは無理だった。

ダグ・ミッチェル　ジョージは十四ヴァージョン編集し、社内試写にかけた。

コーリー・ワトソン　試写会を重ねる理由は、フィルムメーカーとスタジオ双方が、作品のうまくいっている部分といない部分を、まだ修正する余地があるうちに把握することだ。うまく利用すれば、調整をして映画を最善のかたちにできる。だがジョージとマーガレットは、あわてて試写用のヴァージョンを編集するのに忙しく、一本につなげたフィルムを編集して自分たちのベスト版をつくる機会さえろくに持てていないように感じた。

ジョージ・ミラー　最初に試写会をしたとき、ばかげているとスタジオを説得しようとした。間違った解釈をされるのは目に見えていたからだ。

ダグ・ミッチェル　もしエフェクトの大半が一定の水準に達しないまま上映したら、お門違いの評価を受けるし、彼らは手加減しない。

ジョージ・ミラー　ドゥーフ・ウォリアーは受けが悪かった。仮の曲をつけ、ずっと同じリフを弾いていたので観た者はうざいと感じたんだ。スタジオの人間数名が「あー、ドゥーフ・ウォリアーは削除しなければ！」といった。わたしは「いやいや。まだ判断するには早すぎる」と拒んだ。あのときわたし以外のだれも知らなかったのは、彼の音楽は進化していき、やがてはストーリーのフルオーケストラの一部になるということだった。もちろん、映画が完成する頃には、彼は主役たちに迫る人気者になったよ。

コーリー・ワトソン　ドゥーフ・ウォリアーは映画を象徴するカルト・シンボルになった――映画公開から一、二年後までに出たドゥーフ・ウォリアーの記事は数えきれないほどだ、そうだろう？　つまり、ドゥーフ・ウォリアーをカットしろとの指示を監督が受けていたのであれば、試写会プロセスを適切におこなわないと、ひどいダメージになるという好例だよ。

ドリュー・マクウィーニー　ずいぶん何度も試写会があった。公開前に五回映画を観た人物――試写のたびに観にいっていた――と話したら、彼が魅了されたのは、編集がガラリと変わる点だった。ものすごく尺を短くしようとしていたのはあきらかだった。

マーガレット・シクセル　スタジオからいわれ続けた。「どれぐらい短くなった？」それが彼らの知りたいすべて。「とにかく短くしろ」もううんざりだった。この映画を一〇〇分以内に収めることにとり憑かれていたわ、なぜだか知らないけど。これは金輪際、一〇〇分以内にはならない。不可能なのよ。いまちらっと観ると、「ああ、あそこはもっと長くできたな」って思う。わたしのせいじゃないのよ！

マーク・セクストン　スタジオはＰＧ－13指定にしたがった。

Ｐ・Ｊ・ヴォーテン　暴力的だったからじゃなく、強烈すぎたためだ。ＰＧ－13版に編集していたらどうなっていたか、想像してみてくれ。

ジョージ・ミラー　わたしは**ＰＧ－13映画**だと思っていたんだよ！　掛け値なしに。ヌードはないし、ののしり言葉もないし、人間に公然と暴力をふるいもしないし、流血もない。境界すれすれでＰＧ－13になった映画が二、三本あるし、本作はそれに当たると思っていた。

マーク・セクストン　ジョージからきいたフィードバックはこうだ。「いちばん問題になったのは、マスクがおそろしいことだった。マスクをした登場人物のほとんどを削除したがった。もしそうしたら、ＰＧの認定がもらえる」するとダグが「でもジョージ、そうしたら悪役全員削除しなきゃ」と突っこんでたよ。

ピーター・パウンド　思い出してほしいが、オリジナルの『マッドマックス』が公開されたとき、だれもが衝撃を受けた。『マッドマックス２』はみんなの度肝を抜き、「これは大人の映画だ、間延びした脳天気なお子様映画じゃないんだぞ」と狼煙《のろし》をあげた。何十年も経ったあとでもう一本『マッドマックス』をつくっておきながら、Ｒ指定じゃないとなったら犯罪だ。

ディーン・フッド　映画はこれまで何度も浮き沈みを味わった。われわれはどんなときもひたすらがんばり続け、そうしたら最後になって、スタジオが編集を気に入らない。それで、彼らは二ヴァージョンつくった。

マーク・ギルニッシュ　ワーナー・ブラザースがスタジオ版を編集した。

クリス・デファァリア　そう、あれはクレイジーだった。わたしはすばらしい編集者のビル・ホイと座って、映画を短くしようとした。

ジョージ・ミラー　ああ、あれが決定的な分かれ目だった。彼らがわたしのところへきて「ジョージ、ロサンゼルスで『怒りのデス・ロード』の別ヴァージョンを上映しても構わないか？」ときいたんだ。わたしは「いや、もちろん構う。最終編集権はわたしにあるんだ」それが『マッドマックス』一作目が成功した恩恵で、わたしはどの映画でも常に最終編集権を持っていた。すると彼らはこんな論を張ってきた。「いいかね、われわれはスタジオのお偉方をなだめようとしていて、たくさん機能不全を起こしている。別ヴァージョンをつくるのは、なにかをなぜ残すべきか、削除すべきかを議論するのに役立つんだ」

そういわれてわたしは思案し、マーガレットに相談したら、彼女はこういった。「なにそれ、それってすごい侮辱じゃない、ジョージ。これっぽっちも賛成できません。この映画の編集者として」とにかく、彼らは戻ってきていった。「ききたまえ、われわれはたくさんの映画でそうやっている——バズ・ラーマンと『華麗なるギャツビー』でやって、彼は六ヶ月編集していた」そういってわたしを説得した。これはわれわれに代わって基本的に映画を擁護する武器を与えることになる、と。

マーク・セクストン　スタジオは、てんこ盛りのアクションに観客が耐えられるとは信じていなかったから、彼らの流儀で問題を解決するやりかたをひねりだそうとしたらしい。それで、非常に繊細なニュアンスでつなぎ合わせたため、そうすることで映画におそらくはとりとめがなくなった。

ダグ・ミッチェル　たくさんの要素を拾いすぎると、崩壊して理解不能になる。

ジョージ・ミラー　わたしはこういった。「いいかい、だれであれ、この映画を調伏《ちょうふく》できる編集者はいない。フッテージが多すぎて、意味を通せない――ストラテジーを理解できない。映画史に名だたる編集者を全員集め、どれほど時間をかけて一本に編集しようとしても、うまくいきはしないんだ」

Ｊ・ヒューストン・ヤン　だれかにこの難物フッテージを与えて、もともと計画されていた大理石像以上のものを彫りあげろと指示する。とほうにくれるだろうね。あのフッテージを見て、意味が通るようにつくれると思うなんて、理解できない。

クリス・ジェンキンス　われわれのすぐとなりのスタジオでやっていた。ミキシングチームを連れてきて、たぶん曲まで違うものを使っていた。あり得ないね。

ジョージ・ミラー　彼らは尺を短くしたがり、疑わしすぎるものは削除したがった。たとえば、映画冒頭の母乳係《ミルキング・マザー》たちをとり除いた。ウォー・ボーイズのモーゾフは「おれを見ろ」といって自爆するが、彼らはそれもとりたがった。〝種を持つ老婆〟の死も削りたがった。チェーンソーが当たった老婆はチェイス中にゆっくり死んでいく。そういうのをいくつか。

ダグ・ミッチェル　ちょこちょこと削って縮めようとしたせいで、でっかい穴をあけたも同然だった。

マーク・セクストン　有名な二ヴァージョン試写をやったとき、わたしはその場にいた。ジョージとマージーが彼らの編集版を、ワーナーが彼らの編集版を持ちよった。

クリス・ジェンキンス　両者の編集版を、十五分の休憩を挟み、それぞれかける。ルールはその夜支持を多く集めたほうの勝ち、そちらの編集版が採用される。

💀

『怒りのデス・ロード』の魂を賭けた最後の戦いは、二〇一四年十二月八日にカリフォルニア州アルハンブラにある劇場——ドジャースタジアムからほんの数キロ離れたマルチプレックス映画館にておこなわれた。

💀

ジョージ・ミラー　オーストラリアからロサンゼルスへ飛び、アルハンブラに向かった。着いてみると、ふたつのスクリーンで同時にかけるといわれた。わたしにはこういう選択肢があった。「どんな状況でもだめだ。もしそれをしたら、きみらは基本的に約束を破ることになる」わたしはかっとなり、本気でこの裏切り行為を公にしてやると脅しそうになった。

幸い、わたしのうぬぼれ心が顔を出し、マーガレットとダグにこういった。「やらせよう。あっちの編集版の試写が、こちらの編集版よりいい結果になるはずがないさ。われわれは精魂こめて作業した。

だれが編集したにしろ、マーガレットがやったものよりいい出来になるとは信じがたい。だから、わたしはそれに賭けるよ」あれはおそらく、最高に賢い判断だった。テストをするのにこれ以上の機会を想像できなかったからね。やりくちは、まったく意味が通らなかったけれど。

マーク・セクストン　結果は、端的にいうと、みんながスタジオの編集版を嫌った。やたらうるさく、雑音がひどく、カタルシスもたいして得られず、意味不明だった。ジョージとマージーの編集版には、「オーマイゴッド、ファンタスティック！」と歓声があがった。

ディーン・フッド　文句なく、ジョージの完全勝利だった。

ジョージ・ミラー　ある意味、あの最後の試写会が、最初の試写会であるべきだったんだ。ほんとうに意味がとれるようになるのは編集がすんだとき、視覚効果の大半が入り、音楽の大半がついたときだけだからだ。

マーク・セクストン　これで、こっちの正しさが立証された！

ジョージ・ミラー　すばらしい実験だった、ふたをあけてみれば。なぜなら、自分の本能と直感の確証を得られたからだ。スコアは大差をつけ、さらにより重要なことに、フュリオサとマックスはどちらも、彼らの切りつめた編集版ではばかみたいにスコアが低かった。もし敵を排除してしまったら、主人公には戦う対象がなくなり、イモータン・ジョーに対して怒る理由もなくなる。ただアクション満載のチェイスが続くだけで、なにと敵対しているのか理解できない。

イモータン・ジョーとフュリオサが直接対峙するのは映画のクライマックスだけで、そのときふたりは最後の対決をする——それ以前は、すべて代理を立てての戦いだった。観客はイモータン・ジョーへの激しい怒りを覚える。彼が女性を乳牛扱いし、乳をしぼるメタファーを目にしているからだ。自分は宗教的な人物だとウォー・ボーイズに信じこませ、彼のために進んで殉教するように仕向ける。そういうことが彼らの映画からはとっぱらわれ、そのためフュリオサの使命とマックスの助太刀に、観客が共鳴できるものがなにもない。

彼らは数字を一瞥《いちべつ》するとこういった。「そちらの編集版を公開したい。PG-13映画にする義務は免除する」審議にかける必要はなく、翌日の会議もなくなった。それだけ単純明快な結果だったんだ。

クリス・デファファリア　だが、それからジョージが戻ってきてこういうんだ。「きみたちがやった編集で二点ほど使いたいカットがある」これがすべてを物語っているだろ？　みんなが勝利をかみしめて感激しているとき、ジョージは相手の編集版を観て、「ああ、あそこはうまくいっていた。あそこはだめだった」なんていうんだ。実際に、自分の編集版を修正していたよ。

ジョージ・ミラー　あの瞬間からスタジオとの深刻な軋轢《あつれき》はなくなり、彼らは後押しに回った。ひとえにあの数字のおかげだった。そのあとは基本的に映画に磨きをかけ、あの試写会で学んだことを生かして修正した。

ココ・ジャック・ギリース（〝グローリー・ザ・チャイルド〟）　二〇一四年十一月に追加シーンの撮影に戻ったの。ジョージはポッツ・ポイントのオフィスにいて、ずっと映画の作業をしていた。文字通り公開されるまで、いつも新しいなにかを加えていたよ。

マーガレット・シクセル　編集作業の最後の四ヶ月のある時点で、スタジオは「彼らのしたいようにさせよう」と決断した。最後にはジョージとわたしだけが編集室に残って、ふたりでこう決めたの。つまり、自分たちのつくりたい映画をただつくる。もしほかにだれひとり気に入らなくてもいい。そして最後の四ヶ月で、映画がほんとうにひとつになった。

ジョージ・ミラー　われわれは基本的にスタジオの意見や、試写会の反応や、仕事仲間の意見すら避けなくてはいけなかった。ふたりの力の及ぶ限り、最高の映画にしなくてはいけなかった。

ピーター・パウンド　あの編集が、突き進み続けるすばらしいペースと途切れぬエネルギーを映画に与えたと、心から信じている。

ダグ・ミッチェル　とどのつまり、ジョージにスペースを与えてサポートする必要が、ほんとうにあったんだ。ずっと紙の上にあった映画を引き出すためにはね。そして、それは決して実現しなかったかもしれない、もしワーナー・ブラザースに社長の交代劇が起きていなければ。『怒りのデスロード』の映画制作には、偶然がついて回った！　神様がこの作品に微笑んでくれなければ、完全に違った結果だったかもしれない。

クリス・デファリア　経営陣の一部が抱いた不満のひとつが、「きみらは作業ペースを変えなければならない。なぜならこの映画がわれわれの所有物であると知る必要があり、成功すると知る必要があり、マーケティングを練る必要があり、公開日を守る必要があるからだ。映画の製作費の帳尻をあわせる必要があり、それもいますぐ必要だ」ということだった。そして、たぶん無意識にジョージは「わたしはできるだけ早くやっている」といっていた。結局、彼は正しかった。

イアイン・スミス　この映画で、映画づくりがスタジオの功利主義に勝利した。

ケリー・マーセル　彼らはオーストラリアで追加撮影をして、そのあとつくった編集版を観たとき、泣いたわ。だって、とてつもなくすばらしかったから。「どうやってあれからこれになったの？　それから、どうしてわたしはこれがそうだったって見えていなかったのよ？」って思ったわ。

シャーリーズ・セロン　ファイナルカットに近い編集版を観たとき、なにかほんとうにすごく特別なものがこの映画にはあるのを悟ったの。わたしのキャリアではじめて、「オリジナルだ」と心からいえる作品の一部になれたんだって思えた。それでね、映画を撮っているあいだそう感じる瞬間が何度もあったし、そもそもそれがこの映画に加わりたかった大きな一因だった。でも、遂に完成作品を目にしたとき、ジョージはさらに価値を高めていた。つまり、映画のファイナルカットを観てよ？　あの映像よ？　あれが、ジョージが名匠たるゆえんだわ。

クリス・デファリア　映画全体と、とりわけ編集プロセスを通してわたしが学んだのは、映画制作のシステムには非常に多くの推進力が関わり、非常に大勢の投資家が関わるが、せんじつめれば大きな、野心的な映画というものは、ほんとうにはひとつのヴィジョンを持ったひとりのフィルムメーカーによって進められるということだ。もしそのヴィジョンを後押しする方法を見つけたら、一見それが賢いように思えなくても、すばらしい結末を迎えるチャンスは高い。邪魔立てし、映画を完成するのにハリウッドが長年頼ってきた様々な権力を振りかざすよりも、よっぽどね。

これがポリアンナ並みの脳天気にきこえるのはわかっている。「よし、われわれは全力でアーティストをサポートするぞ！」なんていうのは。でも本作の場合、多大な努力を払い、独自のペースと独自の統一性を真に持っていたフィルムメーカーと制作プロセスをスタジオは変えようとした。そして結局その攻防が、なにか並み外れたものを生みだした。

第三十章　失われたもの

ファイナルカットの編集が完了《ロック》したとき、ジョージ・ミラーとマーガレット・シクセルは『怒りのデス・ロード』から贅肉をいっさいそぎ落とし、二時間の上映時間にまとめあげた。二十年にわたって夢見、撮影し、磨きあげるうち、野放図なアイディアや余分なシーンが数多く切り捨てられた。

ジョージ・ミラー　削除シーンには、削除するそれなりの理由があった。ひとつかふたつうまく撮れたシーンがあったものの、マーガレットがこういったんだ。「あのね、それを入れたらストーリーが停滞するよ」そのシーンをとり除いてから観た瞬間、ものすごい安心感を覚えた。彼女が正しかった。

ブレンダン・マッカーシー　われわれが思いついたアイディアで完成版の映画に入らなかったものは山のようにある。ストーリーがきちんと固まる前の初期の年月と、編集プロセスがはじまる前には、クレイジーなアイディアとコンセプトスケッチがわんさとあった。

マーク・セクストン　最初のファイトのある時点で、フュリオサが貞操帯でマックスを叩くはずだったりとか。妻たちは〝歯の生えた膣《ヴァギナ・デンタタ》〟の貞操帯をしていたから、マックスは映画のあいだじゅう、ずっと額にヴァギナの傷をつけている――その後マックスがクロスボウの矢で撃たれて片手をあげるときでさえ、矢が彼の手を突きぬけてヴァギナ型の傷あとに当たる。

ジョージ・ミラー　それに当初、イモータン・ジョーには別の占有物を用意した。人々――下層の〝悲惨な者たち〟――に彼が与えていたものは、基本的に農産物だったんだ。

P・J・ヴォーテン　水ではなく、ジャガイモだった。

ピーター・パウンド　農園からジャガイモを落としていたが、それだと理屈に合わない。地面に当たったら、ぜんぶつぶれるはずだ。だが、青いジャガイモが一個混じっていて、もし青いジャガイモを拾えば、砦《シタデル》にあがっていって水と食べものとシェルターの恩恵が受けられた。

P・J・ヴォーテン　なんとなく、水にしたかった。コリン（・ギブソン）とわたしはオーストラリアアウトバックへの視察旅行のあいだ、「ジャガイモはしっくりこないな」と話しあっていた。水のほうがもっと価値があるんじゃないか？　生命維持に水が必須なのはみんなが知っているし。

ジョージ・ミラー　インドのウダイプルにあるタージ・レイク・パレスにいったことを思い出したん

だ。いまはホテルになっているが、元は湖の真ん中に建つ宮殿で、湖は完全に干あがっていた――湖の底に象が何頭かいて、人々はサッカーをしていた。わたしは同行者に「わあ、これはどれぐらいの頻度で起きるんだ？」ときいてみた。彼いわく、「わたしたちは水戦争をしているんです」。パキスタンとインドのあいだで起きている紛争の多くが、基本的には水をめぐる争いだった。

それに、もちろん、オーストラリアでもまったく同じことをしている。人が水の権利をめぐって死ぬことはないが、オーストラリアは本質的に大きな河川が数本走る砂漠だ。そのうちの一本、主水系を様々な州が争っている。それで、農産物から水に変えた。

ピーター・パウンド　砂に埋もれたショッピングモールをマックスたちが発見するというアイディアもあった。その場所で、彼らは略奪をまぬがれて手つかずのリソースを見つける。そこは砦《シタデル》の外れ、弾薬畑とガスタウン付近にあるまた別のエリアで、服を調達しにいけた――車関係の物資ではないが、それでもやはり、出所を見せることが必要だと考えたんだ。

P・J・ヴォーテン　夜間撮影のあと、空中攻撃シークェンスがまるごとあるはずだった。〝ロートー・レイダース〟というヘリコプターというか、ハンググライダーみたいな航空機部隊だ。でもアフリカにいく前に削除した。ジョージでさえ「あう、もうたくさんだ。ひと息つく箇所が必要だ」っていったもんでね。

ブレンダン・マッカーシー　鉄馬の女たちは一度〝飛行族〟の設定になり、ヘリコプターとジャイロコプターを組み合わせた奇怪な乗り物で飛んでいた。空中戦を設計して、イモータン・ジョーが銛で女たちを撃ち落とす。ギリシャ神話に出てくる執念深い女性の怪鳥、ハーピーみたいなものを意図したのさ。これもやはり、ストーリーの流れに合わなかったので、ボツになった。

P・J・ヴォーテン　ほかにカットしたシーンは、いまだに見当つかないほど、どうすれば撮れるのかとほうにくれたのが理由だ。最後のチェイスのほんの一瞬前、ウォー・タンクが巨大な砂丘をジグザクに走り降りる予定だった。

マーク・セクストン　それが最後のチェイスの導入部になる。マックス、フュリオサ、妻たちと鉄馬の女たちが全員砂丘の陰に隠れながら忍び寄り、歩哨を片づけるとイモータン軍団の車両を破壊する。それから大がかりな、めまいを起こす場面がきて、マックスたちは巨大なスロープを走り下るしかなくなり、そのまま一大チェイスになだれこむ。だからもともと、最後のチェイス冒頭のボルテージはもっと高かった。

P・J・ヴォーテン　ただ、実現手段がわからない。ストーリーボードに描かれたようなことは再現できないからだ——ウォー・タンクはスキーヤーよろしくジグザグに砂丘を縫っていくが、砂地のトラックはそうはいかない。牽引車にはできるかもしれないが、タンカーには無理な相談だから、ＣＧのタンカーにしないといけないかもしれないと結論づけた。撮影スケジュールを四週間縮めなければならなくなると、そのシークェンスは喜んでカットした。

マーク・ギルニッシュ　マックスが妊娠の兆候を見せるシーンもカットされた。

P・J・ヴォーテン　そして自分を生む。

レスリー・ヴァンダーワルト　あのシーンは、いまだによくわからないわ。

P・J・ヴォーテン　幻覚かなにからしい。そうだよ。わたしだってわからん。

マーク・セクストン　マックスがうたた寝している。ウォー・タンクの車内で船を漕ぎ――はじめて平穏な時間を、おそらくはひどくしばらくぶりに味わったんだ。そしてもちろん、それに加え、彼はまだ幻覚に悩まされている。あの夢は、マックスの狂気のほとんど最後のひと息であり、奇妙なかたちをとって現れる。

P・J・ヴォーテン　マックスが見おろすと、自分が生まれ、それからいくつもの手が、彼を包む。

マーク・ギルニッシュ　ジョージはこのショットを、カメラが赤ん坊の視点になって、手が近づいてくるように撮りたがった。あれは、あの映画でわたしの撮ったショットとしては、いちばんといえるほど技術的に難しかった。可能な限りカメラを最低限のパックまではぎとって、極小レンズを使い、わたしはくそったれウォー・タンクの基本的にトムの足のあいだに横たわって、そのショットを撮ろうとした。そして、トムは赤ん坊を生む演技をする。

マーク・セクストン　いつの日か、女体のトム・ハーディが自分を生み落とす写真を拝めることを切に願っているんだ。

マーク・ギルニッシュ　トムは二、三回演じたけれどうまく撮れなかった。彼は「これで終わりだ、やってられるか。くそばかげてる。じゅうぶん撮れたろ、終わりだ」といって、歩いていってしまった。その日の残りは彼の姿を見なかった。ジョージは彼をすごくたきつけ、トムは心理的にその状態になった。彼にとってはすごく不愉快なことだったかもしれない。それで、たぶん二、三テイクしかできなかったんだ。

映画の削除シーンの多くは、イモータン・ジョーとタトゥーをした〝ヒストリー・ウーマン〟、ミス・ギディとの対決場面だ。ミス・ギディは妻たちの脱走に手を貸す。

ジェニファー・ヘイガン（〝ミス・ギディ〟）　わたしはミス・ギディを演じることになっていた。とても賢い女性で、人類の知識を収める容器代わりに体にタトゥーを入れている。映画が完成して公開されたとき、わたしの出番はほとんどがカットされていた。おもな理由は、映画の上映時間を許容範囲内に収めるためだったと思う。

　わたしはカラカラに干あがったナミビアでのロケに三回いった。一度目は、ジョージは映画の核心部分をふたりのスターと撮っていて手が空かなかった。わたしの暇をつぶすため、ジョージからキャストに大勢いる若い女性たちの教育を頼まれたわ。彼女たちの大半がイギリスとアメリカ出身のモデルで、英語のくせを矯正する手伝いをしてほしいといわれた。つぎに、わたしが「二度目のツアー」に戻ったときは、大半の時間をタトゥーで覆うのに費やしている。

ショーン・ジェンダース　ミス・ギディのタトゥーは、近づいて見るとぜんぶ物語になっていて、ただの殴り書きなんかじゃないんだ。ホロコースト、世界大戦――人々が記憶している歴史とできごとの記録が刻まれている。彼女は撮影の前日、メイクにやってくる。タトゥーを施すのに八時間かかるからだ。

レスリー・ヴァンダーワルト　全員のなかでもいちばんといっていいほど、メイクアップに時間がかかかった。そこは年の功で耐えてもらった。

マイケル・ミーキャッシュ　とても優雅な女性だ。タトゥーシールを貼らせてもらったよ。

ショーン・ジェンダース　そのまま就寝してもらう。とれた分を二時間かけて直すほうが、ぜんぶを八時間かけて貼り直してから撮影するより楽だったからだ。

ジェニファー・ヘイガン　ある日、撮影に呼ばれなくて部屋で一日無駄にしてしまった。地元のスタッフがルームサービスにきたとき、わたしをひと目見て逃げだしたの。わたしが悪霊に憑かれたと思いこんで、警備員に守ってもらわなければ戻ろうとしなかったってきいたわ。

そして、映画の最後でマックスを荒野《ウェイストランド》に戻すことが決まる前、ミラーは最後のひとひねりを思いつき、ゾーイ・クラヴィッツの役、トースト・ザ・ノウイングが権力をつかむ。

マーク・セクストン　妻たちのひとりが、すごく皮肉な手段でイモータン・ジョーの衣鉢を継ごうとする。

ジョージ・ミラー　当初の設定では、イモータンが姿を見せるたび、群衆は彼を指さして「彼だ。彼だ。彼だ」と連呼しはじめる。オリジナル・ストーリーの結末でノウイングがしたのは、リフトの前に進み出ると、全身がコバルトブルーで覆われていて、自分が新たなリーダーになるかのように片手をあげる。崖下の群衆が、リフトがあがるにつれて叫ぶ。「彼女だ。彼女だ。彼女だ」

マーク・セクストン　ジョージは「歴史はくり返す」の考えをとり入れて、高い志を目指したはずが、排除しようとしたものにたやすくとって変わることを暗示した。そして、いちばん最後のショットでは、リフトに乗ったマックスがフュリオサを支えていて、フュリオサはやっぱり重傷を負っている。マックスは観客のほうを向き、第四の壁を破る。あたかも「気をつけろ。油断すれば寝首をかかれるぞ」というように。

ジョージ・ミラー　「ああ、これはすごくうまくいくぞ、名案だ」と思った。だが、映画を編集して改めて観てみると、ピントはずれだった。フュリオサひとりが支配者に登りつめるほうが、理にかなっている。それによる問題は、彼女がどうするかだ。

第三十一章　一からやり直せる

二〇一五年に適切な続編映画を劇場公開できれば、興行成績に上限はないかに見えた。『ワイルド・スピード　SKY　MISSION』『ジュラシック・ワールド』『アベンジャーズ　エイジ・オブ・ウルトロン』は、どれもその年の世界興収が十億ドルを優に超え、『スター・ウォーズ　フォースの覚醒』は二〇億ドル以上という信じがたい成績をあげてトップに立つ。死んで久しいフランチャイズですら人気再燃の機が熟したらしく、その勢いは天井知らずだった。

その年の春、『マッドマックス　怒りのデス・ロード』の公開日である五月十五日が近づいても、ワーナー・ブラザースの経営幹部はそんな甘い幻想を抱かなかった。ただ「どうかコケませんように。大損害を出してキャリアの足をすくったりしませんように」と祈っていた。二億ドル以上が長期にわたる製作に費やされ、できあがったのは安全牌の商業主義ブロックバスターとはかけ離れたしろものだ。これほど破天荒な作品に、果たして大量の集客が望めるのか？　当初は批評家さえ懐疑的だった。

ジャスティン・チャン　映画はいっぽうで、オリンピック級の愚行になりそうにも思えた。それまでの風聞や、問題続出だった制作からすればね。

トム・ホルケンボルフ　制作過程に紆余曲折がありすぎて、この企画に首までどっぷり浸かっていたため、われわれはもはや人々がこの映画を好むかどうかわからなくなっていた。唯一わかるのは、最初の試写会の頃には覚えるようになった自分の感情だ。ジョージとはすごく親しくなったから、彼のために、映画が受けてほしかった。

***

その年の四月下旬、『怒りのデス・ロード』のマスコミ試写がはじまった。レビューの発表は数週間禁止されたが、プレスはひそかに映画に熱狂していた。

***

アリソン・ウィルモア　なにかを見て、少し酔っ払った気分になる感覚ってときどきあるじゃない？あれはそういう体験だった。わたしたちのように数多く映画を観る者にとっては稀であり、貴重なことなの。

ジャスティン・チャン　有無をいわせずぐいぐい突き進むつくりで、この世界にたちまち引きこまれる。二時間息つく間がなかった。

リチャード・ローソン　武者震いしながら劇場を出たよ。

デイヴィッド・シムズ　会場をあとにしながら、みんなに教えなくちゃと思った。とんでもない秘密を知ったみたいだった。

シャーリーズ・セロン　記者たちと向かいあって座るとき、映画をすごく気に入ったかどうかが伝わってくる。記者会見に出席して「ところで感謝祭のご予定は？」なんてきかれると、すごくキツい。でも、この映画ではそういう質問はまったく出なかった。人々がとても引きこまれたのを感じた。とどのつまり、傑作をつくったんだと実感したのは、トム・ハーディとわたしが不仲だったといううわさ話を映画が凌駕したときね。記者会見の記事は、「わお、この映画は前人未踏の領域に踏みこんでいるぞ」といった論調だった。そのとき、くだらないもろもろ以上のなにかを成し遂げたんだって実感できた。

五月初旬、映画がロサンゼルスとシドニーで開かれた華やかなプレミア上映会をひとしきり満喫するあいだ、キャストとスタッフは数年前に砂漠で撮っていたものを、とうとう目にすることができた。一部の者にとっては、ジョージ・ミラーのヴィジョンを理解できたと、はじめて心からいえた。

ヒュー・キース＝バーン　ナーバスになっていた。なぜなら気がかりだったからだ。「どうやったらあれをうまく一本の映画にできるんだ？」そして、ついに上映会で観賞し、言葉を失ったよ。信じられなかった。

クリス・オハラ　実際に映画を観たときが、「オーマイゴッド、おれは正しかった」と悟った瞬間だった。ずっとわかっていたさ、これがすごいものになるって。だけどそれがなにかは指摘できずにいた。

ニコラス・ホルト　ぶっ飛ばされた。あそこにいたときの生々しい記憶が呼び醒まされたのはいわずもがな、ジョージはストーリーテラーの達人で、ほかのだれとも違う頭を持っているから、編集のやりかたを見て……現場にいたとしても、自分の想像を越えていた。

ジョシュ・ヘルマン　映画を観ながらこう思った。もし幸運にもいつかこどもを持てたら、この映画が「ほら、見てごらん。パパがパパ史上最高にクールだぞ」っていう一作になるんだなって。

ジョージナ・セルビー　涙があふれた。わたしは泣き虫じゃないのに。「なんなのこれ？」って思った。それから気がついた。記憶がよみがえったせいで、げっそり疲れて感情的になったんだって。

アビー・リー　観たら泣いちゃった。だって、あそこで親友が何人もできたのよ。あのトラックの後部座席にいた子たち全員、短縮《スピード》ダイアルに入れてある。あの映画は文字通りわたしの人生の軌道を変えてしまったから、感極まったの。

ゾーイ・クラヴィッツ　どれほど劇的でトラウマ的な経験だったか、どれほどいい映画であってもらう必要が自分のなかであったのか、忘れていた。映画が終わったとき、ずっと息を止めていたのに気がついて、一気に感情があふれ出たわ。

もしあれがクズ映画だったら、立ち直れなかった。俳優である以上、映画にはたくさん出る。いい映画もあれば悪い映画もあり、そういうものだと流さなければやっていられない。でも、これは自分たちの血と汗と涙を実際に注ぎこんだように思えるから、もしいい映画じゃなかったら、ほんとうに心が折れてた。

映画館を出て、「その価値あり」と実際にいえるのは、すばらしい経験だった。人生でも指折りのたいへんなことだったけれど、完全に報われたし、もしジョージに声をかけられたら、またやるわ。

ブレンダン・マッカーシー　これまでの人生の個人的ハイライトは、ハリウッド大通りのプレミアに出席したときだ。うしろの席にだれが座ったと思う？　メル・ギブソンとジョージ・ミラーだ。一緒に映画を観て、終わったときにふり向いたら、ジョージがわたしの肩に手を置いてこういったんだ。「ありがとう、ブレンダン。ファンタスティックだった」それからメルがいった。「でかした、メイト」

エドガー・ライト　メル・ギブソンがプレミアに現れたのは、すごく大きな意味のある、いいことだった。葛藤があったに違いないからね。

ジョージ・ミラー　最もよく覚えているのは、メルと話したとき、あの笑いが出たことだ。なにかを楽しんでいるときの笑い——一種のクスクス笑いで、つい漏れてしまう。ある箇所でメルが笑いながらわたしの膝を叩いたから、彼が映画に入りこんでいるのがわかった。もうひとつは彼が「これはR指定じゃないよな？」と囁き、わたしが「Rだよ」と教えると、「うそだろ、PGだ」というから、わたしは「いいや、Rだ」と返したことだ。ご存じのように、メルはR指定だろうと気にしない。

二〇一五年五月十一日、『マッドマックス　怒りのデス・ロード』のレビューが遂に解禁された。批評家は手放しで絶賛した。

ミラーが『マッドマックス　サンダードーム』を世に送り出して三十年後、彼は自身のつくりだしたポストアポカリプス世界に舞い戻り、異例の、大胆かつ詩的な代表作を生みだした。現代の名作リストに名を連ねるだろう。

——リンジー・バー〈AP通信〉

ほとんど宗教的ともいえる、恐怖と美の芸術品――アクション映画のシスティナ礼拝堂だ。

――ビルゲ・エビリ〈ナッシュビル・シーン〉

パンチに欠ける映画スペクタクルの時代に登場したのは、スタジオから一億五〇〇〇万ドルの大金を奪ってナミビアの砂漠に逃走し、切断した人質の体の一部よろしく、フッテージをハリウッドに送りつけたかのような映画だ。［★★★★★］

――デイヴィッド・エーリック〈タイムアウト〉

『マッドマックス　怒りのデス・ロード』は格が違う。『サンダードーム』よりずっとずっと彼方《Beyond》にいき（原題の"Beyond Thunderdome"にひっかけている）、続編の新作が前作をしのぐという数少ない事例となった……『マッドマックス　怒りのデス・ロード』は、われわれ皆が今現在映画に切望するすべてを集め、限界まで引きあげた。

――アンソニー・レーン〈ニューヨーカー〉

映画への信仰心を新たにしてくれる。

――タイ・バー〈ボストン・グローブ〉

ジョージ・ミラー　映画をつくるとき、作業中は細切れに観ている。やろうとしたことを達成できているのかどうか、よくわからない。そして、レビューが出てきはじめる。

マーガレット・シクセル　ハンター・S・トンプソンがいったあの言葉みたい。『怒りのデス・ロード』は、「エレベーターシャフトに落ちたと思ったら人魚のプールにはまりました」、みたいな感覚。最高の気分だったわ、まじめな話。

ダグ・ミッチェル　映画制作はくそったれな戦争地帯に踏み入るも同然の経験だが、つくり終えて実際に受けたのであれば、大勝利といえる。

ニコ・ラソウリス　ちょっと信じられなくてね、ほんとうに。ストーリーづくりにとり組んでいたときは、こいつはなかなか難解な内容だぞ、どうやったら伝わるだろう？　と思っていた。だけど、伝わったみたいだ。

ジョージ・ミラー　自分の映画のことは、長い道のりを歩ききるまでほんとうにはわからない。そしてインターネットのなかった過去は、世界中の観客が映画を観て、その反応からなんらかの結論を出せるまでに何年もかかった。たとえば、わたしのはじめての映画『マッドマックス』が実はなんなのかを自分が理解するまでに、長いあいだかかった。いまではそのプロセスは加速している。ものすごい速さで起きているのは、人々の反応が非常に鮮明になったことだ。彼らはサブテキストをぜんぶ読み解く――氷山の一角の下に隠れている全体像までね。批評家の文章に出ている。試写会での質疑応答に出てくる。映画をつくる醍醐味のひとつだよ、観客からの反応をもらうことは。

マーガレット・シクセル　映画が完成して成功した、それがジョージとわたしの最高の年だった。旅先でも、映画をつくっていたときの話を何度も何度も互いにくり返していたわ。どうやって完成に漕ぎつけたんだろう？　まだ驚いている。

『怒りのデス・ロード』世界プレスツアーの終点は、晴れがましいひのき舞台だ。映画の公開日である五月十五日前日、『怒りのデス・ロード』一行はカンヌ映画祭で豪勢なレッドカーペットを歩いた。ミラーとキャスト&スタッフは、南フランスで最も有名かつ華やかなプレミア上映会のために再集合した。

アン・トンプソン（ウェブサイト〈インディワイヤー〉記者）　最初、カンヌでの見方は「あら、ハリウッドの大手スタジオがヨーロッパでお披露目したいのね。あんなのはアートフィルムの映画作家《オトゥール》とはいえないでしょ」というものだった。

マノーラ・ダーギス　でもこれは、やたらお上品ぶったフランス映画の駄作とはわけが違った。本物だった。

グレゴリー・エルウッド〈ウェブサイト〈ザ・プレイリスト〉記者〉　アメリカではすでに高い評価を得ていたが、カンヌの全員から手放しの称賛を浴びせられるとは、彼らも予想していなかったはずだ。

ピート・ハモンド〈ウェブサイト〈デッドライン〉映画賞コラムニスト〉　カンヌの天井を吹っ飛ばした。

マノーラ・ダーギス　観客は熱狂していた。あの映画を観た瞬間、これはいままで観たなかでも最高の部類だと思ったし、いまでもそう信じている。純然たるシネマ——字幕なしで観てもほとんど理解できる。カンヌで上映されるにふさわしい。

ケリー・マーセル　カンヌでスタンディング・オベーションを受け、みんなが泣いたわ。自分たちの見たものが彼らにも見えたからよ。それと、あのときにトムとシャーリーズはすごくひさしぶりに顔を合わせたの。

トム・ハーディ　自分たちが関わった桁外れの仕事を目のあたりにし、言葉が出なかった。映画が終わって、みんなで長いこと沈黙して座っていると、場内が喝采と口笛の嵐になった。ジョージ・ミラーがみんなを吹っ飛ばした。映画はぼくの想像をはるかに超えて、とてつもなかった。

ジョージ・ミラー　すべての楽器がひとつに合わされればうまく鳴ることを、彼らは理解した。

ケリー・マーセル　みんながお祭り気分のような雰囲気のなか、トムが謝罪した。その必要があると感じたのよ。

カンヌで記者会見が開かれ、映画の主役たちがジョージ・ミラーの両脇に分かれて壇上の席に着く。トム・ハーディははじめて映画を観たときの気持ちを質問された。答えながら、ハーディは監督を向いてわびを入れた。

「七ヵ月間、ぼくにとっていちばんのストレスになったのは、ジョージが一分刻みに演技させる意図を、その都度理解しようと努力したことです。理解して、監督のヴィジョンを完全に演技に反映させたかったんです」と、ハーディはいった。「ぼくはほんとうにあなたに謝らないといけないと感じています、イラついた態度を見せたことを。ジョージに説明できるはずがなかった。砂漠で彼がなにを見ていたのか、あの場にいたときに。つまり、ジョージが名監督なのは知っていましたが、どのへんがそうなのか、完成した映画を観てやっと理解しました。これがぼくの最初の反応です。『やべえ、ジョージにおれの視野の狭さを謝らないと』」

トム・ハーディ　彼の偉業を突きつけられ、ああするのが正しいようにあのときは思えたんだ。

ダグ・ミッチェル　論より証拠とはよくいったもので、それがカンヌでわれわれの目にしたことだ。

グレゴリー・エルウッド　カンヌの記者会見で絶対忘れられない珍事のひとつだ。みんなが驚いた。

マーク・ギルニッシュ　トムは自分がなにをしていたのかわからず、ずっとジョージを質問攻めにし、理由とヴィジョンを質問しづつけていた。だからカンヌにきてトムが納得できたとき、偉いなと思うのは、「自分が間違っていた。現場でわかっているべきだった」といえる強さを見せたところだよ。

イアイン・スミス　あの発言はとても好感が持て、彼が今後仕事をするうえでのヒントにもなる。〝メソッド〟という言葉を使うのは抵抗がある、それほどシンプルじゃないと思うから。だが彼が何者で、なぜ彼なのかについては、つまるところ彼の勇気とガッツを買ったのであり、ジョージにはそれを利用する直感と機転があった。

トム・ハーディ　あのあと、ぼくはすっきりした気持ちになった。

ジョージ・ミラー　いいかい、その頃にはすべて過去に流していた。トムが悪びれずにああいってくれたのはうれしいが、「おお、そうか」という感慨は湧かなかった。撮影現場ではそうする価値があったんだ。トムの行為に意味はあったが、あれがなにかの終点になるわけではない——わたしのおもな関心は、観客にとって映画がなにを意味したのかを確かめることだった。

二〇一五年五月十五日、ミラーが『マッドマックス　怒りのデス・ロード』を構想して二十年近くの時を経て、映画はようやく劇場公開された。

ローラ・ケネディ　プレミアには出席したけれど、息子を連れていきたかったから、オープニングナイトはロサンゼルスの〈アークライト〉劇場にいって、夜七時の回をふたりで観た。映画好きはみんなファースト・フライデーにいくからね。満員で、数週間前にチケットは売り切れていた。上映後は人々がロビーのあたりにたむろして、だれも帰ろうとしないの。みんなが映画のことを話していて、興奮冷めやらぬ様子だった。劇場じゅうに熱気があふれて——ああいう経験をするために、映画館にいきたくなるのよね。

ジェームズ・ニコラス　ヤマアラシ族のシークェンスの終わりで、となりに座る男が「ホーリー・シット！」と叫んだ。すごくでかい声でね。ストーリーボード会議で、よくその話をしていたんだよ。ブレンダン（・マッカーシー）がいつもいっていたのが、「おれたちの目標は、観客に放送禁止用語を叫ばせることだ！」

イアイン・スミス　一般客に混じって映画館で八回観た。観客がくぎづけになる様子に驚いたよ、最初から最後までずっとだ。

クリス・オハラ　あの週末、電話が鳴りっぱなしだった。「あの映画で仕事したっていわなかったじゃないか」「オーマイゴッド、裏話をぜんぶ教えてよ」「ホーリー・シット！」「あれはなんなんだ？」何年も没交渉だった連中からだ。

エドガー・ライト　クエンティン・タランティーノは最初、観るのを拒否していた。メル・ギブソンが出ていないからというので、押し問答になったんだ。彼は「ジョージは好きだけど、観れないよ。メル・ギブソンが出てないんじゃね」という。それからつぎに彼と話したとき、「『怒りのデス・ロード』は観た？」ときくと、「うん、観た観た。傑作だ」って。１８０度意見が変わっていた。

『怒りのデス・ロード』は公開第一週目の週末に四五〇〇万ドルの興行成績をあげ、『ピッチ・パーフェクト2』に次いで全米興行成績の第二位だった。終了時の世界興収は手堅い（だが大ヒットではない）三億七四〇〇万ドルを記録した。

ジェン・ヤマト　自分のなかでは、もっと好成績なのに。

P・J・ヴォーテン　出てくるレビューがどれも信じがたいほどよかった。そのあと、公開第一週目の週末で、『ピッチ・パーフェクト2』に負けた。あの映画にうらみはまったくない。でも、もっと上の成績じゃなかったのは、やっぱり意外だった。

マッセイ・ラファニ　参戦するには厳しいシーズンで、ダイレクトに被る相手がこちらを上まわり、とりこめるはずの観客を一部持っていかれた。

ドリュー・マクウィーニー　『マッドマックス』シリーズの前作が公開されてからずいぶん年月が経ち、メル・ギブソン抜きでゼロから出発したため、『怒りのデス・ロード』を観客はオリジナル作品のように受けとめた。

アリソン・ウィルモア　いい、この映画は現在のブロックバスター作品の範疇からはみ出し、似ても似つかない。ただ大コケしませんようにとだけ願い、そしてしなかった！　わたしにとって、あの成績はうれしい驚きよ。

ジャスティン・チャン　興行成績の記録をいくつも塗り替えたりはしなかったし、ハリウッドの胸算用ではたぶん『アベンジャーズ』よりも控えめな成功だった。だが、映画が永遠に残していく文化的な刻印に目を向ければ、いくら稼いだかよりももっと重要で、もっと未来に残ることがあると思い出させてくれる。

ジョージ・ミラー　自分が着想したアイディアの数々が、世界中の観客に受け入れられる。それががんばってきたことへの究極の報いになる。やっと、自分をねぎらってやることができるよ。

J・ヒューストン・ヤン　興行成績とポップカルチャーに残す足跡のあいだに、相関関係は実のところ存在しない。『アバター』と『怒りのデス・ロード』のどちらがポップカルチャーにより大きな足跡を残したといえる？　この作品のインパクトは否定しがたく、若いフィルムメーカーをインスパイアし、ぶっ飛ばすたぐいのものだと一〇〇パーセントいえる。それは非常に大きなことだ。

ドリュー・マクウィーニー　ミラーがつくったすべての映画のうち、これこそ血を流すようにして生み落とされたと感じられる一本だ。彼にとって、あの歳にして現行のスタジオシステムに舞い戻り、そのシステムを操って本作をつくりあげたことは、純然たる勝利だよ。こんな光景を将来目にするはずだ。若いフィルムメーカーたちが記者会見を開き、人々がたずねる。「どうして監督業に興味を持ったんですか？」彼らはこう答える。「九歳のとき、父が『怒りのデス・ロード』を観に連れていってくれたんです」

ジョージ・ミラー　日本にいったとき、英語にすごく堪能な批評家がいて、映画の感想を教えてくれた。サブテキストをぜんぶ読みとった理解の深さに、わたしは驚かされたよ。こちらが望んだすべてを受けとめていたんだ。わたしはたずねた。「おお、きみは何回映画を観たの？」彼いわく、「一度だけです」「一度観ただけで、それだけ読みとったのかい？」「そうです。これを見てもらえますか？」

そしてシャツをはだけて胸板をさらすと、ハンドルを型どったイモータンのロゴのタトゥーが、赤いインクで彫られていた。彼いわく、「映画館を出て、その足で友人にこれを入れてもらったんです」わたしはこう思ったよ。「オーマイゴッド、この映画がタトゥーに見あうだけ、長持ちしてくれますように」

第三十二章　英雄の館に呼ばれた

『マッドマックス　怒りのデス・ロード』がマーベル映画級の収益をあげることはなかったものの、ジャーナリストたちからは傑作だと歓呼の声で迎えられ、公開後何ヶ月にもわたって時代精神に浸透し続けた。二〇一五年の年の瀬が迫り、『怒りのデス・ロード』がほぼすべての批評家の年間ベスト映画リストにランクインすると、ハリウッドじゅうが目をむいた。このとち狂《GONZO》ったアクション映画が、賞レースに食いこんでくるというのか？

二〇一五年のオスカーシーズンはすでに作品賞を狙う正統派の映画がひしめいており、候補作には事実に基づくジャーナリズムのドラマ『スポットライト 世紀のスクープ』、金融界風刺劇『マネー・ショート 華麗なる大逆転』、前作『バードマン あるいは（無知がもたらす予期せぬ奇跡）』（2014）で作品賞を受賞したアレハンドロ・ゴンザレス・イニャリトゥ監督の叙事詩『レヴェナント：蘇えりし者』等が名を連ねた。それら有力作がしのぎを削るなか、『怒りのデス・ロード』のように型破りな映画につけいる隙はなさそうだった。ミラーでさえ、たいして期待はしなかった。

ジョージ・ミラー　いいかい、『怒りのデス・ロード』がオスカーみたいな賞と縁があるなんてこれっぽっちも思ったことはないよ。映画の公開された五月は賞レースのはじまるずっと前で、シリーズの四作目だ。五月半ばには見切りをつけていた。ほんとうさ！

マーガレット・シクセル　編集室でよく冗談をいっていたの。「もしこれでオスカーをとれなかったら……」でも、本気じゃなかった！　ジョージはこうまぜっ返すのよ。「いや、マージー。こういう作品はオスカー向きじゃないよ」彼はわたしたちの期待にことごとく水を差していたわ。

ピート・ハモンド　この作品を観たとき、オスカー映画枠からは完全に除外した。その後の展開など、あのときは予想もつかなかった。

デイヴ・カーガー（'TCM' 司会／'Today' オスカー担当）　ふり返ってみよう。『マッドマックス』の全フランチャイズのうち賞シーズンで大きく注目されたのは、ゴールデン・グローブ賞の主題歌賞にノミネートされた「孤独のヒーロー」だけだ——ちなみにあれは八〇年代屈指の映画主題歌だよ。だが、フランチャイズとしての『マッドマックス』はおよそ賞向きじゃない。『怒りのデス・ロード』を「オスカー映画」として見ることさえ、人によっては抵抗がある。

ジョン・ホーン（記者）　大勢に愛される映画だが、『怒りのデス・ロード』はアクション映画で、アクション映画はアカデミーとその会員からまじめにとりあわれたためしがない。重要な作品だとはみなされなかった。

グレゴリー・エルウッド　遡って九月に出た〈ヴァラエティ〉、〈ハリウッド・リポーター〉、〈ジ・エンベロープ〉の賞シーズンの特集号を見たが、作品賞の候補作として特に注目はされていないようだった。

スコット・フェインバーグ（元〈ハリウッド・リポーター〉誌映画賞コラムニスト）　五月に公開されてから半年以上ものあいだ賞モーメンタムを維持するのはすごく難しい。新たな、より話題性を秘めているかもしれない作品が公開されるからだ。もうひとつにはアカデミー好みの、一種の血統だとは思えなかった。そして最後に、これをいうのはちょっと気が引けるが、トム・ハーディとシャーリーズ・セロンは愛想のいい人柄で通ってはいない。ハーディは滅多に取材に応じず親しみやすい人間ではないし、セロンはオスカー・シーズンに通常は要求される〝おもてなし〟に必ずしも興味がない。

グレゴリー・エルウッド　ワーナー・ブラザースが推しているのはジョニー・デップの『ブラック・スキャンダル』だった。話題にしたいのはそれ一作のみ、それが彼らのナンバーワン映画だった。わたしが『マッドマックス』を持ちだしたら「まあ、そのうち手を打とう」というあしらいだった。だがそのときには遅すぎた。

ミシェール・ロバートソン（賞パブリシスト）　賞サイドでなにか特別なネタがあるとわたしがかぎつけたのは、九月か十月あたりだった。ジョージが『怒りのデス・ロード』で環境賞を受賞してロサンゼルスに戻ったとき、記者たちに探りを入れようと「ねえ、映画について記事を書きたい？」と声をかけたの。そうしたら、熱意と愛があふれ出すのを感じた。ふむ、なにかあるぞと思った。みんなが話題にしていたからね。

アン・トンプソン　大物組合のおかげね。アカデミーの様々な組合の一般組合員が、両手を広げて駆けよろうとしていた。

スコット・フェインバーグ　十二月に入る頃にはこれは本物だと信じはじめ、突然賞が雪崩を打ってつぎつぎにやってきた。

最初に舞いこんだのは、ナショナル・ボード・オブ・レビュー（ＮＢＲ）、賞シーズンにいちばん早く結果を出すメジャー団体の賞だ。二〇一五年十二月一日、会員が作品賞の栄冠を『怒りのデス・ロード』に与えると発表した。

グレゴリー・エルウッド　NBRが作品賞は『マッドマックス　怒りのデス・ロード』だと発表したとき、人々の反応は二〇一九年度に韓国映画『パラサイト　半地下の家族』が主要な賞をとったときのそれと同工異曲だった。シネフィルと批評家は夢見心地、それ以外の、スタジオの人間やパブリシストら賞ゲームの参加者は全員、「どうなってる？」。

アン・トンプソン　ナショナル・ボード・オブ・レビューは社会派意識の高い作品を好む傾向がある――『スポットライト 世紀のスクープ』のような。

スコット・フェインバーグ　彼らは業界最先端の集団ではない。だがナショナル・ボード・オブ・レビューの作品賞に選出された映画が、オスカーシーンズ全体になんらかのかたちで絡まないのは非常に稀だ。

ミシェール・ロバートソン　ジャーナリストの友人から「NBR WTF（NBRご乱心）」と書かれたメールがきた。それが業界の、その日のおおかたの心境だった。

ジョージ・ミラー　自分がつくっている映画のトンネルを懸命に掘り進み、そのあと穴から這いだして努力の結果を世間に差しだす。そしてわが家に戻ってみると、今度は新たな反響が返ってくる。この世の春だ。

グレゴリー・エルウッド　あのＮＢＲの勝利が、ためらっている批評家の一団に青信号を出した。「そうだ、これに投票してもいいんだ」って。

つぎに大きな弾みがついたのはロサンゼルス映画批評家協会（ＬＡＦＣＡ）賞で、『マッドマックス　怒りのデス・ロード』は撮影賞、美術賞、監督賞を勝ちとった。さらには作品賞の次点にもなり、受賞したのは『スポットライト』だった。

ジャスティン・チャン　ＬＡＦＣＡは批評家協会のなかでも、通常反ジャンル映画の俗物根性とは縁がない。われわれは一九七七年に『アニー・ホール』より『スター・ウォーズ』に作品賞を与えた団体で、『ウォーリー』と『ダークナイト』の二作が二〇〇八年の作品賞で最も票を集めた。ＬＡＦＣＡのそういうところが好きだ。優れたアクション映画は優れた映画だ、以上。という方針なんだ。

ミシェール・ロバートソン　ロサンゼルス映画批評家協会でわたしたちが受賞するのを見たみんなが、「よし、これは本物だ。これは実際にくるぞ」って確信したの。

ピート・ハモンド　批評家が一役買っていた。広い意味で批評家がほんとうに映画をつくり、自分たちの賞で盛りたてるという好例だ。

クリス・タプリー（元〈ヴァラエティ〉誌映画賞担当編集者）　その年が進むにつれ、ジョージがいちばん批評家協会の賞をもらった。監督賞を二十四個、『マッドマックス』は『スポットライト』に次ぐ多さで、作品賞を十一個もらった。快挙だ！

ピート・ハモンド　そこまでいくと、スタジオは『怒りのデス・ロード』に勝機ありと見て、当初の想定以上の資金と熱意を投入しはじめた。

ペトリーナ・ハル　なんだか自分たちが弱小プロダクションに戻ったみたいで、本作に向けられた熱狂はその年の最後まで続いたわ。

ピート・ハモンド　わたしは記者会見を組みはじめ、ジョージ・ミラーは常連の出席者になった。

ミシェール・ロバートソン　ジョージ以上にいいスポークスマンはいないわ。すごく温かくて優しい人だから。とにかく彼を前面に出した。「ここにいる大胆かつ思慮深い映画作家《オトゥール》がジャンルをほんとうに押しあげましたよ」って。それに彼は『ハッピー フィート』で数年前にも顔を出し、オスカーの長編アニメーション賞を受賞しているから、ポッと出というわけじゃないしね。

ジョージ・ミラー　すごく楽しいパーティだよ。悪意のかけらもない大統領選の予備選挙みたいなものだ。

アン・トンプソン　「映画を観て」って触れ回っていたら、アカデミーの一部の会員から眉をひそめられたわ。

デイヴ・カーガー　『怒りのデス・ロード』については、真っ二つの派閥に分かれた。ジョージ・ミラーと『マッドマックス』シリーズを崇める者はたくさんいたが、また多くの者が「あれは娯楽作品で、オスカー映画ではない。技術部門以外に投票するなんて論外だ」とみなしていた。

スコット・フェインバーグ　『怒りのデス・ロード』の売りかたはある意味、数十年前に『地獄の黙示録』に使ったのではと踏んでいる手法と、似ていなくもない。「映画の完成に漕ぎつくために彼らスタッフが味わった苦労を信じられます？」とアピールするのだ。キャンペーンの一貫として映画づくりの裏話をおもしろおかしく、ドラマチックに仕立てるのにふつうは苦労するものだが、『怒りのデス・ロード』の場合、それほど誇張する必要はなかった。

業界は『怒りのデス・ロード』を讃え続け、製作者組合や監督協会といった主要組合賞へのノミネート、さらにはゴールデン・グローブ賞のドラマ作品賞と監督賞の主要な賞にさえノミネートされた。

スコット・フェインバーグ　ゴールデン・グローブ賞の主要部門候補に入ったことで、おそらくアカデミー会員は『怒りのデス・ロード』を投票対象とみなしても、安全だとのお墨付きをもらった気がしたはずだ。

ピート・ハモンド　ゴールデン・グローブの典型的な方向性から外れていた。そのため、そっちへ向かったという事実が青信号となり、大きな弾みになった。

ジョージ・ミラー　肝心なのは、あまり期待しすぎないように気を引きしめることだ。

すべては二〇一六年一月十四日の朝に集約され、ロサンゼルスの夜明けとともにアカデミー賞のノミネート作が発表された。『怒りのデス・ロード』は驚いたことに十個のノミネーションを、多様な部門にわたって受けた。編集賞、美術賞、撮影賞、視覚効果賞、音響編集賞、録音賞、メイクアップ&ヘアスタイリング賞、衣装デザイン賞。

快挙だったのは、映画がさらに上位ふたつの賞レースに入ったことだ。ジョージ・ミラーが監督賞にノミネートされ、『怒りのデス・ロード』が作品賞にノミネートされた。

クリス・デファリア　ノミネートにぼう然となった。

P・J・ヴォーテン　起きて生配信を見ていたら、なんてこった。立て続けに読みあげられた。

ペトリーナ・ハル　十個のノミネーション！　だれもそんなこと、予測できなかった。

マーガレット・シクセル　信じられなかった。地獄をくぐり抜けてきたばかりなのよ。

エドガー・ライト　前年まで、技術的にず抜けていてもアカデミーに認められなかった映画がいくつもあり、『ダークナイト』のような作品が、受けてしかるべき数だけノミネーションを受けなかったときは常に物議を醸した。だが『マッドマックス』はあまりにみごとにつくられ、あまりに勢いがありすぎて、アカデミーも無視できなかった。

アン・トンプソン　だけど、シャーリーズがノミネートされなかったのには、ものすごく頭にきた！　レオナルド・ディカプリオはよくあるアクションをたくさんこなして苦労が報われたのに、ファビュラスなフュリオサを演じたシャーリーズは、可哀想に締めだされた。

クリス・タプリー　彼女は六番目の候補だったと思う。惜しかった。

デイヴ・カーガー　シャーリーズは『ジョイ』のジェニファー・ローレンスよりノミネートにふさわしいといえるかもしれない。『ジョイ』は賞シーズンのあいだ、ずっと音沙汰なかった。いまだにアクション映画に対してバイアスがかかっていると思うね、意識的にせよ無意識にせよ。

スコット・フェインバーグ　だが二桁のノミネーションはすごく稀だし、今回の場合、数で上まわるのは『レヴェナント：蘇えりし者』の十二個だけだ。

ミシェール・ロバートソン　みんなでいっていたの、「どうしよう、ジョージが起きたらだれが話す？」って。

ジョージ・ミラー　まあ、オスカー・ノミネーションではありがちな問題だ。とくにタイムゾーンが違うときは――ふつうなら寝ている時間だよ！

ミシェール・ロバートソン　時差のせいで、こんなステートメントをもらった。すごくジョージらしかった。

驚き桃の木《ワウィー・ザウィー》！　大勢の才能ある者たちが遮二無二《しゃにむに》働いてくれたおかげでこの映画をスクリーンにかけることが叶いました。アカデミーがこのようなかたちでわたしたちのがんばりを認めてくださり、恐悦しごくです。

ジョージ・ミラー　『怒りのデス・ロード』がノミネートされたとき、「おー、すばらしい」と思った。輝かしい賞は満足感を与えてくれると、もちろん学んだよ。だが大事なのは、この物語が人々にどんな意味を持つのかを知ることだ。

クリス・タプリー　ジョージが監督賞をとる気がしてきた。

スコット・フェインバーグ　監督賞部門は最近、最も体力的にキツい仕事をした人物に授与したがる感触があった。ということはたぶん、『スポットライト』のトム・マッカーシーや『マネー・ショート』のアダム・マッケイにはいかず、難行苦行の撮影だったとおぼしき『レヴェナント』のイニャリトゥか、『怒りのデス・ロード』のジョージ・ミラーだという見方が有力だった。

ミシェール・ロバートソン　ひっきりなしに人々が連絡をとってきて、どれくらいこの映画を愛しているかをきかされた。フィルムメーカーたちには「支援したいがどうしたらいい？　なにができる？」ときかれたわ。

パットン・オズワルト　友人がいっていた。「彼が最優秀《ベスト》監督賞をとるべきかどうかわからないが、絶対に最高峰《モスト》監督賞をとるべきだ」って。

ジョン・シール　善良そうなイギリス人の男性がやってきて、こう話しかけられた。「あなたがたに投票しました。理由をいわせてください。わたしは映画を観ると、こう考えるんです。『二十年後この映画を覚えているだろうか？』と。二十年後、間違いなく『怒りのデス・ロード』を覚えていると悟ったんですよ」

アン・トンプソン　オスカーシーズンの公開作じゃなかった。つまり、あからさまなオスカー狙いの映画じゃないっていうこと。

ミシェール・ロバートソン　作品賞の最有力候補とはいかなくても、絶対いい線いっていた。

クリス・タプリー　『レヴェナント』が監督組合賞をとり、『マネー・ショート』が製作者組合賞をとり、映画俳優組合賞は『スポットライト』に渡った。『マッドマックス』が不遜にも割りこもうとしたレースは、有り体にいってそういう状態だった。

二〇一六年二月二十八日、オスカー授賞式がロサンゼルスのドルビーシアターで開かれた。長年にわたる苦労の末の、輝かしい到達点だったが、『怒りのデス・ロード』の関係者一同はその夜のなりゆきについては予測できなかった。

マーガレット・シクセル　ロサンゼルスではクレイジーな時間を過ごしたわね、みんなが。

アンディ・ウィリアムス　式典とお祭り気分を生で味わえるなんて、最高だね。辺り一帯がオスカー一色になるんだろう？　めでたいなあ。

レスリー・ヴァンダーワルト　当日の朝、目が覚めて部屋のカーテンを引いたら、砂嵐だったの。ここはロスなのに、ナミビアに歩いてきたみたい！　そのときから、わたしたちが勝つと思うって公言してた。「わお、吉兆ってやつね」って。

ジョージ・ミラー　マーガレットはメイクアップは絶対しないタイプだが、メイクアップ担当者と同行することにした。ドレスをやっと買ったのは前日だ。「マーガレット、BAFTA（英国アカデミー賞）で着たのと同じのでいいんじゃないかい？」ってきくと、「人が見るから」っていうんだ。

レスリー・ヴァンダーワルト　チャドウィック・ボーズマンとか、ほかの作品で一緒に仕事をしたすばらしい人たちがいて、わたしたちのところへお祝いをいいにきてくれた。リムジンで到着して最初に出くわしたのがチャディー（チャドウィック）で――彼は「やあ！」って声をかけてくれた。周りの人たちに紹介してくれて、すごくいい気分を味わえた。

デイヴィッド・ホワイト　見過ごされがちなのが、レッドカーペットの式典は結構な苦行だということだ。三時間半拘束され、アルコールは禁止だぞ。

クリス・ロックが司会をつとめる賞のセレモニーは、早々に『怒りのデス・ロード』に微笑みかける。その夜四番目に発表されたのは衣装デザイン賞で、勝者はジェニー・ビーヴァン。不毛の荒野《ウェイストランド》のワイルドな衣装に生を与えたデザイナーだ。ステージへ向かうあいだ、授賞式には異例のビーヴァンの服装に出席者は目をむいた。高価なドレスの代わりに、彼女は頭蓋骨をあしらったイモータンのシンボルをつけた革のジャケットをまとっていたのだ。

ジェニー・ビーヴァン　わたしの姉妹に「賞にはなにを着ていくつもり？」ときかれたの。映画スターならデザイナーに頼めばゴージャスなドレスを貸してくれるだろうけど、わたしは背が低くて太っているから、ドレスなんか着たらばかみたいに見える――というか、わたしらしくない。そしてオスカーにいくとたいてい、そのあとはいつもカツカツになるのよ。わたしは娘をひとりで育て、すべて自分で支払っているから、金銭的余裕はあまりなくて。

それで、こう答えた。「そうだ、映画にちょっとしたオマージュを捧げようかな。バイク乗りっぽいのを考えてみる」そのあとマークス＆スペンサーから人工皮革のジャケットを買ってきた。フュリオサの衣装制作者、ジェーン・ロウがイモータン・ジョーのシンボルを背中につけようと提案してくれ、『シンデレラ』のシークイン（スパンコール）のドレスにサンディ・パウエルが使った残りものをもらって、ほんとうにやったの――スワロフスキー・クリスタルをその上に少しつけ加えた。

すごく着心地がよくて、ばかみたいに注目された。「あの女が着てるのはなんなんだ？」って。

ミシェール・ロバートソン　イニャリトゥ監督がにらんでたわ。

『怒りのデス・ロード』はまた、続くふたつのオスカーを勝ちとった。コリン・ギブソンとリサ・トンプソンが美術賞を、レスリー・ヴァンダーワルト、エルカ・ウォーデガ、ダミアン・マーティンがメイクアップ&ヘアスタイリング賞を受賞した。

コリン・ギブソン　『レヴェナント』のデザイナーと雑談していたんだ。彼はわたしの前の席で、どちらも互いに相手が勝つと謙遜しあった。彼は「いやいや、きみが勝つよ」といい続けていたが、発表が近づいてくるとポケットに手を入れてメモを出しているのを見て、わたしも書いときゃよかったと思ったもんさ。

レスリー・ヴァンダーワルト　ステージにあがって見おろしたら、全員有名人だったのを覚えている――レオ（・ディカプリオ）をはじめ『レヴェナント』の人たちとか――「オーマイゴッド、この人たちの前でわたしはなにやってんの？」リアリティ番組に出ているみたいだった。

クリス・タプリー　映画がなにかを受賞するたびにスコアが演奏される。一晩中『マッド・マックス』が流れていたよ。

ジョイ・スミザーズ　クレイジーな人たちがつぎつぎにステージにあがっていって――「なんだ、このおかしなオーストラリア人たちは？」みたいな。

ミシェール・ロバートソン　わたしは見通しのいい席にいて、わたしたちがなにか賞をもらうたび、となりの女性から「あら、うれしそうね」っていわれた。勝ち続けていたから、確かに！

その夜のつぎなる勝者は、マーガレット・シクセル。オスカーの編集賞を射止めた。

マーガレット・シクセル　ねぇちょっと、どうよ？　映画の半分でわたしはクビになるって思っていて、そうしたらオスカー受賞ですって。うっとりしたわ。正直にいえば、勝たなくてもかまわなかった。それどころか勝ちませんようにって祈っていたぐらい。だってもし勝ったら、あわただしく立ちあがらなきゃいけないじゃない。だからどちらに転んでも大丈夫なように準備はしていたけど、ジョージはすごく喜んでくれた！

ジョン・ホーン　オスカーで編集賞を受賞する、それは作品賞に王手をかけたに近い。あの時点で、これはとるなと思った。投票者をいちばん熱狂させた映画であり、たくさんのチェックリストに印がついた——重要性、メインキャストに女性がいる、ＣＧ全盛のなかの特殊効果、オリジナルな語り口。

映画はさらに、音響編集賞と録音賞の二部門を制する。音響編集のマーク・マンジーニはデイヴィッド・ホワイトとともに壇上にあがり、「ファッキン・マッドマックサーたち、祝おうぜ！」と叫んで、ピー音処理をされた。

デイヴィッド・ホワイト　オスカーをとるなんて期待したオーストラリア人スタッフはひとりもいない。アメリカ人のスタッフは期待したかもしれないが、オーストラリア勢は「けっ、マジでおれたちがとると思うのかよ？」という感じだった。オーストラリアにオスカーを携えて戻ったあと、パブにいくときはいつもオスカーを持ち歩いて地元住民全員に記念写真を撮らせたり、持たせたり、いろいろやらせてやった。史上最もくたびれたオスカー像になったよ。

ペトリーナ・ハル　勝利が流れこんでくるみたいな感じだった。ひとつやふたつどころじゃない。文字通り、賞につぐ賞の連続。映画の題名を何度も何度もきいて、夢心地だった。

ピート・ハモンド　ほんとうのことをいう。オスカー授賞式の夜、この映画が賞を総なめしていくにつれて「オーマイゴッド、こいつはマジで番狂わせが起きるぞ」と思った。現に、台風の目になっている。でも、わたしたちみんなが間違っていた。

スコット・フェインバーグ　六つの受賞数は、あの夜のほかの映画より二倍以上多く、作品賞をとらずにそれより多くのオスカーを授賞した映画はこれまで二作しかない――『キャバレー』〔1972〕と『ゼロ・グラビティ』だ。そして二作とも監督賞をとっている。だから式が進むうち、ふたつのトップ部門のどちらかで番狂わせが起きる確率が高まったかに思えた。

マッセイ・ラファニ　わたしたちは「これはとるぞ、とるぞ、とるぞ」と思っていた。そして、どんどんそのときが近づいていった。

グレゴリー・エルウッド　もしジョージがとったら、すべてのルールを窓から放りだしてやる。

クリス・タプリー　接戦だったはずだ。封筒が読まれるまで、どうなるか確信はなかった。

監督賞は長い授賞式の終わり近くに発表され、『レヴェナント』のイニャリトゥ監督が手にした。

ジョージ・ミラー　前にもあったから、期待の抑えかたは心得ていた。周りは「きみが勝つよ！」というが、わたしはそうは思わなかった。

ピート・ハモンド　『レヴェナント』が候補に入っていなければ、ジョージ・ミラーが監督賞をとっていたはずだ。ほぼ確信している。『スポットライト』に監督賞は絶対にやらなかったはずだ。

ジャスティン・チャン　イニャリトゥにあの賞がまたもや必要だっただろうか。すでにとった一年後に？　ジョージ・ミラーは彼のとり分をほんとうにもらったことはなく、今回がどう考えても彼を讃える番だったはずだ。監督業の純然たる偉業として、『怒りのデス・ロード』に並ぶものは今後そうは出ない。絶好の機会を逃した気がする。

そしてその夜の最後のオスカー、作品賞は『スポットライト』に贈られた。

デイヴ・カーガー　『スポットライト』は作品賞こそとったものの、その夜はほかにひとつしか受賞していない。それは近年では非常に稀なことだ。ほとんどあったためしがない。

ジョン・ホーン　最後の得票数をもし確かめられたとしたら、『怒りのデス・ロード』が作品賞をとるまで五十票以内だったほうに賭ける。

デイヴ・カーガー　作品賞への投票となると、アカデミー会員はすべての候補作をいちばんのお気に入りから最低の作品まで、ランクづけする。多くの投票者にとって『スポットライト』でさえ一位の選択ではなく、二位か三位が大半だった。『怒りのデス・ロード』のような映画は、持論では一位の票を非常に多く集めたが、おそらく二位や三位の票はたいしてなかったんだ。

ミシェール・ロバートソン　その夜が終わってみると、わたしたちがいちばんたくさん受賞した。ジョージの表情は、一見の価値があったわ。

マーガレット・シクセル　ジョージが勝たなくてがっかりしたけど、基本的にわたしたちの受賞した賞のぜんぶが彼のオスカーだった、ある意味ね。

ディーン・フッド　あくる朝、みんなとコーヒーショップで落ちあった。十本ばかり、アカデミー賞のトロフィーをコーヒーベンチに並べたよ。ジョージがコーヒーマシンの後ろにバリスタとして控えていて――アカデミー賞をとれなかったから、コーヒーショップでも開こうと思ったのかもな。

ジョージ・ミラー　その頃にはあまりまじめに考えないようにして、なりゆきを楽しむことを覚えた。『イーストウィックの魔女たち』でジャック・ニコルソンから学んだもうひとつのことが、「成功を祝わないというミスをするな、滅多にやってこないんだから」だった。

デイヴ・カーガー　『怒りのデス・ロード』のオスカー受賞は、総じて『スター・ウォーズ』と肩を並べる成績だった。六つの技術賞だ。

ジャスティン・チャン　六つのオスカーは、まったくばかにできない。業界はあきらかにあの映画を愛し、深く尊重した。ステージに立ったジョージ・ミラーは、おそらくほかのだれよりもたくさんの祝福と喝采を浴びていた。

P・J・ヴォーテン　受賞したすべての賞は彼のものだ。ジョージの映画はすべて、ハンドメイドの極みだからね。彼の指紋がそこらじゅうについている。

ミシェール・ロバートソン　小さなエンジンで、この特別な映画は逆風に抗ったの。

クリス・タプリー　最近のオスカー、いや九十年にわたるオスカーの歴史のなかでさえ、すごく変わった映画だ。同じことをやった映画を、ほかに指摘できるかい？　十個のノミネーションに、六つの勝利。まごうことなきジャンル映画がだぞ。

デイヴ・カーガー　オスカー映画に可能なこととすべきことの幅を押し広げた映画として、クレジットされるべきだ。

マーク・ギルニッシュ　『怒りのデス・ロード』は末永く記憶されると思う。作品賞のあれより……あれ、なんだったっけ？

第三十三章　「いいことは楽には手に入らない」

一〇〇〇人以上の人間が二十年をかけて『マッドマックス　怒りのデス・ロード』の映画化に労力を注いできたが、ジョージ・ミラーのヴィジョンがどんな映像に結実するのか、また、これほど労力をかけ、危険で、金のかかった作品が最終的にその価値に見あうのかどうか、少なからぬ者が確信を持てずにいた。安全な商業主義のブロックバスターに慣れきった世界で、これほど異様な、妥協のない、これほど……その、〝マッド〟な映画を受け入れてもらえるのか？

熱狂的な答えが返ってくるまで、長くはかからなかった。『怒りのデス・ロード』はポップカルチャーの正典の一部に永遠に組みこまれ、いまや連日のように引きあいに出されている。コメディアンのスティーヴン・コルベアが彼の選挙ネタセグメントを〝ホワイトハウスへの怒りのデス・ロード〟と名付け、ミーガン・ジー・スタリオンが『怒りのデス・ロード』にインスパイアされたミュージックヴィデオでバイクにまたがり砂漠を疾走し、リアーナが「プラダを着たフュリオサ」として着飾り、〈Wマガジン〉でハイファッションの写真撮影にのぞむ。ソーシャルメディアはいまでも『怒りのデス・ロード』のGIFであふれ、アクション映画の新作が公開されるや、即ミラーの最高傑作と比べられる。

フィルムメーカーは『怒りのデス・ロード』を崇めている。映画ファンはそのワイルドな想像力に飽きることを知らない。そして二〇一九年、各メディアが過去十年間のベスト映画をまとめると、あらゆる主要新聞紙と雑誌はミラー監督による現代の古典をリストに挙げた。〈ヴァルチャー〉から〈ニューヨーク・タイムズ〉、〈ローリングストーン〉からウェブサイト〈the A.V. Club〉まで、こぞって『怒りのデス・ロード』を記念碑的な偉業だと讃えた。

　われわれが映画を観にいくのは忘我の境地に浸るためで、『怒りのデス・ロード』は自分たちの想像を超えた場所へと連れていってくれる。いまだにマックス、フュリオサ、そしてイモータンとの勝ち目のない彼らのバトルに触発されるファンたちはあとを絶たない「とりわけハロウィーンやコミコンの彼らは見ものだ。フェイスマスクやメカニカルな義手を自作し、映画にトリビュートしている」。だが『怒りのデス・ロード』の壮大な旅は、それをつくった人々に、より深い意義を持つことを証明した。彼らがからくも成し遂げたのは、まさしく非常に稀なことだった。

ジョン・ホーン　『マッドマックス』第一作が公開されたとき、〈ニューヨーク・タイムズ〉は「不様で支離滅裂、最も批評眼のない映画ファン向け」だと評した。二十年後、彼らは『怒りのデス・ロード』をオールタイムのベスト映画リストに加えた。

マノーラ・ダーギス　あらゆるレベルで美しくつくられた、純然たるシネマよ。

リチャード・ローソン　〈ヴァニティ・フェア〉に執筆した記事で、この十年のベスト映画に挙げた。

理由は、フランチャイズに執着するハリウッドが観客を連れていける一縷《いちる》の希望のように感じたからだ。つくり手の肉声をきけるブロックバスターが、今後はもっと増えるよう望んでいる。

ジョージ・ミラー　ある意味謙虚になるね。「たいへんだ、これは自分が考えていたのよりずっと意味がある作品なのか」と思う。それは無類の満足感を覚える瞬間であり、基本的に苦労がすべて吹き飛ぶ。中心的な物語体験をどうにかまとめあげて、観てほしいと願う観客層へ送り届ける責任を背負い、ディレクターズチェアに座っていたときのすべてがね。

ジャスティン・チャン　不朽の名作であるような雰囲気を急速にまといはじめ、たったひとつの失敗さえできないたぐいの映画制作の究極の模範になった。これ以上エレガントな表現を思いつけないね。

パットン・オズワルト　個人的意見では、史上最高のアクション映画だ。これを超える主張があるだろうか。ぼくはないよ、悪いけど！

ジャスティン・チャン　最高に純粋なエッセンスまで蒸留されたアクションムービーだと感じるんだ。一切の妥協を許さない努力でつくられていながら、コンセプトはいたってシンプルだ。

マノーラ・ダーギス　アクション映画の傑作だけど、またこうも思うの。「形容詞をつけるのさえやめよう」って。わたしの生きているあいだにつくられた映画のなかでも屈指の一作。わたしの新たなる『オズの魔法使』〔1939〕よ。いまでも色あせていないし、色あせる日がくるとも思わない。

シャーリーズ・セロン　みんながこの映画を愛している。他のフィルムメーカー、デイヴィッド・フィンチャーのようなわたしが心酔する監督と話すと、この映画がいかに感情的なナラティヴと相互につながっているかを専門的に説明してくれるの。そんなときは、ほかにそんな反応をされる映画がわたしの出演作であるかしら、って思う。業界の人たちはあの映画を心から称賛し、一目置いている。

トム・ホルケンボルフ　ザック・スナイダー、ジェームズ・キャメロン、ピーター・ジャクソン、ティム・ミラー、だれと話しても同じだ。一緒に仕事をした多数の監督、ロバート・ロドリゲスなどが『怒りのデス・ロード』を観たとき、衝撃のあまり絶句した」というんだ。

トム・ハーディ　同感だ。ジョージを誇りに思うし、彼のために、ものすごく嬉しい。賞をもらうに値するよ。ジョージのチームも、彼の支援者も、それからデザインやスタント部門もだ。彼らは記念碑的な偉業を成し遂げたんだ、みごとにね。

パティ・ジェンキンス　いまだにすごいと思っているのは、『マッドマックス』映画が最後に公開されてからずいぶん時間があいたのに、それでもジョージは最高にエッジーだった。ほかのだれよりもエッジーなのよ！

ドリュー・マクウィーニー　三十五歳のフィルムメーカーや二十五歳のフィルムメーカーが、この映画を観て嘆息する。「ああ、わたしにはあんな作品を撮るエネルギーがない。手をつけることすらできない」スティーヴン・ソダーバーグが「あの映画を観て、この仕事をやめたくなった」というのをきいたよ。

トム・ハーディ　知性派のアクション映画だ。もしくは賢者のアクション映画といってもいい。ジョージはこれを撮ったとき七十歳になろうとしていたのに、おそらくぼくが人生で見たなかでも最高に若々しいことを成し遂げた。

ジーナ・プリンス＝バイスウッド　年齢差別を鼻で笑っている映画よ。ハリウッドでは、あまりにそれが蔓延しているの。大事なのはいつでも「つぎの新人はどんな芸を見せてくれるんだ？」そこへ、ジョージは「亀の甲より年の功」を実にみごとに証明した。

ジョン・シール　ジョージとわたしを合わせれば、一五〇年の経験がある。だけど映画に歳は関係ないと思う。大事なのは頭の中味だ。

ジーナ・プリンス＝バイスウッド　これほど息の長い作品をつくったジョージの功績を讃えるべきね。キャラクターと世界、両方とも忘れようにも忘れがたい、それが映画を持続させている理由。シリーズ次回作ではこのすてきな女性（アニャ・テイラー＝ジョイ）に若き日のフュリオサを演じさせ、続ける意志がジョージにあるという事実。彼がそれをできるのは、わたしたち観客があの世界に戻り、もっと知りたいと思うからよ。

ジョージ・ミラーは少なくとも、あと一度は荒野《ウェイストランド》への旅をするつもりだ。つぎに撮影が控える“Furiosa”は、二〇二四年の公開を目指す。かつてはアニメーション映画として構想されたものの、“Furiosa”は実写で撮るプリクエルに企画を変更、アニャ・テイラー＝ジョイがアイコン的な戦士のより若き日を演じる。フュリオサのバックストーリーをかたちにするため、テイラー＝ジョイに加えてクリス・ヘムズワースやヤーヤ・アブドゥル＝マティーン二世（その後降板）、また、『怒りのデス・ロード』のスタッフ多数が戻ってくる。

ジョン・シール　『怒りのデス・ロード』のあと、想像つくと思うが、すばらしい仕事の話をいくつかオファーされた。だけどぜんぶ断ったよ。わたしは強くなり、「ノー」という方法をいまは覚えた。でも『怒りのデス・ロード』のとき、ジョージに「もしほかのだれかから電話がきたら、わたしは引退していたが、きみからであれば、ランチをとろう」と伝えておいた。そして、彼から電話がきた。

P・J・ヴォーテン　“Furiosa”は大なり小なり、伝統的な三幕もののドラマだ。もしもうひとつのチェイス・ムービーを期待しているなら、それはないよ。

ティム・リッジ　『怒りのデス・ロード』のスタッフが「“Furiosa”をつくるのを待ちきれない、きっと、本作を超える映画になる」といっていたのを覚えている。

ディーン・フッド　脚本を読みはじめたら止まらなかった。ほんとうに、大傑作になるぞ。ガスタウンが出てくる。弾薬畑が出てくる。セットを建てこめると思うとわくわくするね。

デーン・ハレット　“Furiosa”の作業をバリバリこなしている。映画ファンとしていってしまうけど、ジョージとガイ・ノリスとコリン・ギブソンとSkypeをするときは、スクリーンショットを撮らずにいられないんだ。「あの人がおれに話しかけてる！」

ジョージ・ミラー　ずいぶん長いあいだ、ＣＧでシャーリーズを若返らせるつもりでいたが、まだその域に達しているとは思わない。『アイリッシュマン』〔２０１９〕で果敢に挑戦していたけれど、やっぱりまだ「不気味の谷」から抜け出していない。みんながもう少しで解決できそうなところにきている、とりわけ日本のヴィデオゲーム・デザイナーはね。だけどまだ、すごく深い谷にいる。

シャーリーズ・セロン きいて。わたしは完全にジョージを尊敬しているの。一緒に『怒りのデス・ロード』を撮ったあとではなおさらね。彼は名監督で、成功を心から願っている。シリーズ次回作でフュリオサを演じられず、ちょっと悲しいのは事実。あの役柄をほんとうに好きで、彼女の創造に少しだけ関われてうれしい。彼女のことは永遠に思っているし、好ましく思い返している。

エドガー・ライト ロックダウン前にロンドンでディナーを最後に食べた相手が、ロンドンを訪れたジョージだった。彼に『ラストナイト・イン・ソーホー』〔2021〕を観せたばかりで、「アニャ・テイラー=ジョイとの仕事はどうだい? オーマイゴッド、彼女はすばらしいな」と感じいっていた。翌日ジョージはアニャと会い、それが"Furiosa"を彼女が演じるきっかけになった。

ジョージ・ミラー ほかに彼女がやった映画を二本ほど観て、エドガーと彼の直感をすごく買うようになった。「悪いことはいわないから、アニャと仕事をする機会を逃すな」と力説されたんだ。

アニャ・テイラー=ジョイ（俳優） シャーリーズが演じるフュリオサに恋をした。シャーリーズはすばらしい演技をしたし、すごく美しかった。もうフュリオサのことを夢想しはじめているの——とても力強い役。できる限り役作りに努めている。前からずっと、全力投球できる役がしたいと思っていたし、興奮もしているわ。だって、「ここまで」と思う自分の限界を超えさせてくれそうだもの。

P・J・ヴォーテン　ジョージはクリス［・ヘムズワース］と最初は好意で会い、それから彼を起用するというアイディアと恋に落ちた。クリスはいつものタイプとは正反対の役をやるんだ。悪役だよ。悲しいかな、もうこの世にいない俳優の演じていた登場人物の代役を見つけないといけない。新たなイモータン、新たな武器将軍、そのほか数名。

ガイ・ノリス　わたしにいえるのは、これがすごいストーリーということだけだ。そしてこのストーリーを世界が体験するのだと思うと、『怒りのデス・ロード』のときと同様にわくわくする。

ティム・リッジ　あの世界に戻って、『怒りのデス・ロード』を追い抜こうなんてするやつは、だれだ？　ジョージ・ミラーだ。それを彼はやろうとしていて、やってのけるとわたしは信じている。

ジョン・アイルズ　ガイがいったんだよ、「つぎの『マッドマックス』映画でおれたちのすることを見てくれ」って。そして、床に置かれた模型を見た——彼はレゴとマテルのバイクと車とトラック、そういうのをぜんぶ持っている。車両の台数をそろえて、なにが起きているのか完全にわかるようにしたかったからだ。わたしが「メイト、レゴがいっぱいだな」というと、ガイは「レゴが多いほどいいんだ、ジョン」って答えたよ。

もし彼らがやろうとしていることを実現できれば、『怒りのデス・ロード』以上の、絶対的なヴィジュアルの宴になるだろう。『マッドマックス』シリーズに革命が起きるぞ。

この世界《ウェイストランド》へ、『怒りのデス・ロード』のなにがそれほど再訪したいと熱望させるのか？　単に、すばらしいヴィジュアルや比類ないアクション・シークェンスだけにとどまりはしないが、それらが大きな魅力なのは疑いない。それは、川のように映画を通して流れるテーマ、わたしたちが何度も何度も思い返す強力なメタファーと関係がある。

ニコラス・ホルト　ジョージの語り口はすべて、信憑性のある真実と現実に根差している。そのためにあのできごとは確かに起こり、起こり得ると思えるんだ。

シャーリーズ・セロン　見捨てられ、顧みられることのないあの世界？　この目でたくさん見てきたわ。この映画でやっている人間たちの振る舞いの数々が、いまの世の中を映す鏡だって感じる。

ヒュー・キース＝バーン　つまり、われわれが地球を破壊しているのはあきらかだ。オーストラリアにきたら、美しい手つかずのブッシュのすぐそばに、ブルドーザーのトラックを見かける。

ゾーイ・クラヴィッツ　あらすじはすごくシンプル。緑の地へいこうとして、もしそこが存在しないなら、わたしたちにはもうなにも残っていない。ジョージがそのストーリーに共鳴しているのが、撮影のときにひしひし伝わってきた。彼は人間による自然の破壊とその意味といきつく先に、すごく関心があるの。

ジーエ　アメリカの歴史上、はじめて水が商品として市場で取引されたいきさつについて、最近読んだ。もちろん『怒りのデス・ロード』を思い出したね！

クリス・デファリア　人がわたしにいうんだ。「ああ、そいつは『マッドマックス』そのものだな」とか「『怒りのデス・ロード』そっくりじゃないか」ってね。わたしが関係者だとはまったく知らずにだよ。

シャーリーズ・セロン　四十数年前に『マッドマックス』サーガでジョージのはじめたことを思うと予言的よ、誓っていうけど。そこで起きることは、彼にはすごくリアルなの。

イヴ・エンスラー　この国（アメリカ）におけるネオファシストの行動、独裁政治の兆し。それが『マッドマックス』の主要テーマなのは確か。父親を崇めて自由意志を明け渡すあの狂気の家父長制、われわれはそれを卒業したと思ったのに、トランプに従う若者たちを見ると、ぞっとする。

リチャード・ノートン トランプ支持者たちの心理を観察した。あいつらは胸くその悪いウォー・ボーイズだ。トランプがなにをしようがなにをいおうが、うそだろうが気にしない。彼のためならなんだってやるウォー・ボーイズだよ。

コリン・ギブソン 無分別、原理主義、ばかげたことを信じる愚かさへの言及が映画には山ほどある。世界の終焉における対応が、V8車を組み立ててドラム缶を榴散弾《りゅうさんだん》でいっぱいにするなんて、滑稽に思えるかもしれないが、あのときはそれほどばからしくは思えなかったよ、われわれが思いつきそうなほかの選択肢に比べれば。

ケリー・マーセル ジョージの映画のことを考えるたび、これ以上ふさわしい時期はないと痛感する。ときが経つほどね。

シャーリーズ・セロン この映画がおそろしいのは、教訓話になろうとしたこと。いまのわたしたちを見てよ。何ヶ月もかけて、この映画のトム・ハーディみたいな有様になろうとしている。自分を守るために口枷をつけているじゃない。

ニア・ダコスタ　パンデミックがはじまって二ヶ月後に『怒りのデス・ロード』を観たら、わたしたちが向かっているのはここだって思った。映画が絶対的に示しているのは、指導者が自分の最悪の欲望に屈し、歴史上なんの力も持ってこなかった人々がシステムに抗う世界よ。

トム・ハーディ　いよいよとなれば、底辺の人間は市場から切り捨てられ、金を使い果たし、アポカリプス世界にいきつく。名声なんて、弱肉強食の世界ではなんの役にも立たない、そうだろ？

シャーリーズ・セロン　悲しくてやりきれないのは、わたしたちがこれをくり返していること、手遅れになるところまでいこうとしていて、くり返す贅沢はもはやないこと。このストーリーをわたしはずっと教訓だと思っている。映画の公開時に人々が関連づけ、いまでもまだ関連づけているのは、映画で起きている問題のすべてがいかに重大かということよ。他人ごとだとも、遠い地で起きていることだとも感じない。すごく身近に感じる。

ジョージ・ミラー　『マッドマックス』で興味深いのは、ジョークまじりに「そのうちこれはドキュメンタリーになるぞ」という者が、なかにはいることだ。未来像についての考察が多少あるというのは的はずれな指摘ではないが、おもに描いているのは現在のわれわれとは何者かについてだ。集団として、人類はこれまでと同じ行動パターンに従っている。

メーガン・ゲイル　わたしたちはアポカリプスを経験していないけれど、パンデミックを経験した。それまでの慣れ親しんだ生活を変えるなにかを経験し、新しい生活様式に自分たちを合わせるよう強要された。

ケリー・マーセル　#MeToo運動が起きたとき、わたしは『怒りのデス・ロード』とフュリオサを思い、これからもっといろいろ起きて、「オーマイゴッド、まるで『怒りのデス・ロードじゃない』ってみんながいうことになるってわかっていた。映画は時代を特定していない。映画という媒体がいまではしなくなった方法で、この映画は時の試練に耐えると思う。

💀

というわけで、長い旅の締めくくりに、冒頭の質問に戻ろう。『怒りのデス・ロード』が傑作になったのは、幾多の困難にかかわらずなのか、それともそれゆえになのか？

💀

クリス・デファァリア　物語《ストーリー》は人生の苦しみに意味を与え、その苦しみはまた、映画に意味を与えうる。痛みというが、その実体はすべて単なる映画をつくるうえの野心で、ああいう野心は体制順応派からのなんらかの抵抗にあうのが常だ。それがこの映画だよ——なによりもまず、狂気じみた野心作なんだ。

ジェイシン・ボーラン　たいへんな映画だった、それは否定できない。だが収穫は驚くほど豊かだ。

ゾーイ・クラヴィッツ　わたしたちみんなが登らなきゃいけない金字塔《ピラミッド》だったし、こういうかたちで認められるのはほんとうにすばらしい。その一部になれて、ものすごく誇らしいわ。

ニコラス・ホルト　結果で仕事を評価するのは決して好きになれない。仕事をしているときは、結果がどうなるかなんてわからないからだ。とはいえ同時に、映画の評価がいまだに下がらないのはすごいよ。とりわけ、撮影中はストレスがたまりまくってすごくつらかったからね。人間の記憶って、都合の悪い記憶はちょこっと消して、すばらしい思い出に変えられるすごい能力があるのさ。

シャーリーズ・セロン　そうなの？

ニコラス・ホルト　その、ぼくの場合はね。でもこの映画みたいにいつまでも色あせないのはすばらしいよ。

ジョージナ・セルビー　あの映画を、あれから観てない。すごく愛着があるけど、ほんとうにものすごくつらいときに録ったホームヴィデオみたいなのよ。

アビー・リー　だけど撮影で味わったつらい体験も映画に生かせたと思う。登場人物たちはくたびれているはずよね。強さを探し求めているはず。グリーンスクリーンの前の制御された環境で撮影していたら、演技のどれひとつとして同じだったとは思わない。現場が大混乱だったことが、映画があれほどすばらしくなった理由なの。

コリン・ギブソン　必要以上にたいへんだったかって？　おそらくはね。だがわたしはいつでも外へ出て、できる限り多くの要素をリアルに保つほうを選ぶ。もし片腕が背中に縛りつけられていたら、いい反応を思いつく——残った片腕で殴ったり叩いたり殺したりする、よりましな方法を思いつく。最初から二本そろっているよりね。

シャーリーズ・セロン　ほんとうに苛酷な撮影だった。数年後にふり返ると、この映画をつくるために払った努力は、とほうもなかったと実感する。わたしたちのだれも、あれからあんな目に遭ったことは二度とないんじゃないかな。あの撮影は、生やさしいもんじゃなかったわね。

ジョン・シール　ジョージは一般に適切なやりかたとされる限界まで人々を連れていき、それから張りめぐらされたワイヤーをぶった切る。

ベン・スミス＝ピーターセン　ジョージがあの映画に傾けた半分でも、人々が細部と注意と本物の愛情をストーリーに注いでいたら、映画の多くは随分ましになるはずだ。ジョージたちがこの映画のために苦心してそろえた素材――道具のディテールやバックストーリーや設定――の八十パーセントはたぶん画面に映らないけれど、ちゃんと感じるよ。

ペトリーナ・ハル　制作プロセスのあらゆるステップに心血が注がれているの。理解されて認められるだけのことをしているのよ。

ベン・スミス＝ピーターセン　映画制作のあいだ、たくさんの時間でぼくたちは手を抜く。「関係ないさ、違いなんてわかりゃしないんだから」といってね。それはそれでいいときもあるし、セリフがひとこともないキャラクターや、十秒間スクリーンに映るだけの小道具のバックストーリーを知る必要はないときだってある。だがもし時の試練に耐え、観たときに人々の心を吹き飛ばす映画をつくりたいなら、手を入れれば入れるほど良くなるんだ。でもどうかな。ぼくはスタントマンだ。自分に火をつけてもらうのが仕事だよ。

マーク・セクストン　ある時点で、なにか意味のある話を人に伝えたくなる。そして、これよりもっと満足する映画経験をすることがあれば、すごく驚くだろうね。この映画の実現は、とんでもなくたいへんだった――常に酒と薔薇《ばら》の日々では絶対になかったけれど、最終的にこの映画が世に出て五年経っても、いまだに話題にのぼっている。十五年後もまだ話題にのぼっていることを願うよ。

ケリー・マーセル　クレイジーな撮影現場にいたことも、ストレスの多い映画に関わったことも幾度かあるけれど、固い決意と根性と擦り傷だらけの膝小僧と血まみれのケガと涙とフラストレーションにおいて、この映画に比べればどれひとつ、屁でもないわ。泣く思いをしなかった者は皆無であれ、とにかくこの監督のヴィジョンをスクリーンに投影するために踏ん張った。これが大げさにきこえて、ちょっぴりこう思われるのはわかっている。「けっ、贅沢な悩みだぜ。だれでもみんな泣いているさ、映画をつくってるんだからな」でもそんなんじゃないの、ほんとうに違う。これは耐久性テストで、みんなが生きのびた。そして映画も生きのびた。とってもマジカルなことなのよ。

ペトリーナ・ハル　大勢の人が、この作品をキャリアのハイライトだと感じた。そして、これをいくらかでも超える仕事をした者がいるかどうかはわからない。でもわたしたちの多くは、やってやろうとがんばっている。

ゼブ・シンプソン　一世一代の仕事だ。あれ以来すばらしい映画に参加したし、わたしのアイドルたちとも仕事をしたが、『怒りのデス・ロード』に匹敵する仕事はないね。

ジョシュ・ヘルマン　あれほど満たされる経験は二度とないよ。個人的にやっている仕事に不満を覚えるときとか、もっといい地位にいたらもっと仕事ができるのに、とくさったときはいつも、この特別な映画に参加していたと思うだけですぐに収まるんだ。

ジョージ・ミラー　ガイ・ノリスがいうように、可能だったらまだあそこにいた。でもカメラは回収されて、車をぜんぶ壊してしまったからね。

ガイ・ノリス　ナミビアで過ごした時間は最もファンタスティックで、驚くような経験だった。そしてそうだ、可能なら喜んでまだあそこにいただろう。

シャム・〝トースト〟・ヤダフ　たとえ遺産をもらえるとしても、こっちのほうが一〇億倍もよかった。いい時間を過ごしたとかいい仕事をしたってだけじゃない。最も驚異的な、人生が変わる経験だった。

アビー・リー　人生の六ヶ月を費やし、今後の行路が永遠に変わった。自分のなかにあるなんて思いもしなかった情熱の世界が開け放たれた。

トム・ハーディ　この映画的体験の一部になれた特権に、どれほど感謝しているか、言葉ではいいつくせないよ。

シャーリーズ・セロン　『怒りのデス・ロード』はちょっとしたやっかいごとを運んできたけれど、後悔はない。わたしたちは生きのびた。あそこから帰ってきた。ほんとうに美しいものをつくった。つらかったけれど、でもやっぱり、わたしの脳みその一部は、「いいことは楽には手に入らない」という主義で動いているから、不満はないわ。誇りに思っているし、いまみたいに人々に響いてくれたのがうれしい。

ダグ・ミッチェル　なんてとほうもない経験だったろう。たいへんな苦労をしてつくり、できるという保証もなく、けれど最後にはアカデミー賞をもらい、過去十年で屈指の映画と呼ばれ、時間の試練に耐えた。

ジョージ・ミラー　スワヒリの語り部がこんな名言をいった。「物語は語られた。もし悪い話なら、語り部であるわたしのせいだ。だがもしいい話なら、みんなのものだ」物語がみんなのものという感覚が、ほんとうの報酬だよ。

ヒュー・キース=バーン　ある晩、テレビで『怒りのデス・ロード』を放映していた。最後のチェイス・シークェンスをパートナーと座って観ていて、ふたりとも、ぼう然となった。観るのは何度目だ？　それでもやっぱり、ふたりして「信じられない！　ちくしょう、なんていい映画なんだ」っていいあっていたよ。すごくないかい？

謝辞

二〇二〇年四月、パンデミックが地球を席巻し、映画公開スケジュールがすかすかになると、わたしは〈ニューヨーク・タイムズ〉に載せる記事用に『マッドマックス　怒りのデス・ロード』の口述記録《オーラルヒストリー》を書きはじめた。取材するような新しい映画作品もないことだし、公開五周年記念を迎える現代の傑作に深く切りこむには、いい頃合いなのではないか？

この五年間で観直すたび、『怒りのデス・ロード』はオールタイムの傑作映画の一本であり、アクション映画でありながらテーマ的にたくさんのことが起きるため、語るべきことは豊富にあるとの思いを新たにした。それに、映画の破天荒なメイキングについてのとんでもないうわさ話の数々を耳にしてきた。それは、砂ぼこりがすっかりおさまったあとではじめて記録に残せるような話だった。

最初のオーラルヒストリーの記事は〈ニューヨーク・タイムズ〉の名編集者ステファニー・グッドマンによる編集を経て、センセーションを巻き起こした。映画制作に携わった二十数名の人々に話をきくと、彼らはわたしがここ数年耳にしてきた驚くべきうわさの一部を力強く肯定するどころか、新たにとっておきの逸話さえつけ加えてくれた。記事は大当たりし、だが〈ニューヨーク・タイムズ〉で四〇〇〇字分のスペースを割いてもらってさえ、ほんのさわりしか触れていないように感じた。読者と友人の双方から、わたしは同じ質問をされっぱなしだった。「これを本にしないのかい？」

幸い、数週間後、著作権代理人のリック・リヒターからメールをもらい、まさにその申し出を受けた。われわれは書籍化案をウィリアム・モロー社のマウロ・ディプレタに持ちかけた。彼は有能かつ忍耐強い編集者にして『マッドマックス』シリーズの熱烈ファンなのだ。わたしは取材に乗りだし、最終的に一三〇人以上へのインタビューを実施したすえに、本書が完成した。

ここで深呼吸をして、数百時間以上のZoomセッション、電話、ソーシャル・ディスタンス越しの会話にて、わたしの質問攻めに耐えてくださったみなさまにお礼を申しあげる。ユージーン・アレンセン、ジェニー・ビーヴァン、エリック・ブレイクニー、スティーヴ・ブランド、ジェイシン・ボーラン、マット・ブーグ、デイヴィッド・バー、スコット・カーリン、ジャスティン・チャン、トム・クラッパム、ジョン・コリー、ニア・ダコスタ、マノーラ・ダーギス、クリス・デファリア、ジェームズ・ドハティ、ヘンリー・ドレイ、コートニー・イートン、グレッグ（グレゴリー）・エルウッド、イヴ・エンスラー、バーバラ・ファウセット、スコット・フェインバーグ、ユージーン・フィリオス、メーガン・ゲイル、マーク・ガット、ショーン・ジェンダース、コリン・ギブソン、ココ・ジャック・ギリース、ロビン・グレイザー、マーク・ギルニッシュ、デイナ・グラント、スコッティ・グレゴリー、トッド・マシュー・グロスマン、ジェニファー・ヘイガン、デーン・ハレット、ピート・ハモンド、カレン・ハン、トム・ハーディ、ロン・ヘイズ、ジョシュ・ヘルマン、リチャード・ホッブス、シーラ・ホックマン、トム・ホルケンボルフ、ディーン・フッド、ナターシャ・ホプキンス、ジョン・ホーン、ジョシュア・ホロウィッツ、ニコラス・ホルト、ジョン・ハワード、ペトリーナ・ハル、ロージー・ハンティントン＝ホワイトリー、ジョン・アイルズ、アリソン・イングラム、iOTA、アンドリュー・ジャクソン、メリッサ・ジャファー、クリス・ジェンキンス、パティ・ジェンキンス、ベリンダ・ジョンズ、アンドリュー・ＡＪ・ジョンソン、デイヴ・カーガー、シェーン・カヴァナー、ヒュー・キース=バーン、ローラ・ケネディ、ライリー・キーオ、ゾーイ・クラヴィッツ、ロナ・クレス、アダム・キュイパー、ニコ・ラソウリス、リチャード・ローソン、アビー・リー、ジャシンタ・レオン、グレッグ・メイデイ、ケリー・マーセル、ブレンダン・マッカーシー、サマンサ・マクグレイディ、ドリュー・マクウィーニー、マイケル・ミーキャッシュ、ヴィクトリア・ミエルースカ、ジョージ・ミラー、ダグ・ミッチェル、アンソニー・ナトーリ、マーク・ナトーリ、ジェームズ・ニコラス、エイミー・ニコルソン、ガイ・ノリス、ハーラン・ノリス、ハリソン・ノリス、リチャード・ノートン、クリス・オハラ、ライアン・オズモンド、パットン・オズワルト、ハッチ・パーカー、クリス・パットン、ピーター・パウンド、ジーナ・プリンス=バイスウッド、マッセイ・ラファニ、ピーター・ラムジー、ティム・リッジ、ミシェール・ロバートソン、ダン・ロマネリ、ミック・ローファン、リッキー・シャンバーグ、ジョン・シール、ジョージナ・セルビー、マーク・セクストン、ゼブ・シンプソン、デイヴィッド・シムズ、マーガレット・シクセル、イアイン・スミス、ブレンダン・スミザーズ、ジョイ・スミザーズ、ベン・スミス=ピーターセン、クリス・タプリー、マット・テイラー、シャーリーズ・セロン、アン・トンプソン、リサ・トンプソン、マット・タウン、ナディア・タウンゼンド、マイケル・ウルマン、テイト・ヴァン・オーツホーン、コートニー・ヴァレンティ、レスリー・ヴァンダーワルト、Ｐ・Ｊ・ヴォーテン、マイケル・ワネンマーカー、ケント・ワタナベ、コーリー・ワトソン、デイヴィッド・ホワイト、アンディ・ウィリアムス、スチュアート・ウィリアムソン、アリソン・ウィルモア、エドガー・ライト、シャム・〝トースト〟・ヤダフ、ジェン・ヤマト、J・ヒューストン・ヤン、ジーエの各氏。

パンデミックのあいだ、わたしのために時間を割いてもらうのはだれにとっても容易なことではなかった。とりわけミラー監督と少なからぬ彼のスタッフは、次回作『アラビアンナイト　三千年の願い』〔2022〕の制作で多忙だった。また、ミラー監督のアシスタント、シャロン・ウィリアムズには彼のインタビューのスケジュール調整にご協力をいただき、特別にお礼を申しあげたい。同様に、ティム・リッジ監督とコーリー・ワトソン監督両名がそれぞれに監督した『マッドマックス』にまつわるドキュメンタリーは、執筆に際し、貴重な参考になった。シリーズのファンならば必見だ。

洞察に満ちたコメントとサポートをくれた最初の読者諸氏に感謝の意を表したい。カイル・パトリック・アルバレス、オリヴァー・デイリー、ルワー・ナッサーディーン、サッド・ナースキ、アナ・スコット、アダム・シャザーの各氏。それに、E・アレックス・ユンとハンター・ハリスと交わしたテキストメッセージはいい気晴らしになった。ふたりは業界でも指折りのライター（兼友人）だ。それから執筆中にやる気をくれたわたしの周囲の愛すべき面々、とりわけヘイル・アップルマン、ブレット・バンガーナー、デイヴィッド・デイヴィス、セルジオ・ガルシア＝ピーニャ、ダニエル・マークブレイター、ルーカス・ポール、ジェローム・ルソー、カーレッド・サディヤに。

最後に、家族のサポートと愛なしでは、なにひとつ完成できなかった。本書を両親のカーク＆リンダ・ブキャナンに捧げる。並びにヘザー＆マイク、リー＆テッド、リン、テリー、ジョン、そのこどもたちのアニー、ジェームズ、リアム、ハーパーのみんなにもだ。

訳者あとがき

ジョージ・ミラー監督の『マッドマックス』第一作が公開されたのは、いまを去ること四十四年前の、一九七九年。映画ファンの度肝を抜き、熱い人気に支えられ二作目、三作目が制作されます。そして、二〇一五年に待望の第四弾『マッドマックス　怒りのデス・ロード』が公開されると、前三作をもしのぐ高い評価と、新たなファン層を獲得しました。

二〇二〇年五月、ポップカルチャー系のジャーナリスト、カイル・ブキャナンはジョージ・ミラー監督やトム・ハーディら『デス・ロード』のスタッフ・キャスト二十名に制作当時をふり返るインタビューを実施、"Mad Max: Fury Road': The Oral History of a Modern Action Classic"と題した記事を〈ニューヨーク・タイムズ〉に掲載します。記事は大きな反響を呼び、さらなるニーズに応えてインタビューの人数を一挙に百三十余名に増やし、一冊にまとめたのが本書『マッドマックス 怒りのデス・ロード口述記録集　血と汗と鉄にまみれた完成までのデス・ロード』（原題"Blood, Sweat & Chrome: The Wild and True Story of Mad Max: Fury Road"）です。世に映画メイキング本は数あれど、このような力業ができたのも、コロナ禍のロックダウンのせいで映画業界の人々がおしなべて無聊《ぶりょう》をかこっていたからこそ。『デス・ロード』の助監督P・J・ヴォーテン風にいえば、「もっけの幸い」でした。

「もうやりつくした」と長年思っていた『マッドマックス』続篇の着想を得たミラー監督が、チームを集め、ストーリーボードのみで映画の構想を固め、製作会社を三度も丸めこ……もとい説得し、型破りなキャスティングを大々的に行い（もしあの人やこの人がマックスを／フェリオサを演じていたら、と妄想が大いに膨らみます）、いざ撮影という矢先に天（気）に見放され……の、艱難辛苦・紆余曲折（第一部）。脚本家のケリー・マーセルに「鬼の所業」といわしめた、ナミブ砂漠でのカオスな撮影（第二部）。そして、編集をめぐるスタジオとの攻防と、完成後の世界的な反響まで（第三部）を、上はジョージ・ミラー、トム・ハーディ、シャーリーズ・セロンから、下は名もなきスタント・パフォーマー（実は撮影で出逢った女優陣のひとりを射止めてしまうラッキー・ウォー・ボーイ）やデータ・ラングラー（実はあだ名を役名に採用される監督お気に入りのラッキー・ナイスガイ）まで、現場に居合わせた当時者たちが、赤裸々に語ってくれます。撮影から何年も経ったあと、ひとりひとりに（ロックダウン中につき）Zoomでききとった談話を、あたかも皆が一堂に会して思い出話に花を咲かせているかのごとき臨場感で読ませるのは、著者の構成力のたまもの。それぞれ異なる立場から語られるエピソードの話しぶりや見解から、おのずとにじみ出るその人の人柄や個性に触れるのもまた、本書のもうひとつの楽しみといえます。ですがひとり、ミラー監督その人だけは、どれだけ本人の話やまわりの人間による評価を読んでも――いえ、読めば読むほど、その穏やかで〝地球一〟優しそうな人物像と、『マッドマックス』のようなｇｏｎｚｏなアクション映画を、数々の逆境にも屈っせずに撮ってしまう不敵なオトゥールぶりとのギャップが開くばかり（二〇一七年に出版された“Miller and Max: George Miller and the Making of a Film Legend”という、ミラーと『マッドマックス』映画の制作過程を扱った本ではまた違う監督像が描かれており、真実はまさに「聞き手の裁量に委ねられ」ています）。

本書でも触れているように、『マッドマックス』サーガはこれからも続きます。まずは『デス・ロード』のスピンオフ作品“Furiosa”が、すでにオーストラリアでの主要撮影を終え、二〇二四年五月の公開に向けて追加撮影およびポストプロダクションの真っ最中です。若き日のフュリオサ役にはセロンに代わってアニャ・テイラー・ジョイが扮し、また撮影監督も、『デス・ロード』のジョン・シールから『華麗なるギャツビー』〔2013〕などのサイモン・ダガンへバトンタッチ。本書533ページでシールが受けた監督からの電話は、本人の意向で『アラビアンナイト 三千年の願い』〔2022〕の撮影に落ちつきました。ふたりが『三千年の願い』を撮るあいだ、スタント・コーディネーターのガイ・ノリスたちはモーション・キャプチャーのシステムを改良するなど、“Furiosa”のプリプロダクションに余念がなかった模様。スタッフも待ちきれないという本作の公開がいまから楽しみですが、それまでは、物語を物語ることについて、ひとかたならぬ思い入れのあるミラー監督らしいテーマの『三千年の願い』で、これが見納めとなるシールの豪華絢爛な撮影をじっくり堪能するとしましょう。そして、“Furiosa”のあとには、いよいよ真打ちマックスを主役に据えたシリーズ最新作（脚本名“Mad Max:Wasteland”）が控えます。とはいえ、交互もしくはあわよくば同時にタイプの違う作品を撮りたがるミラー監督の性癖を思えば、その前にまたもやあっと驚く作品が挟まれるかもしれませんね。どちらにせよ、アポカリプスが現実のものとなる前に、どうか公開がかないますように！　ミラー監督に長寿と繁栄を（あ、シリーズ違いか）。

追記：502頁で監督が言及されている「日本の批評家」とは、映画ライターの高橋ヨシキ氏のことです。

二〇二三年一月　有澤真庭

昔はみんな、テレビを見ていた

著者によるインタビュー
エリック・ブレイクニー、スコット・カーリン、ロン・ヘイズ、グレッグ・メイデイ、ジョージ・ミラー、ダグ・ミッチェル、ジェームズ・ニコラス、ダン・ロマネリ、ピーター・パウンド、マーク・セクストン。

ジョージ・ミラー　追加コメント
"*Mad Max: Fury Road in Conversation with George Miller*," Sydney Opera House, November 30, 2015. "*Mad Max: Fury Road: Q&A with George Miller*," DirectorsUK, September 30, 2015.

ブレンダン・マッカーシー　引用コメント
"*Screenwriting Mad Max: Fury Road with Brendan McCarthy*," Indie Film Academy Podcast, July16, 2020.

ヒストリー・ピープル

著者によるインタビュー
エリック・ブレイクニー、マノーラ・ダーギス、クリス・デファリア、ベリンダ・ジョンズ、ニコ・ラソウリス、ドリュー・マクウィーニー、ジョージ・ミラー、ダグ・ミッチェル、ジェームズ・ニコラス、ピーター・パウンド、マーク・セクストン、ナディア・タウンゼンド、P・J・ヴォーテン、コーリー・ワトソン。

ジョージ・ミラー　追加引用コメント
"*Mad Max: Fury Road in Conversation with George Miller*," Sydney Opera House, November 30, 2015. "*Mad Max: Fury Road: Q&A with George Miller*," DirectorsUK, September 30, 2015. "*Mad Max: Fury Road: George Miller's Dystopian Action Epic Aims to Blow Your Mind*," KPCC, May 12, 2015.

ブレンダン・マッカーシー　引用コメント
"*Episode 51: From Fan to Writer, Mad Max: Fury Road*," UK Scriptwriters, January 12, 2016. "*Screenwriting Mad Max: Fury Road with Brendan McCarthy*," Indie Film Academy Podcast, July 16, 2020. "*Cineworld: Brendan McCarthy on Co-Writing/Designing Mad Max: Fury Road*," Cineworld, 2015.

あいつは破壊者よ！

著者によるインタビュー
エリック・ブレイクニー、マノーラ・ダーギス、コリン・ギブソン、ベリンダ・ジョンズ、ジョージ・ミラー、ダグ・ミッチェル、ジェームズ・ニコラス、ガイ・ノリス、ハッチ・パーカー、ピーター・パウンド、マーク・セクストン、レスリー・ヴァンダーワルト、P・J・ヴォーテン。

ジョージ・ミラー　追加引用コメント
"*Mad Max: Fury Road: Q&A with George Miller*," DirectorsUK, September 30, 2015. "*Ultimate*

出典

生存者たちの証言

著者によるインタビュー
ジェイシン・ボーラン、ニア・ダコスタ、ショーン・ジェンダース、ロビン・グレイザー、デーン・ハレット、ジョシュ・ヘルマン、ニコラス・ホルト、パティ・ジェンキンス、ライリー・キーオ、アビー・リー、ケリー・マーセル、ダグ・ミッチェル、パットン・オズワルト、ジーナ・プリンス＝バイスウッド、シャーリーズ・セロン、コーリー・ワトソン、エドガー・ライト、ジェン・ヤマト。

著者による過去インタビュー
トム・ハーディ（2015）、ジョージ・ミラー（2016）。

狂気《MAD》の仕掛け人

著者によるインタビュー
マノーラ・ダーギス、コートニー・イートン、ショーン・ジェンダース、ヒュー・キース＝バーン、ニコ・ラソウリス、ドリュー・マクウィーニー、ジョージ・ミラー、エイミー・ニコルソン、ガイ・ノリス、パットン・オズワルト、ピーター・パウンド、ティム・リッジ、シャーリーズ・セロン、アン・トンプソン、コーリー・ワトソン、エドガー・ライト、ジェン・ヤマト。

著者によるジョージ・ミラー過去インタビュー
"*George Miller and His Wild Mad Max: Fury Road Trip*," The Awards Show Show, January 9, 2016.

ジョージ・ミラー　追加引用コメント
"*The Madness of Max: Fury Road*," Directed by Tim Ridge, Gary McFeat, 2015.（「マッドネス・オブ・マックス」［監督:ティム・リッジ、ゲイリー・マクフィート］マッドマックス アンソロジー ブルーレイセットに収録） "*George Miller Interviewed by Paul Byrnes*," aso.gov.au, 2006. "*Mad Max Director George Miller Is Way Too Sane to Be a Mad Genius*," Stephen Galloway, Hollywood Reporter, May 10, 2016. "*Mad Max 4: The Film You Couldn't Kill With a Stick*," Donald Clarke, Irish Times, May 13, 2015. "*Mad Max: Fury Road : Q&A with George Miller*," DirectorsUK, September 30, 2015.

コリン・ギブソン　引用コメント
"*Interview—Colin Gibson and Jacinta Leong*," Australian Production Design Guild, July 2015.

荷物を持って走れ

著者によるインタビュー
マット・ブーグ、クリス・デファァリア、コリン・ギブソン、デーン・ハレット、カレン・ハン、ディーン・フッド、ジョシュア・ホロウィッツ、ジャシンタ・レオン、ジョージ・ミラー、アンソニー・ナトーリ、マーク・ナトーリ、ピーター・パウンド、ティム・リッジ、マーク・セクストン、シャーリーズ・セロン、マイケル・ウルマン、P・J・ヴォーテン。

ジョージ・ミラー　追加引用コメント
"*Mad Max: Fury Road: George Miller's Dystopian Action Epic Aims to Blow Your Mind,*" KPCC, May 12, 2015.

コリン・ギブソン　追加コメント
"*Mad Max: Fury Road: How15 Years of Design Made 'the Last Real Action Film,*'" KPCC, May 19, 2015.
"*Mad Max: Fury Road: Q&A with Production Designer and Set Decorator,*" Viva Videography, March 3, 2016.

トム・ハーディ　引用コメント
"*Tom Hardy Talks Mad Max: Fury Road, The Revenant, Suicide Squad, and More,*" Steven Weintraub, Collider, May 13, 2015.

リサ・トンプソン　引用コメント
"*Mad Max: Fury Road: Q&A with Production Designer and Set Decorator,*" Viva Videography, March 3, 2016.

ｉＯＴＡ　引用コメント
"*The Art of Mad Max: Fury Road,*" Abbie Bernstein, London: Titan Books, 2015.（『メイキング・オブ・マッドマックス 怒りのデス・ロード』アビー・バーンスタイン／玄光社刊）

おれを見ろ

著者によるインタビュー
コリン・ギブソン、マーク・ギルニッシュ、ペトリーナ・ハル、アンドリュー・ジャクソン、アンドリュー・ＡＪ・ジョンソン、ジョージ・ミラー、ダグ・ミッチェル、リッキー・シャンバーグ、ジョン・シール、マーク・セクストン、イアイン・スミス、P・J・ヴォーテン。

ジョージ・ミラー　追加引用コメント
"*Mad Max: Fury Road: Q&A with George Miller,*" DirectorsUK, September 30, 2015.

「はっきりいって、われわれの負けだ」

著者によるインタビュー
クリス・デファァリア、コリン・ギブソン、リチャード・ホッブス、ディーン・フッド、ペトリーナ・ハル、ジョン・アイルズ、ベリンダ・ジョンズ、ライリー・キーオ、アダム・キュ

Summer Movie Showdown: Mad Max: Fury Road," Los Angeles Times, May 21, 2020.

ブレンダン・マッカーシー　引用コメント
"*Screenwriting Mad Max: Fury Road with Brendan McCarthy*," Indie Film Academy Podcast, July 17, 2020.

生きて、死んで、よみがえる

著者によるインタビュー
クリス・デファリア、コリン・ギブソン、ペトリーナ・ハル、ベリンダ・ジョンズ、ヒュー・キース＝バーン、ニコ・ラソウリス、ドリュー・マクウィーニー、ジョージ・ミラー、ダグ・ミッチェル、ジェームズ・ニコラス、マーク・セクストン、デイヴィッド・シムズ、マーガレット・シクセル、ナディア・タウンゼンド、P・J・ヴォーテン。

ジョージ・ミラー　追加引用コメント
"*Mad Max: Fury Road in Conversation with George Miller*," Sydney Opera House, November 30, 2015. "*Mad Max: Fury Road: Q&A with George Miller*," DirectorsUK, September 30, 2015. "*Mad Max: Fury Road: George Miller's Dystopian Action Epic Aims to Blow Your Mind*," KPCC, May 12, 2015. "*Mad Max Director George Miller Is Way Too Sane to Be a Mad Genius*," Stephen Galloway, Hollywood Reporter, May 10, 2016.

ブレンダン・マッカーシー　引用コメント
"*Episode 51: From Fan to Writer, Mad Max: Fury Road*," UK Scriptwriters、January 12, 2016.

どこにいるの？　マックス

著者によるインタビュー
コートニー・イートン、メーガン・ゲイル、トッド・マシュー・グロスマン、ジョシュ・ヘルマン、ニコラス・ホルト、ペトリーナ・ハル、ロージー・ハンティントン＝ホワイトリー、ベリンダ・ジョンズ、ローラ・ケネディ、ライリー・キーオ、ゾーイ・クラヴィッツ、ロナ・クレス、ニコ・ラソウリス、アビー・リー、ジョージ・ミラー、マーク・セクストン、シャーリーズ・セロン、P・J・ヴォーテン。

著者によるジョージ・ミラー過去インタビュー
"*Director George Miller Explains Why His Mad Max: Fury Road Deserves These Oscar Nominations*," Vulture, December 9, 2015.

トム・ハーディ　引用コメント
"*Tom Hardy: 'Acting Saved Me from the Madness*,'" John Hiscock, Telegraph, May 14, 2015. "*Mad Max Interview: Tom Hardy on Mel Gibson and Scaffolding Poles*," Guff.com, 2015.

ガル・ガドット　引用コメント
"'*Awards Chatter' Podcast—Gal Gadot*," Scott Feinberg, Hollywood Reporter, September 6, 2017.

ス、パットン・オズワルト、リッキー・シャンバーグ、マーク・セクストン、デイヴィッド・シムズ、マーガレット・シクセル、イアイン・スミス、マット・テイラー、レスリー・ヴァンダーワルト、コーリー・ワトソン、デイヴィッド・ホワイト、アリソン・ウィルモア、シャム・〝トースト〟・ヤダフ。

著者によるトム・ハーディ過去インタビュー
"Tom Hardy, Your New Mad Max, Is Only Frightened of Getting Famous," Vulture, May 11, 2015.

トム・ハーディ　追加引用コメント
"Tom Hardy Lets His Guard Down," Daniel Peres, GQ, April 22, 2015. *"Mad Max Interview: Tom Hardy on Mel Gibson and Scaffolding Poles,"* Guff.com, 2015. *"Mad Max Conference,"* Festival de Cannes, May 14, 2015. *"The Making of Mad Max: Fury Road: 'We Shot One Scene for 138 Days,'"* Meredith Woerner, io9.com, May 12, 2015. *"Tom Hardy Blows Up,"* Miranda Collinge, Esquire, May 12, 2016.

ジェニー・ビーヴァン　引用コメント
"The Art of Mad Max: Fury Road," Abbie Bernstein, London: Titan Books, 2015.（『メイキング・オブ・マッドマックス 怒りのデス・ロード』アビー・バーンスタイン／玄光社 刊）

「すべてはジョージの頭のなか」

著者によるインタビュー
トム・クラッパム、マーク・ギルニッシュ、ロビン・グレイザー、ディーン・フッド、アンドリュー・ＡＪ・ジョンソン、ゾーイ・クラヴィッツ、ジャシンタ・レオン、ケリー・マーセル、サマンサ・マクグレイディ、ジョージ・ミラー、ジョン・シール、ゼブ・シンプソン、マーガレット・シクセル、シャーリーズ・セロン、レスリー・ヴァンダーワルト、テイト・ヴァン・オーツホーン、Ｐ・Ｊ・ヴォーテン、エドガー・ライト。

著者によるジョージ・ミラー　過去インタビュー
"George Miller and His Wild Mad Max: Fury Road Trip," The Awards Show Show, January 9, 2016.

著者によるトム・ハーディ　過去インタビュー
"Tom Hardy, Your New Mad Max, Is Only Frightened of Getting Famous," Vulture, May 11, 2015.

トム・ハーディ　追加引用コメント
"Tom Hardy Lets His Guard Down," Daniel Peres, GQ, April 22, 2015. *"Tom Hardy Talks Mad Max: Fury Road, The Revenant, Suicide Squad, and More,"* Steven Weintraub, Collider, May 13, 2015.

フュリオサをつかむ

著者によるインタビュー
ジェニー・ビーヴァン、ジェイシン・ボーラン、ジャスティン・チャン、ニア・ダコスタ、マノーラ・ダーギス、メーガン・ゲイル、ショーン・ジェンダース、マーク・ギルニッシュ、デイナ・グラント、ペトリーナ・ハル、アンドリュー・ＡＪ・ジョンソン、ローラ・ケネディ、アダム・キュイパー、ケリー・マーセル、ドリュー・マクウィーニー、ジョージ・

イパー、ケリー・マーセル、ジョージ・ミラー、ダグ・ミッチェル、ガイ・ノリス、マーク・セクストン、マーガレット・シクセル、イアイン・スミス、シャーリーズ・セロン、P・J・ヴォーテン、コーリー・ワトソン。

ジョージ・ミラー　追加引用コメント
"*Mad Max: Fury Road in Conversation with George Miller*," Sydney Opera House, November 30, 2015. "*George Miller on Mad Max Sequels, His Secret Talks with Stanley Kubrick*," Stephen Galloway, Hollywood Reporter, February 2, 2016.

戦闘準備

著者によるインタビュー
コートニー・イートン、スコッティ・グレゴリー、ジョシュ・ヘルマン、ペトリーナ・ハル、ゾーイ・クラヴィッツ、ニコ・ラソウリス、アビー・リー、ジョージ・ミラー、ハリソン・ノリス、リチャード・ノートン、クリス・パットン、ミック・ローファン、ベン・スミス＝ピーターセン、マット・テイラー、ナディア・タウンゼンド、スチュアート・ウィリアムソン。

サイコーな日だぜ！

著者によるインタビュー
クリス・デファリア、ジェームズ・ドハティ、ロビン・グレイザー、マーク・ギルニッシュ、ペトリーナ・ハル、アンドリュー・ジャクソン、アンドリュー・AJ・ジョンソン、ライリー・キーオ、サマンサ・マクグレイディ、マイケル・ミーキャッシュ、ジョージ・ミラー、ダグ・ミッチェル、ガイ・ノリス、ハリソン・ノリス、リチャード・ノートン、クリス・パットン、ミック・ローファン、リッキー・シャンバーグ、ジョン・シール、ジョージナ・セルビー、ゼブ・シンプソン、ブレンダン・スミザーズ、マット・テイラー、P・J・ヴォーテン、スチュアート・ウィリアムソン、シャム・〝トースト〟・ヤダフ。

著者によるジョージ・ミラー過去インタビュー
"*Director George Miller Explains Why His Mad Max: Fury Road Deserves These Oscar Nominations*," Vulture, December 9, 2015.

トム・ハーディ　引用コメント
"*Tom Hardy Talks Mad Max: Fury Road, The Revenant, Suicide Squad, and More*," Steven Weintraub, Collider, May 13, 2015.

おれの名はマックス

著者によるインタビュー
ジェイシン・ボーラン、トム・クラッパム、クリス・デファリア、ショーン・ジェンダース、コリン・ギブソン、マーク・ギルニッシュ、ジョン・ハワード、アンドリュー・AJ・ジョンソン、ローラ・ケネディ、ニコ・ラソウリス、リチャード・ローソン、ケリー・マーセル、ドリュー・マクウィーニー、ジョージ・ミラー、ダグ・ミッチェル、ジェームズ・ニコラ

「最後の傑作アクション映画」

著者によるインタビュー
ユージーン・アレンセン、トム・クラッパム、コリン・ギブソン、デイナ・グラント、スコッティ・グレゴリー、トム・ハーディ、ニコラス・ホルト、ジョン・アイルズ、ドリュー・マクウィーニー、ガイ・ノリス、ハーラン・ノリス、ハリソン・ノリス、リチャード・ノートン、クリス・オハラ、クリス・パットン、ミック・ローファン、ジョン・シール、ジョージナ・セルビー、イアイン・スミス、ベン・スミス＝ピーターセン、マット・テイラー、シャーリーズ・セロン、マイケル・ワネンマーカー、アンディ・ウィリアムス、スチュアート・ウィリアムソン。

著者によるジョージ・ミラー過去インタビュー
"Director George Miller Explains Why His Mad Max: Fury Road Deserves These Oscar Nominations," Vulture, December 9, 2015.

著者によるトム・ハーディ過去インタビュー
"Tom Hardy, Your New Mad Max, Is Only Frightened of Getting Famous," Vulture, May 11, 2015.

ジョージ・ミラー　追加引用コメント
"Mad Max: Fury Road: Q&A with George Miller," DirectorsUK, September 30, 2015.

コリン・ギブソン　追加引用コメント
"Mad Max: Fury Road: How15 Years of Design Made 'the Last Real Action Film,'" KPCC, May 19, 2015.

ブレンダン・マッカーシー　引用コメント
"Screenwriting Mad Max: Fury Road with Brendan McCarthy," Indie Film Academy Podcast, July 16, 2020.

デイン・グラント　引用コメント
"Kiwi Stunt Doubles Find Love on Mad Max," Siena Yates, Stuff, May 17, 2015.

軍団――ウォー・パーティー――

著者によるインタビュー
ユージーン・アレンセン、エリック・ブレイクニー、トム・クラッパム、ショーン・ジェンダース、ロビン・グレイザー、ジョシュ・ヘルマン、ニコラス・ホルト、ペトリーナ・ハル、リチャード・ローソン、ジェームズ・ニコラス、ハーラン・ノリス、ハリソン・ノリス、クリス・パットン、ジョージナ・セルビー、マーク・セクストン、ベン・スミス＝ピーターセン、シャーリーズ・セロン、レスリー・ヴァンダーワルト、スチュアート・ウィリアムソン、アリソン・ウィルモア。

ジョージ・ミラー　引用コメント
"Mad Max: Fury Road in Conversation with George Miller," Sydney Opera House, November 30, 2015.

ミラー、ダグ・ミッチェル、リチャード・ノートン、クリス・オハラ、パットン・オズワルト、ピーター・パウンド、マーク・セクストン、マーガレット・シクセル、シャーリーズ・セロン、レスリー・ヴァンダーワルト、ジーエ。

著者によるジョージ・ミラー過去インタビュー
"Director George Miller Explains Why His Mad Max: Fury Road Deserves These Oscar Nominations," Vulture, December 9, 2015.

著者によるジェームズ・キャメロン過去インタビュー
"Comic-Con: James Cameron on Mad Max's Furiosa and His Own Iconic Female Characters," Vulture, July 23, 2016.

ジョージ・ミラー　追加引用コメント
"Ultimate Summer Movie Showdown: Mad Max: Fury Road," Los Angeles Times, May 21, 2020.

トム・ハーディ　引用コメント
"Tom Hardy Talks the Secret Feminism of Mad Max," Ned Ehrbar, Metro, May 12, 2015.

人生は痛いものよ

著者によるインタビュー
ユージーン・アレンセン、デイヴィッド・バー、コートニー・イートン、マーク・ガット、コリン・ギブソン、マーク・ギルニッシュ、デイナ・グラント、スコッティ・グレゴリー、ジョシュ・ヘルマン、ナターシャ・ホプキンス、ペトリーナ・ハル、ジョン・アイルズ、アンドリュー・ＡＪ・ジョンソン、ライリー・キーオ、アダム・キュイパー、アビー・リー、ケリー・マーセル、サマンサ・マクグレイディ、ジョージ・ミラー、ハーラン・ノリス、ハリソン・ノリス、クリス・オハラ、ミック・ローファン、ジョージナ・セルビー、ジョイ・スミザーズ、マット・テイラー、ナディア・タウンゼンド、レスリー・ヴァンダーワルト、アンディ・ウィリアムス。

イモータン万歳

著者によるインタビュー
ユージーン・アレンセン、ジェニー・ビーヴァン、ヘンリー・ドレイ、ショーン・ジェンダース、コリン・ギブソン、マーク・ギルニッシュ、ジョシュ・ヘルマン、ディーン・フッド、ニコラス・ホルト、ヒュー・キース＝バーン、ゾーイ・クラヴィッツ、リチャード・ローソン、ジョージ・ミラー、リチャード・ノートン、パットン・オズワルト、ティム・リッジ、マーク・セクストン、ゼブ・シンプソン、ベン・スミス＝ピーターセン、シャーリーズ・セロン、レスリー・ヴァンダーワルト、Ｐ・Ｊ・ヴォーテン、アリソン・ウィルモア、ジェン・ヤマト。

アントワネット・ケラーマン　引用コメント
"*Veteran SA Actress Shares Fascinating Stories from the Set of Mad Max: Fury Road*," News24.com, May 22, 2015.

「男たちが屋根から降ってくる」

著者によるインタビュー
スティーヴ・ブランド、ロビン・グレイザー、マーク・ギルニッシュ、ジョシュ・ヘルマン、ジョン・アイルズ、ライリー・キーオ、ゾーイ・クラヴィッツ、ダグ・ミッチェル、ジョージ・ミラー、ガイ・ノリス、ハリソン・ノリス、クリス・パットン、ピーター・ラムジー、ミック・ローファン、マーク・セクストン、ジョイ・スミザーズ、ベン・スミス＝ピーターセン、マット・テイラー、シャーリーズ・セロン、スチュアート・ウィリアムソン。

ジョージ・ミラー　追加コメント
"*Mad Max: Fury Road: George Miller's Dystopian Action Epic Aims to Blow Your Mind*," KPCC, May 12, 2015.

トム・ハーディ　引用コメント
"*Mad Max Interview: Tom Hardy on Mel Gibson and Scaffolding Poles*," Guff.com, 2015.

炎と血

著者によるインタビュー
ジェイシン・ボーラン、トム・クラッパム、コートニー・イートン、マーク・ギルニッシュ、トム・ハーディ、ディーン・フッド、ナターシャ・ホプキンス、ニコラス・ホルト、ペトリーナ・ハル、ロージー・ハンティントン＝ホワイトリー、アンドリュー・ＡＪ・ジョンソン、ライリー・キーオ、ゾーイ・クラヴィッツ、アビー・リー、ケリー・マーセル、サマンサ・マクグレイディ、ジョージ・ミラー、ダグ・ミッチェル、リチャード・ノートン、クリス・オハラ、リッキー・シャンバーグ、ジョン・シール、イアイン・スミス、マット・テイラー、シャーリーズ・セロン、Ｐ・Ｊ・ヴォーテン、Ｊ・ヒューストン・ヤン。

著者によるトム・ハーディ過去インタビュー
"*Tom Hardy, Your New Mad Max, Is Only Frightened of Getting Famous*," Vulture, May 11, 2015.

トム・ハーディ　追加引用コメント
"*Tom Hardy Lets His Guard Down*," Daniel Peres, GQ, April 22, 2015.

やつらがくる

著者によるインタビュー
クリス・デファリア、ショーン・ジェンダース、コリン・ギブソン、マーク・ギルニッシュ、シーラ・ホックマン、ディーン・フッド、ニコラス・ホルト、ジョン・ハワード、ペトリーナ・ハル、ジョン・アイルズ、ｉＯＴＡ、アンドリュー・ＡＪ・ジョンソン、ゾーイ・ク

キラキラ、ピカピカ

著者によるインタビュー
ユージーン・アレンセン、ヘンリー・ドレイ、マーク・ガット、コリン・ギブソン、デイナ・グラント、スコッティ・グレゴリー、デーン・ハレット、リチャード・ホッブス、シーラ・ホックマン、ディーン・フッド、ヒュー・キース＝バーン、ジャシンタ・レオン、サマンサ・マクグレイディ、アンソニー・ナトーリ、マーク・ナトーリ、クリス・オハラ、ピーター・パウンド、ティム・リッジ、マット・テイラー、シャーリーズ・セロン、Ｐ・Ｊ・ヴォーテン、デイヴィッド・ホワイト。

コリン・ギブソン　追加引用コメント
"*Mad Max: Fury Road: How15 Years of Design Made 'the Last Real Action Film,'* " KPCC, May 19, 2015.

マーク・マンジーニ　引用コメント
"*Mad Max Sound Designer Mark Mangini Was Inspired by Moby Dick*," KPCC, February 2, 2016.

わたしたちはオモチャじゃない

著者によるインタビュー
ジェニー・ビーヴァン、マノーラ・ダーギス、コートニー・イートン、イヴ・エンスラー、コリン・ギブソン、マーク・ギルニッシュ、ロージー・ハンティントン＝ホワイトリー、ライリー・キーオ、ゾーイ・クラヴィッツ、アビー・リー、マーク・セクストン、ダグ・ミッチェル、ナディア・タウンゼンド、アリソン・ウィルモア。

ジョージ・ミラー　引用コメント
"*Mad Max Director George Miller: The Audience Tells You 'What Your Film Is*,'" Fresh Air, NPR, February 8, 2016. "*Ultimate Summer Movie Showdown: Mad Max: Fury Road*," Los Angeles Times, May 21, 2020. "*Mad Max: Fury Road in Conversation with George Miller*," Sydney Opera House, November 30, 2015.

母たち—メニー・マザーズ—

著者によるインタビュー
ジェニー・ビーヴァン、エリック・ブレイクニー、イヴ・エンスラー、メーガン・ゲイル、マーク・ギルニッシュ、ペトリーナ・ハル、メリッサ・ジャファー、リチャード・ローソン、アビー・リー、クリス・オハラ、デイヴィッド・シムズ、ジョイ・スミザーズ、シャーリーズ・セロン、レスリー・ヴァンダーワルト、ジェン・ヤマト。

メリッサ・ジャファー　追加コメント
"*The Women Pull No Punches in Fiery, Feminist Mad Max*," Mandalit del Barco, NPR, May 15, 2015.

メリタ・ジュリシック　引用コメント
"*Melita Jurisic: From Mad Max to Macbeth, This Versatile Actor Continues to Impress*," Phillipa Hawker, Sydney Morning Herald, July 10, 2015.

「そんなのは『マッドマックス』の結末じゃない」

著者によるインタビュー
ジェームズ・ドハティ、ショーン・ジェンダース、マーク・ギルニッシュ、シーラ・ホックマン、ペトリーナ・ハル、シェーン・カヴァナー、ニコ・ラソウリス、リチャード・ローソン、ジョージ・ミラー、ライアン・オズモンド、ピーター・パウンド、マーク・セクストン、マーガレット・シクセル、シャーリーズ・セロン、レスリー・ヴァンダーワルト、P・J・ヴォーテン、マイケル・ワネンマーカー。

ジョージ・ミラー　追加引用コメント＆ブレンダン・マッカーシー　引用コメント
"*Mad Max: Fury Road in Conversation with George Miller*," Sydney Opera House, November 30, 2015.

最後の戦い

著者によるインタビュー
クリス・デファリア、ユージーン・フィリオス、マーク・ギルニッシュ、ディーン・フッド、アンドリュー・ジャクソン、クリス・ジェンキンス、ケリー・マーセル、ドリュー・マクウィーニー、ジョージ・ミラー、ダグ・ミッチェル、ピーター・パウンド、マッセイ・ラファニ、ピーター・ラムジー、マーク・セクストン、マーガレット・シクセル、イアイン・スミス、ベン・スミス＝ピーターセン、マット・タウン、コートニー・ヴァレンティ、P・J・ヴォーテン、コーリー・ワトソン、エドガー・ライト、シャム・〝トースト〟・ヤダフ、ジェン・ヤマト、J・ヒューストン・ヤン。

失われたもの

著者によるインタビュー
ショーン・ジェンダース、マーク・ギルニッシュ、ジェニファー・ヘイガン、マイケル・ミーキャッシュ、ジョージ・ミラー、ピーター・パウンド、マーク・セクストン、レスリー・ヴァンダーワルト、P・J・ヴォーテン。

ジョージ・ミラー　追加引用コメント
"*Ultimate Summer Movie Showdown: Mad Max: Fury Road*," Los Angeles Times, May 21, 2020.

ブレンダン・マッカーシー　引用コメント
"*Brendan McCarthy Rides Historic into Mad Max: Fury Road*," Karl Keily, CBR.com, December 29, 2015.

一からやり直せる

著者によるインタビュー
ジャスティン・チャン、マノーラ・ダーギス、グレッグ（グレゴリー）・エルウッド、マーク・ギルニッシュ、ピート・ハモンド、トム・ハーディ、ジョシュ・ヘルマン、トム・ホルケンボルフ、ニコラス・ホルト、ヒュー・キース＝バーン、ローラ・ケネディ、ゾーイ・

ラヴィッツ、アダム・キュイパー、ケリー・マーセル、ジョージ・ミラー、ダグ・ミッチェル、ガイ・ノリス、リチャード・ノートン、クリス・オハラ、ハッチ・パーカー、ジョン・シール、マーク・セクストン、ゼブ・シンプソン、マーガレット・シクセル、イアイン・スミス、ジョイ・スミザーズ、マット・テイラー、シャーリーズ・セロン、レスリー・ヴァンダーワルト、テイト・ヴァン・オーツホーン、P・J・ヴォーテン、コーリー・ワトソン、シャム・〝トースト〟・ヤダフ。

「すり減って、濃縮された」

著者によるインタビュー
ユージーン・アレンセン、コートニー・イートン、ショーン・ジェンダース、マーク・ギルニッシュ、デイナ・グラント、ジョシュ・ヘルマン、ニコラス・ホルト、ペトリーナ・ハル、ロージー・ハンティントン＝ホワイトリー、iOTA、アンドリュー・AJ・ジョンソン、ライリー・キーオ、ゾーイ・クラヴィッツ、アダム・キュイパー、ケリー・マーセル、ジョージ・ミラー、クリス・オハラ、ゼブ・シンプソン、シャーリーズ・セロン、P・J・ヴォーテン、コーリー・ワトソン、シャム・〝トースト〟・ヤダフ。

心が壊れたら

著者によるインタビュー

クリス・デファリア、ユージーン・フィリオス、トム・ハーディ、トム・ホルケンボルフ、ディーン・フッド、ジョン・ハワード、ペトリーナ・ハル、アリソン・イングラム、アンドリュー・ジャクソン、クリス・ジェンキンス、ケリー・マーセル、ヴィクトリア・ミエルースカ、ジョージ・ミラー、ダグ・ミッチェル、ピーター・ラムジー、ジョン・シール、マーガレット・シクセル、イアイン・スミス、シャーリーズ・セロン、マット・タウン、コートニー・ヴァレンティ、P・J・ヴォーテン、ケント・ワタナベ、デイヴィッド・ホワイト。

著者によるジョージ・ミラー過去インタビュー
"*Director George Miller Explains Why His Mad Max: Fury Road Deserves These Oscar Nominations,*" Vulture, December 9, 2015. "George Miller and His Wild Mad Max: Fury Road Trip," The Awards Show Show, January 9, 2016.

ジョージ・ミラー　追加コメント
"*George Miller on Mad Max Sequels, His Secret Talks with Stanley Kubrick,*" Stephen Galloway, Hollywood Reporter, February 2, 2016. "*Mad Max: Fury Road in Conversation with George Miller,*" Sydney Opera House, November 30, 2015.

マーガレット・シクセル　追加引用コメント
"*Art of the Cut with Margaret Sixel,*" ProVideo Coalition, March 13, 2016.

セロン、P・J・ヴォーテン、エドガー・ライト、シャム・〝トースト〟・ヤダフ、ジーエ。

著者によるトム・ハーディ過去インタビュー
"*Tom Hardy, Your New Mad Max, Is Only Frightened of Getting Famous,*" Vulture, May 11, 2015.

ジョージ・ミラー　追加引用コメント
"*Mad Max: Fury Road: George Miller's Dystopian Action Epic Aims to Blow Your Mind,*" KPCC, May 12, 2015.

シャーリーズ・セロン　追加引用コメント
"*Charlize Theron on 'The Old Guard' and Her Heartbreak over the Furiosa Prequel,*" Brian Davids, Hollywood Reporter, July 6, 2020.

アニャ・テイラー＝ジョイ　引用コメント
Josh Horowitz, Happy Sad Confused podcast, October 14, 2020.

クラヴィッツ、ニコ・ラソウリス、リチャード・ローソン、アビー・リー、ケリー・マーセル、ドリュー・マクウィーニー、ジョージ・ミラー、ダグ・ミッチェル、ジェームズ・ニコラス、クリス・オハラ、マッセイ・ラファニ、ジョージナ・セルビー、デイヴィッド・シムズ、マーガレット・シクセル、イアイン・スミス、シャーリーズ・セロン、アン・トンプソン、P・J・ヴォーテン、アリソン・ウィルモア、エドガー・ライト、ジェン・ヤマト、J・ヒューストン・ヤン。

著者によるジョージ・ミラー過去インタビュー（2016）。

ブレンダン・マッカーシー　引用コメント
"*Screenwriting Mad Max: Fury Road with Brendan McCarthy*," Indie Film Academy Podcast, July 16, 2020.

英雄の館に呼ばれた

著者によるインタビュー
ジェニー・ビーヴァン、ジャスティン・チャン、クリス・デファリア、グレッグ（グレゴリー）・エルウッド、スコット・フェインバーグ、コリン・ギブソン、マーク・ギルニッシュ、ピート・ハモンド、ディーン・フッド、ジョン・ホーン、ペトリーナ・ハル、デイヴ・カーガー、ジョージ・ミラー、ガイ・ノリス、パットン・オズワルト、マッセイ・ラファニ、ミシェール・ロバートソン、ジョン・シール、マーガレット・シクセル、ジョイ・スミザーズ、クリス・タプリー、アン・トンプソン、レスリー・ヴァンダーワルト、P・J・ヴォーテン、デイヴィッド・ホワイト、アンディ・ウィリアムス、エドガー・ライト。

著者によるジョージ・ミラー過去インタビュー
"*Director George Miller Explains Why His Mad Max: Fury Road Deserves These Oscar Nominations*," Vulture, December 9, 2015. "George Miller and His Wild Mad Max: Fury Road Trip," The Awards Show Show, January 9, 2016.

ジョージ・ミラー　追加引用コメント
"*Mad Max Director George Miller Is Way Too Sane to Be a Mad Genius*," Stephen Galloway, Hollywood Reporter, May 10, 2016.

「いいことは楽には手に入らない」

著者によるインタビュー
ジェイシン・ボーラン、ジャスティン・チャン、ニア・ダコスタ、マノーラ・ダーギス、クリス・デファリア、イヴ・エンスラー、メーガン・ゲイル、コリン・ギブソン、デーン・ハレット、トム・ハーディ、ジョシュ・ヘルマン、トム・ホルケンボルフ、ディーン・フッド、ジョン・ホーン、ニコラス・ホルト、ペトリーナ・ハル、ジョン・アイルズ、パティ・ジェンキンス、ヒュー・キース＝バーン、ゾーイ・クラヴィッツ、リチャード・ローソン、アビー・リー、ケリー・マーセル、ドリュー・マクウィーニー、ジョージ・ミラー、ダグ・ミッチェル、ガイ・ノリス、リチャード・ノートン、パットン・オズワルト、ピーター・パウンド、ジーナ・プリンス＝バイスウッド、トム・リッジ、ジョン・シール、ジョージナ・セルビー、マーク・セクストン、ゼブ・シンプソン、ベン・スミス＝ピーターセン、シャーリーズ・

作品

INDEX

人物

★ジョージ・ミラーはほぼ全頁に亘って出てきますので、発言のある頁のみを記載いたしました。

【訳】有澤真庭　Maniwa Arisawa
千葉県出身。アニメーター、編集者等を経て、現在は翻訳業。主な訳書に『自叙伝 ミスター・スポック 』『スター・トレック　アート&ヴィジュアル・エフェクツ』『自叙伝 キャスリン・ジェインウェイ 』『いとしの〈ロッテン〉映画たち』（竹書房）、『スピン』（河出書房新社）、『ミスエデュケーション』（サウザンブックス社）。字幕に『ぼくのプレミア・ライフ』（日本コロムビア）がある。

マッドマックス 怒りのデス･ロード　口述記録集
血と汗と鉄にまみれた完成までのデス･ロード
BLOOD, SWEAT & CHROME　THE WILD AND TRUE STORY OF MAD MAX: FURY ROAD

2023年3月29日　初版第一刷発行

著　カイル･ブキャナン

訳　有澤真庭
カバーデザイン　石橋成哲
本文組版　IDR
編集協力　横井里香・魚山志暢

発行人
後藤明信
発行所
株式会社 竹書房
〒102-0075
東京都千代田区三番町8－1
三番町東急ビル6F
email：info@takeshobo.co.jp
http://www.takeshobo.co.jp
印刷所
中央精版印刷株式会社